Alexander Bogner · Beate Littig · Wolfgang Menz (Hrsg.)

Das Experteninterview

Alexander Bogner · Beate Littig
Wolfgang Menz (Hrsg.)

Das Experten-
interview

Theorie, Methode, Anwendung

2. Auflage

VS VERLAG FÜR SOZIALWISSENSCHAFTEN

VS VERLAG FÜR SOZIALWISSENSCHAFTEN

VS Verlag für Sozialwissenschaften
Entstanden mit Beginn des Jahres 2004 aus den beiden Häusern
Leske+Budrich und Westdeutscher Verlag.
Die breite Basis für sozialwissenschaftliches Publizieren

Bibliografische Information Der Deutschen Bibliothek
Die Deutsche Bibliothek verzeichnet diese Publikation in der Deutschen Nationalbibliografie;
detaillierte bibliografische Daten sind im Internet über <http://dnb.ddb.de> abrufbar.

1. Auflage 2002
2. Auflage Januar 2005

Der VS Verlag für Sozialwissenschaften ist ein Unternehmen von Springer Science+Business Media.
www.vs-verlag.de

Umschlaggestaltung: KünkelLopka Medienentwicklung, Heidelberg
Druck und buchbinderische Verarbeitung: MercedesDruck, Berlin
Gedruckt auf säurefreiem und chlorfrei gebleichtem Papier
Printed in Germany

ISBN 3-531-14447-2

Inhalt

Expertenwissen und Forschungspraxis: die modernisierungstheoretische und die methodische Debatte um die Experten

Zur Einführung in ein unübersichtliches Problemfeld

Alexander Bogner und Wolfgang Menz

1. Die Verlockungen des Experteninterviews: forschungspraktische Vorzüge einer Erhebungsform

Experteninterviews[1] erfreuen sich in der Sozialforschung großer Beliebtheit. So gibt es wohl nur wenige empirische Untersuchungen, die nicht an irgendeinem Punkt des Forschungsprozesses auf das mittels Interviews erhobene Wissen spezifischer, für das Fach- und Themengebiet als relevant erachteter Akteure zurückgreifen. Auch wenn im Einzelfall stark variiert, welche Stellung die Experteninterviews im Forschungsdesign haben, wie die Interviews konkret gestaltet werden und nach welchen Methoden die Auswertung erfolgt – es lassen sich verschiedene gemeinsame forschungspraktische Gründe für die Beliebtheit des Experteninterviews angeben.

Zunächst einmal kann das Gespräch mit Experten in der Explorationsphase eines Projekts dem Forscher lange Wege ersparen. In einer frühen Phase der (theoretisch) noch wenig vorstrukturierten und informationell wenig vernetzten Untersuchung ermöglicht das Experteninterview eine konkurrenzlos dichte Datengewinnung gegenüber der in der Organisation von Feldzugang und Durchführung zeitlich und ökonomisch weit aufwendigeren teilnehmenden Beobachtung, Feldstudie, einer systematischen quantitativen Untersuchung usw. Das Experteninterview bietet sich auch in Fällen an, wo der Zugang zum sozialen Feld schwierig oder unmöglich ist, wie dies z.B. bei tabuisierten Themenfeldern der Fall ist.

Darüber hinaus kann die Durchführung von Experteninterviews zur Abkürzung aufwendiger Beobachtungsprozesse dienen, wenn die Experten als „Kristallisationspunkte" praktischen Insiderwissens betrachtet und stellvertretend für eine Vielzahl zu befragender Akteure interviewt werden.

Dieser forschungsökonomische Aspekt erstreckt sich auch auf das weite Feld der praktischen Anbahnung bzw. der Abwicklung der Gespräche. Die organisatorischen Strukturen institutionalisierten Expertentums (z.B. Sekretariate, Pressestellen) versprechen einen vergleichsweise unproblematischen

---

[1] Aus Gründen der Lesbarkeit verzichten wir im Folgenden auf das Hinzufügen der weiblichen Form.

Einstieg in das Untersuchungsfeld. Handelt es sich bei dem gesuchten und gesprächsbereiten Experten außerdem um eine Person in einer Schlüsselposition, kann das Gespräch u.U. auch eine Erleichterung des weiteren Feldzugangs bedeuten. In der Praxis kommt es nicht selten zu solchen Verweisungszusammenhängen. Manchmal macht auch erst der befragte Experte auf weitere potenzielle Gesprächspartner aus seinem Tätigkeitsfeld aufmerksam, die ähnliche oder aber auch konkurrierende Positionen vertreten. In jedem Fall wird dem Forscher, der mit dem Vertrauensbonus des Experten in der Schlüsselposition ausgestattet ist, der Zugang zu einem erweiterten Expertenkreis erleichtert. Manchmal mag es sich sogar empfehlen, den Zeitverlust eines nicht sehr informativen Interviews auf sich zu nehmen, wenn es sich bei dem Befragten erkennbar um eine einflussreiche und vielseitig vernetzte Figur im Untersuchungsbereich handelt. Die Bedeutung dieser Art Experten in ihrer Rolle als „Katalysatoren" für den erfolgreichen Fortgang der Forschung kann kaum überschätzt werden.

Über einen derartigen unmittelbaren Forschungsnutzen hinaus mögen Experteninterviews auch von einer uneingestandenen Faszination durch das geheime Erfolgsversprechen profitieren, das von ihnen abstrahlt: Dass die Durchführung von Experteninterviews automatisch bedeutet, schnell, leicht und sicher gute Interviews zu machen, wird durch verschiedene Aspekte nahegelegt. Oftmals verspricht die gemeinsame Beheimatung von Frager und Befragtem im „Relevanzsystem Wissenschaft" eine vergleichsweise leichte Mobilisierung zur Teilnahme am Interview.[2] Das Dauerproblem der Interviewforschung, Motivation zu schaffen, wo „sie primär fehlt" (Meulemann 1993: 113), ist im Fall von Experten wohl leichter zu bewältigen als im Falle von Massenumfragen bei einer ungefilterten Öffentlichkeit.[3] Schließlich darf man ein gemeinsam geteiltes, gleichsam begründungsfreies Einverständnis über die soziale Bedeutung von Forschung häufig voraussetzen. Gerade die Professionalität des Experten, der es oftmals gewohnt ist, öffentlichkeitswirksam und -nah zu agieren; das stille Bewusstsein seiner wissenschaftlichen und/oder politischen Bedeutung aufgrund seines hervorgehobenen Tätigkeitsbereichs oder persönlicher Leistungen; sein Wunsch, vermittels des Interviews – in wenn auch sehr beschränktem Ausmaß – zu „wirken"; seine professionelle Neugier an Thema und Fragestellung oder auch sein Interesse am Gedankenaustausch mit einem fachfremden Experten – das alles sind Faktoren der Sekundärmotivation, die die Interviewanbahnung und Gesprächs-

---

2 Dass Experten Wissenschaftler in dem engen Sinne sind, dass sie mit wissenschaftlichen Methoden und Konventionen vertraut sind, kann natürlich nicht in jedem Fall vorausgesetzt werden. In der Regel haben wir es in Experteninterviews allerdings mit Personen zu tun, die den Kontakt mit Vertretern aus dem Wissenschaftsbereich (etwa in Form von Beratungs- und Kooperationszusammenhängen oder auch durch vorangegangene Interviews) gewohnt sind und wissenschaftlichen Untersuchungen aufgeschlossen gegenüberstehen.

3 Vgl. allgemein zum Problem divergierender Interessenhaltungen von Interviewer und Befragten Lueger 1989.

motivation im Fall des Experteninterviews vergleichsweise einfach machen.[4] So nimmt es kaum wunder, dass in den Erfahrungsberichten zur Kontaktaufnahme im Rahmen von Expertenbefragungen hohe Zustimmungsquoten, problemlose Zugänge und eine große Kooperativität seitens der Befragten das Bild prägen.[5]

Noch ein weiterer Aspekt mag zu dem Bild vom Experteninterview als einer auch in methodischer Hinsicht besonders unproblematischen Form der Befragung beitragen. Schließlich verspricht die – zumindest im Vergleich zum „Normalbürger" – größere sprachliche (und soziale) Kompetenz des Experten der Forschung ein „elaborierteres Objekt" der Befragung. So treffen – einer sehr idealisierten Vorstellung entsprechend – im Experteninterview zwei akademisch sozialisierte Gesprächspartner aufeinander, die sich im Rahmen einer (annähernd) symmetrischen Kommunikationsbeziehung austauschen.[6] Komplexe Überlegungen, wie die Distanz zwischen Interviewer und Befragtem zu überwinden wäre, wie die Befragungssituation zu strukturieren ist und wie die unterschiedlichen Relevanzsysteme der beiden Interaktionspartner in Einklang gebracht werden können, *scheinen* sich weitgehend zu erübrigen; zumindest aber liegt der Schluss nahe, dass die diesbezüglichen Probleme geringer sind als bei anderen Formen von quantitativen und qualitativen Interviews.

Was immer hier Mythos und Realität ist – Experteninterviews haben aufgrund ihres heimlichen Versprechens auf schnelle, objektive und unproblematisch zu erhebende Daten eine erhebliche Anziehungskraft auf empirische Sozialforscher. Nur: Sind Experteninterviews in mancher Hinsicht nicht *zu* verlockend? Besteht hier einerseits nicht die Gefahr, im naiven Glauben an die Absolutheit des Expertenwissens einem vor-reflexiven Expertenbegriff das Wort zu reden? Oder die Gefahr, die unbestreitbare Bedeutsamkeit des Expertenwissens auf methodische Weise mit einer Geltung auszustatten, die letztlich eine unkritische Bestätigung und damit die Legitimation von sozialen Hierarchien bedeutet? Korrigierend kann hier ein kritischer Blick auf die modernisierungstheoretische Debatte um den Strukturwandel des Expertentums wirken (Abschnitt 2).

---

4 Als weitere Faktoren der Sekundärmotivation nennen Krafft/Ulrich (1995: 29f.) den Abbau von Frust, den Versuch der Einflussnahme auf die wissenschaftliche Produktion sowie das Interesse an der Aufdeckung von „Blindflecken" der Organisation durch den Forscher. Nicht selten gibt es allerdings auch durchaus „persönliche" Gründe des Experten: Dessen Teilnahme verdankt sich häufig der Sympathie für den „hilflosen" Forscher als konkreter Person, dem Wunsch des Experten, zum Gelingen der wissenschaftlichen Qualifikationsarbeit, zum erfolgreichen Schritt auf der Karriereleiter usw. beizutragen.

5 Vgl. Abels/Behrens 1998: 83f., Krafft/Ulrich 1995: 29.

6 Beispielsweise konstatiert Köhler (1992) ausgehend von Erfahrungen mit einer mehrstufigen Expertenbefragung zu Leitbildern in der Stadtplanung eine im Vergleich zu anderen Formen der Befragung geringere Asymmetrie im Verhältnis von Forscher und Experte.

Andererseits ist auch die erfolgreiche Durchführung von Experteninterviews von verschiedenen Bedingungen und Faktoren abhängig, die einer genaueren Betrachtung bedürfen. Und die (vordergründige) Produktivität der Experteninterviews kann allzu leicht darüber hinwegtäuschen, dass gerade die methodische Fundierung dieser Erhebungsmethode bislang noch recht unsolide ist, wie die Durchsicht der einschlägigen Literatur zeigt (Abschnitt 3).

2. Expertenwissen und Politik: zur Bedeutung der Expertise in gesellschaftstheoretischer Perspektive

Der Experte ist heute in unterschiedlichen gesellschaftstheoretischen Ansätzen zu einem prominenten Beobachtungsobjekt geworden. Unter den Etiketten der „Wissens-" oder „Risikogesellschaft" geraten Wissen und Expertise im Zusammenhang mit gesellschaftlicher Differenzierung und (tendenzieller) Heterarchie bzw. Unsicherheit und Kontingenz in den Fokus der Analysen. Für diese Gesellschaften ist die neue Wertigkeit von Expertise und Wissen für ökonomische und politische Steuerungsprozesse von zentraler Bedeutung. Hier, in den hochtechnisierten Gesellschaften des Westens, ist die Wissensabhängigkeit der gesellschaftlichen Reproduktion so weit durchgesetzt, „dass Informationsverarbeitung, symbolische Analyse und Expertensysteme gegenüber anderen Faktoren der Reproduktion vorrangig werden" (Willke 1998: 162). Aus wissens- bzw. organisationssoziologischer Perspektive geht damit die Prognose einher, dass es zu einer eigenständigen Wissensproduktion in nicht-wissenschaftlichen Teilbereichen sowie zu neuen Produktionsformen des Wissens komme (Willke 1998, Gibbons et al. 1994). In einer ähnlichen Lesart der Wissensgesellschaft werden Expertise und wissenschaftliches Wissen – in Abgrenzung zu „negativen" Analysen des Wissens in den Kategorien von Kontrolle, Disziplinierung, Unsicherheit und Herrschaft – vorrangig als Triebfeder individueller Autonomisierung sowie einer zunehmenden Fragilität des Gesamtsystems konzeptualisiert (Stehr 2000).

In der Debatte um eine „reflexive Modernisierung" wird – mit einem explizit gesellschaftskritischen Akzent – das Expertenwissen als Motor und Kristallisationspunkt gesellschaftlicher Konflikte, als Stimulus und Medium eines emanzipativen Kampfes um die Definitionsverhältnisse betrachtet. Die (nebenfolgenreiche) Durchsetzung des aufklärerischen Ideals einer perfekten Steuerung und Kontrolle der Gesellschaft durch Wissen wird in dieser Perspektive zu einem Moment gesellschaftlicher Selbstaufklärung (vgl. Beck/Giddens/Lash 1996).

Im Folgenden wollen wir diese Idee kurz explizieren, weil darin die Diskussion um Expertenwissen, Expertokratie und neue Risiken in einer Weise gebündelt wird, die ein tieferes Verständnis dafür schafft, warum die

Experten – in Form der Debatte um angemessene Erschließungstechniken ihres Wissens – auch im Bereich der empirischen Sozialforschung zu einer „Wissenschaft" geworden sind. Denn bei aller Konkurrenz von Deutungs- und Geltungsansprüchen eines pluralisierten Expertenwissens: dessen Bedeutung für die Wahrnehmung und Definition von Problemen sowie die maßgebliche Strukturierung von Lösungsansätzen steht außer Frage.

Allerdings soll diese Rekonstruktion des Expertenbegriffs unter dem Aspekt von Reflexivität gleichzeitig mit einer Kritik dieses Konzepts verbunden werden. Die unbezweifelbare Pluralisierung und Kontroversialität des Expertenwissens, so unsere These, lässt sich heute – im Zeitalter der Institutionalisierung dieser Widersprüche – weniger als ein Impuls zu einer nachhaltigen Selbstkritik der Gesellschaft, denn als Voraussetzung zur Legitimation und machtvollen Durchsetzung einer politischen Entscheidungsrationalität verstehen, die jenseits der Unterscheidung von Rationalität und Emotionalität verläuft und die die Verfahrensstrukturen unangetastet lässt.[7]

Die modernisierungstheoretische Diskussion verbindet sich mit der Beobachtung, dass einerseits die gesellschaftliche Erfahrung der Unsicherheiten und Rationalitätsdefizite des Expertenwissens – auf krasse Weise durch die risikotechnologisch induzierten Katastrophen demonstriert – zu einer Relativierung des Expertenstatus führt, andererseits aber das Aufweichen von institutionellen und biographischen, wissenschaftlichen und technischen Sicherheitsgarantien eine steigende Nachfrage an „Orientierungswissen" (Evers/Nowotny 1987: 24) bedingt, und damit einen sozialen Bedeutungszuwachs von Expertenwissen. Die Anerkennungskrise der Experten – verursacht durch das Auseinandertreten von Wissen und Sicherheit – ist in diesem Sinne zugleich der Jungbrunnen des Expertenwissens: Die Bewältigung des Modernisierungsdilemmas erfordert die Bezugnahme auf das Wissen der Experten. Anerkennungskrise des Experten bedeutet in unserem Zusammenhang daher, dass die nach wie vor bestehende Hierarchie zwischen Laien und Experten heute nicht mehr auf traditionelle Weise gesichert werden kann, sei es durch professionalistische Distinktionspolitik oder kraft der Suggestivität des wissenschaftlichen Glücksversprechens. Der Experte als Hüter „formelhafter Wahrheit" (Giddens 1996: 155) wird zu dem Zeitpunkt fragwürdig, da das Wissen begründungspflichtig wird, da Wissenschaft seinen Absolutheitsanspruch aufgeben muss und nicht mehr unbefragt eine Quelle von Autorität, Status und Prestige darstellt.

Schon früh stellten Hartmann/Hartmann (1982) fest, dass der Weg in die Wissensgesellschaft nicht gleichbedeutend sei mit der Durchsetzung einer Expertokratie. Gestützt auf empirische Untersuchungen über den Grad der Akademisierung in der BRD vertraten sie die These, dass eine fortschreitende Professionalisierung und die zunehmende Durchdringung des Alltags mit

---

7   Vgl. zu einer systematischen Entwicklung dieser These Bogner/Menz 2002.

Expertenwissen in einer Geltungskrise des Experten resultierten. Im geistes- und sozialwissenschaftlichen Multiparadigmatismus und dem nebenfolgen-induzierten Protest der „neuen sozialen Bewegungen" identifizierten die Autoren wissenschaftsinterne und -externe Faktoren, die zu einer Entzauberung des Experten beitrugen.

Dem Zusammenhang von reflexiver Verwissenschaftlichung und Status-wandel des Experten ist Beck (1986) genauer nachgegangen. In seiner Analyse der Bedeutungstransformation von Wissen und Wissenschaft unter dem Vorzeichen einer radikalen Vergesellschaftung der Natur entwirft er implizit eine Typologie des Experten, die an die Pluralisierung des Wissens gebunden ist. Voraussetzung dafür ist das konflikthafte Aufbrechen einer auf Effizienz und Akkumulation gerichteten Rationalität in konkurrierende, auch wider-sprüchliche Rationalitäten. Die Rolle des Katalysators in diesem Prozess haben neuartige Risiken, die immer weniger erfahrungs- und dafür stärker wissensvermittelt sind. Weil das Wissen um Risiken diskursiv vermittelt ist, sind sie immer sowohl soziales Konstrukt und Aushandlungsprodukt sowie Realität, real und irreal zugleich: Risiken müssen „wahr" gemacht werden im Sinne ihrer sozialen Anerkennung als eine systematische Nebenfolge der Modernisierung.

In diesem Kontext zeichnet sich für Beck eine Diversifizierung des Experten ab. In der Figur des Gegen- oder Antiexperten betritt ein neuer Akteur die Bühne im Rationalitätenwettstreit, dessen Bedeutung und Genese sich aus der Dialektik des Risikos erklärt. Allerdings werden die Experten als Agenten unterschiedlicher Rationalitätsmodelle erst insoweit wirksam, als sie erfolg-reich in den medial vermittelten Prozess öffentlicher Sensibilisierung interve-nieren. Für diesen „posttraditionalen" Expertentypus ist demnach konstitutiv, dass er vermittels seines spezifischen Wissens politisch wirkmächtig wird. Es kömmt also darauf an, die Welt öffentlichkeitswirksam und einflussreich (aber nicht unbedingt neu) zu interpretieren – um auf diese Weise als (Ge-gen)Experte zu einer gewichtigen Stimme im Kampf um die Definitionsver-hältnisse zu werden.[8]

Der emanzipatorische Aspekt des Beck'schen Konzepts mag heute zu-nächst einmal schon aufgrund der schlichten Beobachtung einer politisch-in-stitutionellen Befriedung einstmals zentraler Risikokonflikte kaum mehr zu überzeugen. Becks Gegen-Experten, die in bestimmten Risikokonflikten – wie beispielsweise im Fall der Auseinandersetzungen um die Kernenergie –

---

8   Das Interaktionsverhältnis von Risiko und Rationalität hat Japp (1990) aus systemtheoreti-scher Perspektive analysiert, vermeidet aber ähnlich weitreichende Schlussfolgerungen. Er fokussiert am Beispiel technisch-ökologischer Risikosysteme den Prozess der Konstitution von Nicht-Rationalität durch Rationalität. Die Rationalitätsnormen großtechnischer Syste-me führten dazu, dass Rationalität nicht zur „Lösung" (einem rationalen Umgang) von Ri-siken dient, sondern zur Legitimation eines situationsspezifischen, impressionistischen Handelns und Entscheidens.

auftauchten und die traditionelle Wissenschaft und das überkommene Expertentum herausforderten, sind heute kaum mehr die davidartigen Kämpfer
gegen das Establishment, die ihr Rationalitätsmodell in heißen Kämpfen um
den Zugang zur Definitionsmacht durchzusetzen versuchen. Sie sind vielmehr
selbst in die Jahre gekommen, haben sich institutionalisiert, werden staatlich
alimentiert und haben ihre eigenen Selektions- und Hierarchisierungsmecha-
nismen ausgebildet. Als anerkannte Interpreten von Modernisierungsdefizi-
ten gehören sie mittlerweile zum (notwendig?) dissonanten Hintergrundchor
der Modernisierung – als eine politische Produktivkraft. Das Freiburger Öko-
Institut beispielsweise oder etwa die so genannte Memorandum-Gruppe kritischer Ökonomen sind heute (sagen wir: fast) so anerkannt und akzeptiert
wie traditionelle Institute und Wissenschaftler; über die Gefahren von Blei im
Trinkwasser informiert man sich bei Greenpeace, nicht beim zuständigen
Amt.

Die Auseinandersetzungen der Experten sind dadurch keinesfalls stillge-
stellt; sie tragen aber kaum noch die Züge der Konfrontation von Paradigmen.
Aus dem Kampf der unterschiedlichen expertiellen Rationalitäten ist eine Art
pluralistische Debatte geworden. Nicht zuletzt deshalb wirkt der Optimismus
Becks, es käme vermittels der im Selbstlauf der Modernisierung produzierten
Protestpotentiale letztlich doch zur (erwünschten) Korrektur des Modernisie-
rungspfades, heute eher naiv.

Es liegt jedoch nahe, hinter diesem Optimismus auch systematische
Gründe zu vermuten – Gründe, die ein erhebliches Verkennungspotential für
die neue politische Bedeutung von Pluralismus und Dissens mit sich bringen.
(Es sei an dieser Stelle etwa nur die Frage nach der politischen Funktion von
Ethikräten im Lichte der Auflösung eines moralischen Konsenses aufgeworfen, eine Frage, auf die wir noch zurückkommen.) Nun: Der Beck'sche
Optimismus wurde durch einen Risikobegriff gefüttert, der Risiken zu technischen Phänomenen verobjektiviert und damit die Vernunft an eine Semantik
der Sicherheit bindet. In ähnlicher Weise wie von den Technikkritikern das
(Un-)Sicherheitspotential von Alternativszenarien ausgespart blieb und daher
die politisch durchgesetzten Sicherheitsgrenzen prinzipiell als Skandal empfunden wurden, blieb es theoretisch bei einer Kritik der politischen Ökonomie
der Sicherheit: Sicherheit erschien als ein ideologisches Konstrukt, als eine
Ressource der Macht. Unsicherheit wurde nicht als unhintergehbare Bedingung von Entscheidung (auch der eigenen) begriffen. Wenn man dagegen
Risiko – mit Luhmann (1991) – als ein Kontingenzproblem versteht, wird
deutlich, dass sich mit der radikalen Dekonstruktion von Sicherheit auch die
Bedeutung des politischen Aushandlungsprozesses fundamental wandelt: Das
Entscheiden über eine (prinzipiell) ungewisse Zukunft darf man dann weniger
als ein Ergebnis von überlegenem Wissen und wissenschaftlich-systema-
tischer Rationalität verstehen, sondern vielmehr als ein Resultat, das in Abhängigkeit von Symboliken und Taktik gerät. Aufgrund der Komplexität und

Unübersichtlichkeit der Problemlage muss in das Vakuum, das das zerfallene Ideal einer eindeutigen und überlegenen Problemlösungsrationalität hinterlassen hat, eine „Politik der Rationalität" intervenieren, die das Dilemma löst, das gesellschaftlich hegemoniale Rationalitätsmodell mit seiner hinreichend erfahrbaren Unzulänglichkeit im Umgang mit Unsicherheit zu versöhnen. D.h., die Politik muss Strategien finden, das lediglich *notwendige* Expertenwissen auch als – für eine politisch verantwortbare Entscheidung – *hinreichend erscheinen* zu lassen. Würde nun die Konstitution von politischen Entscheidungen nach diesem „Ende" der Experten-Rationalität (das immer ein sozial voraussetzungsreiches Ideal war) als Einfallstor für partikulare Interessen erscheinen, wären unweigerlich Vertrauensverluste die Folge. Es geht also im Rahmen politischer Abwägungsprozesse nicht in erster Linie um den Nachweis einer überlegenen Rationalität. Sondern es muss heute für die Entscheidungsträger darum gehen, glaubhaft zu machen, dass – aufgrund der formalen Erfüllung bestimmter Erwartungen an Abwägungsprozesse – *entschieden werden kann – und muss*. Ein Faktor, einen solchen – für die an einer spezifischen Entscheidungsrationalität orientierte Öffentlichkeit – glaubwürdigen Zeitpunkt der Entscheidung herzustellen, ist eben auch der Abruf einer institutionalisierten Gegen-Expertise. In modernisierungstheoretischer Perspektive ist damit der – bei Beck linear gedachte – Zusammenhang von Expertenkontroversen und Innovationsdynamiken kaum noch unter dem Leitstern der Reflexivität zu bündeln. Auf dem Hintergrund dieser Interpretation ist die Politik vielmehr geradezu auf Dissens *verwiesen*. Die Begründung von Entscheidungen kann heute erfolgreich nur angesichts pluraler, einander widersprechender Expertisen geschehen. Eine Entscheidung, die in der Deckung einer Phalanx übereinstimmender Expertenmeinungen voranmarschiert, macht sich heute viel eher verdächtig als eine, die ihre eigene Kritik gleichsam selbst mitliefert. Unglaubwürdig ist nicht, wer durch Gegenexperten unter Druck gerät, sondern der, in dessen Talkshow gar keine anwesend sind.

Der Pluralismus und Dissens zwischen den Experten wird damit zu einer (formalen) Grundbedingung politischer Entscheidungsmacht. Genauer: Die institutionalisierte Gegen-Expertise bewirkt eine Formalisierung des Entscheidungsprozesses zur Herstellung von Handlungsfähigkeit. So ließ sich beispielsweise an den heftigen innenpolitischen Auseinandersetzungen um die Zulässigkeit der Stammzellforschung hierzulande in den letzten Monaten beobachten, wie auf einem Feld, wo es nur Zweifel geben kann, Gewissheit hergestellt wird. Bei einer derartigen „Auflösung" von Risikokonflikten spielt der Faktor Zeit eine ganz zentrale Rolle. Indem z.B. die Entscheidung über die Konstruktion eines Zeitmangels vorstrukturiert wird („die anderen forschen bereits..."); oder aber – und hier kommt die Zeit als Symbolik zum Tragen – indem ein legitimer Zeitpunkt des Entscheidens konstruiert wird. Um im konkreten Beispiel zu bleiben: Auch wenn die Stellungnahmen der Experten-Kommissionen erwartungsgemäß inhaltlich nichts Neues erbrachten, durfte den Empfehlungen der Experten politisch nicht vorgegriffen werden. Schließlich repräsentierten sie das Dekret, dass nun die *politische* Entscheidung anstünde.

Wenn also dem Expertenwissen nur mehr Aufforderungs-, aber nicht mehr Weisungscharakter zukommt, kann dann die politische Entscheidungsrationalität selbst von dem Bedeutungswandel der Expertise unberührt bleiben? Wir gehen davon aus, dass es im Zuge eines stabilen und notwendigerweise politisch aufzulösenden Experten-Dissenses zu einer Transformation dieser Entscheidungsrationalität kommt. Die Entscheidung über die Zulässigkeit der Stammzellforschung etwa wurde im konkreten Fall an das „Verantwortungsbewusstsein" bzw. „Gewissen" der Politiker delegiert. Indem – auf Basis der Expertisen – die Entscheidung zu einer Gewissenssache erklärt wurde, wird in einem Bereich, der sich ansonsten als Arena zur Durchsetzung einer überlegenen Vernunft versteht, eine durch die wissenschaftliche Rationalität konstituierte und legitimierte Emotionalität zur Rationalität der Stunde. Politische Entscheidungsrationalität entpuppt sich auf diese Weise als ein Hybride von Rationalität und Emotionalität – „Remotionalität".

Die politische Mobilisierung von (pluralisierten) Experten-Rationalitäten – die die Vorstellung impliziert, es würde nach der Logik einer besseren Einsicht, des besseren Arguments entschieden werden – wird derart zur Grundbedingung für das Beharrungsvermögen traditioneller politischer Entscheidungslogiken unter fundamental gewandelten Vorzeichen. Es ist daher fraglich, ob einander widersprechende Expertisen die Unzulänglichkeiten eines traditionell-modernen Umgangs mit neuen Ungewissheiten zum Ausdruck bringen – oder nicht eher zum Verschwinden. Eine Revision geltender Rationalitätsideale wird hinfällig, wenn Entscheidungen erfolgreich als Exekution einer Art „rationalisierter Emotionalität" behauptet werden können, einer Form von Rationalität, die als Effekt eines verfahrensförmigen Beharrungsvermögens unter dem Druck der neuen Unübersichtlichkeiten, als Konsequenz eines durchgehaltenen politischen Traditionalismus in Risikofragen zu verstehen ist.

Dies heißt freilich nicht, dass die Urteile und Statements der Experten inhaltlich bedeutungslos werden. Bei den Entscheidungen wird man immer auch auf die entsprechenden Argumentations- und Legitimationsmuster aus der Expertendebatte rekurrieren müssen. Ebenso klar ist aber, dass die Entscheidung angesichts argumentativer „Patt-Situationen" (wie etwa im Fall der Abwägung einer ethischen Zulässigkeit der Stammzellforschung, wo sich auf ewig unvereinbare Positionen gegenüberstehen) auch Motive und Werthaltungen zum Tragen bringen wird, die schon vor dem Zeitpunkt der Expertise bestanden haben – was auf dem Hintergrund der konkreten Entwicklung dann inszenierungstheoretisch oder kapitalismuskritisch gedeutet werden kann.

Um Missverständnissen vorzubeugen: Die These einer politischen Funktionalisierung des Expertendissenses meint nicht, dass die Politik die Experten zweckrational, im Sinne der Legitimierung eigener (Macht-)Interessen, missbraucht. Sondern deren „Instrumentalisierung" ergibt sich gleichsam als Nebenfolge: nämlich als Konsequenz des Fortbestehens eines traditionellen Politikideals unter dem Druck neuartiger Problemkonstellationen. Letztlich ist die inhaltlich-sachlogische Dimension des Expertenwissens von seiner formalen Funktion gar nicht abzulösen: Der moderne Umgang mit Expertenwissen führt zu einer Bestätigung des Bildes, das sich die Gesellschaft von sich selbst macht: dass nämlich ihr Handeln und Entscheiden rational verläuft im Sinne des hegemonialen Rationalitätsmodells.

Als ein provisorischer empirischer Beleg für unsere Interpretation mag die national und international beinahe inflationär gestiegene Anzahl an Ethikkommissionen gelten. Diese werden wohl kaum einberufen, weil zu erwarten wäre, dass dort mittels zwanglosem Zwang des besseren Arguments eine einhellige Expertenmeinung auf höherem Aggregationsniveau entstehen könnte, gleichsam als Blaupause für politisches Handeln. Nicht nur, dass dies eine unrealistische Erwartung wäre; dies wäre letztlich aus der Perspektive des politischen Systems auch kaum funktional. Denn die Notwendigkeit politischer Entscheidungen lässt sich ebenso wie taktisches Abwarten gerade dann besonders gut begründen, wenn der Dissens offensichtlich ist. Durch die Divergenz der Expertenmeinungen wird Politik als Entscheidung überhaupt erst wieder sichtbar: Wäre sie nur der Exekutor von technischen Formeln oder Sachzwängen, würde sie letztlich verschwinden. Die politische Entscheidung legitimiert sich erst vor dem Hintergrund, dass sie auch anders hätte ausfallen können.

3. Die (fehlende) Debatte um eine Methodik des Experteninterviews

Welcher Gewinn lässt sich nun aus diesem kursorischen Streifzug durch die Modernisierungsdiskussion für unsere Methodendebatte ziehen? Zunächst einmal die Erkenntnis, dass die naive Annahme des Experten als eines Lieferanten objektiver Informationen – auf der auch so manche vereinfachte Vorstellung vom erfolgreichen Experteninterview basiert – längst problematisch geworden ist. In unserem Zusammenhang bedeutet das also, dass Experteninterviews auch in methodischer Hinsicht einen erhöhten Reflexionsbedarf aufweisen. Experteninterviews sind nicht einfach „Informationsgespräche", in denen auf eine methodisch mehr oder weniger beliebige Weise Wissen und Meinungen erhoben werden; genauso wie andere Erhebungstechniken bedürfen sie der sorgfältigen Begründung und theoretischen Fundierung.

Insofern lässt sich die aktuelle Methodendebatte um das Experteninterview auf der Meta-Ebene als Reaktion auf die Auflösung des fraglos Gegebenen lesen, als Versuch, Verfügungssicherheit (zurück) zu gewinnen auf einem Feld, das vormals übersichtlich in den Koordinaten von Experte versus Laie bzw. Spezialwissen versus Alltagswissen, Berufs- versus Privatsphäre aufbereitet war.

Diese (kleine) Methodendebatte, die sich explizit und ausführlich mit dem Experteninterview befasst, ist allerdings gerade einmal zehn Jahre alt. Blättert man hingegen weiter zurück, wird man das Experteninterview nur als Instrument zur Exploration finden. Wer die klassischen deutschen Texte zur Grundlegung der Befragung als Standardform unter diesem Aspekt neu liest, wird allerdings feststellen, dass das Experteninterview pauschal auch nicht weniger wahrgenommen wurde als andere qualitative Interviewformen. Während das standardisierte Interview mittels methodischer Abgrenzung vom Alltagsgespräch und unter dem Leitstern der Repräsentativität zum „Königsweg der praktischen Sozialforschung" (König 1952: 27) deklariert wurde, wurde das qualitative (nicht- oder teilstandardisierte) Interview von der damaligen Methodenlehre zwar nicht etwa totgeschwiegen, ihm wurde aber eine Rolle zugewiesen, die den heutigen Vertretern der inzwischen längst solide konsolidierten qualitativen Richtung wie totschweigen vorkommen mag.

In Scheuchs mittlerweile klassischem Text lassen sich Experteninterviews den „Sonderformen der Befragung" zurechnen (1967: 165f.). Das sind all jene Interviews, die nicht standardisiert und quantitativ auswertbar sind („Tiefeninterviews"). Charakteristischerweise sind diese Interviews an einen Leitfaden gebunden. Für unseren Zusammenhang ist interessant, dass Scheuch die Auswirkungen der im Vergleich zum standardisierten Interview flexibleren Interviewführung auf die Interaktionsbeziehung zum Gegenstand systematischer Reflexion macht. Schließlich kommuniziert der Interviewer in diesem Setting nicht mehr nur im Dienst der Vermittlung von Informationen, sondern übernimmt „als Forscher" Aufgaben wie z.B. Informationen zu sammeln für die Konstruktion des Leitfadens, die Gesprächssituation aktiv zu gestalten, die Interaktionssituation zu reflektieren usw. Sowohl als ein möglicher Faktor der Sekundärmotivation, aber auch als ein möglicher Verzerrungseffekt ist für Scheuch der „Publikumseffekt" von zentraler Bedeutung, jene Situation, in der der Befragte den Interviewer als Mittelsmann seiner Botschaften betrachtet und ein – imaginäres – Publikum als Bezugsrahmen des Gesprächs voraussetzt. Die methodischen Folgen dieser Sozialität der Interaktion werden von Scheuch allerdings nicht weiter verfolgt. Derartige irreduzible „Effekte" als Störvariablen gedacht, bieten sie sich auch weniger an als ein Ansatzpunkt zur methodischen Evaluation als vielmehr als ein Indiz für die „Unschärfe" qualitativer Methoden. Weil die Auswertung fernab der Gleise quantifizierender Sozialforschung verläuft, sind Leitfaden-Gespräche kein Beweisinstrument. Sie haben aufgrund ihrer sehr begrenzten Reliabilität lediglich eine „ergänzende Funktion" (1967: 166), dienen also der Felderschließung, der Vertiefung vorwissenschaftlichen Wissens, zur Hypothesengenerierung.

Ähnliche Überlegungen finden sich bei Koolwijk (1974). Er begreift das methodisch kontrollierte Verfremden der „natürlichen" Alltagskommunikation als eine erste Voraussetzung für die Erhebung des Interviews in den Stand einer wissenschaftlichen Befragungsmethode – ein Prinzip der „Künstlichkeit", das dem Charakter des Experteninterviews zuwiderlaufe. Das Experteninterview rechnet Koolwijk ebenso wie das standardisierte Interview der Befragungsform des „ermittelnden Interviews" zu (im Gegensatz zum „vermittelnden" Interview wie z.B. dem Therapiegespräch). Anders als das standardisierte Interview operiert das Experteninterview, Hauptexponent des „informatorischen Interviews", nah am Alltagsgespräch (journalistisches Interview, Zeugeninterview usw.). Es ist nicht spezifisch methodisch oder theoretisch informiert, deskriptiv, nicht analytisch ausgerichtet, die Interviewerhaltung ist rezeptiv. Da weder der Wortlaut der Fragen noch deren Reihenfolge oder die Vorgabe zulässiger oder möglicher Antworten festgelegt sind, ist das Experteninterview nicht standardisiert und bleibt damit für die Theoriebildung von geringem Wert.

In dieser Lesart einer am naturwissenschaftlichen Erkenntnisideal orientierten Sozialforschung gilt also das Experteninterview – wie alle anderen qualitativen Verfahren – als unreife Vorstufe zum „eigentlichen" Forschungsprozess. Diese Begrenzung speist sich aus dem Verdacht, dass insbesondere das Experteninterview als „informatorisches Interview" in der spezifischen Gesprächssituation nahe an der Alltagskommunikation verbleibt und die Ergebnisse stark von dem Einsatz und Geschick des einzelnen Forschers abhängen. Reliable Ergebnisse können dagegen aufgrund der fehlenden interpersonellen Konstanz nicht erwartet werden. Experteninterviews gelten in dieser Perspektive bestenfalls als Steinbrüche von anekdotischem oder illustrativem Material: Nicht ausgefeiltes Erhebungsinstrument, sondern nicht mehr als ein irgendwie besonderes Alltagsgespräch bietet das Experteninterview in dieser Lesart eine intuitiv entworfene und kaum intersubjektiv überprüfbare Typizität anstelle der Repräsentativität, eine Illustration der Vorab-Theorie anstelle von Geltungsbegründung, Authenzität anstelle kontrollierter Abstraktion – und somit eine Theoriebildung, in welcher Genialität dominiert anstelle von Transparenz. Das Experteninterview, alles in allem: eher ein Stück schlechter Literatur anstelle solider Wissenschaft?[9]

Dieses Urteil verstetigt sich in der anhaltenden Vernachlässigung durch die Standardlehrbücher. Trotz großer Verbreitung in der empirischen Sozialforschung ist das Experteninterview, resümieren Meuser/Nagel (1997: 481), methodologisch ein „randständiges Verfahren" geblieben. Zu Zeiten der Konso-

---

9   In dieser Stoßrichtung noch heute z.B. Meulemann 1993.

lidierungsphase der Methoden in der deutschen Soziologie teilte das Experteninterview – wie die Literaturdurchsicht zeigte – dieses Schicksal mit den qualitativen Befragungsmethoden im Allgemeinen. Das Experteninterview als Instrument der Theoriegenerierung war ebenso wenig anerkannt wie die spezifischen Qualitäten eines Forschungsparadigmas, das auf Kontextspezifität, Situationsadäquanz und Subjektrelevanz setzt. Diese nachholende Reflexion auf die spezifischen Vorteile einer qualitativen Sozialforschung wurde in Deutschland intensiv ab den frühen 70er Jahren auf der erkenntnistheoretischen Schiene als Nachhall des Positivismusstreits geleistet, der gegen die Eskamotierung des Subjekthaften unter der Dominanz des naturwissenschaftlichen Erkenntnisideals opponierte und die „Entzauberung der objektivistischen Ideale" (Bonß/Hartmann 1985: 21) beschleunigte. Da, wo die Entwicklung eigener Methodik in den Vordergrund rückte, besann man sich auf die „andere" amerikanische Forschungstradition, die mit den Namen Cicourel, Glaser/Strauss, Garfinkel oder Goffmann verbunden ist.[10] Nachdem die qualitative Forschung im Verlauf der 80er Jahre sich konsolidiert hatte und heute nicht länger deren spezifischer Wert für die Forschung, sondern eine unproduktive, implizit politisch besetzte Abgrenzung zwischen den Paradigmen der Kritik unterliegt[11], stellt sich das Problem anders. Heute braucht die Frage nach Nutzen und Grenzen des Experteninterviews nicht mehr der Frage subsumiert zu werden, was denn nun offene oder teilstandardisierte Interviews methodisch überhaupt zu leisten vermögen.

Allerdings ist auch innerhalb des qualitativen Paradigmas das Experteninterview als abgrenzbare und eigenständige Erhebungsmethode keineswegs allgemein anerkannt. Dies zeigt schon ein Blick in die entsprechenden Lehr- und Handbücher, wo Experteninterviews entweder gar nicht oder nur am Rande erwähnt werden.[12] Grund für die geringe Beachtung ist nicht zuletzt die

---

10 Frühe Zeugnisse bzw. Schrittmacher dieser alternativen Forschungstradition waren in erkenntniskritischer Perspektive Bühl 1972, Steinert 1973, Schütze u.a. 1980. Vgl. auf die Entwicklung einer eigenen Methodik bezogen Hopf 1978, Hopf/Weingarten 1979, Hoffmann-Riem 1980.

11 So z.B. bei dem vorrangig an einer standardisierten Sozialforschung interessierten Diekmann (1995: 445).

12 Um nur die am stärksten verbreiteten Lehrbücher der qualitativen Sozialforschung zu nennen: Keine Beachtung findet das Experteninterview bei Bohnsack 2000; Lamnek 1995; Mayring 1996 und Spöhring 1989. Immerhin eine halbe Seite widmet Flick (1995) der Darstellung des Experteninterviews nach dem Ansatz von Meuser/Nagel. Ähnlich sieht die Bilanz bezüglich der einschlägigen Handbücher aus: In Flick u.a. (Hg. 1995) findet sich keinerlei Hinweis, in Flick/Kardorff/Steinke (Hg. 2000) wird zwar an zwei Stellen erwähnt, dass es Experteninterviews gibt; nähere Informationen gibt es aber auch hier nicht (in diesem Band firmieren sie bezeichnenderweise unter der Rubrik „Abkürzungsstrategien" [S. 263]). Eine Ausnahme stellt das von Friebertshäuser und Prengel herausgegebene Handbuch zur qualitativen Forschung in der Erziehungswissenschaft dar, in dem ein ausführlicher Artikel von Meuser und Nagel zu finden ist (Meuser/Nagel 1997).

Tatsache, dass Experteninterviews den üblichen „qualitativen" Anforderungen nach Offenheit und Nicht-Beeinflussung des Interviewpartners häufig nicht entsprechen.[13]

Zudem besteht eine auffällige Heterogenität dessen, was üblicherweise alles unter den Begriff des Experteninterviews gefasst wird: Das Spektrum reicht von quantitativ orientierten Verfahren über Konzeptualisierungen des Experten als eine Art von Informationslieferant (beispielsweise bei Vogel 1995) bis hin zu dem theoretisch anspruchsvollen, dezidiert qualitativ orientierten Ansatz von Michael Meuser und Ulrike Nagel (1991; 1994; 1997). *Das* Experteninterview gibt es nicht. Und es ist auch kaum zu erwarten, dass die empirischen Sozialforscher sich demnächst auf ein einheitliches Konzept einigen werden.

Ein dritter Grund für die geringe Beachtung der Experteninterviews in den Einführungs- und Nachschlagewerden zu qualitativen Methoden ist die vergleichsweise wenig ausgeprägte theoretisch-methodologische Fundierung dieser Erhebungsform. Abgesehen von dem „klassischen" Aufsatz von Meuser und Nagel 1991, der Ausgangs- und Bezugspunkt der aktuellen Diskussion um das Experteninterview ist, gibt es kaum Versuche, das Experteninterview (bzw. eine spezifische Ausprägung davon) systematisch zu begründen.

Besonders deutlich wird dieses Defizit, wenn man das Experteninterview mit anderen Erhebungsformen vergleicht: Das Konzept des narrativen Interviews beispielsweise, das von Schütze (1977; 1983) entworfen wurde, ist seit mittlerweile über 20 Jahren Gegenstand intensiver und kritischer Diskussionen, die sich nicht nur auf die praktische Durchführung beziehen, sondern auch auf seine methodologischen Basisannahmen und die methodische Begründbarkeit. Kaum weniger einflussreich ist das „fokussierte Interview" (Merton/Kendall 1946; 1979) oder das von Witzel (1985) in die Diskussion gebrachte „problemzentrierte Interview".

Die Debatte um das Experteninterview ist dagegen weniger durch Versuche zu einer theoretischen Ortsbestimmung gekennzeichnet, sondern vor allem durch stark praxis- und anwendungsfeldbezogene Probleme und Themen. Als Beispiel seien hier nur der Sammelband von Brinkmann, Deeke und Völkel (1995) zu Experteninterviews in der Arbeitsmarktforschung oder Schmids (1995) Beitrag zu Expertengesprächen in der Parteienforschung genannt. Dies spiegelt sich auch in der Zusammensetzung der Autorenschaft: Häufig sind es nicht ausgewiesene „Experten" für qualitative Methoden, die ihre Gedanken zum Experteninterview publizieren, sondern vielmehr Forscher aus bestimmten Anwendungsfeldern und gegenstandsbezogenen Disziplinen, eben etwa Industriesoziologen oder Arbeitsmarktforscher. Die Reflexion zu Experteninterviews verdankt sich daher nicht der abstrakten Kon-

---

13   Und darüber hinaus gibt es auch Erhebungsformen, die sich dem Begriff Experteninterview subsumieren lassen, die klar standardisierte Züge aufweisen, wie beispielsweise die Delphi-Methode (siehe hierzu den Beitrag von Aichholzer in diesem Band).

struktion einer ausgefeilten, theoretisch „reinen", aber im Forschungsalltag nur schwer umsetzbaren Methodik, sondern viel eher den praktischen Problemen „aus dem Feld" selbst. Darin wird zugleich der Bedarf nach methodischer Orientierung der verschiedenen empirisch orientierten Disziplinen deutlich, denen die Beiträge der qualitativen Methodiker offenbar bislang nicht ausreichend gerecht wurden. Das Missverhältnis zwischen der hohen forschungspraktischen Bedeutung und der geringen methodologischen und methodischen Reflexion ist im Fall der Experteninterviews besonders krass.

Die Schuld dafür liegt allerdings nicht einfach in einer für die Fachdisziplinen wenig praktikablen Methodendiskussion im „Elfenbeinturm der Methodenforschung", sondern eben auch in der mangelnden methodischen Reflexion in den Fachdisziplinen und unter den Anwendern der Methoden selbst. Die einschlägigen Studien und Forschungsberichte, die mit Experteninterviews arbeiten, beschränken sich in der Regel auf die Ergebnispräsentation; Reflexionen zur Erhebungsmethode finden sich gewöhnlich kaum oder werden in Fußnoten oder den Anhang verbannt. Dieses Versäumnis findet seine Fortsetzung in der Lehre: In den universitären Methodenveranstaltungen ist das Experteninterview, mit dem Studierende in der Regel bereits im Rahmen von Empiriepraktika, Seminar- oder Abschlussarbeiten erste Erfahrungen sammeln, die große Unbekannte.

4. Zu den Beiträgen des vorliegenden Bandes

Der vorliegende Band kann, so hoffen wir, ein wenig dazu beitragen, diesen Defiziten abzuhelfen. Er soll einerseits in verständlicher Weise in die Thematik einführen und damit Studierende, Praktiker und Forscher, die im Rahmen von Studium, Lehre und empirischer Arbeit mit Experteninterviews zu tun haben, eine erste Orientierung und einen Überblick über die Debatte zum Experteninterview bieten. Andererseits soll dieser Band einen Beitrag zur Weiterentwicklung von Theorie und Praxis des Experteninterviews leisten. Dabei werden verschiedene Aspekte dargestellt und analysiert: theoretisch-methodologische Fragen, konkrete Erhebungsmethoden und Fragestrategien und praktische Forschungsbeispiele aus verschiedenen sozialwissenschaftlichen Teildisziplinen.

Der Sammelband gliedert sich in drei Teile. Im ersten Kapitel stehen theoretisch bzw. konzeptionell orientierte Arbeiten im Vordergrund, die nach der Möglichkeit einer methodischen und methodologischen Grundlegung des Experteninterviews fragen. Diese Beiträge zielen darauf, Gegenstand und Gestalt des Experteninterviews genauer zu umreißen. Was ist überhaupt das definitorische Kriterium, aufgrund dessen von Experteninterviews gesprochen werden kann? Dabei ist zuallererst die Frage zu klären, welche besonderen

Charakteristika „den Experten" bzw. „die Expertin" auszeichnen. Wie ist „Expertenwissen" beschaffen, welche Art von Informationen und Kenntnissen sollen erhoben werden? Lässt sich das Experteninterview als eigenständige Interviewform begründen und von anderen Formen des qualitativen und quantitativen Interviews sinnvoll abgrenzen? Und schließlich: Welche Folgen haben solche Überlegungen für Erhebungsmethode, Interaktionsstrategie und Auswertung?

Alexander Bogner und *Wolfgang Menz* wollen im ersten Aufsatz mit der Differenzierung unterschiedlicher Formen von Experteninterviews zu einer Systematisierung der Diskussion beitragen. Im Anschluss an die Typisierung verschiedener Dimensionen von Expertenwissen wird eine Reformulierung des wissenssoziologisch orientierten Expertenbegriffs vorgeschlagen, indem das Expertenwissen als eine „analytische Konstruktion" aufgefasst und zugleich der Aspekt der „Gestaltungsmacht" von Experten einbezogen wird: Das Experteninterview sei weder durch das Interesse an einem abgrenzbaren Spezial- oder Sonderwissen charakterisiert, wie es die wissenssoziologische Diskussion nahe lege; noch könne es durch die Trennung von Privatsphäre und (zumeist beruflichem) Funktionskontext hinreichend definiert werden. Der Experte sei in der Regel vor allem deshalb forschungsrelevant, weil er über die Chance verfüge, seine besonderen Deutungen in der Praxis durchzusetzen. Daran anknüpfend wird ein „Interaktionsmodell" des Experteninterviews eingefordert, das die zumeist als Störvariablen begriffenen so genannten „Interaktionseffekte" als konstitutiv und produktiv für den Prozess der Datenproduktion und -interpretation versteht.

Bei dem Beitrag von *Michael Meuser* und *Ulrike Nagel* handelt es sich um einen unveränderten Wiederabdruck des bereits mehrfach erwähnten, inzwischen wohl als Klassiker zu bezeichnenden Artikels von 1991 „ExpertInneninterviews – vielfach erprobt, wenig bedacht."[14] Meuser und Nagel grenzen Experteninterviews von anderen offenen Interviewformen dadurch ab, dass hier nicht die Gesamtperson des Befragten von Interesse sei, sondern ein spezifischer organisatorischer oder institutioneller Zusammenhang, so dass nur bestimmte Ausschnitte individueller Erfahrungen in den Mittelpunkt der Befragung gerückt würden. Die für die Untersuchung bedeutsamen Experten werden dabei als Funktionsträger innerhalb des untersuchungsrelevanten Organisationskontextes definiert. Weil nicht der Einzelfall, sondern das gemeinsam geteilte Wissen der Experten, d.h. ihre fallübergreifenden Relevanzstrukturen das Ziel der Analyse seien, stünde im Experteninterview im Gegensatz zu fallrekonstruktiven Verfahren, die das erhobene Material entlang der Sequenzialität der Äußerungen auswerten, die theoretisch angeleitete thematische Gliederung im Vordergrund. Dies werde durch fünf Auswer-

---

14 Erstmals in: Garz, Detlev/Kraimer, Klaus (Hg. 1991): Qualitativ-empirische Sozialforschung. Konzepte, Methoden, Analysen. Opladen: Westdeutscher Verlag

tungsschritte erreicht, an deren Ende die theoretische Generalisierung steht, die auf die Generierung „bereichsspezifischer und objekttheoretischer Aussagen angelegt" ist.

Karsten Kassner und *Petra Wassermann* vermuten im Fall des Experteninterviews einen Etikettenschwindel: Unter diesem Begriff werde etwas vertrieben, was dem eigenem Anspruch auf theoretisch fundierte Methodik nicht gerecht werde. Insbesondere ergäben sich systematische Schwierigkeiten, Experteninterviews als eigenständige Methodik zu begründen und sie trennscharf von anderen Formen qualitativer Interviews abzugrenzen. In Auseinandersetzung insbesondere mit dem Ansatz von Meuser und Nagel wird konstatiert, dass die Ebenen von Metatheorie, gegenstandsbezogener Theorie, Methodologie und Methode nicht klar genug auseinander gehalten würden. Dies führe zur unzulässigen Verallgemeinerung gegenstandsbezogener, anhand von bestimmten Forschungsfeldern generierter Annahmen und Aussagen über Wesen und Funktion von Experten. Dies alles, so Kassner und Wassermann, spreche keinesfalls gegen die fruchtbare Durchführung von Experteninterviews. Sie seien aber kontextspezifische Instrumente im Rahmen konkreter Forschungsanliegen; den Status eigenständiger Methodik mit übertragbarem und allgemein anwendbarem Rezeptwissen könne nicht für sie reklamiert werden.

Michaela Pfadenhauer stellt ihre theoretische Begründung des Experteninterviews als einer eigenständigen Methode im Kanon qualitativer Interviews in den Kontext eines ethnographischen Forschungsdesigns. Es biete sich vornehmlich im Hinblick auf Forschungsinteressen an, die auf die Rekonstruktion von explizitem Expertenwissen abzielten. Außerdem sei die Produktivität dieser Methode erst durch ein außergewöhnliches Maß an Vorwissen über den Untersuchungsbereich gewährleistet, das sich ganz zentral über eine ethnographische „Inventarisierung" des Forschungsfelds konstituiere. Weil der im Interview kommunizierte Wissenstyp von der Einschätzung abhänge, die sich der Experte von seinem Gegenüber mache, sei relevantes Expertenwissen nur über den professionellen Bezug auf das Relevanzsystem des Experten zu erheben. Diese Spezifität der Interaktionsverhältnisse, die an den Interviewer die Anforderung formulieren, für eine erfolgreiche Durchführung von Experteninterviews selbst zum „Quasi-Experten" zu werden, markiert für die Autorin das zentrale konstitutive Merkmal von Experteninterviews. Mit dieser Perspektive verbindet sich die Warnung, das Experteninterview als eine vergleichsweise unproblematische und „ökonomische" Art und Weise der Datenproduktion oder als eine „Abkürzungsstrategie" zu verkennen.

Im zweiten Teil des vorliegenden Bandes sind Beiträge versammelt, die sich schwerpunktmäßig mit den Erhebungstechniken und der Interaktionssituation im Experteninterview auseinandersetzen. Welche Erhebungsmöglichkeiten sind im Rahmen von Expertenbefragungen jenseits des üblichen qualitativ orientierten, leitfadenstrukturierten Einzelinterviews möglich? Durch welche

Determinanten und Besonderheiten ist die Kommunikation im Experteninterview geprägt? Welche personalen Fähigkeiten, Kompetenzen und Zuschreibungen sind hier in der Interaktion wirksam? Wie können die besonderen Strukturen der Interaktion sinnvoll für den Erhebungsprozess genutzt werden?

Georg Aichholzer präsentiert mit dem Experten-Delphi eine Methode, die im Rahmen der „Technologievorausschau" an Bedeutung gewonnen hat. Dieser relativ stark strukturierte Gruppenkommunikationsprozess zielt – vor dem Hintergrund gravierender Unsicherheitserfahrungen in modernen Gesellschaften – auf die „Rationalisierung der Zukunft" vermittels einer methodisch kontrollierten Generierung von Expertenwissen. Nach einer Einleitung in die methodischen Grundlagen des Delphi illustriert Aichholzer dessen Anwendung am Beispiel des jüngsten österreichischen Technologie-Delphi. In diesem Projekt sind verschiedene (methodische und techniksoziologische) Kritikpunkte am Delphi berücksichtigt worden. Zu den Kernelementen dieser Neugestaltung zählt der Autor insbesondere: die Modifikation des klassischen Delphi zu einem „Entscheidungs-Delphi", das von einer linearen und deterministischen Vorstellung gesellschaftlicher Evolution Abstand nimmt; eine breitere Definition der Expertenbasis; die Kombination von Gesellschafts- und Kultur-Delphi; sowie die Orientierung an der „Total Design Methode" für postalische Umfragen, die auf eine Stabilisierung des Vertrauensverhältnisses zwischen Forscher und Befragten abzielt, um die Motivation der teilnehmenden Experten zu erhöhen.

Alexander Bogner und *Margit Leuthold* diskutieren die Frage, welche theoretischen und forschungspraktischen Gründe für den Einsatz von Gruppendiskussionen mit Experten sprechen. Nach einer Klärung der Begrifflichkeiten vor dem Hintergrund der Divergenz einer deutschen und amerikanischen Forschungstradition fordern sie, für die methodische Konzeptualisierung von Gruppeninterviews mit Experten die fruchtlose Alternative von Repräsentation oder Emergenz zu überwinden. Auf dem Hintergrund einschlägiger Erfahrungen mit Experten-Fokusgruppen im Bereich der Umweltforschung diskutieren Bogner und Leuthold abschließend die methodischen Konsequenzen, die sich aus den theoretisch begründeten Anforderungen von Kommunikativität und Kontrolle der Diskussion ergeben. In Abgrenzung zu einem in der Methodendebatte impliziten Ideal einer weitgehend offenen und unbestimmten Moderationshaltung plädieren die Autoren – angesichts der besonderen Situation, die Fokusgruppen mit Experten darstellen – für eine engagierte, interventionistische Moderation, die auf fachlicher Kompetenz und dem Einsatz von professionellen Moderationstechniken basiert.

Vor dem empirischen Hintergrund zweier Forschungsprojekte aus der politikwissenschaftlichen Biotechnologieforschung befassen sich *Gabriele Abels* und *Maria Behrens* mit dem Verhältnis von Expertenstatus und Subjekthaftigkeit im Interview. Auch wenn sich das Forschungsinteresse im Experteninterview nicht auf die Befragten als „Gesamtperson", sondern primär auf ihre Funktion als Experten richte, so seien diese – genauso wie die Interviewerinnen – eben doch als Subjekt in der Interaktion präsent. Somit werde die Interaktion von verschiedenen und nicht hintergehbaren subjektbezogenen Einflussfaktoren geprägt. Unter diesen greifen Abels und Behrens die Kategorie Geschlecht heraus und analysieren ihre Bedeutung für das Experteninterview. Verschiedene „Interaktionseffekte" im Interview ließen sich auf geschlechterbezogene Zuschreibungen und Vorurteile zurückführen. Dabei wird deutlich – und dies ist die zentrale These –, dass sowohl positive als auch diskriminierende Effekte durchaus im Sinne produktiver Datengewinnung genutzt werden können.

Auf die Bedeutung der Kategorie Geschlecht in Interviews mit Experten und Expertinnen fokussiert auch der Beitrag von *Beate Littig*. Dabei geht es zunächst um Fragen, die die Auswahl der Experten betreffen, konkret den geringen Anteil von Frauen auf den mittleren und höheren Hierarchieebenen als wichtigen Rekrutierungsebenen von Interviewpartnern. Im Zentrum des Artikels steht die Interviewsituation selbst, die Frage nach dem Doing Gender, der Konstruktion und Reproduktion von Geschlecht im Expertengespräch und dessen notwendige Berücksichtigung bei der Interpretation der Daten. Methodisch lassen sich nach Ansicht der Autorin aus der Omnipräsenz des Doing Gender keine allgemein gültigen Regeln für das Experteninterview ableiten. Inwieweit die Geschlechterinteraktion thematisiert wird, hänge vom jeweiligen Forschungsinteresse ab. Sie empfiehlt allerdings ein Forschungsdesign, das sich der Relevanz der Geschlechterkategorie bei der Durchführung von Experteninterviews bewusst ist.

Der dritte Teil des Bandes schließlich beinhaltet Beiträge, die sich mit der Bedeutung von Experteninterviews, ihrer Durchführung und ihren interaktionsspezifischen Besonderheiten im Rahmen konkreter Anwendungsfelder und sozialwissenschaftlicher Teildisziplinen (Industriesoziologie, interpretative Organisationsforschung, Arbeitsmarktforschung und Sozialberichterstattung) befassen. In dieser Diskussion treten insbesondere die Fragen in den Vordergrund, welche methodischen und methodologischen Konsequenzen aus der besonderen Strukturierung des jeweiligen Forschungsfeldes resultieren und was dies für die erfolgreiche Gesprächsführung im Experteninterview bedeutet.

Die Strategien angemessener Interviewführung ergeben sich für *Rainer Trinczek* aus dem Postulat des qualitativen Paradigmas, die Erhebungssituation müsse entsprechend den Regeln der alltagsweltlichen Kommunikation strukturiert sein. Daraus zu schließen, die Interviewführung hätte generell dem Prinzip der Neutralität und Zurückhaltung zu folgen, bedeute allerdings, die alltäglichen Kommunikationsregeln ganz spezifischer sozialer Kontexte zu verabsolutieren. In dem von Trinczek analysierten Fall von Experteninterviews mit Managern seien die alltäglichen Kommunikationsregeln und damit die Erwartungen der Gesprächspartner vielmehr an einer in der betrieblichen Alltagssituation vorherrschenden Frage-Antwort-Struktur orientiert. Ob das

Experteninterview sich durchgängig an diesen Erwartungen zu orientieren habe, hänge dabei vom Interviewgegenstand ab. Dies macht Trincezk am Beispiel zweier thematisch heterogener Forschungsprojekte deutlich. Ist das Gesprächsthema im betrieblichen Kontext situiert, biete sich eine argumentativ-diskursive Gesprächsführung an. Anders bei Forschungsprojekten, die in der „privaten Lebenswelt" angesiedelt sind: Hier seien – entsprechend der differierenden alltäglichen Kommunikationsstruktur – auf Narrationen zielende Interviewerstrategien angebracht.

Manfred Lueger und *Ulrike Froschauer* zeigen in ihrem Beitrag, welche Bedeutung Expertengesprächen im Rahmen einer der interpretativen Sozialforschung verpflichteten Organisationsanalyse zukommt. In einer Unterscheidung der Beobachtungsebenen (erster und zweiter Ordnung) schlagen sie die Rekonstruktion analytisch differenzierbarer Wissenstypen vor. Diese gründen auf einer Heuristik verschiedener Arenen und Reflexionsstufen der Expertise. Die Befragten verfügen (als ExpertInnen der organisationalen Lebenswelt) über organisationsinterne Erfahrungs- und Handlungswissensbestände. Aus einer erweiterten Beobachtungsperspektive können sie als ExpertInnen „Auskunft geben" über interne Wissensstrukturen und Wissenskonstruktionen. Schließlich sind im Sinne einer komplexen Kontrastierung von Wissensformen auch jene ExpertInnen in die Forschungsarbeit zu integrieren, die aufgrund ihrer professionalisierten Reflexion als In- oder Externe von forschungspraktischer Bedeutung sind. Ihrer analytischen Perspektive entsprechend stellen Froschauer und Lueger die jeweils spezifischen Anforderungen an Erhebungs- und Interpretationsverfahren dar, die aus den verschiedenen Typen von kontrastiven Expertisen organisationalen Handelns folgen.

Andrea Leitner und *Angela Wroblewski* befassen sich in ihrem Beitrag mit den Besonderheiten von Experteninterviews im Kontext der Evaluationsforschung. Nach einer Übersicht über die Entwicklung dieses Forschungszweigs loten sie die Möglichkeiten und Notwendigkeiten des Einsatzes von Experteninterviews im Rahmen des Ansatzes der „responsiven Evaluation" aus. Wesentliche Problematik, mit der die Forscher sich im Fall von Evaluationen auseinander zu setzen hätten, sei die der Befragten als „stakeholder", die ein spezifisches Interesse an den Ergebnissen der Evaluation hätten, was gewöhnlich das Antwortverhalten mitbestimme. Die Experten aus dem Bereich der zu evaluierenden Projekte nähmen Evaluatoren oft als Überprüfungsinstanz wahr, was zu Misstrauen und Legitimationsdruck führe. Anhand von Beispielen aus der arbeitsmarktpolitischen Evaluationsforschung werden Determinanten des Interaktionsprozesses bei Experteninterviews dargestellt und Möglichkeiten des Umgangs mit diesen Verzerrungen diskutiert.

Michael Meuser und *Ulrike Nagel* stellen Experteninterviews als ein variables Forschungsinstrument der Sozialberichterstattung vor. Das nicht-standardisierte Experteninterview als eine „weiche" Datenquelle sei in diesem Zusammenhang insbesondere dazu geeignet, einen Zugang zu habitualisierten

Handlungsorientierungen oder institutionell verfestigten Entscheidungsroutinen zu bekommen. Im Rahmen einer Explikation der wissenssoziologischen Grundlagen dieser Methode, die mit einer Kritik des klassischen wissenssoziologischen Expertenbegriffs verbunden wird, entwerfen Meuser und Nagel den die Sozialforschung interessierenden Experten als Träger von Sonderwissensbeständen und – in professionssoziologischer Perspektive – als aktiven Partizipanten. Im Anschluss an eine funktionslogische Differenzierung des Expertenwissens werden unterschiedliche Einsatzmöglichkeiten des Experteninterviews im Rahmen der Sozialberichterstattung vorgestellt. Abschließend skizzieren Meuser und Nagel die praktische Vorbereitung und Durchführung der Interviews.

Danksagung

Die Lektüre soziologischer Texte ist (sagen wir: für Nicht-Soziologen) selten ein Spaß. Umso herzlicher danken wir allen, deren ehrenamtliches Engagement dem Fehlerteufel das Leben schwer gemacht hat. Simone Straub hat der neuen Rechtschreibung zu ihrem Recht verholfen. Gertraud Stadler ist es zu danken, dass die redaktionelle Arbeit doch noch ein Ende gefunden hat. Und Gerhard Menz hat sich und unsere eigenen Texte in keiner Phase des Projekts geschont und uns mit hilfreichen Expertisen zu Grammatik und Orthographie versorgt.

Vorbemerkung zur zweiten Auflage

Wir freuen uns, dass dieser Band, der im Jahr 2002 bei Leske + Budrich erstmals erschienen ist, auf großes Interesse gestoßen ist, so dass nunmehr eine zweite Auflage notwendig wurde. Die Beiträge wurden auf Fehler durchgesehen, die Literatur- und AutorInnenangaben aktualisiert; inhaltliche Veränderungen wurden aber nicht vorgenommen. Nach dem Zusammengehen von Leske + Budrich mit dem Westdeutschen Verlag erscheint das Buch nun im VS Verlag für Sozialwissenschaft, Wiesbaden.

Literatur

Abels, Gabriele/Behrens, Maria (1998): ExpertInnen-Interviews in der Politikwissenschaft. Das Beispiel der Biotechnologie. In: Österreichische Zeitschrift für Politikwissenschaft, Jg. 27, H. 1, S. 79-92 (überarbeitete Fassung in diesem Band)

Beck, Ulrich (1986): Risikogesellschaft. Auf dem Weg in eine andere Moderne. Frankfurt/M.: Suhrkamp

Beck, Ulrich/Giddens, Anthony/Lash, Scott (1996): Reflexive Modernisierung. Eine Kontroverse. Frankfurt/M.: Suhrkamp

Bogner, Alexander/Menz, Wolfgang (2002): Wissenschaftliche Politikberatung? Der Dissens der Experten und die Autorität der Politik. Leviathan, Jg. 30, H. 3, S. 384-399

Bohnsack, Ralf (2000): Rekonstruktive Sozialforschung. Einführung in Methodologie und Praxis qualitativer Forschung. Opladen: Leske + Budrich, 4. Auflage

Bonß, Wolfgang/Hartmann, Heinz (1982): Konstruierte Gesellschaft, rationale Deutung – Zum Wirklichkeitscharakter soziologischer Diskurse. In: dies. (Hg.): Entzauberte Wissenschaft. Soziale Welt Sonderband 3. Göttingen, S. 9-46

Brinkmann, Christian/Deeke, Axel/Völkel, Brigitte (Hg. 1995): Experteninterviews in der Arbeitsmarktforschung. Diskussionsbeiträge zu methodischen Fragen und praktischen Erfahrungen. Nürnberg (Beiträge zur Arbeitsmarkt- und Berufsforschung 191)

Bühl, Walter (Hg. 1972): Verstehende Soziologie. Grundzüge und Entwicklungstendenzen. München: Nymphenburger Verlagsanstalt

Diekmann, Andreas (1995): Empirische Sozialforschung. Grundlagen, Methoden, Anwendungen. Reinbek: Rowohlt

Evers, Adalbert/Nowotny, Helga (1987): Über den Umgang mit Unsicherheit. Die Entdeckung der Gestaltbarkeit von Gesellschaft. Frankfurt/M.: Suhrkamp

Flick, Uwe (1995): Qualitative Forschung. Theorie, Methoden, Anwendung in Psychologie und Sozialwissenschaften. Reinbek: Rowohlt

Flick, Uwe/Kardorff, Ernst von/Keupp, Heiner/Rostenstiel, Lutz von/Wolff, Stephan (Hg. 1995): Handbuch Qualitative Sozialforschung. Grundlagen, Konzepte, Methoden und Anwendungen. Weinheim: Beltz, 2. Auflage

Flick, Uwe/Kardorff, Ernst von/Steinke, Ines (Hg. 2000): Qualitative Forschung. Ein Handbuch. Reinbek: Rowohlt

Friebertshäuser, Barbara/Prengel, Annedore (Hg. 1997): Handbuch Qualitative Forschungsmethoden in der Erziehungswissenschaft. Weinheim und München: Juventa.

Gibbons, Michael/Limoges, Camille/Nowotny, Helga/Schwartzman, Simon/Scott, Peter/Trow, Martin: The New Production of Knowledge: The Dynamics of Science and Research in Contemporary Societies. London: Sage

Giddens, Anthony (1996): Leben in einer posttraditionalen Gesellschaft. In: Beck, Ulrich/Giddens, Anthony/Lash, Scott (1996): Reflexive Modernisierung. Eine Kontroverse. Frankfurt/M.: Suhrkamp, S. 113-194

Hartmann, Heinz/Hartmann, Marianne (1982): Vom Elend der Experten: Zwischen Akademisierung und Deprofessionalisierung. In: Kölner Zeitschrift für Soziologie und Sozialpsychologie, Jg. 34, S. 193-223

Hoffmann-Riem, Christa (1980): Die Sozialforschung einer interpretativen Soziologie. Der Datengewinn. In: Kölner Zeitschrift für Soziologie und Sozialpsychologie, Jg. 32, S. 339-372

Hopf, Christel (1978): Die Pseudo-Exploration. Überlegungen zur Technik qualitativer Interviews in der Sozialforschung. In: Zeitschrift für Soziologie, Jg. 7, H. 1, S. 97-115

Hopf, Christel/Weingarten, Elmar (Hg. 1979): Qualitative Sozialforschung. Stuttgart: Klett-Cotta, (3. Auflage 1993)

Japp, Klaus P. (1990): Das Risiko der Rationalität für technisch-ökologische Systeme. In: Halfmann, Jost/Japp, Klaus P. (Hg.): Riskante Entscheidungen und Katastrophenpotentiale. Elemente einer soziologischen Risikoforschung. Opladen: Westdeutscher Verlag, S. 34-60

Köhler, Gabriele (1992): Methodik und Problematik einer mehrstufigen Expertenbefragung. In: Hoffmeyer-Zlotnik, Jürgen H. P. (Hg.): Analyse verbaler Daten. Über den Umgang mit qualitativen Daten. Opladen: Westdeutscher Verlag, S. 318-332

König, René (1952): Praktische Sozialforschung. In: Ders. (Hg.): Das Interview. Formen, Technik, Auswertung. Köln und Berlin: Kiepenheuer, S. 13-33

Koolwijk, Jürgen van (1974): Die Befragungsmethode. In: Ders./Wieken-Mayser, Maria (Hg.): Techniken der empirischen Sozialforschung, 4. Band: Erhebungsmethoden: Die Befragung. München und Wien: Oldenbourg, S. 9-23

Krafft, Alexander/Ulrich, Günter (1995): Akteure in der Sozialforschung. In: Brinkmann, Christian/Deeke, Axel/Völkel, Brigitte (Hg.), S. 23-33

Lamnek, Siegfried (1995): Qualitative Sozialforschung, Bd. 2: Methoden und Techniken. Weinheim: Beltz

Lueger, Manfred (1989): Die soziale Situation im Interview. In: Österreichische Zeitschrift für Soziologie, Jg. 14, H. 3, S. 22-36

Luhmann, Niklas (1991): Soziologie des Risikos. Berlin: de Gruyter

Mayring, Philip (1996): Einführung in die qualitative Sozialforschung. Eine Anleitung zu qualitativem Denken. Weinheim: Beltz

Merton, Robert K./Kendall, Patricia L. (1946): The focused interview. In: American Journal of Sociology, Jg. 51, H. 6, S. 541-557

Merton, Robert K./Kendall, Patricia L. (1979): Das fokussierte Interview. In: Hopf, Christa/Weingarten, Elmar (Hg.), S. 171-203

Meulemann, Heiner (1993): Befragung und Interview. Über soziale und soziologische Situationen der Informationssuche. In: Soziale Welt, Jg. 44, H. 1, S. 98-119

Meuser, Michael/Nagel, Ulrike (1991): ExpertInneninterviews – vielfach erprobt, wenig bedacht. Ein Beitrag zur qualitativen Methodendiskussion. In: Garz, Detlev/ Kraimer, Klaus (Hg.): Qualitativ-empirische Sozialforschung. Konzepte, Methoden, Analysen. Opladen: Westdeutscher Verlag, S. 441-471 (wieder abgedruckt in diesem Band)

Meuser, Michael/Nagel, Ulrike (1994): Expertenwissen und Experteninterview. In: Hitzler, Ronald/Honer, Anne/Maeder, Christoph (Hg.): Expertenwissen. Die institutionalisierte Kompetenz zur Konstruktion von Wirklichkeit. Opladen: Westdeutscher Verlag, S. 180-192

Meuser, Michael/Nagel, Ulrike (1997): Das ExpertInneninterview. Wissenssoziologische Voraussetzungen und methodische Durchführung. In: Friebertshäuser, Barbara/Prengel, Annedore (Hg.), S. 481-491

Scheuch, Erwin (1967): Das Interview in der Sozialforschung. In: König, René (Hg.): Handbuch der Empirischen Sozialforschung, Bd. 1. Stuttgart: Enke, 2. Auflage, S. 136-196

Schmid, Josef (1995): Expertenbefragung und Informationsgespräch in der Parteienforschung: Wie föderalistisch ist die CDU? In: Alemann, Ulrich von (Hg.): Politikwissenschaftliche Methoden. Grundriss für Studium und Forschung. Opladen: Westdeutscher Verlag, S. 293-326

Schütze, Fritz (1977): Die Technik des narrativen Feldinterviews in Interaktionsfeldstudien – dargestellt an einem Projekt zur Erforschung von kommunalen Machtstrukturen. Arbeitsberichte und Forschungsmaterialien Nr. 1. Fakultät für Soziologie an der Universität Bielefeld

Schütze, Fritz (1983): Biographieforschung und narratives Interview. In: Neue Praxis, Jg. 13, H. 3, S. 283-293

Schütze, Fritz et al. (1980): Grundlagentheoretische Voraussetzungen methodisch kontrollierten Fremdverstehens. In: Arbeitsgruppe Bielefelder Soziologen (Hg.): Alltagswissen, Interaktion und gesellschaftliche Wirklichkeit. Opladen: Westdeutscher Verlag, 5. Auflage, S. 433-495

Spöhring, Walter (1989): Qualitative Sozialforschung. Stuttgart: Teubner

Stehr, Nico (2000): Die Zerbrechlichkeit moderner Gesellschaften. Weilerswist: Velbrück Wissenschaft

Steinert, Heinz (Hg. 1973): Symbolische Interaktion. Arbeiten zu einer reflexiven Soziologie. Stuttgart: Klett-Cotta

Vogel, Berthold (1995): „Wenn der Eisberg zu schmelzen beginnt..." – Einige Reflexionen über den Stellenwert und die Probleme des Experteninterviews in der Praxis der empirischen Sozialforschung. In: Brinkmann, Christian/Deeke, Axel/Völkel, Brigitte (Hg.), S. 73-83

Willke, Helmut (1998): Organisierte Wissensarbeit. In: Zeitschrift für Soziologie, Jg. 27, H. 3, S. 161-177

Witzel, Andreas (1985): Das problemzentrierte Interview. In: Jüttemann, Gerd (Hg.), Qualitative Forschung in der Psychologie. Grundlagen, Verfahrensweisen, Anwendungsfelder. Weinheim: Beltz, S. 227-255

Teil I:
Theoretische Konzepte

Das theoriegenerierende Experteninterview

Erkenntnisinteresse, Wissensformen, Interaktion[*]

Alexander Bogner und Wolfgang Menz

I Die methodologische Mehrdeutigkeit des Experteninterviews

1. Einleitung: Der Streit um das Experteninterview

Experteninterviews sind ein anschauliches Beispiel dafür, dass die Alltagspraxis empirischer Sozialforschung und deren methodische Reflexion nicht immer parallel verlaufen. Manchmal ist die Anwendung bestimmter Methoden ihrer theoretischen Durchdringung voraus. Oder mit anderen Worten: Experteninterviews werden oft gemacht, aber selten durchdacht. Obwohl die Bedeutung von Expertenwissen bei der reflexiven Umgestaltung moderner Industriegesellschaften kaum umstritten ist (vgl. Beck 1986; Giddens 1995; Bauman 1995: 239ff.), die Literatur zu Expertenbegriff und Expertenstatus in den verschiedenen Teilarenen sozialwissenschaftlicher Forschung stetig anwächst[1] und das Experteninterview als Methode der Datenproduktion ohnehin längst eine prominente Rolle spielt, etwa im Rahmen industrie- und bildungssoziologischer, aber auch politologischer und pädagogischer Fragestellungen[2], wird die methodische Reflexion auch heute nicht zu den vordringlichen Aufgaben gerechnet. Keineswegs soll bestritten werden, dass in den letzten Jahren einzelne aus der jeweiligen Forschungspraxis angeregte Aufsätze mit unterschiedlichen Stoßrichtungen und Systematisierungsinteressen publiziert wurden.[3] Eingang in Methodenlehrbücher haben derartige Überlegungen bisher jedoch nicht gefunden.[4]

---

[*] Eine Kurzfassung einer älteren Version dieses Artikels ist in der Sozialen Welt, Heft 4, 2001 unter dem Titel „‚Deutungswissen' und Interaktion. Zu Methodologie und Methodik des theoriegenerierenden Experteninterviews" erschienen.

[1] Vgl. etwa die Aufsatzbände von Hitzler/Honer/Maeder 1994 oder zuletzt – aus interdisziplinärer Perspektive – von Schulz 1998.

[2] Vgl. zusammenfassend Abels/Behrens 1998: 79f.; Meuser/Nagel 1991: 441; Meuser/Nagel 1997: 481f. Speziell zum Experteninterview in der Parteienforschung vgl. Schmid 1995, zu diesem Verfahren in der Sozialberichterstattung vgl. Meuser/Nagel 2002; zum Experteninterview in der öffentlichen Verwaltung vgl. Hägele 1995.

[3] Vgl. insbesondere Brinkmann/Deeke/Völkel 1995, darin zu Problemen der Interaktionsbeziehung Trinczek 1995 und Vogel 1995; ergänzend dazu Abels/Behrens 1998. Vgl. zu forschungspraktischen Erfahrungen Voelzkow 1995, Meuser/Nagel 1994.

[4] In Lehrbüchern, die sich dem quantitativen Paradigma zurechnen lassen, finden Experteninterviews allenfalls im Sinne ihrer explorativen, „ergänzenden Funktion" Erwähnung, vgl.

Dieses Missverhältnis mag Anlass zu vertiefender und systematisierender Diskussion der methodischen Probleme und des Stellenwerts von Experteninterviews geben. Nach wie vor stehen hier konträre Positionen einander gegenüber. Meuser und Nagel (1991, 1994, 1997) etwa haben für eine genuin im qualitativen Paradigma beheimatete Form des Experteninterviews argumentiert. Die unterentwickelte Methodenreflexion erklärt sich aus ihrer Perspektive mit der mangelnden Anerkennung der spezifischen Stärke dieser Interviewform und der Persistenz einer Forschungstradition, die dem Experteninterview meist nur eine explorative Funktion zugedenkt.

Gegen diese Position ist argumentiert worden, dass es ein kodifiziertes Leitbild „des" Experteninterviews nicht gibt und nicht geben kann – oder wenn doch, dann müsse sich diese Kanonisierung in der methodologischen Überhöhung fallspezifischer Erfahrungen erschöpfen (Deeke 1995). Der Versuch, das Experteninterview zu einer besonderen Methode zu machen, übersehe die Kontextualität der Forschung, die auf dreierlei Weise eine sich gegenüber methodologischen Generalisierungen sperrende Relativität dieser Interviewform induziere: Einmal liege jeder Forschung ein in Abhängigkeit vom Untersuchungsgegenstand gewählter, ein relationaler Expertenbegriff zugrunde (Deeke 1995: 7). Außerdem handele es sich bei Gesprächen mit den Experten um eine besondere soziale und besonders störanfällige Situation, die zwar nicht die Gültigkeit basaler Regeln der Interviewführung, wohl aber die Reichweite methodischen Rezeptwissens stark mindere (Vogel 1995: 82). Schließlich – drittens – sei das Experteninterview nicht notwendig auf offene, qualitative Interviews beschränkt, das spezifisch untersuchungsleitende Interesse und die konkrete Fragestellung führten notwendig zu einer je flexiblen Handhabung dieses Erhebungsinstruments (Trinczek 1995: 59)[5]. Je nach Interesse und Forschungsfrage werden Expertengespräche unterschiedlich stark vorstrukturiert, unterschiedlich offen geführt, verschieden aufbereitet, ausgewertet und interpretiert. Damit scheint gerade das Gebiet des Experteninterviews prädestiniert für einen Wildwuchs der Verfahrensweisen. Und dies macht wenig Hoffnung darauf, dass diese Interviewform doch noch einmal zu festen, unverwechselbaren Konturen finden könnte.

Zudem sind Expertenbefragungen weder auf qualitative Interviews beschränkt, noch dürfen sie – als teilstrukturierte Interviews durchgeführt – als genuine Repräsentanten des qualitativen Paradigmas gelten. Einerseits auf-

---

z.B. Schnell/Hill/Esser 1992: 329f. Derartige Qualifizierungen rekurrieren implizit auf die frühen Versuche einer methodologischen Konsolidierung des Interviews als eines „Beweismittels", vgl. etwa Scheuch 1967 oder Koolwijk 1974. Aber auch bei Lehrbüchern zu qualitativen Forschungsmethoden sieht die Situation nicht grundlegend anders aus. Eine Ausnahme stellt Flick 1995 dar, der sich allerdings auf eine äußerst knappe Darstellung des frühen Aufsatzes von Meuser/Nagel 1991 beschränkt.

5 Diesen Einwand versteht Trinczek im Weiteren freilich als Einstieg zu einer „methodisch-methodologischen ‚Ehrenrettung'" (1995: 59) des Experteninterviews in Auseinandersetzung mit der qualitativen Tradition.

grund fehlender Standardisierung und Quantifizierung der Daten mangelnder methodischer Kontrolle und eher impressionistischer Aussagekraft verdächtigt, erscheint das Experteninterview andererseits wegen der aktiven und zuweilen interventionistischen Gesprächsführung als zu enges Korsett, um die Relevanzstrukturen der Befragten „rein" zum Vorschein zu bringen. Ein Methoden-Hybride, der – trotz aller Hinweise auf die akut nachlassende forschungspraktische Relevanz von Paradigmenstreitigkeiten (vgl. Kelle/Erzberger 1999) – offensichtlich das Problem hat, beiden Welten anzugehören.

Dies alles mag ein wenig dramatisch klingen. Tatsächlich aber basiert die Kontroverse um eine Methodologie des Experteninterviews u.E. nicht auf einem methodologischen Grundsatzstreit. Es ist eher zu vermuten, dass sie aufgrund der Defizite in der Systematisierung der unterschiedlichen Erkenntnisinteressen und Forschungsdesigns lebendig gehalten wird.

Einleitend werden daher drei dominante Formen von Experteninterviews herausgearbeitet. Dies vermag den je spezifischen Anspruch und Stellenwert des Experteninterviews, die in der Methodendebatte oft nur implizit verhandelt werden, deutlich zu machen. Dabei wird ersichtlich, dass methodische Generalisierungen nur für explizit im „interpretativen Paradigma" (Wilson 1973) angesiedelte Experteninterviews sinnvoll sind. Entsprechend dieser methodologischen Verortung verstehen wir den Forschungsgegenstand nicht als einen sozialen Tatbestand noch das Wissen darüber als Resultat einer objektiven Erfassung bzw. passiven Perzeption von gegebenen Tatsachen (vgl. in diesem Sinne Durkheim [1961: 138ff.]). Vielmehr korrespondiert dieser Forschungshaltung eine wissenssoziologische Perspektive, die die soziale Realität als durch Interpretationshandlungen hergestellte Konstruktion von Wirklichkeit begreift (Berger/Luckmann 1969) und wissenschaftliche Forschung, die die soziale Ordnung auf der Grundlage von Bedeutungen und Relevanzen analysiert, als aktiv-konstruktiven Herstellungsprozess (Schütz 1971). Derartige sozialkonstruktivistisch orientierte Basisannahmen (vgl. Knorr-Cetina 1989; Flick 2000) sind zentrale Bezugspunkte der in Kapitel II und III folgenden Diskussionen um Wesen und Wissen des Experten sowie die adäquaten Interaktionsstrategien im Interview.

Im *II. Kapitel* wird im Rahmen der Diskussion unterschiedlicher Zugänge zum Expertenbegriff zunächst eine analytische Differenzierung der Formen des Expertenwissens vorgeschlagen. Erst ein expliziter Begriff von Expertenwissen als einer Konstruktionsleistung des Forschers vermag einen grundlegenden Perspektivenwandel im Hinblick auf die Interpretation und Konzeptualisierung der Interaktionssituation vorzubereiten. Der anschließende Entwurf eines Expertenbegriffs, der die Dimension der sozialen Wirkmächtigkeit des Expertenwissens berücksichtigt, verdankt sich der Kritik an der theoretischen Verabsolutierung einer interaktionistischen Herstellung von Bedeutungen und Regeln, wie sie z.B. von Blumer (1973) vertreten wird. Unserem Vorschlag liegt dagegen die Einschätzung zugrunde, dass der Status des Experten durch subjektiv-situative Deutungsprozesse eben nicht nur hergestellt wird, sondern gleichermaßen in seiner Präexistenz bestätigt wird. Damit geraten zugleich systematische Asymmetrien und Ungleichheiten, die sich nicht auf lokale Interaktionsstrukturen beschränken und auf denen das Expertentum wesentlich basiert, in den Blick[6].

Im *III. Kapitel* wird diese methodisch orientierte Rekonstruktion des Experten hinsichtlich der Interpretation der Interaktionssituation sowie ihrer praktischen Konsequenzen im Interview diskutiert. Konkret wird dafür plädiert, „Interaktionseffekte" nicht als Störvariable, sondern als konstitutiv für den Prozess der Datenproduktion zu begreifen. Die Abkehr von einem „archäologischen" Modell der Datenproduktion, das das Expertenwissen als möglichst „kontaminationsfrei" zu bergenden „Schatz" denkt, verbindet sich mit dem Entwurf eines Modells typischer Interaktionssituationen im Experteninterview, das die Datenproduktion als einen sozialen Prozess betrachtet.[7]

2. Eine Typologie des Experteninterviews

Die in der Methodenliteratur zum Experteninterview zugrunde gelegten Begriffe des Experteninterviews variieren beträchtlich. Meusers und Nagels (1991) Zuordnung des Experteninterviews zum Paradigma interpretativer Sozialforschung, die aufgrund ihrer forschungspraktischen Orientierung nur folgerichtig war, wurde von Teilen der Kritik als vorschnelle Vereinnahmung eines methodologisch „neutralen" Erhebungsinstruments gewertet (vgl. Deeke 1995). Es ist offensichtlich, dass dieser Kritik ein konkurrierender Begriff von Experteninterview zugrunde liegt, der aber nicht systematisch expliziert wird.[8] Im Folgenden wollen wir daher die Differenzierung der in der Metho-

---

6 Vgl. zur theoretischen Grundlegung einer Beobachterposition jenseits von Subjektkult und Strukturmystik Bourdieu 1987.

7 In die im Folgenden dargestellten Überlegungen fließt die Reflexion der Erfahrungen verschiedener empirischer Forschungsprojekte aus den Bereichen der Technik-, Industrie- und Organisationssoziologie ein. In erster Linie sind dies: eine Untersuchung zum professionellen Umgang mit Sicherheitsversprechen und Risiken der Pränataldiagnostik am Beispiel von Humangenetikern und Gynäkologen österreichischer Universitätskliniken, die am Institut für Höhere Studien in Wien von Alexander Bogner durchgeführt und von der Oesterreichischen Nationalbank gefördert wurde; das Teilprojekt „Unternehmerische Vernetzung und der Wandel der Beschäftigungsverhältnisse" des Sonderforschungsbereichs „Vernetzung als Wettbewerbsfaktor", das von 1997 bis 2000 an der Frankfurter Universität unter der Leitung von Wilhelm Schumm mit den Mitarbeitern Steffen Becker und Thomas Sablowski durchgeführt wurde; sowie das Projekt „Leistungs- und Interessenpolitik aus der Perspektive von Beschäftigten", das Mathias Vogel und Wolfgang Menz unter der Leitung von Tilla Siegel bearbeitet haben. Siehe hierzu u.a. Becker 2001; Becker/Menz/Sablowski 1999; Bogner 2000; Menz/Becker/Sablowski 1999, Menz/Siegel 2001, 2002.

8 Deeke (1995) schlägt vor, den Begriff des Experteninterviews ausschließlich für jene Form von Befragung zu reservieren, die den Experten als Ratgeber und Quelle „objektiver" Information nutzt.

dendebatte dominanten Formen von Experteninterviews in Abhängigkeit von ihrer erkenntnisleitenden Funktion vorschlagen. In Anlehnung an Vogel (1995) und im Rückgriff auf die einschlägigen Arbeiten von Meuser und Nagel unterscheiden wir das „explorative", das „systematisierende" und das „theoriegenerierende" Experteninterview.

(1) Seine Prominenz in der empirischen Sozialforschung als ein oft benutztes Instrument zur Datenerhebung verdankt das Experteninterview seiner Funktion zur *Exploration*. Sowohl in quantitativ wie auch in qualitativ orientierten Forschungsvorhaben können Experteninterviews zur Herstellung einer ersten Orientierung in einem thematisch neuen oder unübersichtlichen Feld dienen, zur Schärfung des Problembewusstseins des Forschers oder auch als Vorlauf zur Erstellung eines abschließenden Leitfadens. Explorative Interviews helfen in diesem Sinne das Untersuchungsgebiet thematisch zu strukturieren und Hypothesen zu generieren. Die befragten Experten können dabei selbst als Teil des Handlungsfelds zur Zielgruppe der Untersuchung gehören, oft jedoch werden Experten auch gezielt als komplementäre Informationsquelle über die eigentlich interessierende Zielgruppe genutzt. Im letzteren Fall tritt der Experte als Träger von „Kontextwissen" in Erscheinung.[9]

Explorative Experteninterviews sollten möglichst offen geführt werden, doch empfiehlt es sich schon aus Gründen demonstrativer Kompetenz, zumindest zentrale Dimensionen des Gesprächsablaufs vorab in einem Leitfaden zu strukturieren. In dieser Hinsicht unterscheidet sich das explorative Experteninterview vom narrativen oder episodischen Interview, was freilich nicht bedeutet, dass spontanen Exkursen oder unerwarteten Themenwechseln des Experten Einhalt geboten werden sollte. Der inhaltliche Schwerpunkt des explorativen Interviews liegt im Bereich der thematischen Sondierung. Auf Vergleichbarkeit, Vollständigkeit und Standardisierbarkeit der Daten wird dabei nicht abgestellt. Dies unterscheidet das explorative Interview ganz wesentlich von den beiden anderen Formen.

(2) Das *systematisierende Experteninterview* ist – darin dem explorativen verwandt – auf die Teilhabe an exklusivem Expertenwissen orientiert. Im Vordergrund steht hier das aus der Praxis gewonnene, reflexiv verfügbare und spontan kommunizierbare Handlungs- und Erfahrungswissen. Diese Form des Experteninterviews zielt auf systematische und lückenlose Informationsgewinnung. Der Experte klärt auf über „objektive" Tatbestände, erläutert seine Sicht der Dinge zu einem bestimmten Themenausschnitt usw. Der Experte wird hier also in erster Linie als „Ratgeber" gesehen, als jemand, der über ein bestimmtes, dem Forscher nicht zugängliches Fachwissen verfügt. Dieses wird unter Zuhilfenahme eines relativ ausdifferenzierten Leitfadens erho-

---

9   Vgl. zu der forschungslogischen Unterscheidung von „Kontextwissen" und „Betriebswissen" Meuser/Nagel 1991: 446f.

ben.[10] Freilich muss es sich bei systematisierenden Interviews nicht unbedingt um offene, qualitative Interviews handeln. Auch standardisierte Befragungen – wie sie z.B. in der Delphi-Methode Anwendung finden (vgl. Aichholzer 2002) – sind hier denkbar. Schließlich steht beim systematisierenden Experteninterview – anders als beim explorativen – die thematische Vergleichbarkeit der Daten im Vordergrund.

Nicht zuletzt im Rahmen multimethodischer Ansätze (Triangulation) ist das systematisierende Experteninterview – beispielsweise in der Industriesoziologie – zu einem zentralen Erhebungsinstrument geworden. Es ist zu vermuten, dass die forschungspraktische Dominanz dieser Form einer reinen Wissensabfrage zu jenem eingeschränkten Verständnis des Expertengesprächs beigetragen hat, das dazu verleitet, den systematisierenden Typ als pars pro toto anzusehen. Womöglich ist es also paradoxerweise gerade auf die Popularität des systematisierenden Experteninterviews zurückzuführen, dass empirische Praxis und methodische Reflexion im Fall des Experteninterviews so wenig miteinander verbunden sind.

(3) *„Theoriegenerierend"* nennen wir jene Form des Experteninterviews, wie sie methodisch-methodologisch von Meuser und Nagel begründet und entwickelt worden ist. In diesem Fall dient der Experte nicht mehr nur als Katalysator des Forschungsprozesses bzw. zur Gewinnung sachdienlicher Information und Aufklärung. Das theoriegenerierende Interview zielt im Wesentlichen auf die kommunikative Erschließung und analytische Rekonstruktion der „subjektiven Dimension" des Expertenwissens. Subjektive Handlungsorientierungen und implizite Entscheidungsmaximen der Experten aus einem bestimmten fachlichen Funktionsbereich bezeichnen hier den Ausgangspunkt der Theoriebildung.[11] Ausgehend von der Vergleichbarkeit der Expertenäußerungen, die methodisch im Leitfaden und empirisch durch die gemeinsame organisatorisch-institutionelle Anbindung der Experten gesichert ist, wird eine theoretisch gehaltvolle Konzeptualisierung von (impliziten) Wissensbeständen, Weltbildern und Routinen angestrebt, welche die Experten in ihrer Tätigkeit entwickeln und die konstitutiv sind für das Funktionieren von sozialen Systemen. Dieses Verfahren zielt idealerweise auf Theoriegenerierung über die interpretative Generalisierung einer Typologie – in Alternative zum statistischen Repräsentativschluss der standardisierten Verfahren. Angelehnt an Überlegungen von Glaser und Strauss (1998) zur datenbasierten Theorie wird hier qualitative Forschung über das theoretische Sampling und

---

10   Um theoretische und praktische Aspekte des Leitfadens eingehender zu erörtern ist hier nicht der Platz. Vgl. hierzu aber Meuser/Nagel 1991: 448f.; 1997: 486f.; Deeke 1995: 18f. Vgl. zu einer frühen Warnung vor einer schematischen, direktiven Anwendung des Leitfadens Hopf 1978.

11   Dies schließt den Fall ein, dass die Eruierung der subjektiven Sinndimension analytisch auf die Rekonstruktion kollektiver Orientierungen und Deutungsmuster sowie sozialer Zugehörigkeiten abzielt.

die komparative Analyse als Prozess induktiver Theoriebildung entworfen, an dessen Endpunkt idealerweise die Formulierung einer „formalen" Theorie steht.[12] Daher muss das theoriegenerierende Experteninterview dem an den Grundsätzen der interpretativen Soziologie orientierten Methodenkanon zugerechnet werden.

Damit ist nun zwar über dessen paradigmatisches Schicksal entschieden, es bleibt jedoch die Frage offen, inwiefern das theoriegenerierende Experteninterview eine spezifische, von paradigmatisch verwandten Interviewformen abgrenzbare Methode darstellt.[13] Der Einwand liegt nahe, Experteninterviews seien in unzulässiger Weise über den Forschungsgegenstand beziehungsweise den Gesprächspartner definiert und daher keine eigenständige Methode (vgl. Kassner/Wassermann 2002) – genauso wenig wie etwa „Laieninterviews" oder „Beamteninterviews". Mit der anschließenden Diskussion des Expertenbegriffs wollen wir zeigen, dass dieser Einwand zu kurz greift.

II Wer gilt als Experte? Eine methodisch orientierte Reformulierung des Expertenbegriffs

1. Der Expertenbegriff in der Methodendiskussion

In der Debatte um die methodologische Grundlegung des Experteninterviews lassen sich drei Zugänge zur Bestimmung des Experten identifizieren, die sich unterschiedlichen analytischen und normativen Perspektiven verdanken. Diese wollen wir im Folgenden als voluntaristischen, konstruktivistischen und wissenssoziologischen Expertenbegriff bezeichnen. Aufgrund der Konvergenz konstruktivistischer und wissenssoziologischer Zugänge ist es allerdings nicht weiter verwunderlich, dass in der Praxis eine an den spezifischen Forschungsinteressen ausgerichtete Melange aus den unterschiedlichen Begrifflichkeiten

---

12 Vgl. zum Theoriebegriff der „Grounded Theory" Glaser/Strauss 1998: 42ff. Meusers und Nagels Bemühungen um eine Methodologie des Experteninterviews machen auch Parallelen normativer Art zur Grounded Theory deutlich: Die qualitative Forschung soll ihres präliminarischen, explorativen Charakters enthoben und Theorie als diskursives Produkt sichtbar gemacht werden.

13 Meuser/Nagel (1997) behaupten zwar, dass sich das Experteninterview vom problemzentrierten und fokussierten Interview in puncto Gesprächsführung und Auswertung unterscheide, entwickeln diese Unterschiede aber nicht systematisch. Während die Abgrenzung zum fokussierten Interview (Merton/Kendall 1993) aufgrund dessen – der deduktiven Orientierung geschuldeten – Nähe zur quantitativen Methodologie noch verhältnismäßig leicht scheint, ist in der Erkenntnislogik des problemzentrierten Interviews (Witzel 1985) eine Kombination aus Induktion und Deduktion angelegt, die der des leitfadengebundenen Experteninterviews vergleichbar ist. Letztlich macht sich die Differenz der Verfahren an der durch die spezifischen Erkenntnisinteressen festgelegten Rolle der Befragten im Gespräch fest – und damit weniger anhand methodischer Kriterien als durch forschungspraktische Erfordernisse.

überwiegt. Den Aufweis von methodischen Unzulänglichkeiten und inhaltlichen Widersprüchen einer ausschließlich auf die Wissensdimension des Expertentums kaprizierten Definition verbinden wir zum Abschluss dieses Kapitels mit dem Entwurf eines eigenen Expertenbegriffs, der sich an modernisierungstheoretische Überlegungen zum Gestaltwandel des Experten anlehnt.

(1) Der *voluntaristische Expertenbegriff* hebt auf die Evidenz ab, dass jeder Mensch mit besonderen Informationen, Fähigkeiten usw. für die Bewältigung des eigenen Alltagslebens ausgestattet ist, so dass man im weiten Sinn von einem spezifischen Wissensvorsprung bezüglich persönlicher Arrangements sprechen kann. Demnach wären prinzipiell alle Menschen zugleich Experten, und zwar Experten ihres eigenen Lebens bzw. – wie Mayring (1996: 49) es in methodologischer Perspektive formuliert hat – „Experten für ihre eigenen Bedeutungsgehalte". Dieser an eine unspezifische Wissensasymmetrie gebundene Expertenbegriff ist einmal aus methodischer Perspektive kritisiert worden (vgl. Meuser/Nagel 1997: 484): Das Alltagswissen von Menschen, die in ihrer Gesamtperson von Interesse sind, könne auch durch narrative oder problemzentrierte Interviews abgefragt werden. Auch aus Gründen analytischer Differenzierung ist eine derartige Ausweitung des Expertenbegriffs nicht angezeigt. Zudem werden, wenn prinzipiell jeder Mensch qua Definition zum Experten wird, Situationen schwer interpretierbar, in denen die soziale Wirkmächtigkeit des Expertenwissens nicht geleugnet werden kann. So wenig die Hypostasierung der Differenz von Laie und Experte angebracht erscheint, so wenig fruchtbar ist ein Voluntarismus, der sich subjektiv als emanzipativ und herrschaftskritisch versteht, aber letztlich nur real existierende Hierarchien per begrifflicher Willensanstrengung einzuebnen versucht.

(2) Die *konstruktivistische Definition*, die ihre übergreifende Charakteristik im Fokus auf die Mechanismen der Zuschreibung der Expertenrolle findet, lässt sich in einen methodisch-relationalen und einen sozial-repräsentationalen Ansatz unterscheiden. Ersterer reflektiert die Tatsache, dass bis zu einem gewissen Grad jeder Experte auch das „Konstrukt" eines Forscherinteresses ist, insofern man innerhalb einer Untersuchung davon ausgeht, der ausgewählte Experte habe relevantes Wissen über einen bestimmten Sachverhalt (Meuser/ Nagel 1997; Deeke 1995). „Experte-Sein" funktioniert in dieser Perspektive über die Zuschreibung der Rolle seitens der Akteure, die an Aufklärung und Informationen, an „objektivem" Faktenwissen interessiert sind. Als forschungspraktische Konsequenz ergibt sich aus dem methodisch-relationalen Ansatz der Hinweis, dass sich innerhalb von Organisationen auch auf niederen Hierarchieebenen erfolgreich nach Experten suchen lässt. Nicht immer (oder sogar selten) sind Leitende in repräsentativer Position auch die gesuchten Experten. In theoretischer Hinsicht erinnert die methodisch-relationale Definition daran, dass das Expertentum keine personale Eigenschaft oder Fähigkeit ist. Ausgeblendet wird allerdings, dass dem methodischen Konstrukt notwendigerweise immer ein

„materieller Subtext" unterlegt ist, denn der Forscher ist in seiner Auswahl des Experten nicht völlig frei. Er greift in der Regel auf jene Leute zurück, die sich zum einschlägigen Thema in der Fachliteratur einen Namen gemacht haben, die in entsprechenden Verbänden und Organisationen arbeiten und mit prestigeträchtigen Positionen und Titeln dekoriert sind, weil damit eine gewisse Gewähr verbunden ist, dass es diese Experten sind, die „wirklich" einen forschungsrelevanten Wissensbestand aufweisen. Diese sozialen Ingredienzen verweisen auf die Verschränkung des relationalen mit dem sozial-repräsentationalen Ansatz. Diesem zufolge ist Experte, wer gesellschaftlich zum Experten gemacht wird, d.h., in der sozialen Realität als Experte angesehen wird. Der Experte lässt sich in dieser Perspektive als Exponent eines einflussreichen „Fachmenschentums" (Weber 1980: 576) beschreiben, als Angehöriger der „Funktionselite" (Meuser/ Nagel 1994: 181).[14] Der sozial-repräsentationale Ansatz reflektiert zwar die komplexen und voraussetzungsreichen Definitionsleistungen, die dem „Experten-Sein" zugrunde liegen. Im strengen Fokus auf die gesellschaftlichen Parameter des Expertentums läuft er freilich Gefahr, einen elitaristisch aufgeladenen Expertenbegriff unkritisch zu übernehmen.

Methodisch-relationaler und sozial-repräsentationaler Ansatz stehen in einem unauflöslichen Verweisungszusammenhang zueinander. Von daher ist ihre Unterscheidung vorrangig von analytischem Wert. Wer (der gesuchte) Experte ist, definiert sich in der Forschungspraxis immer über das spezifische Forschungsinteresse und die soziale Repräsentativität des Experten zugleich. Die konstruktivistische Position findet ihre Grenze daran, dass der Forscher in seiner Auswahl des Experten immer schon praktisch davon geleitet ist, in welcher Form er die soziale Welt bedeutungsstrukturiert vorfindet. In der Praxis bleibt der Konstruktivismus auf die Spezifizierung und Lokalisierung von forschungspraktisch relevanten Wissensbeständen verwiesen.

(3) Die *wissenssoziologische Fokussierung* des Experten ist in der Methodendebatte sehr einflussreich geworden. Dies ist einmal der paradigmatischen Orientierung derjenigen geschuldet, die das theoriegenerierende Experteninterview als eine besondere Form des qualitativen Interviews begründet haben. Zum anderen ist die Debatte um Gestalt und Funktion des Experten in der Soziologie relativ früh von wissenssoziologischer Seite initiiert und in hohem Maß von ihr dominiert worden. Das heißt nun freilich nicht, dass hier ein konsistenter Expertenbegriff vorläge. Ihre Einigkeit finden diese Positionen jedoch daran, den Experten über die spezifische Struktur seines Wissens zu profilieren.

Bei Schütz (1972) handelt der Experte als Wissenschaftler mit sicherem, eindeutigem Wissen, das ihm jederzeit kommunikativ und reflexiv verfügbar

---

14   In diesem Sinne vereinseitigt Deeke (1995: 11) in seiner Kritik, Meuser/Nagel gerieten mit ihrer sowohl relationalen wie auch repräsentationalen Bestimmung des Experten („Funktionselite") in einen fundamentalen Widerspruch, den nur dialektisch zu denkenden Begriff des sozialen Konstrukts: der Experte ist real immer schon beides zugleich.

ist. Durch die schillernde Charakteristik des Laien – in den Figuren des „gut informierten Bürgers", der sich aufgrund seines reflexiven Umgangs mit vorgegebenen Relevanzen von einer „natürlichen Weltanschauung" emanzipiert, und des „einfachen Mannes von der Straße" – gerät freilich die Figur des Experten uneindeutig und widersprüchlich. Denn im rationalen Abwägen widerstreitender Expertenmeinungen durch den gut informierten Bürger wird bereits eine neue Form des Umgangs mit Wissen und Wissenschaft offenbar, die auf das Brüchigwerden des Experten als eines objektiven und neutralen Sachwalters der Wahrheit vorausweist. Sowohl an die wissenssoziologischen wie auch die implizit politischen und demokratietheoretischen Aspekte wurde im Folgenden angeschlossen. Sprondel (1979) etwa versucht zur Spezifizierung des Schütz'schen Expertenbegriffs das Expertenwissen als „Sonderwissen" zu kennzeichnen, das – im Gegensatz zum Allgemeinwissen – komplex integrierte Wissensbestände umfasst und außerdem konstitutiv auf die Ausübung eines Berufs bezogen ist. Damit grenzt Sprondel den Experten vom spezialisierten Laien ab, der vielleicht ebenfalls über Sonderwissen verfügen kann (wie z.B. der Hobby-Handwerker), doch aufgrund seines eingeschränkten Funktionskontextes nicht die Möglichkeit hat, „strukturell bedeutsame soziale Beziehungen" (Sprondel 1979: 149) zu konstituieren.

Sowohl die berufsförmige Verengung des Expertenbegriffs ist – mit Blick auf die Ehrenamtlichkeit außerparlamentarischen Engagements von Experten in sozialen Bewegungen – kritisiert worden (Meuser/Nagel 1997) als auch die Vorstellung, Expertenwissen zeichne sich durch seine reflexive Präsenz und Explizitheit aus. Während Sprondel (wie auch Schütz) das Sonderwissen des Experten als präsent begreift und das Alltagswissen als diffus, erinnern Meuser/Nagel (1994: 182f.) daran, dass gerade die grundlegenden Relevanzen des Experten, das implizite Wissen, also die ungeschriebenen Gesetze und Entscheidungsmaximen in den spezifischen Funktionsbereichen der Experten, nicht unmittelbar verfügbar sind. In methodischer Hinsicht bedeutet dies, dass die impliziten Regeln des Routinehandelns, die Gewohnheiten und Traditionen nicht direkt abfragbar sind, sondern rekonstruiert werden müssen. In theoretischer Hinsicht bedeutet dies eine Ergänzung, nicht aber eine grundlegende Korrektur einer Expertendefinition, die im Wesentlichen über die Differenzierung von Wissensformen geleistet wird.

Der Rekurs auf eine besondere Wissensstruktur oder Wissensform des Experten ist jedoch weder theoretisch befriedigend noch methodisch fruchtbar. Erstens erscheint ein Experte, der als *Besitzer* eines spezifischen (Mehr-) Wissens konzeptualisiert wird, als losgelöst von den gesellschaftlichen Bedingungen seiner Anerkennung.[15] Weil diese von sozialen Parametern abhängt,

---

15 In der Differenzierung von Experten- versus Allgemeinwissen wird überdies die Grenze zwischen Alltag und Nicht-Alltag – diese Reformulierung der historisch überholten Unterscheidung Beruf/Privat –, die in diesem Fall auch die Grenze zwischen gesellschaftlich akzeptierten und zur Reproduktion abgewerteten Tätigkeiten markiert, hypostasiert.

die ihrerseits wandelbar sind, plädieren wir dafür, dass nicht vorrangig real existierende Kompetenzdifferenzen den (gesuchten) Experten charakterisieren, sondern die *soziale Relevanz* seines Wissens. Darauf kommen wir zurück. Zweitens werden durch die Konzeption des Expertenwissens als eines „homogenen", wenn auch implizit vorliegenden „Wissenskörpers" die als Äußerungen der „Privatperson" erkennbaren Aussagen vernachlässigt.[16] Und schließlich verbindet sich dieses statische Modell mit einer soziologisch unbefriedigenden Konzeptualisierung der Interaktionssituation, die ihr Ideal an einem „natürlichen", „störungsfreien" Kommunikationsprozess hat, in dem diese „Entität" zur Transparenz gebracht werden soll. Aus methodischen Gründen erscheint daher eine analytische Differenzierung des Expertenwissens angebracht.

2. Das Expertenwissen als „analytische Konstruktion"

Das Konzept eines „Sonderwissens" beruht auf der theoretisch problematischen Prämisse, Geltung und Generierung subjektiver Deutungen und Relevanzen ließen sich als lebensweltlich und systemisch rein geschieden denken. Dagegen lassen sich vermittels analytischer Differenzierung, die quer zu der traditionellen Unterscheidung von Alltags- versus Expertenwissen liegt, drei zentrale Dimensionen des Expertenwissens bestimmen, die auch mit den unterschiedlichen methodischen und theoretischen Ansprüchen an das Experteninterview konvergieren: Erstens das *„technische" Wissen*, das sich durch die Herstellbarkeit und Verfügung über Operationen und Regelabläufe, fachspezifische Anwendungsroutinen, bürokratische Kompetenzen usw. charakterisiert. Dieses „technische" Wissen ist noch am ehesten jener Wissensbereich, wo ein spezifischer Wissensvorsprung vorliegt, wo sich Expertenwissen aufgrund der Systematik und inhaltlichen Spezifität vom Alltagswissen unterscheiden lässt. Von diesem kann zweitens das *„Prozesswissen"* abgegrenzt werden, das sich auf Einsichtnahme und Informationen über Handlungsabläufe, Interaktionsroutinen, organisationale Konstellationen sowie vergangene oder aktuelle Ereignisse bezieht, in die der Experte aufgrund seiner praktischen Tätigkeit direkt involviert ist oder über die er aufgrund der Nähe zu seinem persönlichen Handlungsfeld zumindest genauere Kenntnisse besitzt. Dieses Prozesswissen hat im Gegensatz zum technischen Wissen weniger die Merkmale von Fachwissen im engeren Sinne (wie es etwa über Bildungsabschlüsse erworben werden kann), sondern ist praktisches Erfahrungswissen aus dem eigenen Handlungskontext. Das theoriegenerierende Experteninterview zielt auf die Erhebung von *„Deutungswissen"*, also jenen subjektiven Relevanzen, Regeln, Sichtweisen und Interpretationen des Ex-

---

16 Meuser und Nagel (1991: 450) etwa werten die „privatistischen" Exkurse des Experten als
    Indizien für einen verunglückenden Diskursverlauf.

perten, die das Bild vom Expertenwissen als eines heterogenen Konglomerats nahe legen. Mit der Rekonstruktion dieses „Deutungswissens" betritt man – altmodisch formuliert – das Feld der Ideen und Ideologien, der fragmentarischen, inkonsistenten Sinnentwürfe und Erklärungsmuster. Mit dieser analytischen Differenzierung wird zum einen das spezifische Erkenntnisinteresse des theoriegenerierenden Experteninterviews präziser darstellbar. Außerdem wird auf diese Weise deutlich, dass das Expertenwissen als „homogener Wissenskörper" nicht hinlänglich zu fassen ist.

Das Expertenwissen als Deutungswissen wird erst vermittels der Datenerhebung und der Auswertungsprinzipien als solches „hergestellt", es existiert nicht als eine interpretationsunabhängige Entität. In diesem Sinne ist das Expertenwissen immer eine Abstraktions- und Systematisierungsleistung des Forschers, eine „analytische Konstruktion".[17] Ebenso ist die vorgenommene Differenzierung zwischen den drei Formen des Expertenwissens weniger ein Charakteristikum der Wissensbestände selbst, sondern primär eine Konstruktion des interpretierenden Sozialwissenschaftlers. Ob eine Interviewäußerung als „technisches Wissen" aufzufassen ist, das keiner weiteren Interpretation bedarf, oder ob sie als „Deutungswissen" – d.h. als Ausdruck subjektiver Sinnkonstruktion des Befragten – zu gelten hat, ist kaum an der Äußerung selbst abzulesen.

Das „Deutungswissen" konstituiert im Allgemeinen gerade nicht einen spezifischen Wissensvorsprung des Experten. Für eine inhaltlich reiche Erhebung dieses „Deutungswissens" bedarf es daher der methodischen Integration des Experten als „Privatperson". Schließlich erweist es sich letztlich erst in der Phase der Datenauswertung, ob die Relevanzen und Regelmuster des Experten nur über dessen Erklärungen aus dem professionellen Kontext oder aber auch über Kommentare aus der privaten Sphäre rekonstruiert werden können. Gerade diejenigen Passagen des Interviews, in denen Gemeinplätze und „Alltagsweisheiten" mobilisiert werden oder in denen mit Metaphern aus dem „privaten" Bereich argumentiert wird, sind häufig von besonderem Interesse.[18] Zwischen dem Befragten als „Experte" und als „Privatperson" ist

---

17 Dieses Plädoyer für Expertenwissen als eine „analytische Konstruktion" ist unter dem Aspekt der methodischen Profilierung des *theoriegenerierenden* Experteninterviews zu lesen. Im Falle *explorativer* bzw. *systematisierender* Experteninterviews ist das Konzept eines „Sonderwissens" nicht problematisch. Vielmehr wäre es unsinnig, diese „informatorischen" Experteninterviews in der Annahme zu führen, der Experte zeichne sich nicht durch einen spezifischen Wissensbestand und Wissensvorsprung aus.

18 Abels/Behrens (1998: 81), die ebenfalls darüber reflektieren, dass der Experte in gewisser Weise immer als „ganze Person" am Interview teilnimmt, erwähnen allenfalls, dass die methodische Abstraktion vom Subjekt zu narzisstischer Kränkung und damit zu einem ungünstigen Gesprächsverlauf führen kann. Damit reduzieren sie die methodisch problematischen Konsequenzen des wissenssoziologisch informierten Experten-Modells auf ein psychologisches Problem.

nicht nur in der Praxis kaum klar zu trennen, es macht auch aus methodischen Gründen keinen Sinn.

3. Die soziale Relevanz des Expertenwissens

Bevor wir ausführlicher auf die methodisch problematischen Implikationen des wissenssoziologischen Expertenbegriffs eingehen, sind Hinweise zur Frage notwendig, nach welchen Kriterien die interessierenden Experten in der Praxis ausgesucht werden. Zu diesem Zweck kann man zunächst gewissermaßen „rekonstruktiv" vorgehen und fragen, warum in empirischen Untersuchungen bestimmte Personen als Experten interviewt werden. In Untersuchungen, die allein auf die Erhebung „sachdienlicher Informationen" (Deeke 1995) abzielen, reicht eine Bestimmung des Experten anhand des Kriteriums „Wissen" in der Tat aus; dies gilt jedoch nicht für Untersuchungen, die auf das „Deutungswissen" der befragten Akteure rekurrieren. Dieses ist für die sozialwissenschaftliche Untersuchung nicht etwa deshalb interessant, weil der Experte dieses Wissen beispielsweise in besonders systematisierter und reflektierter Form aufweist, sondern *weil es in besonderem Ausmaß praxiswirksam wird*. Im theoriegenerierenden Experteninterview befragen wir Experten, weil ihre Handlungsorientierungen, ihr Wissen und ihre Einschätzungen die Handlungsbedingungen anderer Akteure in entscheidender Weise (mit-)strukturieren und damit das Expertenwissen die Dimension sozialer Relevanz aufweist. Nicht die Exklusivität des Wissens macht den Experten für das deutungswissensorientierte Interview interessant, sondern seine Wirkmächtigkeit. Für den posttraditionalen Experten – das hat Beck (1986) in seiner Analyse der Bedeutungstransformation von Wissen und Wissenschaft unter dem Vorzeichen einer radikalen Vergesellschaftung der Natur herausgearbeitet – ist konstitutiv, dass er vermittels seines spezifischen Wissens politisch einflussreich wird. Demnach lassen sich Experten als Personen verstehen, die sich – ausgehend von spezifischem Praxis- oder Erfahrungswissen, das sich auf einen klar begrenzbaren Problemkreis bezieht – die Möglichkeit geschaffen haben, mit ihren Deutungen das konkrete Handlungsfeld sinnhaft und handlungsleitend zu strukturieren.[19]

„Experte" bleibt insofern ein relationaler Begriff, als die Auswahl der zu Befragenden in Abhängigkeit von der Fragestellung und dem interessierenden Untersuchungsfeld geschieht. Gewöhnlich haben wir es in empirischen Unter-

---

19 Dieser Aspekt schimmert in der Methodendebatte gelegentlich in konvergierenden Begriffsbildungen durch, die die interpretative Rolle des Experten betonen. Was bei Hitzer/ Honer/Maeder (1994) mit „institutionalisierter Kompetenz zur Konstruktion von Wirklichkeit" umschrieben wird oder Sprondel (1979) als „Konstitution relevanter sozialer Beziehungen" bezeichnet, ist in dieser systematisch entwickelten Perspektive der Aspekt der Gestaltungsmacht des Expertenwissens.

suchungen nicht immer mit „gesamtgesellschaftlich relevanten" Personen zu tun, die etwa komplexe öffentliche Diskurse in entscheidender Weise prägen und weitreichende Macht- und Einflusspotentiale aufweisen, die in gesellschaftsumfassende Strukturbedingungen einfließen – derartige Experten stehen im Mittelpunkt der Überlegungen zur „Zweiten Moderne". Die konkrete Untersuchungseinheit ist, gerade bei Fallstudien, in der Regel kleiner und umfasst etwa eine bestimmte Organisation, einen Betrieb, eine pädagogische Einrichtung, eine Klinik usw. Die Frage, wer als Experte in methodischer Hinsicht zu gelten hat, muss also immer in Relation zum konkreten Handlungsfeld, in dem der Experte agiert, und in Hinsicht auf das Untersuchungsspektrum der empirischen Erhebung beantwortet werden.

Annäherungsweise können wir nun den Begriff des Experten in methodischer Absicht in folgender Weise definieren: *Der Experte verfügt über technisches, Prozess- und Deutungswissen, das sich auf sein spezifisches professionelles oder berufliches Handlungsfeld bezieht. Insofern besteht das Expertenwissen nicht allein aus systematisiertem, reflexiv zugänglichem Fach- oder Sonderwissen, sondern es weist zu großen Teilen den Charakter von Praxis- oder Handlungswissen auf, in das verschiedene und durchaus disparate Handlungsmaximen und individuelle Entscheidungsregeln, kollektive Orientierungen und soziale Deutungsmuster einfließen. Das Wissen des Experten, seine Handlungsorientierungen, Relevanzen usw. weisen zudem – und das ist entscheidend – die Chance auf, in der Praxis in einem bestimmten organisationalen Funktionskontext hegemonial zu werden, d.h., der Experte besitzt die Möglichkeit zur (zumindest partiellen) Durchsetzung seiner Orientierungen. Indem das Wissen des Experten praxiswirksam wird, strukturiert es die Handlungsbedingungen anderer Akteure in seinem Aktionsfeld in relevanter Weise mit.*

Diese Definition unterstreicht, dass das theoriegenerierende Experteninterview auf die Rekonstruktion und Analyse einer spezifischen Wissenskonfiguration zielt – *es ist daher methodisch nicht zu reduzieren auf ein qualitatives Interview mit einer besonderen sozialen Gruppe.* Eng verbunden mit der Frage nach einem methodisch adäquaten Begriff des Experten ist das Problem der konkreten Auswahl der Befragungspersonen in der empirischen Untersuchung. Denn mit der erweiterten Expertendefinition bleibt nicht nur das Problem der Lokalisierung des spezifischen untersuchungsrelevanten Wissens bestehen: es entsteht ferner die Notwendigkeit, jene Macht- und Einflusspotentiale zu identifizieren, die für das Deutungswissen des Experten die Chance beinhalten, hegemonial werden zu können. So wie im ersteren Fall nicht immer die Organisationsspitzen Träger des untersuchungsrelevanten Wissens sind, so korreliert auch der reale Einfluss nicht automatisch mit der formalen Position. Da wir vorab über die Verteilung relevanten Wissens häufig ebenso wenig Genaues wissen wie über Machtstrukturen innerhalb des Untersuchungsfeldes, muss die Auswahl der Befragungspersonen notwendigerweise ein iterativer Prozess sein. Nachdem erste Interviews geführt sind, verfügen wir bereits über weitere Informationen, die bei der Auswahl der nächsten Interviewpartner behilflich sein können. Allerdings kann die Zuweisung des Expertenstatus häufig nicht allein aufgrund immanenter Ergebnisse aus den Experteninterviews selbst erfolgen; vielmehr müssen hier weitere Datenquellen und Erhebungsmethoden (z.B. weitere Interviews) herangezogen werden, um die Frage der Wirkmächtigkeit des Expertenwissens bearbeiten zu können.[20]

Nun muss sich die Brauchbarkeit des vorgeschlagenen Expertenbegriffs aber nicht zuletzt im Rahmen methodischer Überlegungen beweisen. Diesen wollen wir uns im nächsten Abschnitt zuwenden.

III Interaktionsstrukturen im Experteninterview

1. Vom archäologischen zum Interaktionsmodell des Interviews

Vergleicht man die einschlägigen Methodenbeiträge zum Experteninterview hinsichtlich Befragungsform und Interviewstil, lässt sich bei allen Abweichungen im Detail als durchgehende Parallele feststellen, dass sie sich – als Folge der Konzeptualisierung des Expertenwissens als eines abgrenzbaren, stabilen und homogenen Wissenskörpers – an einem bestimmten einheitlichen Ideal erfolgreicher Interviewführung, einer Art „one best way" der Befragung orientieren, das einem „archäologischen Modell" des Interviews folgt: Implizit wird von der Existenz kontextunabhängiger, „wahrer" und „eigentlicher" Einstellungen, Situationsdefinitionen und Handlungsorientierungen ausgegangen, die auf einer Tiefenschicht der menschlichen Psyche angesiedelt sind und die möglichst in Reinform mittels geeigneter Interviewtechniken ans Tageslicht befördert werden sollen. Der Interviewer ist hierfür nicht mehr als ein unumgängliches Instrument, zugleich aber auch Quelle von Fehlern und Verzerrungen, die den Prozess der „validen" Evokation und Rekonstruktion

---

20 Das theoriegenerierende Experteninterview verbindet sich (anders als etwa Witzels problemzentriertes Interview) nicht zwangsläufig mit einem spezifischen Erhebungsdesign. Vielmehr kann die Stellung der Experteninterviews im Ablauf der Untersuchung variieren: Ist die Rekonstruktion der Relevanzen von Experten eigenständiges Untersuchungsziel, können Experteninterviews das alleinige empirische Material der Erhebung sein (die Auswahl der Untersuchungspersonen erfolgt dann anhand formaler Kriterien). Werden die Experteninterviews etwa im Rahmen von Fallstudien mit dem Ziel der Analyse organisationaler Ordnungen eingesetzt, dann können sie selbstverständlich nur einen Teil der Erhebung ausmachen. Schließlich ist kein konkretes Handlungsfeld allein durch die Orientierungen und das Wissen von Experten strukturiert.

der „wirklichen" Werte behindert oder verfälscht.[21] Entsprechend geschieht innerhalb der Experteninterview-Debatte die Reflexion der sozialen Situation „Interview" im Wesentlichen anhand des Begriffs der „Interaktionseffekte", mit dem Gefährdungen der angestrebten Interaktionsstruktur sowie Verzerrungen und Abweichungen vom Ideal der anvisierten Interviewführung bezeichnet werden (vgl. Meuser/Nagel 1991: 449ff.; Vogel 1995; Krafft/ Ulrich 1995). Schon der Begriff „Interaktionseffekt" verweist auf die analytische Orientierung am Modell des „archäologischen Interviews": Dass Interaktionen Effekte zeitigen – ohne sie wäre Interaktion keine, sondern bedeutungsfreies „Rauschen" –, gerät zur Pathologie der Kommunikation, zu einem Defekt des idealen, störungsfreien Interviews, den es zu vermeiden gilt. Die als „Fehler" und „Störungen" apostrophierten situativen Effekte im Expertengespräch können jedoch nicht nur produktiv eingesetzt werden (vgl. Abels/ Behrens in diesem Band), sie sind konstitutiv für jeden Prozess der Datenproduktion.

Letztlich ist auch das allgemein propagierte Ideal der Offenheit der Gesprächsführung und der Neutralität des Interviewers – ungeachtet der unbestreitbar vorhandenen guten Gründe für diese Postulate – letztlich ebenfalls der Vorstellung verhaftet, der Interviewer könne gewissermaßen „unsichtbar" bleiben und durch Nicht-Beeinflussung die Äußerung möglichst „reiner", kontext- und situationsunabhängiger Handlungsorientierungen, Einstellungen usw. provozieren. Allzu oft wird vergessen, dass Äußerungen – sowohl in Alltagssituationen als auch in der besonderen Situation des Interviews – nicht allein Äußerungen *von* irgendetwas im sozialen Vakuum sind, sondern immer auch Äußerungen *für* den konkreten Interaktionspartner. Sie sind von ihrer sozialen Dimension nicht ablösbar und somit also immer situative Äußerungen im Rahmen einer spezifischen Interaktionssituation, die von den Befragten – sei es unmittelbar bewusst oder auf der Ebene des „praktischen Bewusstseins" (Giddens 1988) – mitreflektiert wird, auf die die Befragten reagieren und die sie aktiv mitkonstituieren.

Dem „archäologischen Modell" wäre also ein „Interaktionsmodell des Interviews" gegenüberzustellen. Wir möchten im Folgenden nur eine – unseres Erachtens allerdings wesentliche – Dimension des komplexen Interaktions-

---

21 Dieses Modell, das zwischen nie erreichbarem, aber – im Sinne traditioneller Gütekriterien – wünschenswertem Ideal und seiner stets mangelhaften Realisierung aufgrund situativer Effekte unterscheidet, herrscht selbst dort vor, wo die konkreten Handlungs- und Kommunikationsstrukturen im (quantitativen) Interview genauer untersucht werden, z.B. bei Lueger 1989. Vgl. zu einer konversationsanalytisch fundierten Kritik des „archäologischen Modells" bezüglich standardisierter Befragungen Houtkoop-Steenstra 2000. Siehe auch Kvales methaphorische Beschreibung konventioneller Konzeptualisierungen des zu erhebenden Wissens im qualitativen Interview als „buried metal ...[which] is waiting in the subjects' interior to be uncovered, uncontaminated by the miner" (Kvale 1996: 3), die allerdings bei ihm für die Interviewstrategie und die Analyse der Interaktionssituation weitgehend folgenlos bleibt.

geschehens im Experteninterview herausgreifen: Wenn Äußerungen immer in Relation zu einem in einer spezifischen Weise wahrgenommenen Gegenüber konstituiert werden, sind für die Strukturierung der Interaktionssituation die „erwarteten Erwartungen", d.h. die Vorstellungen, die sich der Befragte anhand verschiedener Indizien und Vorkenntnisse sowie anhand der Kommunikationserfahrungen im Interviewablauf selbst über die möglichen Erwartungshaltungen des Interviewers/Forschers macht, von entscheidender Relevanz. Wir wollen daher die Interaktionsstrukturen im Experteninterview unter dem Aspekt der personalen Perzeption und zugeschriebenen Kompetenzen in Bezug auf den Interviewer analysieren. Dabei gehen wir davon aus, dass die Äußerungen des Befragten sich wesentlich an seinen Vorstellungen und Mutmaßungen bezüglich Kompetenz, fachlicher Herkunft, normativen Orientierungen und Einstellungen sowie der untersuchungsfeldrelevanten Einflusspotentiale des Interviewers orientieren. In dieser Perspektive werden die so genannten „Interaktionseffekte" als (notwendige) Bestandteile der jeweiligen Kommunikationsstruktur, die sich jeweils situationsbezogen konstituiert, sich im Verlauf der Interaktion im Interview aber nicht nur reproduziert, sondern auch verändern kann, analysiert. Bestimmte Kommunikationsstrukturen mögen je nach Erkenntnisinteresse und Untersuchungsziel ertragreicher sein als andere, weil sie die Interviewpartner zur Artikulation jeweils erwünschter spezifischer Wissensformen und -bestände anregen, gleichwohl lässt sich kein allgemeines (wie auch immer konkret ausbuchstabiertes) Ideal einer „richtigen" Interviewführung formulieren, das übergreifende und fallunabhängige Gültigkeit besäße. Daraus folgt, dass immer – und nicht zuletzt auch bei der Auswertung – zu beachten bleibt, dass die Interviewäußerungen eben auch eine Funktion der Kommunikationsstruktur sind.

Wir möchten im Folgenden nun – auf der Basis unserer Forschungserfahrungen – ausgewählte, für Experteninterviews typische Interaktionssituationen, die durch bestimmte Wahrnehmungen, Zuschreibungen und vermutete Kompetenzen in Bezug auf den Interviewer geprägt sind, kurz skizzieren, und zwar anhand folgender Fragen: Woran ist im Interview erkennbar, dass eine bestimmte Rollenerwartung vorliegt (*Indizien*)? Auf welchen *Voraussetzungen* basiert sie? Was sind die *Vor- und Nachteile* einer derartigen Interaktionssituation? Für welche Formen von Untersuchungen bzw. inhaltlichen Fragestellungen sind solche Interaktionssituationen ertragreich (*Anwendungsbereich*)? Die Typisierung der Interaktionsstrukturen erfolgt entlang der drei Dimensionen der dem Interviewer zugeschriebenen fachlichen Kompetenzen, der vermuteten Konvergenz bzw. Koinzidenz des normativen Hintergrunds, vor dem die konkrete Interaktion im Interview stattfindet, sowie der wahrgenommenen Handlungs- und Einflusspotentiale des Interviewers bezüglich des Handlungsfeldes des Befragten (siehe Tabelle 1).

2. Die Wahrnehmung des Interviewers durch den Experten: 6 Typen von Zuschreibungen

(1) Erscheint der *Interviewer als Co-Experte*, wird er als gleichberechtigter Partner und Kollege angesehen, mit dem der Experte Wissen und Informationen über das betreffende Fachgebiet austauscht. Der Befragte setzt einen gemeinsam geteilten Vorrat an Kenntnissen und Wissen voraus, auf den zurückgegriffen werden kann, ohne diesen im Detail explizieren zu müssen. Dieser zugeschriebene Wissensbestand umfasst dabei nicht allein technisches oder Prozesswissen, sondern weitgehend auch die (zumeist impliziten) normativen und handlungspraktischen Voraussetzungen der eigenen Orientierungen (Deutungswissen). Der Experte unterstellt, dass der Interviewer die praktischen Handlungsbedingungen des Befragten kennt und ihre normativen Implikationen teilt; diese sind im Interview daher der Begründungspflicht entzogen. Dies bedeutet allerdings nicht, dass von Seiten des Befragten vollständige Wissenskongruenz vorausgesetzt wird. Oftmals werden dem Interviewer – etwa indem er als Vertreter der Fakultät einer Universität oder eines Institutes bekannt ist, das sich mit Fragen und Themen beschäftigt, die dem fachlichen Hintergrund des Experten ähneln – eher allgemeine Kompetenzen und Fähigkeiten in generalisierter und systematisierter Form zugeschrieben, während der Befragte einen Wissensvorsprung im konkreten Fall und Kontext, aus dem er stammt, besitzt.

Die für Interviews typische gewöhnlich asymmetrische Befragungssituation schwindet tendenziell, und an die Stelle der polarisierten Rollenaufteilung in Befragte und Fragende tritt eine stärker horizontal ausgerichtete Kommunikationsstruktur.[22] Der Befragte stellt seinerseits Fragen, um vom Interviewer Informationen zu erhalten und dessen eigene Positionen und Einschätzungen kennen zu lernen, verwickelt ihn in inhaltliche Debatten usw. Nicht selten verlässt das Gespräch die Ebene einer Befragung und erhält den Charakter einer Fachdiskussion. Die vielfältigen Rück-, Nach- und Gegenfragen des Experten haben interaktionstheoretisch betrachtet dabei die Funktion des Tests der unterstellten Rollenerwartungen und Kompetenzzuschreibungen. Die Akzeptanz des Interviewers als Co-Experte stellt zu Beginn des Interviews gewissermaßen eine an vorerst vagen Indizien und Eindrücken orientierte „Vorleistung" des Experten dar, deren Berechtigung im weiteren Gesprächsverlauf implizit geprüft wird. Erst innerhalb der Diskussion selbst stellt sich heraus, ob sich die Erwartungen und Zuschreibungen durch den Befragten bestätigen lassen oder verworfen werden müssen. Eine Interaktionsstruktur, die durch die Kompetenzzuschreibung als „Co-Experte" geprägt

---

22 Die Symmetriebeziehung ist als diesen Typus kennzeichnender Sonderfall anzusehen. Horizontale Interaktionsstrukturen sind keinesfalls für das Experteninterview insgesamt typisch, wie Köhler (1992) nahe legt.

ist, verfestigt sich in der Regel erst innerhalb des weiteren Gesprächsverlaufs. Sie ist daher besonders voraussetzungsreich und muss – gerade in der Anfangsphase des Gesprächs – durch das Verhalten und den Diskussionsstil des Interviewers permanent wieder hergestellt und bestätigt werden. Sie basiert in der Regel allerdings nicht allein auf dem konkreten Kommunikationsverhalten des Forschers im Interview, sondern auch auf bereits vorher bekannten Informationen und Eindrücken, etwa der Kenntnis der fachlichen Qualifikationen, des professionellen Hintergrunds und der institutionellen Zugehörigkeit des Interviewers oder auch auf bereits bestehender persönlicher Bekanntschaft.

In der Methodendiskussion gilt eine derartige Interaktionsstruktur dann als prekär, wenn die Interviewsituation zu kippen droht: Der Befragte versucht, die Frage-Antwort-Situation umzudrehen, so dass es dem Forscher nicht gelingt, im zumeist knapp bemessenen Zeitrahmen des Interviews seine eigenen Fragen vollständig anzubringen.[23] Zudem können gehäufte Rückfragen vom Befragten auch strategisch eingesetzt werden, um möglichst wenig eigene Informationen preisgeben zu müssen. Nachteilig wirkt sich die Rollen- und Kompetenzzuschreibung des Interviewers als Co-Experte auch dann aus, wenn der Befragte dazu tendiert, sich auf die technisch-fachwissenschaftliche Seite des Themas zurückzuziehen oder seine Darstellung auf „Fachzeitschriftenwissen" beschränkt. Thema sind dann nicht mehr subjektive Bewertungen, normative Zielsetzungen und eigene Handlungsorientierungen, sondern etwa technische Details, Formeln und statistische Kennziffern, die ohne soziologische Relevanz bleiben. Gerät das Interview zum Fachgespräch zwischen gleichberechtigten Experten, verbleibt das Interview nur allzu leicht ausschließlich im professionellen Relevanzrahmen des Befragten.

Auf der anderen Seite erweist sich die Akzeptanz des Interviewers als Co-Experte geradezu als spezifischer Vorteil: Wenn der Forscher sein fachlich-inhaltliches Interesse beweist, sein eigenes Wissen einbringt und engagiert diskutiert, ist auch der Befragte zu entsprechendem Engagement bereit und gibt Informationen und Wissen preis, das bei anderen Rolleneinschätzungen und Kompetenzzuschreibungen kaum zugänglich würde.[24] Was Abels/Behrens (1998: 87) etwas abwertend als „Informationshandel" bezeichnen und eher als Gefährdung des Interviews betrachten, erhält so eine eigenständige Dynamik, die produktiv eingesetzt werden kann. Zudem liegt eine

---

23 Abels/Behrens (1998: 87) und Vogel (1995: 80) bezeichnen dies als – unerwünschten – „Rückkopplungseffekt".

24 Kaufmann etwa hält eigenes „Engagement" des Interviewers (anstelle der üblicherweise gepredigten Neutralität und Zurückhaltung) für ein zentrales Erfolgskriterium des „verstehenden Interviews": „Nur in dem Maße, in dem er (der Interviewer) sich selbst einbringt, wird sich auch der andere einbringen und sein tiefstes Wissen nach außen tragen" (Kaufmann 1999: 77f.). Trinczek resümiert seine Erfahrungen mit Management-Interviews in ähnlicher Weise: „Je mehr man im Verlauf des Interviews in der Lage ist, immer wieder kompetente Einschätzungen, Gründe und Gegenargumente einfließen zu lassen, umso eher sind Manager bereit, nun ihrerseits ihr Wissen und ihre Positionen auf den Tisch zu legen" (1995: 65).

stärker diskussions- als befragungsorientierte Gesprächssituation häufig im Interesse des Forschers, wenn er die vorläufigen Ergebnisse seiner Untersuchung ins Feld „zurückspiegeln" kann, kritische Bewertungen zur eigenen Position erhält und die Diskussion unter der Hand gar ansatzweise zur kommunikativen Validierung nutzen kann.

Wenn das Experteninterview in erster Linie der Erhebung „sachdienlicher Information" und Aufklärung über „Fakten" dienen soll (wie etwa bei explorativen oder systematisierenden Interviews), wird sich das fachlich hohe Niveau der Interaktion zwischen Co-Experten produktiv auswirken und das Interview gewinnbringend für detaillierte Sachanalysen nutzbar sein. Zielt die Untersuchung – im Sinne des theoriegenerierenden Experteninterviews – dagegen eher auf die Rekonstruktion von Deutungswissen, wird der „technizistische Einschlag" des Interviews problematisch, denn im Gespräch zwischen Experten und Co-Experten werden die impliziten normativen und handlungspraktischen Prämissen der Expertenmeinung als geteilte ungefragt vorausgesetzt und sind der Analyse nur schwer zugänglich.

(2) Die Kompetenzzuschreibung des *Interviewers als Experten einer anderen Wissenskultur* ist in der Praxis der Experteninterviews ebenfalls häufig anzutreffen. Kennzeichnend ist hier, dass der Befragte dem Interviewer – ähnlich wie im Fall der Rollenerwartung des Interviewers als Co-Experte – hohe fachliche Kompetenzen und Fähigkeiten unterstellt, dabei aber die unterschiedliche professionelle Herkunft des Gesprächspartners berücksichtigt. Das Gespräch erhält seine Fokussierung durch ein gemeinsames inhaltliches Kerninteresse, es herrscht aber Klarheit darüber, dass jeweils vor dem Hintergrund divergierender Wissensbestände, normativer Zielsetzungen und praktischer Handlungszwänge argumentiert wird. Der Interviewer erscheint seinerseits als Experte, jedoch weniger als Fachkollege, sondern als Vertreter einer anderen Disziplin.

Orientiert der Interviewpartner seinen Antwort- und Diskussionsstil an derartigen Rollenerwartungen, sind die Antworten im Vergleich zur Wahrnehmung des Interviewers als Co-Experte in der Regel stärker unter didaktischen Gesichtspunkten formuliert. Fachtermini der eigenen Disziplin werden spärlicher verwendet, und der Hintergrund der eigenen Handlungsorientierungen wird deutlicher expliziert. Nicht selten ist das Verhalten des Befragten durch eine gewisse Unsicherheit gekennzeichnet, weil er keine genaue Kenntnis darüber hat, inwiefern und in welchem Maße die Teilhabe an Fachwissen der eigenen Disziplin vorausgesetzt werden kann. Typisch sind bei einer derartigen Interaktionsstruktur etwa Nachfragen des Interviewten, inwiefern er den fachlichen Kontext seiner Ausführungen erläutern soll, ob die von ihm verwendeten Begriffe bekannt sind usw.

In der Regel versucht der Experte zudem, dem (imaginierten) Erkenntnisinteresse des Forschers gerecht zu werden und sich auf dessen fachlichen und disziplinären Hintergrund einzustellen. In derartigen Interviews finden sich häufig die Antworten einleitende Passagen wie „Aus sozialwissenschaftlicher Perspektive ist sicherlich interessant für Sie, dass...", „Als Soziologe werden Sie das vielleicht anders sehen, aber...". Die unterschiedliche Perspektive wird dadurch – entgegen der Annahme des einheitlichen Fachinteresses bei der Rollenunterstellung des Co-Experten – zugleich offen gelegt. Häufig wird in der Argumentation explizit darauf verwiesen, dass die geäußerte Einstellung auf die eigenen fachlichen und beruflichen Erfahrungen zurückzuführen sind, d.h., der Experte macht seine Erwartung explizit, dass im Gespräch nicht von einem fraglos gegebenen und gemeinsam geteilten Sinnhorizont ausgegangen werden kann. Dies verweist zugleich darauf, dass nicht nur Differenzen bezüglich des (unterstellten) „technischen" Fachwissens erwartet werden, sondern auch in Bezug auf normative Prämissen.

Die hier typisierten Rollenerwartungen und Kompetenzzuschreibungen sind in erster Linie natürlich Unterstellungen des Befragten, allerdings in der Regel Unterstellungen, die auf realen Erfahrungen der Interviewten mit ihren Gesprächspartnern, ihren (zumeist vagen) Kenntnissen und Vorerwartungen von ihrem Gegenüber basieren. Für die Interviewpraxis ist dabei nicht immer wichtig, ob diese Unterstellungen voll zutreffend sind. Gleichwohl ist der „Interviewer als Experte einer anderen Wissenskultur" nicht nur ein in der Praxis häufig auftretender Typus der Rolleneinschätzung, er entspricht in der Regel auch der realen Kompetenzverteilung in weit höherem Maße als dies bei einem Auftreten des Interviewers als Co-Experte der Fall ist – die Identität des fachlichen Interesses in letzterem Fall ist in der Regel Fiktion. Dies bedeutet, dass eine durch das Modell des Gesprächs zwischen Experten unterschiedlicher Wissenskulturen geprägte Interaktionsstruktur weniger voraussetzungsreich ist. Anders als der „Co-Experte" muss der „Experte einer anderen Wissenskultur" nicht permanent sein Fachwissen unter Beweis stellen, auf die Wahl der „richtigen" Terminologie achten und präzise Detailkenntnisse vorweisen. Für die Herausbildung der Erwartung, einem soziologischen Fachexperten gegenüberzutreten, genügt anfangs in der Regel die Visitenkarte einer Universität bzw. eines renommierten Institutes oder das Vorweisen eines akademischen Titels. Im Verlauf des Interviews muss die Erwartungshaltung des Interviewers allerdings auch hier aktiv aufrechterhalten werden. Unkenntnis bezüglich des fachlichen Handlungsfeldes des Experten, der vehemente Rückgriff auf alltagssprachliche Formulierungen und unprofessionelles Auftreten führen auch hier dazu, dass der Befragte seine Kompetenzzuschreibung revidiert.

Interviews, deren Interaktionssituation durch die Kompetenzeinschätzung des „Interviewers als Experte einer anderen Wissenskultur" geprägt sind, können im Gesprächsverlauf unterschiedliche Dynamiken entwickeln. Im „Idealfall" reagiert der Befragte sensibel und interessiert auf das sozialwissenschaftliche Erkenntnisinteresse und orientiert seine Ausführungen daran, ohne allerdings seinen fachlichen Kontext als Experte, als der er für die Untersuchung relevant ist, aufzugeben. Beide Gesprächsteilnehmer „akzeptieren" die unterschiedlichen Deutungsmuster, die divergierenden Formen des Hintergrundwissens und die unterschiedlichen normativen Implikationen der beiden Wissenskulturen. Das Interview kann aber auch in zwei einander jeweils entgegengesetzten Richtungen von diesem Verlauf abweichen. Im einen Fall kann es geschehen, dass der Befragte sich bemüßigt fühlt bzw. sich dazu gedrängt sieht, seine eigene (Wissens- bzw. Fach-)„Kultur" offensiv zu verteidigen und ihre Überlegenheit gegenüber sozialwissenschaftlichen Herangehensweisen unter Beweis zu stellen. Der Experte insistiert auf der Legitimität der eigenen Perspektive gegenüber dem vermuteten Erkenntnisinteresse – und hier oftmals mitgedacht: einer möglichen Kritik – des Interviewers aus der „fremden" Fachwelt. Im Extremfall entwickelt sich der Gesprächsverlauf in Richtung jener Rollenverteilung, die den Interviewer als „potentiellen Kritiker" prätendiert.

Im entgegengesetzten Fall legt der Befragte eine demonstrative Gutwilligkeit an den Tag, sich auf sozialwissenschaftliche Fragestellungen einzulassen, und stellt seine eigenen Sichtweisen bewusst zurück, weil sie „für den Soziologen" von vermutlich geringem Interesse sind. Problematisch wird die Gesprächssituation dann, wenn – über das für das Interview natürlich in der Regel ertragreiche Eingehen auf das Erkenntnisinteresse des Forschers hinaus – die Anpassung an vermeintliche Erwartungen zu weit getrieben wird oder wenn, was allzu häufig passiert, das imaginierte Interesse des Sozialwissenschaftlers von dessen realem zu stark abweicht. Ein weitgehendes Entgegenkommen des Interviewten kann dem Gespräch in der Praxis zudem auch Züge eines „paternalistischen" Kommunikationsstils verleihen. Damit wird der Übergang zu einer Kommunikationssituation fließend, in der der Interviewer als „Laie" erscheint.

Als vorteilhaft erweist sich die Kompetenzzuschreibung des „Interviewers als Experte einer anderen Wissenskultur" dadurch, dass die fachlichen Begründungsmuster und Orientierungen des Experten hier in der Regel deutlicher zutage treten als beim Typus des Co-Experten, wo sie unhinterfragt als geteilt vorausgesetzt werden. Gerade theoriegenerierende oder deutungswissensanalytische Ansätze können daher von dieser Rollenstruktur im Interview profitieren. Dem steht der komplementäre Nachteil entgegen, dass fachliches Detailwissen hier seltener zur Sprache kommt. Für Experteninterviews vom explorativen bzw. systematisierenden Typ, die primär auf das „technische Wissen" abzielen, ist diese Interaktionskonstellation also weniger fruchtbar.

(3) Eine Interaktion im Experteninterview, die den *Interviewer als Laien* realisiert, gilt in der Methodenliteratur gewöhnlich als warnendes Negativbeispiel und Ergebnis einer misslungenen Gesprächsführung. Trinczek etwa nennt als unabdingbare Voraussetzung für erfolgreiche Experteninterviews mit Managern, der Interviewer müsse selbst Expertenstatus besitzen, zumin-

dest aber dem Befragten nach Alter und Qualifikation „wenigstens halbwegs kompatibel und ‚gleichwertig' erscheinen" (1995: 65). Auch Vogel (1995: 80) moniert die „demonstrative Gutmütigkeit" mancher Interviewpartner, das vordergründige Wohlwollen und das Bestreben des Befragten, die Gesprächsinhalte dem (scheinbar) unerfahrenen oder unterlegenen Interviewer diktieren zu wollen, was „den Aufbau einer wechselseitigen und produktiven Gesprächsatmosphäre" „nachhaltig" beeinträchtige. Anstatt allerdings angesichts derartiger „Paternalismuseffekte" (ebd.) in gekränkter Eitelkeit darüber zu verharren, nicht wie in angestrebter Weise als Experte wahr- und ernstgenommen zu werden, empfiehlt es sich, „gerade den an sich diskriminierenden Paternalismus in einer produktiven Weise für die Datenerhebung strategisch zu wenden" (Abels/Behrens 1998: 86).[25] Denn dass nur alte, promovierte Männer erfolgreich Experteninterviews führen können, wie Vogel und Trinczek es in vorauseilend gehorsamer Erfüllung vermeintlicher Ansprüche ihrer Interviewpartner nahe legen, vermag nicht recht zu überzeugen.

Bei der Kennzeichnung der Indizien für diesen Typ der Kompetenzzuschreibung wie auch für die anschließende Gewichtung spezifischer Vor- und Nachteile gilt es, die prinzipielle Ambivalenz dieser Rollenverteilung zu reflektieren. Denn der Interviewer kann von Seiten des Experten sowohl als *„willkommener"* wie auch als *„unwillkommener"* Laie wahrgenommen werden. Im ersteren Fall agiert der Experte als ein didaktisch orientierter Vermittler seiner Erfahrungen, Einstellungen und Wissensbestände. Dem Interviewer wird eine behutsame Einführung in die fachlichen Grundlagen des Untersuchungsgebiets und die sachlichen Voraussetzungen spezifischer Handlungsorientierungen geboten. Weil vom Interviewer keine konstruktiven Zwischenfragen erwartet werden bzw. die unterschiedslose Relevanz der Experten-Ausführungen unterstellt wird, kann das Gespräch schnell monologartigen Charakter annehmen. Darüber kann sich ein situativ erzeugter „Erzählzwang" konstituieren, der zu tieferen Ebenen des Expertenwissens führt. Im zweiten Fall hingegen werden Nachfragen des Interviewers vom Befragten als störende Unterbrechung gewertet. Der Interviewer wird durch die sprachliche und nichtsprachliche[26] Verweigerung einer dialogischen Gesprächsform in die Rolle des stillen, aufmerksamen Rezipienten gedrängt. Der Experte bringt

---

25 Dies bedeutet natürlich keineswegs, auf eine Analyse diskriminierender Paternalismen in der Interviewsituation verzichten oder diese gar gut heißen zu müssen. Vgl. Abels/Behrens (1998), die sich ausführlich mit geschlechtsspezifischen Paternalismuseffekten unter der doppelten Perspektive ihrer Diskriminierungswirkung und ihrem methodischen Schaden und Nutzen befassen.

26 Missbilligendes Kopfschütteln oder wegwerfende Handbewegungen als Reaktion auf die Einwände und Nachfragen des Interviewers sind sicherlich Extremformen der Verweigerung. Nicht selten jedoch äußert sich die „innere Emigration" des Experten, sein Rückzug auf – dialogisch nicht erschließbare – Bestände sakrosankten Regelwissens, in einem Setting, das den Interviewer als Gesprächspartner ausschließt: Der Experte präsentiert sich im Profil, referiert mit Blick aus dem Bürofenster usw.

ohne Rücksicht auf die spezifischen Bedürfnisse des Forschers seine knapp gehaltenen Ausführungen zu einem raschen Ende. Bei dieser Kompetenzzuschreibung ist eine stark hierarchisch geprägte Kommunikationssituation zu erwarten.

Der prinzipiellen Ambivalenz dieser Rollenverteilung entspricht die Vielfalt an Stärken und Problemen, die derartig strukturierte Interaktionssituationen auszeichnen. Einerseits versprechen naive Fragen – gerade im Rahmen eines auf Theoriegenerierung zielenden Forschungsdesigns – die interessantesten und ertragsreichsten Antworten. Hat sich das Bild des Interviewers als eines Laien erst einmal im Verlauf des Interviews stabilisiert und wird es auch vom Interviewer akzeptiert, bedeutet dies für den Befrager außerdem eine erhebliche Entlastung, weil er nicht mehr gezwungen ist, seinen Expertenstatus demonstrativ unter Beweis zu stellen oder Irritationen des Interviewten zu vermeiden. Diese „Narrenfreiheit" eröffnet die Möglichkeit, Fragen zu stellen, die unter anderen Bedingungen eine Gefährdung des stabilisierten Erwartungsschemas bedeutet hätten, und auf diese Weise sonst schwer zugängliche Informationen zu erlangen; dies nicht zuletzt deshalb, weil als naiv eingeschätzte Interviewer in der Regel als besonders vertrauenswürdig angesehen werden (vgl. Abels/Behrens 1998). Die Experten sehen hier kaum die Gefahr, dass der Interviewer im weiteren Verlauf mit den erlangten Informationen strategisch umgehen könnte, allzu kritische Rückfragen stellt und die Befragten unter Rechtfertigungszwänge stellt, und agieren daher freier und ungezwungener. Ist der Befragte der Meinung, seine Sicht- und Handlungsweisen von Grund auf erklären zu müssen, kann dies gerade für Deutungswissensanalysen fruchtbar sein: Auch einfache, vom Experten in der Regel vorausgesetzte Argumentationsmuster werden hier ausführlich dargestellt – ganz anders als bei der Wahrnehmung des Interviewers als „Co-Experten" und auch stärker als gegenüber dem „Experten einer anderen Wissenskultur". Die Nachteile der Kompetenzunterstellung als Laie liegen auf der Hand: Die Befragten langweilen die Forscher bisweilen mit endlosen Monologen über Belanglosigkeiten oder bereits Bekanntes, sie referieren Lehrbuchwissen oder ziehen sich auf Allgemeinplätze zurück. Fachlich anspruchsvolle Fragen können kaum geklärt werden, Nachfragen werden leichter ignoriert, die Strukturierung des Interviewverlaufs gerät tendenziell unter die Kontrolle des Befragten (vgl. Gillham 2000: 82). Dass überdies ohne jede Demonstration der eigenen Kompetenz die Gefahr der verkürzten Interviewdauer besteht, wurde in Hinblick auf den Interviewer als „unwillkommenen Laien" bereits erwähnt. Zudem ist eine derartige Kompetenzzuschreibung nur sehr schwer aufzubrechen und zu korrigieren. Und nicht zuletzt bedeutet die Einschätzung als Laien für den Interviewer eine unangenehme Situation, in der er sich unverstanden und unterschätzt fühlt.

(4) Den Gegenpol zum soeben beschriebenen Typus bildet die Wahrnehmung des *Interviewers als Autorität.* Hier gibt es zwei Varianten. Erstens: Der Interviewer erscheint als *überlegener Fachexperte,* der zu testen scheint, ob der Befragte ein seinem Handlungsfeld angemessenes Wissen besitzt oder „richtig" handelt. Der Interviewer wird als Experte von „höheren Würden" angesehen, ausgestattet mit den Insignien und wissenschaftlichen Kompetenzen des Universitäts- oder Institutsangehörigen, der sich in die Niederungen der Praxis hinausbegibt, um seine ihm an Qualifikation untergeordneten Kollegen zu beurteilen oder bestenfalls die Sichtweise der Praktiker kennen zu lernen. Während sich hier die Überlegenheitsvorstellung in erster Linie auf die fachlichen Kompetenzen bezieht, wird sie in der zweiten Variante des *Interviewers als Evaluator* diesem in Bezug auf die Dimension der Macht zugeschrieben. Hier gilt der Forscher als Abgesandter einer übergeordneten Institution, die den Interviewten oder dessen Organisation überprüfen möchte und von dessen Urteil das Wohl von Organisation oder Befragtem abhängt. Der Forscher, so die Einschätzung des Befragten, wurde geschickt, um etwa die Effizienz einer Maßnahme zu kontrollieren, die Nutzung zugewiesener Geldmittel zu überprüfen oder die Qualifikation der Befragten kritisch zu hinterfragen. Der Befragte fühlt sich unter Rechtfertigungszwang gestellt, möchte sich in ein gutes Licht rücken und seine Handlungen und Einstellungen möglichst perfekt vor der (vermeintlichen) Autorität legitimieren. [27]

Die Interaktionssituation, in der dem Interviewer eine autoritative Funktion zuwächst, ist gekennzeichnet durch Misstrauen gegenüber der vertraulichen Verwendung der preisgegebenen Informationen, übertrieben positiv erscheinende Selbstdarstellungen oder aber auch gezielte Unterwürfigkeit gegenüber den Forschern. Diese Rollenerwartung (bzw. -befürchtung) entsteht insbesondere in Handlungsfeldern von Experten, die einem starken politischen Legitimationsdruck ausgesetzt sind, beispielsweise bei Pilotprojekten, deren Erfolg ungesichert erscheint, umstrittenen Therapiemaßnahmen in der sozialpädagogischen Praxis usw. Wird der Interviewer als Evaluator wahrgenommen, ist eines der wesentlichen Kriterien für eine erfolgreiche Interviewführung, die soziale Folgenlosigkeit, verletzt – zumindest in der Vorstellung des Befragten, was aber an der Sache nichts ändert. Vertrauen als Basis für offene und ehrliche Antworten fehlt. Problematische oder „kritische" Sachverhalte werden verschwiegen und sind auch durch geschickte Interviewfragen kaum zu eröffnen, weil für die Befragten in der Regel einiges auf dem

---

27 Auch wenn diese Rolleneinschätzung in der Praxis in Reinform in der Regel vorwiegend bei Evaluationen auftritt (vgl. hierzu Leitner/Wroblewski 2002), finden sich einzelne Elemente dieses Typs in der Praxis gleichwohl recht häufig. Befürchtungen, der Interviewer träte als Evaluator auf, haben wir in unserer Praxis beispielsweise bei Betriebsräten gefunden, die sich von einer (vermeintlichen) Untersuchung der Gewerkschaft kontrolliert fühlten, oder bei Interviewpartnern in staatlichen Kliniken, die Rationalisierungsmaßnahmen befürchteten und den Interviewer in seiner Funktion als Vertreter einer regierungsnahen Institution wahrnahmen.

Spiel zu stehen scheint, wie künftige Finanzzuweisungen, das Eingeständnis des Scheiterns propagierter Konzepte oder auch einfach die Ehre der eigenen Profession. Auch wenn derartige Interaktionssituationen kaum erstrebenswert sind, entsprechende Interviews sind nicht per se wertlos. So kann hier etwa viel gelernt werden über die Legitimations- und Rechtfertigungsstrategien der Befragten, Argumentationsmuster zur Durchsetzung der eigenen Interessen oder Immunisierungsstrategien gegenüber in- und externer Kritik. Der Interviewer verlässt die Position der Neutralität, er ist nicht mehr externer Beobachter, sondern wird selbst Ziel und Gegenstand strategischer Handlungsweisen der Akteure im Untersuchungsfeld, die ihn als Variable in ihre Kalkulationen einbeziehen.

(5) Wird der *Interviewer als potentieller Kritiker* eingeschätzt, wird ihm die Fähigkeit zur „objektiv-fachgerechten" Beurteilung der im Interview zur Debatte stehenden Sachverhalte und Themen abgesprochen. Der Interviewer gilt nicht als gewissenhafter Forscher mit wertneutralem Erkenntnisinteresse, sondern als ideologisch vorbelasteter Vertreter einer bestimmten unerwünschten Weltanschauung. Ihm – so die Unterstellung – ist nicht zu trauen, weil er die gewonnenen Erkenntnisse nicht in den Dienst „neutraler" Wissenschaft stellt, sondern strategisch für seine politischen oder persönlichen Ziele nutzen möchte. Der Befragte geht von einer grundlegenden Divergenz zwischen den der Untersuchung zugrunde liegenden normativen Hintergründen und den von ihm selbst vertretenen Prinzipien aus. Mag auch der „Interviewer als Experte einer anderen Wissenskultur" die normativen Implikationen des Fachgebietes des Experten nicht unbedingt teilen, so darf er von Seiten des Befragten aber mit Interesse und Respekt für die „fremde Kultur" rechnen. Im vorliegenden Fall schlägt dies dagegen in Ablehnung des Interviewers um, die bis hin zu verdeckter oder offener Feindseligkeit führen kann. Der Experte fühlt sich durch die Interviewfragen kritisiert, er glaubt die Integrität seiner Funktion oder gar seiner Person in Frage gestellt. Ersichtlich wird dies etwa an Aussprüchen wie „Denken Sie, was Sie wollen, wir als Vertreter der Geschäftsführung müssen nun mal an die wirtschaftliche Gesundheit des Unternehmens denken" oder „Wissen Sie, wenn man nicht als Anwender direkt mit solchen Fragen befasst ist, kann man leicht moralisieren". Erste Indizien können aber auch hartnäckige kritische Fragen zum Einfluss der Finanzierer auf die Untersuchung sein, wenn dabei unterstellt wird, hier werde nicht eine Untersuchung, sondern schon ein bestimmtes Ergebnis in Auftrag gegeben. Übergänge zu paternalistischen Formen der Einschätzung des Interviewers als Laien sind fließend. Wird als Ursache der Differenz der normativen Relevanzrahmen zwischen Befragten und Interviewern allein die Unkenntnis und Inkompetenz des Forschers vermutet, argumentiert der Befragte (ähnlich wie gegenüber dem „Interviewer als Laien") oftmals wohlwollend bis herablassend, in der Überzeugung, „den Soziologen" durch seine Worte eines Bes-

seren belehren zu können. Mit der Vermutung, der Interviewer trete als potentieller Kritiker auf, haben Soziologen als Vertreter einer Profession, die nicht überall den Ruf weltanschaulicher Neutralität besitzt, insbesondere bei Untersuchungen in politisch oder ethisch umstrittenen Handlungsfeldern zu kämpfen.

Dass bei dieser Rollenerwartung die Nachteile für den Ertrag des Interviews in aller Regel überwiegen werden, liegt auf der Hand. Mangelnde Antwortbereitschaft aufgrund fehlenden Vertrauens, das Bestreben des Befragten, das Interview möglichst kurz zu halten, mangelnde Unterstützung des Forschungsvorhabens (etwa bei der Vermittlung von weiteren Interviewkontakten) sind die Kennzeichen dieser Interaktionssituation. Mögliche Vorteile bestehen bestenfalls darin, dass der Befragte, wenn er sich in seiner Rolle als Experte in Frage gestellt fühlt, der Legitimierung der eigenen Handlungsorientierungen, Einstellungen und Deutungen üblicherweise breiten Raum einräumt, so dass die ansonsten eher implizit verbleibenden normativen Prämissen der Argumentation klarer zutage treten können.

(6) Beruht die Rolleneinschätzung des Interviewers als potentieller Kritiker auf der Annahme der Divergenz des normativen Hintergrunds zwischen Untersuchung und den entsprechenden Implikationen der Profession oder des Handlungsfeldes des Experten, so ist Kern der Beurteilung des *Interviewers als Komplizen* die vermutete Identität der normativen Orientierungen zwischen Befragten und Befragern. Hier wird der Interviewer als Mitstreiter in einem vermachteten Handlungsfeld angesehen. Er wird dadurch in besonderer Weise zur Vertrauensperson, der Geheimnisse anvertraut, verdeckte Strategien erläutert und vertrauliche Informationen mitgeteilt werden. Die Komplizenschaft wird in der Regel über die Definition eines gemeinsamen Kontrahenten hergestellt (vgl. Hermanns 2000: 365). Der Befragte expliziert ohne Umschweife, was an seinen Handlungsweisen und Argumentationsmustern unmittelbar normativ oder sachlich bzw. was rein strategisch begründet ist. Der Interviewer wird zum intimen Mitwisser in dieser Auseinandersetzung, deren implizite Regeln ihm offen gelegt werden. Dies geschieht in der Überzeugung der absoluten Ehrlichkeit und Diskretion des Interviewers. Insofern ist diese Rolleneinschätzung durch den Befragten besonders voraussetzungsvoll. In der Regel ist hier persönliche Bekanntschaft vor dem Interview vonnöten, so dass der Befragte über die normativen Einstellungen des Forschers bereits informiert ist, etwa über die Teilnahme an gemeinsamen politisch orientierten Arbeitskreisen, die Kenntnis einschlägiger Publikationen oder gar eine gemeinsame persönliche Vergangenheit. Die Zugehörigkeit zur Universität, zu einem Institut oder einer Profession, die den Befragten oftmals ausreichende Hinweise für die Herausbildung der Rollen- und Kompetenzerwartung des Interviewers als „Co-Experten" bzw. „Experten einer anderen Wissenskultur" gibt, reicht allein nicht aus, solange sie über die normativen

Orientierungen des Forschers zu wenig besagt. Diese Gemeinsamkeit wird im Interview in symbolischer Form ausgedrückt, etwa durch Duzen des Interviewers, den Verweis auf geteilte Erfahrungen und gemeinsame Erlebnisse usw. [28]

Die Rolleneinschätzung als „Komplize" hat für das Interview unschätzbare Vorteile: Der Interviewer erhält Zugang zu vertraulichen Informationen, er kann auf die weitgehende Offenheit und Ehrlichkeit der Antworten bauen, und er erhält dadurch Einblick in über die offiziellen Programmatiken oder Legitimationsmuster weit hinausgehenden realen Strategien und Handlungsorientierungen. Problematisch ist allerdings, dass die normativen Prämissen weitgehend unexpliziert bleiben müssen. Die stillschweigende Übereinkunft über die Gemeinsamkeit zwischen Interviewer und Befragten verbietet es geradezu, sie im Interview durch entsprechende Redeanreize in Frage zu stellen, da die langwierig stabilisierte Vertrauensbeziehung dadurch einseitig gebrochen würde (s. Tabelle 1 S. 62/63).

3. Abschied vom Neutralitätsideal: zum methodischen Nutzen der Interaktions-Typologie

Die hier entworfene Typologie von durch Kompetenzzuschreibungen, unterstellten normativen Orientierungen und vermuteten machtgestützten Handlungspotentialen des Interviewers geprägten Interaktionssituationen im Experteninterview ist selbstverständlich keinesfalls erschöpfend. Sie basiert auf der Konstruktion zu Extremfällen verdichteter Typen; dies impliziert, dass sie in der Interviewpraxis selten in Reinform auftreten. Entsprechend den drei Typisierungsdimensionen können sich Kombinationen von spezifischen Kompetenz- und Machtzuschreibungen ergeben (etwa durch die Wahrnehmung des Interviewers als Laie *und* als Kritiker) oder von Kompetenz- und normativen Orientierungszuschreibungen (z.B. als Co-Experte *und* als Komplize).

Zudem ist die Interaktionsstruktur eines konkreten Interviews häufig nicht in seinem gesamten Verlauf einem oder mehreren bestimmten Typen zuzuordnen, vielmehr bilden sich im Gesprächsverlauf die Erwartungen und Zu-

---

28 Gemeinschaftlichkeitskonstruktionen im Interview können allerdings auch andere Ursachen haben, die nicht in geteilten normativen Überzeugungen zu finden sind, sondern etwa durch die gleiche regionale Herkunft oder den gleichen Dialekt verursacht sind. Andersherum gilt allerdings auch: Abweichende Sprachkonventionen können sich als unsichtbare soziale Barriere im Experteninterview erweisen. Auch ein scheinbar „neutrales" Hochdeutsch ist nicht immer vertrauensfördernd, wenn es, wie etwa in Teilen Österreichs oder der Schweiz, wo der Dialekt auch unter „Experten" üblich ist, mit Arroganz oder Elitismus konnotiert ist. Allerdings ist gerade bei Experten vorab meist schwer einzuschätzen, ob der Dialekt als identitätsstiftend oder als provinziell wahrgenommen wird.

schreibungen, die anfangs auf vagen Vermutungen basieren, erst langsam heraus, werden stabilisiert oder revidiert.[29]

Der Zweck der Typisierung liegt nicht allein in der deskriptiven Analyse empirisch auftretender Interaktionssituationen. Wenn die Erhebungsdaten nicht als Ausdruck eines abstrakten, allgemeinen „Expertenwissens", sondern auch als Variable der Interaktion verstanden werden sollen; wenn die Äußerungen der Befragten als Äußerungen gegenüber einer mit konkreten Kompetenzen und Interessen vorgestellten Person konzeptualisiert werden – und somit als Äußerungen, die andere gewesen wären, hätten sie sich andere Vorstellungen vom Interviewer gemacht –, dann muss dies auch im Auswertungsprozess berücksichtigt werden. Zweitens können bestimmte Kompetenzzuschreibungen usw. gezielt provoziert und für das eigene Untersuchungsinteresse strategisch genutzt werden. Welche Rollenerwartung und Kompetenzzuschreibung vorherrschen, hängt von verschiedenen Faktoren ab wie etwa Alter, Geschlecht und Qualifikationsstatus, den eigenen Fachkenntnissen wie etwa der Beherrschung der Fachterminologie, den Sprachkompetenzen, der institutionellen Herkunft, der Ausstattung mit akademischen Titeln usw. Von vorrangiger Bedeutung ist jedoch die Art der Selbstdarstellung und die Präsentation des Forschungsinteresses, sowohl im Interview als auch in den vorbereitenden Kontakten mit den Experten. Von diesen Faktoren sind selbstverständlich nur die letztgenannten durch den Forscher beeinflussbar.[30] Zudem kann kaum vorab die für ein bestimmtes Forschungsvorhaben „ideale" Rollenerwartung am Reißbrett entworfen werden (und oftmals werden in verschiedenen Untersuchungsstadien verschiedene der beschriebenen Interaktionssituationen wünschenswert sein). Es lohnt sich aber durchaus, mit den Rollenerwartungen zu „spielen" und verschiedene Strategien der Selbstdarstellung und Gesprächsführung in den verschiedenen Interviews einer Untersuchung einzusetzen, um herauszufinden, welches die für das eigene Erkenntnisinteresse am besten geeignete Verfahrensweise ist. Nicht immer wird es die Selbstdarstellung als „Co-Experte" sein, die gewöhnlich als die einzig ertragreiche gilt.

---

29 Zum Beispiel: Interviews, deren Interaktionsstruktur anfangs durch die Rollenerwartung des „Interviewers als Kritiker" geprägt sind, wandeln sich im Verlauf etwa zu solchen, in denen der Interviewer als Experte einer anderen Wissenskultur angesehen wird. Oder: Der Befragte findet seine anfängliche Rollenerwartung des Forschers als eines Co-Experten nicht bestätigt und agiert im weiteren Gesprächsverlauf entsprechend dem Modell des Interviewers als Laien.

30 Fachwissen vorzuspiegeln, wo es real nicht vorhanden ist, nur um als Co-Experte wahrgenommen zu werden, wird in der Regel schnell durchschaut. Dies bedeutet allerdings nicht, dass dieser Typus unbedingt der voraussetzungsreichste ist. Den unbedarften Laien zu mimen dürfte einem 60jährigen Professor ebenso wenig überzeugend gelingen. Der „Wahl" der Rollenerwartungen sind selbstverständlich auch forschungsethische Grenzen gesetzt. So verbietet es sich selbstverständlich, die Verlässlichkeit des „Komplizen" vorzugeben, wo der Interviewte real keinen Grund für sein Vertrauen hat.

Tabelle 1

	Typisierungs-dimension	Indizien der Kommunikations-situation	(zugeschriebene) Voraussetzungen auf Seiten des Interviewers
Interviewer (1) als Co-Experte (2) als Experte einer anderen Wissenskultur	Fachkompetenz (gleichartige [1], gleichwertige [2])	symmetrische Interaktionssituation: zahlreiche Gegenfragen des Interviewten	Beherrschung der Fachterminologie (bes. 1), Fachwissen, institutioneller Background, akademische Titel
(3) Interviewer als Laie	Fachkompetenz (niedrige)	asymmetrische Interaktionssituation zugunsten des Befragten: Monologe des Befragten, demonstrative Gutmütigkeit; Paternalismus	niedrigerer Status des Interviewers in Relation zum Befragten; Fachfremdheit
(4) Interviewer als Autorität	„Evaluator": Macht; „überlegener Fachexperte": Fachkompetenz (höhere)	asymmetrische Interaktionssituation zugunsten des Interviewers; Legitimationsstrategien des Befragten	institutioneller Background: fachlicher Autoritätsstatus oder machtpolitisch bedeutsame Position
(5) Interviewer als Komplize	normativer Hintergrund (geteilter)	Offenlegung von geheimem Wissen, „persönlicher" Redestil des Befragten (z.B. Duzen des Interviewers)	persönliche Bekanntschaft, geteilter Erfahrungshintergrund (z.B. Mitgliedschaft in politischen Organisationen)
(6) Interviewer als potenzieller Kritiker	normativer Hintergrund (divergenter)	Ablehnung des Interviewers, kurze Antworten, kritische Gegenfragen, Vorwegnahme von Fragen durch den Experten	Interviewer öffentlich bekannt als „Kritiker"; institutioneller Background in nicht akzeptierten Organisationen

Interviewstil, Frageformn	mögliche Vorteile	mögliche Nachteile	primärer Anwendungsbereich
dialogorientiert, permanente Nachfragen, schneller Wechsel von Fragen und Antworten, „Informationshandel"	hohes fachliches Niveau, Faktenreichtum (1,2) stärkere Explizierung von Begründungen und Orientierungen (2)	Verbleib im professionellen Relevanzrahmen des Befragten; „technizistischer Einschlag"	explorative oder systematisierende Experteninterviews; fakten- und datenorientierte Erhebungen
Interviewer primär als Rezipient, erzählgenerierende Fragen, engagierte, aber naive Nachfragen	hohes Vertrauen des Befragten, Erzählzwang, Entlastung des Interviewers	Geringe Steuerbarkeit des Interviews	theoriegenerierendes Experteninterview; deutungswissensorientierte Untersuchungen
autoritärer Fragestil, kritische Nachfragen, Unterbrechen des Befragten	expressive Selbstdarstellung des Befragten	„soziale Folgenlosigkeit" verletzt; Verschweigen „kritischer" Sachverhalte	nicht empfehlenswerte Interviewsituation; bei Evaluationen bisweilen unvermeidlich
alltagssprachlicher, „persönlicher" Interviewstil; permanente Bestätigung der Gemeinsamkeit; vielfältige Frageformen möglich	sehr hohes Vertrauen des Befragten; Zugang zu vertraulichen Informationen	normative Prämissen bleiben unexpliziert	explorative, systematisierende und theoriegenerierende Experteninterviews: Untersuchungen, die auf technisches und Prozesswissen zielen
kritische bzw. tendenziöse Interviewerfragen; keine verbale und nonverbale Bestätigung des Befragten	ausführliche Präsentation der normativen Prämissen	Gefahr des Gesprächsabbruchs	nicht empfehlenswerte Interviewsituation; kann bei Untersuchung in ethisch oder politisch umstrittenen Untersuchungsfeldern auftreten; t.w. nutzbringend in deutungswissensorientierten Untersuchungen

Allzu oft merken wir in Interviews, wie die Befragten versuchen, sich anhand vager Hinweise ein Bild vom Interviewer zu machen, und ihren Diskussionsstil und ihre Argumentation dementsprechend einrichten (und dabei oftmals daneben liegen). Der Interviewer dient hier als Projektionsfläche vermeintlicher Erwartungen und Gegenerwartungen. Oder der Befragte reagiert auf die unspezifische Interviewsituation mit einem „rhetorischen Interview" (Meuser/Nagel 1991: 451), das nur die üblichen Inhalte der bekannten Programmatik des Arbeitsfeldes des Experten beinhaltet. Es empfiehlt sich daher, den Befragten gewisse Anhaltspunkte zu bieten, damit sie sich eine Meinung über den Interviewer bilden können. Das Offenlegen der eigenen Position, d.h. sowohl des Erkenntnisinteresses wie auch des eigenen thematischen bzw. fachlichen Standpunktes, kann für das erfolgreiche Gespräch wesentlich fruchtbarer sein als ein Versteckspiel. Damit steht das sowohl in Experteninterviews im Besonderen als auch bei qualitativen Interviews im Allgemeinen vertretene Ideal des neutralen bis empathischen Interviewers in Frage.[31] Im Fall von Experteninterviews haben wir es in der Regel nicht mit einem Gegenüber zu tun, der in der Artikulation eigener Meinungen und Einschätzungen bestärkt und in der Realisierung seiner Freiheit zur eigenen Rede unterstützt werden müsste. Die Befragten „zum Reden zu bringen" ist im Fall von Experteninterviews zumeist unproblematisch (und wenn nicht, liegt dies selten an der Schwierigkeit, eigene Positionen zu artikulieren, oder am übermäßigen Respekt vor dem Interviewer „aus der Forschung"). Die Experten sind aufgrund ihrer alltäglichen Praxis gewohnt, kontroverse Positionen zu vertreten und sich kritischen Einwänden gegenüber zu rechtfertigen. Die Differenziertheit und Differenzierbarkeit der Interaktionsstrategien in Antizipation dieses spezifischen Selbstverständnisses von Experten markiert eine Grenze zu anderen Verfahren, die in ähnlicher Weise auf die Rekonstruktion subjektiver Handlungsorientierungen und impliziter Entscheidungsmaximen abzielen. Gewichtiger noch ist allerdings ein weiterer Einwand: Neutralität bleibt im Interview letztlich unglaubwürdig. Gerade in Experteninterviews ist den Befragten bewusst, dass ihr Gegenüber sich mit dem Thema der Untersuchung bereits intensiv auseinandergesetzt und sich eine eigene Meinung gebildet hat (vgl. Kaufmann 1999: 77). Das Beharren auf (scheinbarer) Neutralität wirkt eher wie das Verbergen der eigenen Position, wo „echte" Neutralität kaum vorausgesetzt werden kann. Zudem kann der Interviewer

---

31 Vgl. die einflussreichen Konzeptionen des Interviewstils auch für qualitative Befragungen zunächst bei Scheuch 1967 und Koolwijk 1974; spezifisch im Kontext einer Methodologie der qualitativen Sozialforschung Hoffmann-Riem 1980; Lamnek 1995: 21ff. Zu Ansätzen, die das Neutralitätspostulat explizit in Frage stellen vgl. Douglas 1985; Fontana/ Frey 1998; Holstein/Gubrium 1999.

hier inhaltliches „Engagement" zeigen, das den Befragten im Gegenzug zum Darlegen eigener Wissensbestände und Informationen animiert.[32]

Unsere Typologie der Interaktionskonstellationen zielt nicht auf die Identifizierung eines für „das" Experteninterview verbindlichen Kommunikationsideals. Die entscheidende Regel muss dahingehend lauten, dass die Regeln der Gesprächsführung gerade in Relation zur tatsächlichen bzw. erwünschten Rollenerwartung und Kompetenzzuschreibung entworfen werden müssen. Vom „Co-Experten" wird eher ein diskussionsorientierter Interviewstil erwartet; die Aufrechterhaltung der Rollenerwartung des „Komplizen" verlangt die permanente Bestätigung der Gemeinschaftlichkeit, der „Kritiker" darf auch mal bissige Zwischenfragen stellen, der „Laie" kann bedenkenloser als etwa der Co-Experte mit allgemeinen Erzählaufforderungen[33] arbeiten.

IV Resümee: Die methodische Pluralität des Experteninterviews

Ob sich das Experteninterview als besondere und eigenständige Methode der Datenerhebung begründen lässt, kann – dies wurde im ersten Abschnitt erläutert – nur für das theoriegenerierende Experteninterview sinnvoll diskutiert werden. Dessen methodische Spezifität begründet sich freilich nicht über den Forschungsgegenstand „Experte", sondern über das Interesse an einer spezifischen Wissenskonfiguration, die auf kognitiver Ebene als Konglomerat

---

32 Der oft zitierte „Eisbergeffekt" (Vogel 1995: 79; Abels/Behrens 1998: 86f.) – der Befragte wirkt lustlos und desinteressiert und gibt Informationen nur spärlich preis – ist in der Praxis häufig auf unengagierte, positionslose Formen der Interviewführung zurückzuführen. Andererseits ist zu bedenken, dass auch der Expertenstatus des Befragten ihm in seinen Argumentationsformen bestimmte Grenzen setzt. Denn der Experte ist sich bewusst, dass er als quasi-öffentlicher Vertreter seiner Profession, seines Handlungsfelds, seiner Organisation o.Ä. spricht und deren Diskussions- und Selbstdarstellungsregeln nicht verletzen darf. Das Eingeständnis von Widersprüchlichkeiten, die Darstellung von Fehlern und die Artikulation „abweichender Meinungen" fällt dem Experten bisweilen schwerer als anderen Interviewpartnern. Zudem sieht er sich häufig in der Selbstverpflichtung, sein eigenes Expertentum zu bestätigen und schreckt davor zurück, scheinbar „banale" oder alltägliche Erkenntnisse zu präsentieren. In dieser Hinsicht hilft auch die selbstverständlich zuzusichernde Anonymität in der Regel nichts.

33 Trinczeks (1995) Erfahrungen, dass Erzählaufforderungen im Experteninterview mit Managern in der Regel zwecklos sind oder gar das Scheitern des Interviews zur Folge haben können, weil der gewohnte alltägliche Diskussionsstil des Managers an kurzen Frage-Antwort-Passagen orientiert sei, können von uns nicht bestätigt werden. Es scheint uns eher, als würde Trinczek generell einen co-experten-orientierten Interviewstil bevorzugen, in dessen Rahmen Erzählaufforderungen in der Tat für den Befragten irritierend sein müssen. Dies gilt allerdings nicht beim Vorliegen anderer Rollenerwartungen und Kompetenzeinschätzungen. Wir können jedenfalls von durchaus positiven Erfahrungen mit der Stimulation zu narrativen Passagen innerhalb von Experteninterviews berichten.

subjektiver und inkonsistenter Sinnentwürfe und Erklärungsmuster ("Deutungswissen") und auf sozialer Ebene als Handlungsdeterminante für andere (Praxiswirksamkeit) charakterisiert ist. Diesem Begriff des Experteninterviews (als einer spezifischen Form von rekonstruktivem Interview in wissenssoziologischer Perspektive) entspricht die Abkehr von einem Expertenbegriff, der den Experten entweder nur als Produkt des Forscherinteresses begreift oder über seine Funktion bzw. einen besonderen Wissensbestand bestimmt. Im zweiten Teil haben wir daher eine Reformulierung des konstruktivistischen und wissenssoziologischen Expertenbegriffs vorgeschlagen. Der Experte ist als eine Person zu begreifen, die vermittels des Besitzes bzw. der Zuschreibung besonderer Kompetenzen über einen sozialen Status verfügt bzw. eine Funktion ausübt, die sie in den Stand setzt, ihre Handlungsorientierungen und Situationsdefinitionen auch durchsetzungsfähig zu machen. Gleichzeitig ist im Hinblick auf das spezifische Erkenntnisinteresse bei theoriegenerierenden Experteninterviews das gängige Modell des Expertenwissens zu kritisieren. Unter der Perspektive einer Rekonstruktion von "Deutungswissen" ist das Expertenwissen nicht länger als "Sonderwissen" zu verstehen, sondern als eine "analytische Konstruktion". Mit dieser Redefinition, die die enge Kopplung von Expertentum und exklusivem Wissensbestand auflöst, können zugleich theoretisch unbefriedigende und methodisch kurzschlüssige Regeln der Interviewführung überwunden werden. Denn der Abschied von der Vorstellung des Expertenwissens als einer homogenen Entität ist mit der Kritik an einer unbefriedigenden Konzeptualisierung der Interaktionssituation verbunden, die davon ausgeht, das interessierende Expertenwissen könne gleich einem Schatz möglichst unversehrt geborgen werden. Die Kritik an einem derartigen "archäologischen Modell", das sich – mit dem Ziel der Realisierung "wahrer Werte" – bruchlos mit dem Dogma der einen, richtigen Interviewführung verbindet, und der alternative Entwurf eines "Interaktionsmodells" standen im Zentrum des dritten Teils des Artikels.

Entgegen diesem implizit an einem "one best way" fixierten Ideal der Interviewführung plädieren wir für eine Vielfalt unterschiedlicher, aber gleichwertiger Interviewstrategien, deren situationsspezifische Angemessenheit von der Kompetenz des Interviewers und dem Untersuchungsinteresse abhängt. Gleichwertigkeit heißt aber nicht Gleichgültigkeit: Nicht jede beliebige Interaktionsstrategie erschließt das gewünschte Analysefeld. Es bedeutet lediglich, dass die Komplexität des Expertenwissens vielfältigen (und konkurrierenden) Erschließungszugängen offen ist. Jede Interaktionsstrategie ist allerdings mit einer bestimmten analytischen Zielvorstellung verbunden. Die (Re)Konstruktion des Deutungswissens im Experteninterview realisiert in Abhängigkeit von der Interaktionsstrategie immer (nur) einen bestimmten Ausschnitt aus dem Expertenwissen.

Der Plan der sukzessiven Realisierung der einen perfekten, d.h. möglichst störungsfreien Kommunikationssituation sollte aufgegeben werden, da er letztlich von der Idee einer Datenproduktion unter laborähnlichen Bedingungen getragen ist. Nur ein Interviewer, so die Vorstellung, der sich von allen sozialen Attributen frei gemacht hat, könne die Relevanzen der Gesprächspartner rein und unverfälscht zu Tage fördern. Es gilt vielmehr, diese als Störungen apostrophierten Interaktionseffekte als konstitutive und darüber hinaus produktive Komponenten eines jeden Interviewverlaufs zu begreifen. Die spezifischen Vorannahmen, Erwartungen und Reaktionen, die jedes Gespräch vorstrukturieren und begleiten, sind als situations- und personenspezifische Zuschreibungen zu interpretieren, die in Antizipation strategisch genutzt und für die Auswertung der Daten reflexiv gewendet werden können.

Dem alternativen Entwurf eines „Interaktionsmodells" korrespondiert damit auch ein neuer Fokus auf die Debatte um die Methodologie des Experteninterviews. Denn genauso wenig wie es *einen* einheitlichen methodischen Regelsatz für qualitative Interviews gibt, sondern unterschiedliche Regeln für verschiedene Formen qualitativer Interviews, ist ein einheitlicher Methodenkanon des Experteninterviews möglich. Eine Methodologie des Experteninterviews muss in Rechnung stellen, dass die Interaktionsstrukturen im Experteninterview notwendigerweise divergieren; sie sollte sich dem Prinzip „pluraler Methodik" verschreiben.

Literatur

Abels, Gabriele/Behrens, Maria (1998): ExpertInnen-Interviews in der Politikwissenschaft. Das Beispiel der Biotechnologie. In: Österreichische Zeitschrift für Politikwissenschaft, Jg. 27, H. 1, S. 79-92 (überarbeitete Fassung in diesem Band)

Aichholzer, Georg (2002): Das ExpertInnen-Delphi: methodische Grundlagen und Anwendungsfeld Technology Foresight. In diesem Band

Bauman, Zygmunt (1995): Moderne und Ambivalenz. Das Ende der Eindeutigkeit. Frankfurt/M.: Fischer

Beck, Ulrich (1986): Risikogesellschaft. Auf dem Weg in eine andere Moderne. Frankfurt/M.: Suhrkamp

Becker, Steffen (2001): Einfluss und Grenzen des Shareholder-Value. Strategie- und Strukturwandel deutscher Großunternehmen der chemischen und pharmazeutischen Industrie. Frankfurt/M.: Peter Lang

Becker, Steffen/Menz, Wolfgang/Sablowski, Thomas (1999): Ins Netz gegangen: Industrielle Beziehungen im Netzwerk-Konzern am Beispiel der Hoechst AG. In: Industrielle Beziehungen. Zeitschrift für Arbeit, Organisation und Management, Jg. 6, H. 1, S. 9-35

Berger, Peter/Luckmann, Thomas (1969): Die gesellschaftliche Konstruktion von Wirklichkeit. Frankfurt/M: Fischer

Blumer, Herbert (1973): Der methodologische Standort des Symbolischen Interaktionismus. In: Arbeitsgruppe Bielefelder Soziologen (Hg.): Alltagswissen, Interaktion und gesellschaftliche Wirklichkeit. Reinbek: Rowohlt, S. 80-146

Bogner, Alexander (2000): Bioethik und Rassismus. Neugeborene und Koma-Patienten in der deutschen Euthanasie-Debatte. Hamburg und Berlin: Argument

Bourdieu, Pierre (1987): Sozialer Sinn. Kritik der theoretischen Vernunft. Frankfurt/M.: Suhrkamp

Brinkmann, Christian/Deeke, Axel/Völkel, Brigitte (Hg. 1995): Experteninterviews in der Arbeitsmarktforschung. Diskussionsbeiträge zu methodischen Fragen und praktischen Erfahrungen. Beiträge zur Arbeitsmarkt- und Berufsforschung 191, Nürnberg

Deeke, Axel (1995): Experteninterviews – ein methodologisches und forschungsprakti-sches Problem. In: Brinkmann, Christian/Deeke, Axel/Völkel, Brigitte (Hg.), S. 7-22

Douglas, Jack D. (1985): Creative Interviewing. Bevely Hills: Sage

Durkheim, Emile (1961): Die Regeln der soziologischen Methode. Neuwied: Luchterhand

Evers, Adalbert/Nowotny, Helga (1987): Über den Umgang mit Unsicherheit. Die Entdek-kung der Gestaltbarkeit von Gesellschaft. Frankfurt/M.: Suhrkamp

Flick, Uwe (1995): Qualitative Forschung. Theorie, Methoden, Anwendung in Psychologie und Sozialwissenschaften. Reinbek: Rowohlt

Flick, Uwe (2000): Konstruktivismus. In: Ders./Kardorff, Ernst von/Steinke, Ines (Hg.): Qualitative Forschung. Ein Handbuch. Reinbek: Rowohlt, S. 150-164

Fontana, Andres/Frey, James H. (1998): Interviewing. The Art of Science. In: Denzin, Norman K./Lincoln, Yvonna S. (Hg.): Collecting and Interpreting Qualitative Materi-als. Thousand Oaks u.a.: Sage, S. 47-78

Giddens, Anthony (1988): Die Konstitution der Gesellschaft. Frankfurt/M. und New York: Campus

Giddens, Anthony (1995): Konsequenzen der Moderne. Frankfurt/M.: Suhrkamp, 2. Auf-lage

Gillham, Bill (2000): The Research Interview. London und New York: Continuum

Glaser, Barney G./Strauss, Anselm L. (1998): Grounded Theory. Strategien qualitativer Forschung. Bern u.a.: Huber

Hägele, Helmut (1995): Experteninterviews in der öffentlichen Verwaltung: Ausgewählte prakti-sche Probleme. In: Brinkmann, Christian/Deeke, Axel/Völkel, Brigitte (Hg.), S. 69-72

Hermanns, Harry (2000): Interviewen als Tätigkeit. In: Flick, Ulrich/Kardorff, Ernst von/ Steinke, Ines (Hg.): Qualitative Forschung. Ein Handbuch. Reinbek: Rowohlt, S. 360-368

Hitzler, Ronald/Honer, Anne/Maeder, Christoph (Hg. 1994): Expertenwissen. Die institu-tionalisierte Kompetenz zur Konstruktion von Wirklichkeit. Opladen: Westdeutscher Verlag

Hoffmann-Riem, Christa (1980): Die Sozialforschung einer interpretativen Soziologie. Der Datengewinn. In: Kölner Zeitschrift für Soziologie und Sozialpsychologie, Jg. 32, S. 339-372

Holstein, James A./Gubrium, Jaber F. (1999): Active Interviewing. In: Bryman, Alan/Burgess, Robert G. (Hg.): Qualitative Research, Vol. II. London u.a.: Sage, S. 105-121

Hopf, Christel (1978): Die Pseudo-Exploration – Überlegungen zur Technik qualitativer In-terviews in der Sozialforschung. In: Zeitschrift für Soziologie, Jg. 7, H. 1, S. 97-115

Houtkoop-Steenstra, Hanneke (2000): Interaction and the Standardized Interview. The Living Questionnaire. Cambridge: Cambridge University Press

Kassner, Karsten/Wassermann, Petra (2002): Nicht überall, wo Methode draufsteht, ist auch Methode drin. Zur Problematik der Fundierung von ExpertInneninterviews. In diesem Band

Kaufmann, Jean-Claude (1999): Das verstehende Interview. Theorie und Praxis. Konstanz: UVK

Kelle, Udo/Erzberger, Christian (1999): Integration Qualitativer und Quantitativer Metho-den. Methodologische Modelle und ihre Bedeutung für die Forschungspraxis. In: Köl-ner Zeitschrift für Soziologie und Sozialpsychologie, Jg. 51, H. 3, S. 509-531

Knorr-Cetina, Karin (1989): Spielarten des Konstruktivismus. In: Soziale Welt, Jg. 40, H. 1/2, S. 86-96

Köhler, Gabriele (1992): Methodik und Problematik einer mehrstufigen Expertenbefragung. In: Hoffmeyer-Zlotnik, Jürgen H. P. (Hg.): Analyse verbaler Daten. Über den Umgang mit qualitativen Daten. Opladen: Westdeutscher Verlag, S. 318-332

Koolwijk, Jürgen van (1974): Die Befragungsmethode. In: Ders./Wieken-Mayser, Maria (Hg.): Techniken der empirischen Sozialforschung, 4. Band: Erhebungsmethoden: Die Befragung. München und Wien: Oldenbourg, S. 9-23

Krafft, Alexander/Ulrich, Günter (1995): Akteure in der Sozialforschung. In: Brinkmann, Christian/Deeke, Axel/Völkel, Brigitte (Hg.), S. 23-33

Kvale, Steinar (1996): InterViews. An Introduction to Qualitative Research Interviewing. Thousand Oaks u.a.: Sage

Lamnek, Siegfried (1995): Qualitative Sozialforschung, Bd. 1: Methodologie. Weinheim: Beltz, 3. überarb. Auflage

Leitner, Andrea/Wroblewski, Angela (2002): Zwischen Wissenschaftlichkeitsstandards und Effizienzansprüchen – ExpertInneninterviews in der Praxis der Arbeitsmarktevaluation. In diesem Band

Lueger, Manfred (1989): Die soziale Situation im Interview. In: Österreichische Zeitschrift für Soziologie, Jg. 14, H. 3, S. 22-36

Mayring, Philipp (1996): Einführung in die qualitative Sozialforschung. Weinheim: Beltz, 3. Auflage

Menz, Wolfgang/Becker, Steffen/Sablowski, Thomas (1999): Shareholder-Value gegen Belegschaftsinteressen. Der Weg der Hoechst AG zum „Life-Sciences"-Konzern. Hamburg: VSA

Menz, Wolfgang/Siegel, Tilla (2001): Markt statt Normalleistung. Denkmuster der Leistungs(lohn)politik im Wandel. In: Ehlscheid, Christoph/Mathes, Horst/Scherbaum, Manfred (Hg.): „Das regelt schon der Markt!" Marktsteuerung und Alternativkonzepte in der Leistungs- und Arbeitszeitpolitik. Hamburg: VSA, S. 133-152

Menz, Wolfgang/Siegel, Tilla (2002): Repolitisierung der Leistungsfrage? In: Sauer, Dieter (Hg.): DIENST – LEISTUNG(S) – ARBEIT. Leistung und Kundenorientierung in tertiären Organisationen. Reihe: ISF München Forschungsberichte, München, S. 79-96

Merton, Robert K./Kendall, Patricia K. (1993): Das fokussierte Interview. In: Hopf, Christel/Weingarten, Elmar (Hg.), Qualitative Sozialforschung. Stuttgart: Klett-Cotta, 3. Auflage, S. 171-302

Meuser, Michael/Nagel, Ulrike (1991): ExpertInneninterviews – vielfach erprobt, wenig bedacht. Ein Beitrag zur qualitativen Methodendiskussion. In: Garz, Detlef/Kraimer, Klaus (Hg.): Qualitativ-empirische Sozialforschung. Konzepte, Methoden, Analysen, Opladen: Westdeutscher Verlag, S. 441-471 (wieder abgedruckt in diesem Band)

Meuser, Michael/Nagel, Ulrike (1994): Expertenwissen und Experteninterview. In: Hitzler, Ronald/Honer, Anne/Maeder, Christoph (Hg.), S. 180-192

Meuser, Michael/Nagel, Ulrike (1997): Das ExpertInneninterview. Wissenssoziologische Voraussetzungen und methodische Durchführung. In: Friebertshäuser, Barbara/Prengel, Annedore (Hg.): Handbuch Qualitative Forschungsmethoden in der Erziehungswissenschaft. Weinheim-München: Juventa, S. 481-491

Meuser, Michael/Nagel, Ulrike (2002): Vom Nutzen der Expertise. ExpertInneninterviews in der Sozialberichterstattung. In diesem Band

Plath, Hans-Eberhard: (1995): Zum „Experteninterview" – ein Diskussionsbeitrag. In: Brinkmann, Christian/Deeke, Axel/Völkel, Brigitte (Hg.), S. 85-89

Scheuch, Erwin (1967): Das Interview in der Sozialforschung. In: König, René (Hg.): Handbuch der Empirischen Sozialforschung, I. Band. Stuttgart: Enke, 2. erw. Auflage, S. 136-196

Schmid, Josef (1995): Expertenbefragung und Informationsgespräch in der Parteienforschung: Wie föderalistisch ist die CDU? In: Alemann, Ulrich von (Hg.): Politikwissenschaftliche Methoden. Grundriss für Studium und Forschung. Opladen: Leske und Budrich, S. 293-326

Schnell, Rainer/Hill, Paul B./Esser, Elke (1992): Methoden der empirischen Sozialforschung. München und Wien: Oldenbourg, 3. überarb. und erw. Auflage

Schulz, Wolfgang K. (Hg. 1998): Expertenwissen. Soziologische, psychologische und pädagogische Perspektiven. Opladen: Leske und Budrich

Schütz, Alfred (1971): Wissenschaftliche Interpretation und Alltagsverständnis menschlichen Handelns. In: Ders.: Gesammelte Aufsätze, Bd. 1. Den Haag: Martinus Nijhoff, S. 3-54

Schütz, Alfred (1972): Der gut informierte Bürger. Ein Versuch über die soziale Verteilung des Wissens. In: Ders.: Gesammelte Aufsätze, Bd. 2. Den Haag: Martinus Nijhoff, S. 85-101

Sprondel, Walter M. (1979): „Experte" und „Laie": zur Entwicklung von Typenbegriffen in der Wissenssoziologie. In: Ders./Grathoff, Richard (Hg.): Alfred Schütz und die Idee des Alltags in den Sozialwissenschaften. Stuttgart: Enke, S. 140-154

Trinczek, Rainer (1995): Experteninterviews mit Managern: Methodische und methodologische Hintergründe. In: Brinkmann, Christian/Deeke, Axel/Völkel, Brigitte (Hg.), S. 59-67 (stark überarbeitete Version in diesem Band)

Voelzkow, Helmut (1995): „Iterative Experteninterviews": Forschungspraktische Erfahrungen mit einem Erhebungsinstrument. In: Brinkmann, Christain/Deeke, Axel/Völkel, Brigitte (Hg.), S. 51-57

Vogel, Berthold (1995): „Wenn der Eisberg zu schmelzen beginnt..." – Einige Reflexionen über den Stellenwert und die Probleme des Experteninterviews in der Praxis der empirischen Sozialforschung. In: Brinkmann, Christian/Deeke, Axel/Völkel, Brigitte (Hg.), S. 73-83

Weber, Max (1980): Wirtschaft und Gesellschaft. Grundriss einer verstehenden Sozialwissenschaft. Tübingen: J. C. B. Mohr, 5. Auflage

Wilson, Thomas P. (1973): Theorien der Interaktion und Modelle soziologischer Erklärung. In: Arbeitsgruppe Bielefelder Soziologen (Hg.): Alltagswissen, Interaktion und gesellschaftliche Wirklichkeit. Reinbek: Rowohl, S. 54-79

Witzel, Andreas (1985): Das problemzentrierte Interview. In: Jüttemann, Gerd (Hg.): Qualitative Forschung in der Psychologie. Grundlagen, Verfahrensweisen, Anwendungsfelder. Weinheim: Beltz, S. 227-255

ExpertInneninterviews – vielfach erprobt, wenig bedacht

Ein Beitrag zur qualitativen Methodendiskussion*

Michael Meuser und Ulrike Nagel

In verschiedenen Forschungsprojekten haben wir mit dem Verfahren des offenen, leitfadenorientierten ExpertInneninterviews gearbeitet und dabei die Erfahrung gemacht, dass wir *methodisch* auf einem wenig beackerten Terrain operieren mussten. Das gilt nahezu vollständig für *Auswertungsprobleme*. In der – spärlich vorhandenen – Literatur zu ExpertInneninterviews werden vorwiegend Fragen des Feldzugangs und der Gesprächsführung behandelt. Die Frage, wie „methodisch kontrolliertes Fremdverstehen" (vgl. Schütze u.a. 1973) im Rahmen von ExpertInneninterviews zu bewerkstelligen ist, bleibt völlig offen. Ziel dieses Artikels ist es, einige Fragen hinsichtlich der Methodik des ExpertInneninterviews zu behandeln. Das empirische Material, auf das wir uns beziehen, stammt aus Forschungsprojekten, die wir durchgeführt haben bzw. gegenwärtig bearbeiten[1]. Das Auswertungsverfahren, das wir vorstellen werden (s. Kap. 4), haben wir aus unserer eigenen Forschungspraxis

---

* Dieser Artikel erschien erstmals in: Garz, Detlev/Kraimer, Klaus (Hg. 1991): Qualitativ-empirische Sozialforschung. Konzepte, Methoden, Analysen. Opladen: Westdeutscher Verlag. Abgesehen von einer Anpassung an die neue Rechtschreibung wurden gegenüber dem Erstabdruck keine Veränderungen vorgenommen.

1 Im Einzelnen handelt es sich um folgende Projekte:
   – eine Untersuchung zur Implementation von frauenpolitischen Maßnahmen, die im Forschungsschwerpunkt soziale Probleme an der Universität Bremen durchgeführt worden ist. Das empirische Material wurde in Interviews mit Entscheidungsträgern in der öffentlichen Verwaltung und in Weiterbildungsinstitutionen erhoben (vgl. Meuser 1989);
   – eine Untersuchung zur Entwicklung des Deutungsmusters Erwachsenenbildung, ebenfalls im genannten Forschungsschwerpunkt durchgeführt. Die Interviews wurden mit ProtagonistInnen der Erwachsenenbildung aus Politik und Wissenschaft geführt; sie dienten zur Illustration und Kommentierung einer Dokumentenanalyse (vgl. Matthes-Nagel 1989);
   – eine laufende Untersuchung (SFB 186: Statuspassagen und Risikolagen im Lebensverlauf, Universität Bremen) über Statuspassagen zwischen Studium und Beruf von SozialarbeiterInnen und -pädagogInnen, in der Interviews mit den gatekeepers des Berufseinstiegs, mit Geschäftsführern von Wohlfahrtsverbänden und Leitern von Sozialbehörden durchgeführt wurden (vgl. Rabe-Kleberg u.a. 1990).

entwickelt, die ihrerseits im Rekurs auf die Literatur zur qualitativen bzw. interpretativen Sozialforschung zustande gekommen ist.

Wir haben in unseren Interviews mit überschaubaren Fallzahlen (20 bis 30) gearbeitet. Auf Besonderheiten, die sich bei Untersuchungen mit größeren Stichproben ergeben, wie sie in der industriesoziologischen Forschung häufig vorkommen, gehen wir nicht ein.

ExpertInneninterviews kommen in den verschiedensten Forschungsfeldern zum Einsatz, oft im Rahmen eines Methodenmix, aber auch als eigenständiges Verfahren[2]. Der weiten Verbreitung steht ein deutlicher Mangel an methodischer Reflexion gegenüber. In den gängigen Lehr- und Handbüchern zu den Methoden der empirischen Sozialforschung werden ExpertInneninterviews allenfalls kurz erwähnt – vielfach geschieht nicht einmal das –, nicht aber als Verfahren ausgewiesen, dessen Erhebungs- und Auswertungsstrategien eine gesonderte Betrachtung erfordern (vgl. Atteslander 1984: 105ff., 119ff.; von Alemann 1977: 192, Malwitz-Schütte/Sell 1973: 65ff.; Koolwijk 1974: 16). Selbst in Lehrbüchern, die explizit der Methode des Interviews gewidmet sind, erfährt das ExpertInneninterview keine eigene Behandlung (vgl. Erbslöh 1972; Holm 1975ff.)[3].

Bei unseren Recherchen sind wir auf lediglich eine Monographie gestoßen, die sich unter dem Titel „Elite and Specialized Interviewing" explizit mit den Besonderheiten von ExpertInneninterviews befasst (vgl. Dexter 1970).

Dexter betont mit Nachdruck die Unterschiede zwischen standardisierter Befragung und Experteninterview, die in allen Phasen des Forschungsprozesses gegeben sind. Er behandelt vor allem Fragen der Gesprächsführung und plädiert mit Nachdruck für offene Interviews, um die Situationsdefinition des Experten, seine Strukturierung des Gegenstandes, seine Bewertung zu erfassen (S. 5ff.).

Im Unterschied zu anderen Formen des offenen Interviews bildet bei ExpertInneninterviews *nicht* die Gesamtperson den Gegenstand der Analyse, d.h. die Person mit ihren Orientierungen und Einstellungen im Kontext des individuellen oder kollektiven Lebenszusammenhangs. Der Kontext, um den es hier geht, ist ein organisatorischer oder institutioneller Zusammenhang, der

---

2 Forschungsfelder, in denen besonders häufig von ExpertInneninterviews Gebrauch gemacht wird, sind: die Implementationsforschung (vgl. Hucke/Wollmann 1980: 222), die Eliteforschung (vgl. Drewe 1974. S. 163f.), die Verwendungsforschung (vgl. Wingens/Weymann 1988: 166ff.). In der Industriesoziologie ist das ExpertInneninterview ein Standardverfahren (vgl. Kern/Schumann 1984; Pries/Schmidt/Trinczek 1990).

3 Vergleichsweise umfangreich wird das ExpertInneninterview im Kontext der Methodenprobleme der Implementationsforschung behandelt (vgl. Hucke/Wollmann 1980: 222-225). Im Vordergrund stehen Besonderheiten von Diskursverläufen und deren Folgen für Qualität und Umfang des empirischen Materials. Auswertungsprobleme werden nur kurz angesprochen.

mit dem Lebenszusammenhang der darin agierenden Personen gerade nicht identisch ist und in dem sie nur einen „Faktor" darstellen.

1. Expertin für was – oder: Wie wird man zur Expertin[4]?

Der Adressatenkreis von ExpertInneninterviews ist breit gefächert. In der Literatur findet man Führungsspitzen aus Politik, Wirtschaft, Justiz, Verbänden, Wissenschaft, aber auch Lehrer, Sozialarbeiter, Personalräte. Der Großteil kann als Funktionselite gelten, bei anderen dürfte eine solche Zuordnung irreführend sein, etwa bei Personalräten oder bei Sozialarbeitern.

In unseren Ausführungen beziehen wir uns auf diejenigen ExpertInnen, die selbst Teil des Handlungsfeldes sind, das den Forschungsgegenstand ausmacht. Wir meinen nicht den Experten, der von außen – im Sinne eines Gutachters – Stellung zum Handlungsfeld nimmt.

Ob jemand als Expertin angesprochen wird, ist in erster Linie abhängig vom jeweiligen Forschungsinteresse. Expertin ist ein relationaler Status.

In diesem Sinne ist ein Personalrat ebenso gut ein Experte wie ein Geschäftsführer, wenn es um Entscheidungsmuster bei der Personalauswahl geht. Ein Lehrer, der zu Konzentrationsschwierigkeiten von Schülern interviewt wird, wird als Experte angesprochen. Liegt das Forschungsinteresse auf der psychischen Belastung, die der Lehrerberuf verursacht, ist derselbe Lehrer als Betroffener, als Einzelfall, als Teil eines repräsentativen sample oder was auch immer, jedenfalls nicht als Experte, Gegenstand der Forschung.

Der ExpertInnenstatus wird in gewisser Weise vom Forscher verliehen, begrenzt auf eine spezifische Fragestellung. Das will nicht sagen, dass es lediglich „ExpertInnen von soziologischen Gnaden" gibt. Auch ohne die entsprechende Zuschreibung ist eine Managerin eine Expertin für Personalführung, für Marketing, für MitarbeiterInnenschulung usw. Das kann jedoch für das konkrete Forschungsinteresse ohne Belang sein. Als Experte wird angesprochen,

—   wer in irgendeiner Weise Verantwortung trägt für den Entwurf, die Implementierung oder die Kontrolle einer Problemlösung oder

—   wer über einen privilegierten Zugang zu Informationen über Personengruppen oder Entscheidungsprozesse verfügt.

---

4   Um anzuzeigen, dass sich die Ausführungen auf beide Geschlechter beziehen, gebrauchen wir in zwangloser Folge mal die weibliche, mal die männliche Form. Wir sehen damit von der Verwendung von Schrägstrichen nach dem Muster der/die Experte/in ab, weil dabei nicht selten Satzungetüme entstehen, welche die Lesbarkeit des Textes immens beeinträchtigen.

Oft ist es nicht die oberste Ebene in einer Organisation, auf der ExpertInnen zu suchen sind, sondern die zweite oder dritte Ebene, weil hier in der Regel Entscheidungen vorbereitet und durchgesetzt werden und weil hier das meiste und das detaillierteste Wissen über interne Strukturen und Ereignisse vorhanden ist[5].

So hat Meuser (1989) in der Untersuchung über die Implementation einer Frauenförderrichtlinie im öffentlichen Dienst nicht Senatoren oder Senatsdirektoren (Minister- bzw. Staatssekretärebene) interviewt, sondern Verwaltungsleiter und Personalchefs. Sie sind – bezogen auf das konkrete Forschungsinteresse – ‚Schaltstellen der Macht', von ihren Entscheidungen wird das Schicksal der Richtlinie weitgehend bestimmt. Zusätzlich wurden Personalräte interviewt, da diese ebenfalls eine, wenn auch untergeordnete Rolle bei der Programmumsetzung spielen, insbesondere aber weil sie über andere Informationskanäle als die Verwaltungsspitze verfügen.

In der Untersuchung über Statuspassagen im Bereich sozialer Arbeit wurden die Vertreter der Wohlfahrtsverbände nicht auf der Ebene der Landesverbände, sondern auf der Ebene der kommunalen Anstellungsträger der Sozialarbeit gesucht. Das Forschungsinteresse richtete sich auf die Experten als Arbeitgeber, auf ihr Wissen über Strategien und Chancen des Berufseinstiegs (vgl. Rabe-Kleberg u.a. 1990).

Von Interesse sind ExpertInnen als FunktionsträgerInnen innerhalb eines organisatorischen oder institutionellen Kontextes. Die damit verknüpften Zuständigkeiten, Aufgaben, Tätigkeiten und die aus diesen gewonnenen exklusiven Erfahrungen und Wissensbestände sind die Gegenstände des ExpertInneninterviews. ExpertInneninterviews beziehen sich mithin auf klar definierte Wirklichkeitsausschnitte, darüber hinausgehende Erfahrungen, vor allem solcher privater Art, bleiben ausgespart[6]. In ExpertInneninterviews fragen wir *nicht* nach individuellen Biographien, untersuchen wir keine Einzelfälle, sondern wir sprechen die *ExpertInnen als RepräsentantInnen* einer Organisation oder Institution an, insofern sie die Problemlösungen und Entscheidungsstrukturen (re-)präsentieren[7].

In der Verwendungsforschung werden MinisterialbeamtInnen oder ZeitungredakteurInnen in ihrer Funktion als ‚gatekeeper', die die Interaktion des politischen Systems bzw. der Medien mit der Wissenschaft maßgeblich beeinflussen, interviewt. In der Implementationsforschung sind VerwaltungsbeamtInnen, RichterInnen, ReferentInnen in Verbänden in ihrer Funktion als UmsetzerInnen bzw. BlockiererInnen politischer Programme Gegenstand der Untersuchung. Die Bildungsforschung interessiert sich für KursleiterInnen,

---

5   Wissenssoziologisch gesprochen handelt es sich um Insider-Wissen (vgl. Merton 1972) bzw. um spezialisiertes Sonderwissen (vgl. Sprondel 1979), das sich der funktionalen Autonomie der ExpertInnen verdankt.

6   Das beschreibt das wissenschaftliche Interesse, das Experteninterviews zugrunde liegt. In den Interviews kann dies nicht immer durchgehalten werden. Manche Interviewte neigen dazu, in private Dinge ‚abzugleiten'. Wie damit umzugehen ist, werden wir unten ansprechen (s. Kap. 3).

7   Nach Sprondel (1979: 145) verfügt der Experte „über detailliertes und klares Wissen, das sich allerdings beschränkt auf ein mehr oder weniger fest etabliertes ‚System auferlegter Relevanzen', d.h. auf einen Bereich, in dem die Art der relevanten Probleme und die relevanten Lösungsstrategien weitgehend vordefiniert sind".

pädagogische MitarbeiterInnen von Volkshochschulen, FortbildungsreferentInnen in Betrieben der Privatwirtschaft in ihrer Funktion als EntwicklerInnen oder MultiplikatorInnen von Bildungskonzepten.

2. ExpertInnenwissen und Forschungsinteresse

In einem ersten systematisierenden Zugriff unterscheiden wir zwischen einer zentralen und einer Randstellung von ExpertInneninterviews im Forschungsdesign. Mit einer Randstellung haben wir es dort zu tun, wo ExpertInneninterviews z.B. explorativ-felderschließend eingesetzt werden, wo sie zusätzliche Informationen wie Hintergrundwissen und Augenzeugenberichte liefern und zur Illustrierung und Kommentierung der Aussagen der Forscherin zum Untersuchungsgegenstand dienen. Wir werden hierauf im Folgenden nicht eingehen, sondern uns auf solche Untersuchungen beziehen, in denen das ExpertInnenwissen im *Zentrum* des Interesses steht.

Wir trennen hier zwischen zwei typischen Untersuchungsanlagen. Im einen Fall bilden die ExpertInnen die Zielgruppe der Untersuchung, und die Interviews sind darauf angelegt, dass die ExpertInnen Auskunft über ihr eigenes Handlungsfeld geben. Entsprechende Studien stammen typischerweise aus der industriesoziologischen, der Eliten-, Implementations- und Professionalisierungsforschung. Im anderen Fall repräsentieren die ExpertInnen eine zur Zielgruppe *komplementäre* Handlungseinheit, und die Interviews haben die Aufgabe, Informationen über die Kontextbedingungen des Handelns der Zielgruppe zu liefern. Die Beispiele hierfür findet man typischerweise in der sog. Betroffenen-, in der soziale-Probleme- und in der Ungleichheitsforschung. Das Interesse an den ExpertInnen ist hier ein abgeleitetes Interesse, d.h. abgeleitet von einer Forschungsfrage, für deren Bearbeitung auf ExpertInnenwissen nicht verzichtet werden kann. Die ExpertInneninterviews bilden eine Datenquelle neben anderen, sie stehen z.B. neben Interviews mit der Zielgruppe, teilnehmender Beobachtung, Dokumenten- und Aktenanalyse. Allgemein geht es bei diesem Untersuchungstyp darum, die von den ExpertInnen ausgehenden „außerbetrieblichen" Effekte und Normierungen als Kontextbedingungen zu bestimmen[8].

Das Erfahrungswissen von ExpertInnen bezeichnen wir in Abhängigkeit von der Stellung und der Funktion innerhalb des Forschungsdesigns im ersten Fall als *Betriebswissen*, im zweiten Fall als *Kontextwissen*. Diese Unterscheidung ist eine forschungslogisch motivierte, begriffliche Bestimmung der

---

8   Man könnte im Rahmen einer solchen Untersuchung z.B. feststellen, dass es interessant wäre, die ExpertInnen unter dem Aspekt ihrer eigenen, internen Bedingungen und Verhältnisse zu untersuchen. Man würde dann eine neue Studie in Gang setzen, in deren Zentrum ExpertInneninterviews stünden – und hätte damit ein Forschungsdesign des ersten Typs.

Funktionen, die das erhobene Textmaterial erfüllt, und bezeichnet keine Denkfiguren der ExpertInnen. Die ExpertInnen werden im Interview mit Themen konfrontiert, und für sie spielt es keine Rolle, ob wir ihr Wissen zu diesen Themen als Betriebs- oder Kontextwissen verwenden. Für uns allerdings ist die Unterscheidung zwischen Betriebs- und Kontextwissen folgenreich – hinsichtlich des Aufwandes, den wir in der Auswertung der Texte treiben. Dazu unten mehr (s. Kap. 4).

Die Perspektive auf *Betriebswissen* kennzeichnet die Implementationsstudie zur Frauenförderung. Die ExpertInneninterviews waren das Hauptinstrument der Datenerhebung, mit ihnen wurden institutionsinterne Anwendungsprozesse und Entscheidungsabläufe erfasst. Das Forschungsinteresse galt dem Betriebswissen der für die Implementation der Gleichstellungsklausel zuständigen Bürokratie, z.B. den sich herausbildenden Routinen in den Entscheidungskommissionen, Implementationsbarrieren sowie Versuchen, die Klausel zu unterlaufen wie auch durchzusetzen.

Die Perspektive auf *Kontextwissen* ist Kennzeichen der ExpertInneninterviews im Rahmen der Untersuchung von Statuspassagen im Bereich sozialer Arbeit. Die ExpertInneninterviews sind ein Erhebungsinstrument neben anderen – fokussierte Interviews mit den „Statuspassagieren", Erhebung regionaler Strukturdaten, Fragebogenaktion. Zwar geht es auch hier um Strukturen des ExpertInnenwissens, im Unterschied aber zur o.g. Verwendung von ExpertInneninterviews als zentralem Instrument der Datenerhebung interessieren diese Strukturen nur als Bezugsgröße und als Rahmenbedingung für die Analyse der Statuspassage zwischen Studium und Beruf. Im Verhältnis zur Hauptuntersuchung erhalten die ExpertInneninterviews hier also die Aufgabe, Eigenschaften und Strukturen der Handlungssituation der Zielgruppe aufzuschließen.

Mit dem Einsatz von ExpertInneninterviews wird – forschungslogisch – das Interesse verfolgt, Strukturen und Strukturzusammenhänge des ExpertInnenwissens/handelns zu analysieren. Mit der Perspektive auf Betriebswissen verbunden ist im Allgemeinen ein objekttheoretischer Fragen- und Aussagenkomplex, innerhalb dessen die Untersuchung angesiedelt ist. Hier wird ein kategoriales Gerüst als Bezugsrahmen für die empirische Analyse vorausgesetzt. Die Forschungsresultate sind von daher nicht nur Hypothesen über den untersuchten bereichsspezifischen Gegenstand, sondern zugleich auch Prüfinstanz für die Reichweite der Geltung des zugrunde gelegten theoretischen Erklärungsansatzes.

Demgegenüber resultiert die Perspektive auf Kontextwissen von ExpertInnen aus der Betrachtung eines Sachverhaltes, an dessen Zustandekommen nicht nur, sondern auch die ExpertInnen maßgeblich beteiligt sind. Die theoretischen Annahmen und Kategorien beziehen sich auf die Funktion der ExpertInnen, nicht aber auf ihr Erfahrungswissen. Die Ergebnisse der ExpertInnenuntersuchung tragen insofern zur Bestimmung des Sachverhaltes bei und sind nicht dazu geeignet, die Gültigkeit theoretischer Behauptungen über den Sachverhalt zu prüfen.

Aus der unterschiedlichen Stellung der ExpertInneninterviews im Forschungsdesign und der auf sie gerichteten Erkenntnisinteressen resultiert eine entscheidende Vorgabe für die Auswertung. Dort, wo sich das Forschungsinteresse auf die ExpertInnen als Zielgruppe und nicht als Kontextgröße richtet, wird es in der Auswertung darum gehen, die entsprechenden Wissens- und Handlungsstrukturen, Einstellungen und Prinzipien theoretisch zu generalisieren, Aussagen über Eigenschaften, Konzepte und Kategorien zu treffen, die den Anspruch auf Geltung auch für homologe Handlungssysteme behaupten können bzw. einen solchen theoretisch behaupteten Anspruch bestätigen oder falsifizieren.

Im Unterschied dazu wird man dort, wo ExpertInneninterviews lediglich einen Meilenstein auf dem Wege zur Hauptuntersuchung bilden, die Auswertung der Interviews stoppen, wenn ihr Zweck erfüllt ist: z.B. die durch die ExpertInnen gesetzten Bedingungen inhaltlich bestimmt sind, wenn Themen und Hypothesen für die weiteren Untersuchungsschritte realitätsgesättigt sind, Sample-Bildung und Leitfadenentwicklung Kontur annehmen. Man wird in diesen Fällen die Texte partiell auswerten, die Auswertung im Stadium der empirischen Generalisierung abbrechen und Aussagen über Repräsentatives, auch über Unerwartetes formulieren, jedenfalls über Evidentes. – Ehe wir uns dem Auswertungskapitel zuwenden, beschäftigen wir uns zunächst mit Diskursverläufen von ExpertInneninterviews.

3. Diskursverläufe

Wenn das Wort Leitfadeninterview fällt, hat man beim harten Kern der Vertreter „weicher" Methoden einen schweren Stand. Auch Begriffe wie halboffenes oder fokussiertes Interview helfen da nicht weiter, eher im Gegenteil. In unseren Untersuchungen haben wir mit offenen Leitfäden gearbeitet, und dies scheint uns die technisch saubere Lösung der Frage nach dem Wie der Datenerhebung zu sein. Eine leitfadenorientierte Gesprächsführung wird beidem gerecht, dem thematisch begrenzten Interesse des Forschers an dem Experten wie auch dem Expertenstatus des Gegenübers. Die in die Entwicklung eines Leitfadens eingehende Arbeit schließt aus, dass sich der Forscher als inkompetenter Gesprächspartner darstellt. So wird verhindert, dass der Experte es früher oder später bereut, in das Gespräch eingewilligt zu haben. Die Orientierung an einem Leitfaden schließt auch aus, dass das Gespräch sich in Themen verliert, die nichts zur Sache tun, und erlaubt zugleich dem Experten, seine Sache und Sicht der Dinge zu extemporieren. Ausnahmen bestätigen die Regel[9].

Es stellt sich hier die Frage, ob eine teilstandardisierte Befragung von ExpertInnen nicht dem offenen ExpertInneninterview vorzuziehen wäre. Dies mag dort richtig sein, wo die

---

9   Zu den Techniken der Durchführung der ExpertInneninterviews vgl. Smigel 1959.

ExpertInnen als LieferantInnen von Daten und Fakten angesprochen werden, die nirgendwo sonst in Erfahrung zu bringen sind. Zu diesem Behufe könnte man genauso gut eine schriftliche Befragung durchführen. Wenn es aber um handlungsleitende Regeln jenseits von Verordnungen, um ungeschriebene Gesetze des ExpertInnenhandelns, um tacit knowing und Relevanzaspekte geht, gibt es zu offenen ExpertInneninterviews keine Alternative[10].

Auch wenn dies paradox klingen mag, es ist gerade der Leitfaden, der die Offenheit des Interviewverlaufs gewährleistet. Durch die Arbeit am Leitfaden macht sich die Forscherin mit den anzusprechenden Themen vertraut, und dies bildet die Voraussetzung für eine „lockere", unbürokratische Führung des Interviews. Erfüllungsbedingung ist allerdings, dass – obwohl in die Leitfadenkonstruktion Annahmen über den inhaltlichen Zusammenhang von Themen im Sinne von Sachaffinitäten eingehen – der Leitfaden nicht als zwingendes Ablaufmodell des Diskurses gehandhabt wird.

Zum Verhängnis kann der Leitfaden dann werden, wenn ein Experte sich in einem anderen Sprachspiel als dem des Leitfadens bewegt. Das Interview in dem Code zu führen, den man vorab gewählt hat, der dem des Experten aber womöglich nicht entspricht, ist ein Kardinalfehler. In jedem Fall tut man gut daran, sich auf die Sprache des Experten einzulassen, man riskiert ansonsten das Zusammenbrechen der Situation und Gesichtsverluste auf allen Seiten.

Misslingen kann ein Interview aus verschiedenen Gründen und in verschiedenen Formen:

a) Der Experte blockiert das Interview; er ist entweder fälschlich als Experte angesprochen worden, kennt sich im Thema nicht oder nicht mehr aus, oder er zieht sich auf eine formalistische Behandlung des Themas zurück. Nach wenigen Minuten ist vermutlich allen Beteiligten klar, dass es nur noch *ein* gemeinsames Interesse an der Situation gibt: sie zu beenden. Dies ist unserer Erfahrung nach eine sehr seltene und höchst diffizile Angelegenheit. Als Forscher greift man tunlichst nicht auf seine Themen zurück, sondern stellt sich auf den Experten ein, solange bis die für das Interview angefragte Zeitspanne in etwa abgelaufen ist.

b) Eine zweite Form des Misslingens findet das Interview, wenn die Expertin die Forscherin zur Mitwisserin im pejorativen Sinne des Wortes macht; die Expertin interessiert – im Augenblick – etwas anderes als die Themen der Forscherin, und sie benutzt die Situation, um „auszupacken". Sie spricht, je länger desto mehr, über Interna und Verwicklungen in ihrem Aktionsradius – für die Forscherin ein zweifelhafter Vertrauensbeweis. Auch dieser Verlauf ist selten und peinlich – und darüber hinaus schwer zu bremsen.

---

10   Hunt u.a. (1964/65) ziehen aus einer vergleichenden Untersuchung politischer Eliten in den Vereinigten Staaten, Österreich und Frankreich das Resümee, dass der Widerstand gegenüber geschlossenen Fragen bzw. standardisierten Antwortmöglichkeiten in den beiden europäischen Ländern erheblich, in den Vereinigten Staaten selten ist. Von den europäischen Interviewpartnern wurde beklagt, die Fragen seien „zu brutal", ließen keinen Raum für „Nuancierungen" und „persönliche Positionen", die mit den vorgegebenen Kategorien nicht erfasst würden (S. 65). Wir vermuten, dass dieser Widerstand in den seither vergangenen 25 Jahren eher größer als kleiner geworden ist.

c) Eine dritte Form des Misslingens liegt vor, wenn der Experte häufig die Rollen wechselt, mal als Experte, genauso viel aber als Privatmensch spricht und etwa Beispiele aus seinem Familien- oder Vereinsleben heranzieht. Das gibt dem Forscher zwar Aufschluss über die Idiosynkrasien seines vis à vis, nicht aber über das Thema.

Der Forscher kann gegen diese Diskursverläufe wenig ausrichten; sie sprengen den Rahmen der Interviewsituation. Der Informationsgehalt der Texte ist gering, für die Auswertung liefern sie bestenfalls Beiwerk.

Die Erhebung aussagekräftiger Informationen bedarf eines Diskursverlaufs in anderer Form.

d) Die wohl häufigste Form des Gelingens entspringt auf Seiten des Experten der Neugierde und ist diejenige, in der die gegenseitige Fremdheit der Akteure zum Auslöser wird, sich über die anliegende Sache zu verständigen. Ein solches Interview beginnt häufig mit Nachfragen des Experten zur Forschungsfrage, zum Forschungsinstitut, zu den Ressourcen. Werden gleich zu Anfang des Gesprächs Konventionen und Rituale der Begegnung zwischen Fremden in Gestalt von Experte und Forscher eingehalten, wird vom Forscher der richtige Ton getroffen und Kompetenz unauffällig demonstriert, dann kommt das Interview in Gang. Der Forscher interessiert den Experten für seine Sache, und der Experte entfaltet seine Sicht der Dinge. Er bedient sich dabei der verschiedensten Darstellungsformen, er berichtet, typisiert, rekonstruiert, interpretiert, kommentiert und exemplifiziert.

e) Eine ähnliche und ebenfalls häufige Form des Gelingens unterscheidet sich von der beschriebenen in Folgendem; sie entspringt auf Seiten der Expertin einem Interesse an Gedankenaustausch. Dabei unterstellt diese eine Reziprozität der Perspektiven, und es bedarf „nur noch" ihrer Bestätigung durch die Forscherin, um das Gespräch in Gang zu bringen. Was auf den ersten Blick als Vorteil gegenüber dem vorangehend dargestellten Verlaufsmuster erscheint, erweist sich beim näheren Hinsehen allerdings als Crux. Denn dem Forschungsinteresse ist nicht durch eine lockere Unterhaltung gedient, in welcher die Forscherin in die Rolle der Ko-Expertin gedrängt wird. Wir empfehlen für diesen Fall eine Diskurseröffnung nach dem zuvor beschriebenen Muster: eine Rahmung und Detaillierung des Forschungsinteresses und seine Einbettung in den Kontext der Expertin. Dennoch wird das Interview in seiner Formalstrukturierung anders aussehen als das zuvor beschriebene, es gerät tendenziell zu einem Dialog.

f) Eine Zwischenstellung zwischen Misslingen und Gelingen nimmt das rhetorische Interview ein; der Experte benutzt das Interview zur Verkündigung seines Wissens, er liefert einen Vortrag, ein Referat, und dort, wo er das Thema trifft, ist sein Beitrag sachdienlich. Wird das Thema verfehlt, gerät das Interview zu einem Abschreibungsposten.

Zwei Bemerkungen noch zu den Imponderabilien des Diskursverlaufs. Es ist zweckdienlich, sich nicht von der Freundlichkeit oder Feindseligkeit des Empfangs durch die Expertin „verführen" zu lassen; beides kann sich als Anfangsfassade entpuppen und ins jeweilige Gegenteil umschlagen. – Mit Sicherheit wirken Alters- und Geschlechtsunterschiede der Beteiligten auf die Definition der Situation ein, werden Kontextbedingungen gesetzt durch Sympathie und Antipathie „auf den ersten Blick" und feiern Vorurteile fröhlich Urständ. Dies ist in der Erhebungssituation weder technisch noch methodisch kontrollierbar[11].

4. Auf den Spuren des ExpertInnenwissens: eine Auswertungsstrategie

Auch die noch so sorgfältige Auswahl von ExpertInnen unter dem Gesichtspunkt der Vergleichbarkeit ihrer Positionen und der vermuteten Verwandtheit ihres Erfahrungswissens – im Verein mit dem Einsatz des Instruments des Leitfadens zur Sicherung der thematischen Vergleichbarkeit der ExpertInnenaussagen – enthebt die Forscherin keineswegs des Problems, die Vergleichbarkeit der Texte herzustellen und zu kontrollieren. Der Textvergleich mit der Absicht, das Repräsentative im ExpertInnenwissen zu entdecken und die Gewinnung von Aussagen darüber für andere kontrollierbar zu halten, ist ein voraussetzungsvolles Unternehmen. Denn zunächst ist jeder Interviewtext das Protokoll einer besonderen Interaktion und Kommunikation, unverwechselbar und einmalig in Inhalt und Form.

Anders als bei der Einzelfallanalyse geht es hier nicht darum, den Text als individuell-besonderen Ausdruck seiner allgemeinen Struktur zu behandeln. Das Ziel ist vielmehr, im Vergleich mit den anderen ExpertInnentexten das Überindividuell-Gemeinsame herauszuarbeiten, Aussagen über Repräsentatives, über gemeinsam geteilte Wissensbestände, Relevanzstrukturen, Wirklichkeitskonstruktionen, Interpretationen und Deutungsmuster zu treffen. Es sind die Texte des Aggregats „ExpertInnen", die wir als Ganzes zum Objekt der Interpretation machen; auf der Suche nach der Typik des Objekts behandeln wir die einzelne Expertin von vornherein als Repräsentantin ihrer „Zunft".

Mit dem, was der einzelne Experte vertritt, kann er sich in Gesellschaft dieser oder jener anderen ExpertInnen befinden, auch alleine dastehen – und es ist das Vorgehen des thematischen Vergleichs, mit dem wir Gemeinsamkeiten und Unterschiede feststellen. Diese dokumentieren wir nicht durch Fallbeispiele, sondern durch typische Äußerungen.

Die interpretative Auswertungsstrategie für leitfadenorientierte ExpertInneninterviews, die wir im Folgenden vorstellen werden, möchten wir als Modellvorschlag verstanden wissen, an dem sich die Auswertung des Datenmaterials orientiert und der flexibel an die jeweiligen Untersuchungsbedin-

---

11 Unsere Erfahrung gestattet uns im Übrigen zu behaupten, dass ein ExpertInneninterview von Frau zu Frau nicht zwangsläufig zum „Frauentratsch" und ein solches von Mann zu Mann genauso wenig zwangsläufig zum „Männerdiskurs" gerinnt.

gungen angepasst werden kann (vgl. Strauss 1987: 7ff.)[12]. Der Weg, Modelle zu entwickeln, ist die Rekonstruktion der Forschungspraxis. Dieser Weg wurde von Bohnsack (1989) bei der dokumentarischen Interpretation, von Schütze (1981) beim narrativen Interview und von Oevermann u.a. (1979) bei der objektiven Hermeneutik beschritten. Die Erfahrungen in der alltäglichen Forschungsarbeit werden zum Gegenstand der methodischen Reflexion gemacht. Die folgende Auswertungsstrategie ist Resultat der systematischen Aufordnung und Kritik unserer eigenen Forschungsarbeiten, kann aber nicht als reine Erfahrungsbilanz gelten. In unseren Untersuchungen haben wir uns an den Wissensbeständen interpretativer Sozialforschung orientiert, in unserem Modellvorschlag sind die allgemeinen Ansprüche an qualitative Auswertungsmethoden zur Geltung gebracht.

Wir verstehen die hier dargestellte Auswertungsstrategie als Entdeckungsstrategie – wie wir insgesamt das offene, leitfadenorientierte ExpertInneninterview innerhalb der interpretativen Sozialforschung – wenn auch an ihrem Rande – verorten. Die Bedingungen einer kommunikativen Datenerhebung sind ebenso erfüllt wie die einer nicht-standardisierten Auswertung.

Interpretativen Verfahren wird eine besondere Beweislast aufgebürdet, die der methodischen Kontrolle des Zirkelschlusses. Die Antwort auf dieses Problem liegt im Nachweis der Intersubjektivität der Methode: in der Angabe von Prüfkriterien für die Gültigkeit der Interpretationen. Als unhintergehbar gelten die kontextabhängige Bedeutungsinterpretation von Äußerungen einerseits und die sequenzielle Textrekonstruktion andererseits. Die Randstellung, die wir dem ExpertInneninterview zuweisen, ist nicht nur der Leitfadenorientierung bei der Erhebung geschuldet, sondern gründet insbesondere auf einer Lockerung dieser Kriterien bei der Auswertung.

Anders als bei der einzelfallinteressierten Interpretation orientiert sich die Auswertung von ExpertInneninterviews an thematischen Einheiten, an inhaltlich zusammengehörigen, über die Texte verstreuten Passagen – nicht an der Sequenzialität von Äußerungen je Interview. Demgegenüber erhält der *Funktionskontext* der ExpertInnen an Gewicht, die Äußerungen der ExpertInnen werden von Anfang an im Kontext ihrer institutionell-organisatorischen Handlungsbedingungen verortet, sie erhalten von hierher ihre Bedeutung und nicht von daher, an welcher Stelle des Interviews sie fallen. Es ist der gemeinsam geteilte institutionell-organisatorische Kontext der ExpertInnen, der die Vergleichbarkeit der Interviewtexte weitgehend sichert[13]; darüber hinaus wird Vergleichbarkeit gewährleistet durch die leitfadenorientierte Interviewführung. Der Leitfaden schneidet die interessierenden Themen aus dem Horizont

---

12 Wir teilen die Auffassung von Strauss (1987: 4), „that improved qualitative analysis requires more explicitly formulated, reliable, and valid methods than currently exist".

13 Bohnsack (1983: 181) weist darauf hin, dass der thematische Vergleich ungleich schwieriger bei einem Textmaterial mit „informellem Kontext" ist, z.B. im Fall biographischer Interviews.

möglicher Gesprächsthemen der ExpertInnen heraus und dient dazu, das Interview auf diese Themen zu fokussieren.

Vor dem Hintergrund der Leitlinie des Entdeckens ist es keineswegs eine Geschmacksfrage, welche Behandlung der Leitfaden im Rahmen der Auswertung erfährt. Puristen sprächen ihm jegliche Funktion ab. Tatsache ist aber, dass der Leitfaden selbst die Bedingungen seiner Verwendung in der Auswertung setzt. Dies hat mit dem Entstehungszusammenhang des Leitfadens, seiner Herkunft aus einem Forschungsinteresse an Betriebswissen oder an Kontextwissen zu tun. Diese Unterscheidung ist von unmittelbarer Relevanz dafür, wie der Leitfaden in der Auswertung gehandhabt wird.

Die Erforschung von Betriebswissen wird, anders als die von Kontextwissen, von theoretisch-analytischen Kategorien angeleitet, sie basiert auf Annahmen und theoretisch generalisierten Konzepten und Erklärungsansätzen für homologe Handlungssysteme. Die Forschungsfrage wird mit Bezug auf diesen theoretischen Rahmen formuliert. Die thematischen Schwerpunkte des Leitfadens stellen Vorformulierungen der theorierelevanten Kategorien dar, die in der Auswertung aufgenommen werden. Nicht alle erweisen sich als sinnvoll und angemessen, die meisten erfahren mehr oder weniger umfangreiche Modifikationen. Jene zu ignorieren bedeutete, die Voraussetzungen, unter denen die Texte interpretiert werden, zu vernachlässigen.

Demgegenüber wird bei der Erforschung von Kontextwissen von der Betrachtung eines überbetrieblichen sozialen Systems ausgegangen, dessen Funktionieren durch die ExpertInnen mitbedingt ist. Die heuristischen Annahmen beziehen sich auf das Vorhandensein von wechselseitigen Beziehungsmustern innerhalb dieses Systems, dessen Bestimmung jedoch in Beobachtungskategorien erfolgt und nicht im Rahmen theoretischer Erklärungsansätze. Die Perspektive auf das Kontextwissen der ExpertInnen resultiert aus dem Interesse an der empirischen Bestimmung der Beobachtungskategorien. Die thematischen Schwerpunkte des Leitfadens stellen Beobachtungsdimensionen dar, die bei der Auswertung im Zentrum der Aufmerksamkeit stehen. Parallelen mit dem fokussierten Interview sind hier unverkennbar.

Die feinen Unterschiede im Entstehungskontext des Leitfadens bringen es mit sich, dass die an Betriebswissen interessierte Auswertung immer auch Anlass zur wechselseitigen Prüfung von Textinterpretation und theoretischem Wissensbestand gibt, auch hypothesenprüfenden Charakter hat. Dies gilt nicht für die Untersuchung von Kontextwissen. Das Ziel ist die Gewinnung empirischen Wissens und nicht die theoretische Erklärung und Generalisierung der empirischen „Tatsachen". Es bleibt beim „dichten Beschreiben" – unter Verwendung soziologischer Begriffe dort, wo sie der Prüfung auf Angemessenheit standhalten.

4.1 Transkription

Die Auswertung setzt die Transkription der in der Regel auf Tonband proto-kollierten Interviews voraus. Da es bei ExpertInneninterviews um gemeinsam geteiltes Wissen geht, halten wir aufwendige Notationssysteme, wie sie bei narrativen Interviews oder konversationsanalytischen Auswertungen unver-meidlich sind, für überflüssig. Pausen, Stimmlagen sowie sonstige nonverbale und parasprachliche Elemente werden nicht zum Gegenstand der Interpre-tation gemacht.

Ein kritischer Punkt ist die inhaltliche Vollständigkeit der Transkription. Unserer Erfahrung nach hängt das Ausmaß der wortgetreuen Transkription zum einen vom Diskursverlauf, zum anderen davon ab, ob es sich um Be-triebs- oder um Kontextwissen handelt. Anders als beim biographischen In-terview ist die Transkription der gesamten Tonaufnahme *nicht* der Normal-fall. Je mehr sich der Diskursverlauf der Idealform des Gelingens (Typ d, Kap. 3) annähert, desto ausführlicher wird die Transkription sein, einfach weil in solchen Interviews eine Fülle relevanter Informationen enthalten ist. „Misslingt" hingegen das Interview, weil der Interviewte sich als inkompetent erweist (Typ a) oder weil er das Interview zum Anlass nimmt, etwas mitzu-teilen, was ihm schon lange am Herzen liegt, was aber nichts mit dem For-schungsinteresse zu tun hat (Typ c), wird die Transkription recht kurz und höchst selektiv ausfallen, begrenzt auf die Äußerungen, die vielleicht doch noch „zur Sache" gehören[14]. Generell lässt sich sagen, dass die Transkription umfassender sein wird, wenn es um die Analyse von Betriebswissen geht, als wenn Kontextwissen das Erkenntnisinteresse ist. Bei gelungenen Diskurs-verläufen können auch vollständige Transkriptionen sinnvoll sein.

4.2 Paraphrase

Die Entscheidung, welche Teile eines Interviews transkribiert und welche paraphrasiert werden, erfolgt in Hinblick auf die leitenden Forschungsfragen. Um eine Verengung des thematischen Vergleichs *zwischen* den Interviews auszuschließen, ein „Verschenken von Wirklichkeit" zu vermeiden, muss die Paraphrase der Chronologie des Gesprächsverlaufs folgen und wiedergeben, was die ExpertInnen insgesamt äußern. Dies bedeutet einen wichtigen Schritt im Prozess der Kontrolle des Zirkelproblems; ehe wir den Spuren des Exper-tInnenwissens nachgehen, versichern wir uns dieses Wissens, indem wir –

---

14 Hier zeigt sich ein deutlicher Unterschied zum narrativen oder zum biographischen Inter-view. Für diese gibt es keine „Abschweifungen" ins Private. Mitteilungen über das, was dem Interviewten am Herzen liegt, sind hingegen oft von höchster interpretatorischer Sig-nifikanz.

textgetreu und in unseren Worten – wiedergeben, was gesagt wurde: der ExpertInnen Meinungen, Urteile, Beobachtungen, Deutungen.

Die Sequenzierung des Textes nach thematischen Einheiten erfolgt hier gleichsam mühelos in der Manier des Alltagsverstandes[15]. Man verfolgt den Text in der Absicht, die Gesprächsinhalte der Reihe nach wiederzugeben und den propositionalen Gehalt der Äußerungen zu einem Thema explizit zu machen: die Interviewte spricht über, äußert sich zu und berichtet von, sie hat beobachtet und meint, interpretiert dies als das, gelangt zu dem Urteil, erklärt sich etwas, hält sich an jene Faustregel.

Zusammenfassende oder detaillierte Paraphrase von Sequenzen – die Entscheidung darüber wird man nach dem Rang des jeweiligen Themas, zu dem ein Experte sich äußert, treffen, nicht nach der Zeit, die dem Thema gewidmet wurde. Normalerweise wird man eine lange Passage auch nur dann lang paraphrasieren, wenn das Thema zur Sache gehört, und nicht bereits deshalb, weil der Experte ihm viel Platz einräumt. Dies ist z.B. häufig der Fall im rhetorischen Interview, wenn der Experte weit ausholt und erst viel später zum eigentlichen Punkt kommt.

Eine gute Paraphrase zeichnet sich durch ihr nicht-selektives Verhältnis zu den behandelten Themen und Inhalten aus; sie sollte – ausführlich oder abkürzend – jedenfalls protokollarisch auf den Inhalt gerichtet sein, so dass nicht antizipierte Themen und Aspekte nicht verloren gehen. Nicht Redundanz ist das Problem des Paraphrasierens, sondern Reduktion von Komplexität. Denn die Gültigkeit einer Paraphrase beruht darauf, dass das ExpertInnenwissen so ausgebreitet wird, dass jede, die Interview und Paraphrase miteinander vergleicht, zu dem Schluss gelangt, dass nichts unterschlagen, nichts hinzugefügt und nichts verzerrt wiedergegeben wurde – z.B. Äußerungen nicht übergangen wurden, die als generalisierte die heuristischen Annahmen und theoretischen Kategorien der Untersuchung in Frage stellen.

Der Schritt der Paraphrasierung der Texte ist kaum überzubewerten; die häufigsten Sünden sind, Inhalte durch voreiliges Klassifizieren zu verzerren und Informationen durch eiliges Themenraffen zu verschenken.

Die Paraphrasierung ist der erste Schritt des Verdichtens des Textmaterials – schon nach wenigen Interviews entwickelt sich geradezu von selbst ein Muster der Paraphrasierung heraus, das bei den folgenden Texten ohne größere Modifikationen zur Anwendung gelangt[16]. Trennlinien zwischen Themen werden deutlich, Erfahrungsbündel und Argumentationsmuster schälen sich heraus, Relevanzen und Beobachtungsdimensionen nehmen Kontur an. Um die Vergleichbarkeit der Paraphrasen zu garantieren, ist es deshalb notwen-

---

15 Die Mühelosigkeit ist freilich Ergebnis einer gewissen Vertrautheit im Umgang mit qualitativem Material.

16 Diese Anwendung vollzieht sich nicht zwangsläufig, weil jedes neue Interview sein eigenes Profil hat. Ein bereits entwickeltes Muster der Paraphrasierung muss sich daran – und immer wieder neu – als praktikabel erweisen.

dig, die ersten Paraphrasen am Ende noch einmal durchzumustern und gegebenenfalls zu revidieren.

4.3 Überschriften

Der nächste Schritt der Verdichtung des Materials besteht darin, die paraphrasierten Passagen mit Überschriften zu versehen. Dabei ist textnah vorzugehen, d.h. die Terminologie der Interviewten wird aufgegriffen. Ob einer Passage eine oder mehrere Überschriften zugeordnet werden, hängt davon ab, wieviele Themen jeweils angesprochen werden. Das Zerreißen der Sequenzialität des Textes auch innerhalb von Passagen ist erlaubt und notwendig, weil nicht die Eigenlogik des Einzelfalls Gegenstand der Auswertung ist.

Dieser Eingriff in die Prozessgestalt des Textes in ordnender Absicht wäre eine „Todsünde" bei der Einzelfallanalyse und ist es hier deshalb nicht, weil eine bereichsspezifische Analyse ansteht, die Analyse eines bestimmten Teils des Wissens des Experten, nicht aber des Lebenszusammenhangs der Person. Anders als in der Erhebungssituation ist im Prozess der Auswertung die Person des Experten irrelevant, sie bildet lediglich das Medium, durch das wir Zugang zu dem Bereich, der uns interessiert, erlangen. Wir trennen die Person von ihrem Text ab und betrachten den Text nicht als Dokument einer sozialen Struktur.

Inwieweit die Sequenzialität aufzubrechen ist, wird in hohem Maße von der Art des jeweiligen Diskursverlaufes bestimmt. Interviews, die leitfadennah verlaufen, ergeben in der Regel einen Text, dessen Passagen jeweils auf *ein* Thema konzentriert sind. Interviews, in denen die Relevanzstrukturen der Interviewten den Diskurs bestimmen – und das sind die ergiebigeren – zeichnen sich durch eine vielschichtige Verzahnung von Themen aus. In diesem Fall ist es vielfach notwendig, dass einzelne Passagen mehreren Überschriften zugeordnet werden.

Passagen, in denen gleiche oder ähnliche Themen behandelt werden, werden zusammengestellt. Eine Hauptüberschrift, die den Inhalt sämtlicher subsumierter Passagen abdeckt, wird formuliert. Auf diese Weise wird eine Übersicht über den Text erzielt, die sich – das sei nochmals betont – auf Themen bzw. Informationen, nicht aber auf eine Falldarstellung bezieht. Gegenstand der Auswertung ist in dieser Phase allerdings immer noch das einzelne Interview. Die Verdichtungen, Typisierungen, Abstraktionen, die hier vorgenommen werden, verbleiben in dessen Horizont[17].

Darüber hinaus wird – insbesondere bei der Suche nach der treffsichersten Überschrift – auch das Verhältnis von Interview und Paraphrase einem

---

17 Einen ähnlichen Auswertungsschritt schlägt Bohnsack (1989) vor. Er nennt ihn „formulierende Interpretation". Das von Bohnsack entwickelte Verfahren bezieht sich auf Gruppendiskussionen und berücksichtigt die Sequentialität des Textes.

kritischen Urteil ausgesetzt. Was als Überschrift zutrifft, entscheidet sich *im Zweifelsfall* nicht im Hinblick auf die Teilparaphrasen, sondern auf die Sequenzen des Interviewtextes. Nur ausnahmsweise sind – unserer Erfahrung nach – Sequenzierung und Paraphrasierung fehlerhaft. Dort, wo die ersten beiden Verfahrensschritte ohne theoretische Absicht abgewickelt, gleichsam wie eine Alltagspflicht erledigt werden, stehen die Chancen für eine korrekte und ordentliche Verfahrensabwicklung gut. Die erste ernsthafte Klippe sehen wir in der Vereinheitlichung der Überschriften; hier muss eine *begründete* Wahl für die eine oder andere Version getroffen werden, und mit der erfolgten Entscheidung verbunden ist eine Selektion der vorhandenen Formulierungen.

Für die bisherigen Schritte gilt, dass mit der Behandlung jedes weiteren Interviews einerseits die Reduktion der Terminologie – im Verhältnis der Masse der Teilparaphrasen – andererseits die Komplexität der Inhalte zunimmt. Man wird also den nächsten Schritt in der Absicht in Angriff nehmen, das gesamte Material zu ordnen, gerade so, wie man es bereits für jedes Interview durchgeführt hat.

4.4 Thematischer Vergleich

Ab dieser Stufe geht die Auswertung über die einzelne Texteinheit hinaus. Die Logik des Vorgehens entspricht der bei der Bildung von Überschriften, jetzt aber wird nach thematisch vergleichbaren Textpassagen aus verschiedenen Interviews „gefahndet" (vgl. Matthes-Nagel 1986: 37). Passagen aus verschiedenen Interviews, in denen gleiche oder ähnliche Themen behandelt werden, werden zusammengestellt, die Überschriften werden vereinheitlicht. Das ist mit einer weiteren Reduktion der Terminologie verbunden, erfüllt aber die notwendige Aufgabe, Redundanzen zu tilgen. Allerdings ist weiterhin an einer textnahen Kategorienbildung festzuhalten, auf eine soziologische Terminologie sollte möglichst verzichtet werden[18]. Die Überschriften der Paraphrase werden als „Steigbügel" benutzt, um den Äußerungen die Relevanzstrukturen des ExpertInnenwissens abzulesen: typische Erfahrungen, Beobachtungen, Interpretationen und Konstruktionen, Verfahrensregeln und Normen der Entscheidungsfindung, Werthaltungen und Positionen, Handlungsmaximen und Konzepte im Rahmen der Funktionsausübung.

In günstigen Fällen kann ein Begriff oder eine Redewendung eines Interviewten direkt übernommen werden. In der Studie zur Implementation der Frauenförderrichtlinie betonten die Verwaltungsleiter einhellig ihr Interesse an einer möglichst reibungslosen Abwicklung

---

18 Strauss (1987: 33f.) nennt diese Art der Verdichtung der Daten „in vivo codes", von denen er „sociologically constructed codes" abgrenzt. Jene „are taken from or derived directly from the language of the substantive field: essentially the terms used by actors in that field themselves" (S. 33).

von Verwaltungsaufgaben. Einer von ihnen brachte dies auf die prägnante Formel „Der Laden muss ja laufen". Diese Redewendung benutzte er mehrfach. Die jargonhafte Art, in der dieser Interviewte sein primäres Interesse beschreibt, ist bezeichnend nicht nur für ihn selbst. Die Funktionsfähigkeit der Verwaltung, um die es hier geht – dieser Begriff ist eine (verwaltungs-)soziologische Kategorie und damit eine Abstraktionsstufe höher (s.u.) – ist eine handlungsleitende Maxime, die aber als solche nicht expliziert, wohl aber ständig mitgedacht wird und die gerade in ihrer Selbstverständlichkeit handlungsleitend ist.

In der Untersuchung zur Berufseinmündung im Bereich sozialer Arbeit äußerten die Verbandsvertreter durchgängig die Ansicht, dass das persönliche Auftreten im Bewerbungsgespräch ausschlaggebend für die Auswahl unter den KandidatInnen ist. Im Vergleich des positiv wie negativ bewerteten Verhaltensweisen wurde eines der Kriterien für die Rekrutierung von MitarbeiterInnen mit dem Begriff der Seriosität belegt. Dieser Begriff stammt aus dem Interviewmaterial und findet seinen metaphorischen Ausdruck in der Formulierung, dass vom künftigen Mitarbeiter „kein Flurschaden verursacht" wird.

Die Kategorien, die auf dieser Stufe der Auswertung gebildet werden, sollten sich durch analytische und metaphorische Qualitäten auszeichnen (vgl. Strauss 1987: 33).

Beides ist in den obigen Beispielen der Fall. Die analytische Kraft der Wendungen „der Laden muss ja laufen" und „keinen Flurschaden verursachen" besteht darin, dass Möglichkeiten theoretischer Verallgemeinerung eröffnet werden (Funktionsfähigkeit der Verwaltung, Entwicklung der Wohlfahrtsverbände zu Sozialkonzernen[19]), die Metaphorik garantiert ein Sinnverständnis auch ohne zusätzliche Erläuterungen.

Da die meisten ExpertInnen gewohnt sind, Perspektiven zu erläutern, Wissen zu vermitteln, vor Publikum zu sprechen, und die Kunst des „impression management" recht gut beherrschen, finden sich in den Texten zahlreiche metaphorische Verdichtungen, die übernommen werden können. Da zudem viele ExpertInnen über einen Hochschulabschluss verfügen, ist es nicht verwunderlich, dass in den Texten häufig wissenschaftliche Begriffe zu finden sind. Die „‚Überschwemmung' des Alltags mit sozialwissenschaftlichen Deutungsmustern" (Beck/Bonß 1984: 395) bewirkt ein übriges. Benutzen die Interviewten (sozial-)wissenschaftliche Begriffe, um ihre Position zu akzentuieren, können diese zum Zwecke der Verdichtung des Datenmaterials übernommen werden. Vorsicht ist jedoch geboten. Die Art, in der eine Expertin einen soziologischen Begriff verwendet, muss sich nicht mit dem Gehalt decken, der dem Begriff in der Fachdisziplin zukommt. Um interpretatorische Kurzschlüsse zu vermeiden, ist genau zu prüfen, *wie* ein soziologischer Begriff von den Interviewten verwendet wird.

In der Implementationsstudie zur Frauenförderung hat sich als eine beliebte Argumentationsfigur der Verweis auf die geschlechtsspezifische Sozialisation herausgestellt. Diese wurde geltend gemacht, um die Unangemessenheit von Fördermaßnahmen in der Verwaltung zu begründen. Der komplexe Gehalt des Sozialisationsbegriffs wird dabei auf einen statischen Aspekt reduziert: Sozialisation als „Erbschaft", angesichts derer politische Maßnahmen zum Misserfolg verurteilt sind.

---

19   Auch dies ist ein in einem Interview gefallener Begriff.

Da beim thematischen Vergleich eine Fülle von Daten verdichtet wird, ist eine Überprüfung und gegebenenfalls eine Revision der vorgenommenen Zuordnungen unbedingt notwendig. Die Resultate des thematischen Vergleichs sind kontinuierlich an den Passagen der Interviews zu prüfen, auf Triftigkeit, auf Vollständigkeit und Validität. Dies geschieht am besten, indem die einschlägigen Passagen hintereinander aufgelistet werden. Hierbei sind weiterhin Gemeinsamkeiten herauszustellen, um im Verhältnis dazu Unterschiede, Abweichungen und Widersprüche im Einzelnen festzuhalten. Bei welchen topoi decken sich die Angaben der ExpertInnen? Wo gibt es unterschiedliche Positionen? Zu welchen Themen äußern sich alle Interviewten? Was sind das für Themen, zu denen nur in einem Teil der Texte etwas zu finden ist? Welche ExpertInnen äußern sich wozu? All das sind Informationen, die für die Interpretation von großer Bedeutung sind.

4.5 Soziologische Konzeptualisierung

Erst jetzt erfolgt eine Ablösung von den Texten und auch von der Terminologie der Interviewten. Das Gemeinsame im Verschiedenen wird – im Rekurs auf soziologisches Wissen – begrifflich gestaltet, d.h. in die Form einer Kategorie gegossen. In einer Kategorie ist das Besondere des gemeinsam geteilten Wissens eines Teils der ExpertInnen verdichtet und explizit gemacht. Der Prozess der Kategorienbildung impliziert einerseits ein Subsumieren von Teilen unter einen allgemeine Geltung beanspruchenden Begriff, andererseits ein Rekonstruieren dieses allgemeinen, für den vorgefundenen Wirklichkeitsausschnitt gemeinsam geltenden Begriffs.

Die zuvor dem Text entnommenen Begriffe und Überschriften werden nun in soziologische übersetzt, um einen Anschluss der Interpretation an allgemeinere disziplinäre Diskussionen zu ermöglichen (vgl. Strauss 1987: 34)[20]. Ziel ist eine Systematisierung von Relevanzen, Typisierungen, Verallgemeinerungen, Deutungsmustern. Dabei gilt es vor allem, auf Verknüpfungsmöglichkeiten einzelner Konzepte zu achten.

In der Untersuchung zur Umsetzung der Frauenförderrichtlinie wurde die Formel „der Laden muss ja laufen" übersetzt in „Primat der Funktionsfähigkeit der Verwaltung". Das ist ein organisations- oder verwaltungssoziologisches Konzept, mit dem die Relevanzstruktur der Entscheidungsträger analytisch gefasst wird. Mit diesem Konzept eng verbunden sind zwei weitere, die als „Entscheidungsspielraum der Verwaltung" und als „etablierte Auswahlkriterien" bestimmt wurden. Alle drei benennen entscheidende organisationsspezifische Barrieren, die einer erfolgreichen Implementation der Richtlinie entgegenstehen. Das Konzept der Funktionsfähigkeit der Verwaltung besitzt insofern Priorität, als die beiden anderen – im gegebenen Untersuchungskontext – nur in Hinblick auf dieses Sinn machen.

---

20   Strauss spricht von „sociologically constructed codes".

In der Studie zur Berufseinmündung im Bereich sozialer Arbeit wurde das Kriterium der Seriosität der BewerberInnen rekonstruiert unter dem Aspekt der Funktion, welche die künftigen MitarbeiterInnen u.a. zu erfüllen haben: sie werden begutachtet im Hinblick auf ihre Eignung als RepräsentantInnen der Institution. – Im Bezugsrahmen des Konzepts der Statuspassage bildet diese Qualität eine Voraussetzung für den Bewerbungserfolg. Erfolgreiche BewerberInnen orientieren ihre Selbstdarstellung an der jeweiligen Verbandsphilosophie und nicht z.B. an einem theoretischen Entwurf von Sozialarbeit. Die Orientierung wird am besten durch eine kontinuierliche Sozialisation im Verband erworben, und wenn dies der Fall ist, verläuft die Statuspassage typischerweise ohne Aufenthalt durch Arbeitslosigkeit und Stellensuche. Konfrontiert man diesen Passagetyp mit den Klagen der ExpertInnen über die fehlende Mobilitätsbereitschaft der BerufsanfängerInnen, eröffnet sich die Möglichkeit, die Zugangsbedingungen zu sozialen Berufen im Rekurs auf die Kategorie kontrafaktischer Erwartungen zu reflektieren.

Die Abstraktionsebene, auf der wir uns bei dem Auswertungsschritt der soziologischen Konzeptualisierung bewegen, ist die der empirischen Generalisierung. Es werden Aussagen über Strukturen des ExpertInnenwissens getroffen, und auf dieser Grundlage kann die Reichweite der Geltung soziologischer Konzepte geprüft werden. Die Anschlussmöglichkeit an theoretische Diskussionen z.B. der Organisationssoziologie oder der Implementationsforschung ist zwar gegeben, die Verallgemeinerung bleibt aber auf das vorliegende empirische Material begrenzt, auch wenn sie in einer Begrifflichkeit geschieht, die in diesem selbst nicht zu finden ist.

4.6 Theoretische Generalisierung

Erst ab dieser Stufe wandeln wir nicht mehr auf den Spuren des ExpertInnenwissens, sondern auf denen soziologischer Theorien. Wir lösen uns nicht nur vom Interviewmaterial, sondern ordnen in der Begründung unserer Kategorien auch deren Zusammenhang untereinander systematisch auf. Die Systematik gelangt in der Darstellung der Ergebnisse darin zum Ausdruck, dass wir aus der erweiterten Perspektive der soziologischen Begrifflichkeit eine Interpretation der empirisch generalisierten „Tatbestände" formulieren. Bei diesem rekonstruktiven Vorgehen werden Sinnzusammenhänge zu Typologien und zu Theorien verknüpft, und zwar dort, wo bisher Addition und pragmatisches Nebeneinander geherrscht haben.

Die Konzepte „Funktionsfähigkeit der Verwaltung", Entscheidungsspielräume" und „etablierte Auswahlkriterien" wurden als Ausdrucksformen der „Organisationskultur" der Verwaltung interpretiert. Damit wurde auf ein in der policy-Forschung gebräuchliches Theorem Bezug genommen, um ein Orientierungsmuster zu bezeichnen, das die Entscheidungspraxis von Angehörigen der öffentlichen Verwaltung gewöhnlich strukturiert, unabhängig von dem Inhalt der jeweils zu treffenden Entscheidung. Auf diese Weise konnten die programmbezogenen Handlungen der Verwalter als Teil einer allgemeinen Strategie identifiziert werden. Dies war nur deshalb möglich, weil sich diese allgemeine Strategie in den Texten entdecken ließ, weil deutlich wurde, dass die genannten

Elemente der Organisationskultur auch in anderen Situationen als denen, in denen es um die Anwendung der Richtlinie geht, entscheidungsrelevant sind.

Im Rahmen der Diskussion über Strukturveränderungen der verbandlichen Sozialarbeit liest sich das Selektionskriterium der Eignung von BewerberInnen als RepräsentantIn des Verbandes als Ausdruck von Konkurrenzverhältnissen. Die Bedeutung, die der repräsentativen Funktion von MitarbeiterInnen zukommt, kann ihrerseits als Indikator für einen Bedarf der Verbände an „corporate identity" gelten. Mit dieser Interpretation ist eine Brücke von der Verbandsphilosophie zur Unternehmenskultur geschlagen, und es wäre zu prüfen, inwieweit die aus der Betrachtung von Wirtschaftsunternehmen resultierenden Bestimmungen auch für Wohlfahrtsverbände geltend gemacht werden können.

Es bedeutete eine Idealisierung des tatsächlichen Auswertungsprozesses, wollte man behaupten, soziologische Kategorien kämen erst am Ende der Interpretation ins Spiel. Meistens erwägt man bereits in früheren Phasen Möglichkeiten der Theoriebildung, und es wäre falsch, diese zu ignorieren. Sie würden sich ansonsten unkontrolliert geltend machen. Die Aufgabe der Kontrolle des Zirkelproblems stellt sich in verschärfter Form. Denn wir bewegen uns immer schon auf beackertem Boden, wir orientieren uns an heuristischen Annahmen, an Objekttheorien, an einem Vorstellungsrahmen, der zuallererst die Formulierung der Forschungsfrage ausgelöst und zur begründeten Auswahl dieser und nicht jener ExpertInnen geführt hat.

Auf diese soziologischen Konzeptualisierungen des Gegenstandes, die das Forschungsinteresse von Anfang an geleitet haben, wird die Interpretation der Ergebnisse in jedem Fall Bezug nehmen, und die Gefahr der verdachtsgeleiteten Theoriekonstruktion ist groß. Allerdings ist dagegen ein Kraut gewachsen, das, wenn wir bis hierher sauber gearbeitet haben, nun Früchte trägt. Die Wirklichkeit, die wir in den Texten angetroffen haben und die wir durch unsere Auswertungsstrategie in eine erweiterte Perspektive eingerückt haben, ist in jedem Fall reicher und umfassender, als wir sie mit diesen vorläufigen Konzepten erfasst hatten. Daraus folgt, dass wir, wenn wir Empirie und Theorie miteinander konfrontieren, drei Entscheidungsalternativen haben: dass die Konzepte 1. inadäquat sind, 2. falsifiziert sind, 3. dass sie passen.

Im ersten Fall stellt sich die Aufgabe, die mageren Konzepte anzureichern und aufzufüllen. Im zweiten Fall treten wir den Nachweis an, dass die von uns entdeckten Zusammenhänge eine Neuformulierung gängiger theoretischer Erklärungen notwendig machen. Im dritten Fall gelten die Konzepte als bestätigt und als für unseren Gegenstand zutreffend. Wie auch immer, die gezogene Konsequenz muss begründet werden, und nur dort, wo *empirisch* begründet wird, ist die Kontrolle des Zirkelproblems gewährleistet.

Die Kategorien, Deutungsmuster und dergleichen sind als sensibilisierende Konzepte zu benutzen (vgl. Blumer 1969: 147ff.). Der Zwang zur permanenten Kontrolle des Verhältnisses von Theorie und Daten muss institutionalisiert werden. Für die Auswertungspraxis ergibt sich daraus, dass alle Stufen durchlaufen werden müssen, dass keine Stufe übersprungen werden darf. Vielmehr erweist es sich, je weiter der Auswertungsprozess vorangeschritten ist, immer wieder als notwendig, auf eine vorgängige Stufe zurückzugehen, um die Angemessenheit einer Verallgemeinerung, ihre Fundierung in den Daten, zu kontrollieren. In dieser Weise zeichnet sich die Auswertung durch Rekursivität aus.

Das Ausmaß, in dem die Auswertung vorangetrieben wird, unterscheidet sich danach, welche Funktion dem ExpertInneninterview im Forschungsdesign zukommt. Dient es der Ermittlung von Betriebswissen, ist die theoretische Generalisierung das Ziel. Liegt das Erkenntnisinteresse auf Kontextwissen, kann die Auswertung auf der Stufe der soziologischen Konzeptualisierung abgebrochen werden.

5. Schlussbemerkung

ExpertInneninterviews sind auf die Generierung bereichsspezifischer und objekttheoretischer Aussagen angelegt, nicht auf die Analyse von Basisregeln des sozialen Handelns bzw. auf universale konstitutive Strukturen. Ihr Gegenstand sind Wissensbestände im Sinne von Erfahrungsregeln, die das Funktionieren von sozialen Systemen bestimmen. Adäquat sind ExpertInneninterviews für die Analyse dieser Ebene der Realität, andere Erkenntnisziele erfordern andere methodische Mittel. Insofern, als das mit ExpertInneninterviews erhobene Wissen explizit an sozialstrukturell bestimmte Handlungssysteme gebunden ist, an Insider-Erfahrungen spezifischer Statusgruppen, stellt sich die Frage, wie wir kontrollieren können, ob die ExpertInnen die „Wahrheit" sagen, besonders hartnäckig (vgl. Dean/Whyte 1979). Wir müssen damit rechnen, dass sie uns nicht die „ganze Wahrheit" mitteilen, dass sie z.B. „beschönigende" Versionen von Praktiken der Personalauswahl produzieren.

Wir können dieses Problem, das *kein* Spezifikum des ExpertInneninterviews ist, hier nur anschneiden und lediglich eine pragmatische Lösung nennen. Eine Gewähr dafür, dass die ExpertInnen sich nicht allzuweit vom Boden der Tatsachen entfernen, besteht allerdings darin, dass sie damit rechnen, dass auch KollegInnen interviewt werden. Darin sehen wir einen immanenten Zwang zur Wahrheit und dazu, z.B. eher zu schweigen als zu lügen. Die Äußerung subjektiver Einschätzungen wird dabei nicht verhindert.

Dem Experten stehen zwei Alternativen offen: Entweder ist er von dem überzeugt, was er uns mitteilt, oder er täuscht uns absichtlich. Die zweite Alternative ist unserer Erfahrung nach eher selten, prinzipiell jedoch nicht auszuschließen. Bei einem Interview von ein bis zwei Stunden Dauer ist eine gezielte und perfekt konstruierte Täuschung allerdings nur äußerst schwierig durchzuhalten, auch wenn die Zugzwänge des Erzählens im ExpertInneninterview nicht in dem Maße zur Geltung kommen, wie das im biographischen oder im narrativen Interview der Fall ist. Es ist höchst unwahrscheinlich, dass die Forscherin nicht hellhörig wird – in der Regel bereits während des Interviews, so dass sie gezielte Fragen anbringen kann, spätestens aber bei der

Auswertung. Hier sind wir nicht mehr nur auf unsere Intuition angewiesen, wir prüfen die einzelnen Interviews auf innere Stimmigkeit, und wir machen, wo dies möglich ist, vom Prinzip des „cross checking" (vgl. Dean/Whyte 1979: 185f.) Gebrauch. Wenn wir in einer Institution mehrere ExpertInnen interviewt haben, lassen sich deren Äußerungen themenbezogen miteinander vergleichen. Das erinnert an das Verfahren der „Wahrheitsfindung" vor Gericht. Das Ergebnis des cross checking ist jedoch nicht ein Urteil darüber, welcher Experte Recht hat und wer die Unwahrheit sagt, sondern eine Sensibilisierung dafür, wo wir unsere Generalisierungen nicht allzu weit vorantreiben dürfen.

Literatur

Alemann, H. v. (1977): Der Forschungsprozess. Eine Einführung in die Praxis der empirischen Sozialforschung. Stuttgart

Atteslander, P. (1984): Methoden der empirischen Sozialforschung. Berlin-New York, 5. Auflage

Beck, U./Bonß, W. (1984): Soziologie und Modernisierung. Zur Ortsbestimmung der Verwendungsforschung. In: Soziale Welt, Jg. 35, S. 381-406

Blumer, H. (1969): Symbolic Interaction. Perspective and Method. Englewood Cliffs, N.J.

Bohnsack, R. (1983): Alltagsinterpretation und soziologische Rekonstruktion. Opladen

Bohnsack, R. (1989): Generation, Milieu und Geschlecht. Ergebnisse aus Gruppendiskussionen mit Jugendlichen. Opladen

Dean, J. P./Whyte, W.F. (1979): 'How Do You Know If the Informant Is Telling the Truth'. In: Bynner, J./Stribley, K.M. (Hg.): Social Research: Principles and Procedures. New York, S. 179-188

Dexter, L. A. (1970): Elite and Specialized Interviewing. Evanston

Drewe, P. (1974): Methoden zur Identifizierung von Eliten. In: Koolwijk/Wieken-Mayser (Hg.) 1974, S. 162-179

Erbslöh, E. (1972): Interview. Stuttgart

Holm, K. (Hg. 1975ff.): Die Befragung. 6 Bde. München

Hunt, W.H/Crane, W.W./Wahlke, J.C. (1964/65): Interviewing Political Elites in Cross-cultural Comparative Research. In: American Journal of Sociology, Jg. 70, S. 59-68

Hucke, J./Wollmann, H. (1980): Methodenprobleme der Implementationsforschung. In: Mayntz, R. (Hg.): Implementation politischer Programme, Bd. 1. Königstein/Ts., S. 216-235

Kern, H./Schumann, M. (1984): Das Ende der Arbeitsteilung? Rationalisierung in der industriellen Produktion. München

Koolwijk, J. v. (1974): Die Befragungsmethode. In: Koolwijk/Wieken-Mayser (Hg.), S. 9-23

Koolwijk, J. v./Wieken-Mayser, M. (Hg. 1974): Techniken der empirischen Sozialforschung. Bd. 4. München

Malwitz-Schütte, M./Sell, J. (1973): Einführung in die empirische Sozialforschung. Stuttgart, 2. Auflage

Matthes-Nagel, U. (1986): Modelle und Methoden rekonstruktiver Theoriebildung. In: Ebert, G./Hester, W./Richter, K. (Hg.): Subjektorientiertes Lernen und Arbeiten – Ausdeutung einer Gruppeninteraktion. Bonn, S. 29-55

Matthes-Nagel, U. (1989): Subjektorientierte Erwachsenenbildung. In: Hoerning, E.M./ Tietgens, H. (Hg.): Erwachsenenbildung: Interaktion mit der Wirklichkeit. Bad Heilbrunn, S. 107-111

Merton, R.K. (1972): Insiders and Outsiders: A Chapter in the Sociology of Knowledge. In: American Journal of Sociology, Jg. 78, S. 9-47

Meuser, M. (1989): Gleichstellung auf dem Prüfstand. Frauenförderung in der Verwaltungspraxis. Pfaffenweiler

Oevermann, U., u.a. (1979): Die Methodologie einer „objektiven Hermeneutik" und ihre allgemeine forschungslogische Bedeutung in den Sozialwissenschaften. In: Soeffner, H.-G. (Hg.): Interpretative Verfahren in den Sozial- und Textwissenschaften. Stuttgart, S. 352-434

Pries, L./Schmidt, R./Trinczek, R. (1990): Entwicklungspfade von Industriearbeit. Risiken und Chancen der Produktionsmodernisierung. Opladen

Rabe-Kleberg, U./Grabke, E./Nagel, U./Scholz, H. (1990): Unvollendete Statuspassagen? Über Prozesse der Berufseinmündung in soziale Berufe. In: Dressel, W. u.a. (Hg.): Lebenslauf, Arbeitsmarkt und Sozialpolitik. Beiträge zur Arbeitsmarkt- und Berufsforschung 133. Nürnberg, S. 101-119

Schütze, F. (1981): Prozessstrukturen des Lebenslaufs. In: Matthes, J. u.a. (Hg.): Biographie in handlungswissenschaftlicher Perspektive. Nürnberg

Schütze, F. u.a. (1973): Grundlagentheoretische Voraussetzungen methodisch kontrollierten Fremdverstehens. In: Arbeitsgruppe Bielefelder Soziologen (Hg.): Alltagswissen, Interaktion und gesellschaftliche Wirklichkeit, Bd. 2. Reinbek, S. 433-495

Smigel, E. O. (1959): Interviewing a Legal Elite: The Wall Street Lawyer. In: American Journal of Sociology, Jg. 64. S. 159-164

Sprondel, W. M. (1979): „Experte" und „Laie": Zur Entwicklung von Typenbegriffen in der Wissenssoziologie. In: Ders./Grathoff, R. (Hg.): Alfred Schütz und die Idee des Alltags in den Sozialwissenschaften. Stuttgart, S. 140-154

Strauss, A. L. (1987): Qualitative Analysis for Social Scientists. Cambridge

Wingens, M./Weymann, A. (1988): Die Verwendung soziologischen Wissens in der bildungspolitischen Diskussion. bremer soziologische texte, Bd. 1. Bremen

Nicht überall, wo Methode draufsteht, ist auch Methode drin

Zur Problematik der Fundierung von ExpertInneninterviews

Karsten Kassner und Petra Wassermann

In den neunziger Jahren hat eine bislang durchaus überschaubare Auseinandersetzung über den Einsatz von ExpertInneninterviews in der empirischen Sozialforschung begonnen, die im Wesentlichen fokussiert war auf deren Durchführung im Rahmen des qualitativen Paradigmas. Diese Auseinandersetzung verdankt sich der selbstkritischen Feststellung, dass ExpertInneninterviews zwar in vielfältiger Weise und durchaus mit Erfolg genutzt, dabei aber kaum reflektiert werden. In treffender Weise formulierten Meuser/Nagel (1991): „ExpertInneninterviews – vielfach erprobt, wenig bedacht", und gaben damit den ‚Startschuss' zu einer notwendigen Reflexion der Forschungspraxis. Zehn Jahre später lässt sich dieses Bonmot vielleicht erweitern und wenden in: ExpertInneninterviews – vielfach erprobt, ausführlich bedacht – und was hat's gebracht?

Im Ergebnis verfügen wir heute über eine größere Transparenz hinsichtlich der Einsatzfelder und einiger Erhebungsprobleme von ExpertInneninterviews. Darüber hinaus gab es jedoch immer auch Bestrebungen, ExpertInneninterviews als *eigenständige Methode* zu untermauern. Das ist nur dann sinnvoll möglich, wenn damit ein über das einzelne Forschungsvorhaben hinaus einsetzbares Instrument gemeint ist. Die vorgebrachten Begründungen für eine diesbezügliche Position lassen sich allerdings aus unterschiedlichen Perspektiven kritisieren. Zum einen lassen sich keine Vorschläge zur Interviewgestaltung oder -auswertung auffinden, die nicht gleichzeitig auf qualitative Interviews überhaupt zuträfen. Aus dieser Blickrichtung bleibt fraglich, was das Besondere an ExpertInneninterviews sein soll. Gleichwohl werden zum anderen eben genau solche Besonderheiten herausgestellt, dann jedoch argumentativ mit unterschiedlichen ExpertInnenbegriffen und interessierenden Wissensbeständen verknüpft. Soweit daraus verallgemeinerbare methodische Verfahrensvorschläge abgeleitet werden können, bleiben diese nun wiederum unvermeidlich an die theoretische Konzeptualisierung des Untersuchungsgegenstandes gebunden. Dies nicht zu explizieren, ist gleichbedeutend damit, die je eigenen Forschungsinteressen und theoretischen Konstrukte zur allgemeinen Richtschnur machen. Wir unterstellen, dass genau dies unter der Hand geschieht, wenn es darum geht, ExpertInneninterviews als Methode zu fundieren.

Auf beide Kritiklinien werden wir im Folgenden näher eingehen. Wir verbinden damit die Absicht, auf die Kontextgebundenheit von ExpertInneninterviews hinzuweisen und daraus auch Konsequenzen zu ziehen. Insofern geht es uns im Sinne einer grundsätzlichen Argumentation darum, die Schwierigkeiten einer methodisch orientierten Diskussion über ExpertInneninterviews zu rekonstruieren. Wir nehmen damit gewissermaßen einen Blick von außen ein, der nicht primär darauf zielt, für oder gegen eine bestimmte Version von ExpertInneninterviews Position zu beziehen. Zu diesem Zweck halten wir es für sinnvoll, metatheoretische und gegenstandsbezogen theoretische sowie methodologische und methodische Aspekte analytisch auseinander zu halten. Daher erläutern wir im folgenden Kapitel 1 zunächst unsere Definition von Meta- und gegenstandsbezogener Theorie, Methodologie und Methoden im Hinblick auf ihre Funktion im Forschungsprozess und benennen den Stellenwert dieser Begriffe für unsere Argumentation. Im Anschluss daran führen wir exemplarisch aus, inwiefern die konzeptionellen Begründungen qualitativer Interviewverfahren eine prinzipielle Übertragbarkeit auf unterschiedliche Forschungskontexte ermöglichen (Kapitel 2), die Begründungszusammenhänge für ExpertInneninterviews hingegen eine Übertragbarkeit, wenn nicht ausschließen, so doch stark begrenzen und mit Risiken versehen (Kapitel 3). Abschließend fassen wir in Kapitel 4 unsere Überlegungen zusammen und ziehen ein kurzes Fazit.

1. Einleitende Bemerkungen zu den Ebenen Metatheorie, gegenstandsbezogene Theorie, Methodologie und Methode

Mit den folgenden Ausführungen zu den zwei theoretischen Ebenen gegenstandsbezogene Theorie und Metatheorie sowie zu Methodologie und Methoden stecken wir in pragmatischer Absicht den Diskussionsrahmen für unsere weiteren Überlegungen ab.[1] Die Definitionen fungieren als analytisches Raster, wobei die verschiedenen Ebenen im praktischen Forschungsprozess selbstverständlich ineinander übergehen und nicht so klar getrennt werden

---

1   Wir greifen mit unserer Unterscheidung auch einen Hinweis von Deeke (1995: 11) auf, den dieser im Zusammenhang mit seiner Differenzierung zwischen der gesellschaftlich-sozialen und der wissenschaftlich motivierten Zuschreibung von ExpertInnentum macht. Er betont dort, dass die – für genauere Überlegungen über die Durchführung von ExpertInneninterviews unerlässliche – Bestimmung des ExpertInnenbegriffs ein Problem der Theoriebildung und eben kein methodisches Problem sei.

können, wie das aus einer den Forschungsprozess reflektier
möglich ist.

Als Theorie bezeichnen wir in diesem Artikel diejenige
empirischer Forschung, in denen implizit oder explizit auf A
über einen Gegenstandsbereich oder – grundlagentheoretisch
schaft beziehungsweise menschliches Handeln im Allgemeinen zurückgegriffen wird. Erstere nennen wir gegenstandsbezogene Theorien, letztere Metatheorien.[2] Beide unterscheiden sich hinsichtlich ihrer (beanspruchten) geringeren beziehungsweise größeren zeitlichen, räumlichen oder historischen Reichweite. Umfassende metatheoretische Annahmen sind zudem abstrakter und allgemeiner gehalten als gegenstandsbezogen theoretische Annahmen, die mehr auf Detailzusammenhänge eingehen. Mit gegenstandsbezogenen Theorien sind nicht zuletzt auch jene Aussagengefüge gemeint, wie sie zum Beispiel im Sinne der Grounded Theory aus empirischer Forschung gewonnen werden (vgl. Strauss/Corbin 1996). Metaphorisch gesprochen sind gegenstandsbezogene Theorien Bilder oder Gemälde eines interessierenden Gegenstandes, wohingegen metatheoretische Annahmen sozusagen die Brille – beispielsweise die berühmte rosarote – darstellen, durch welche die Gemälde betrachtet werden, und zwar sowohl beim Malen selbst als auch bei späterer Betrachtung nach Fertigstellung. Je nach Farbgebung der Brille wird das Bild anders aussehen. So fokussieren beispielsweise handlungstheoretische Prämissen auf ein anderes Segment von Zusammenhängen in Organisationen als strukturtheoretische.

Faktisch wirken gegenstandsbezogene Theorie und Metatheorie immer zusammen und präformieren die jeweiligen Forschungspraxen. Diese Präformierung erfolgt nicht eindeutig und schon gar nicht bis ins Detail, sondern eher im Sinne einer je spezifischen Ausschließung einiger und gleichzeitig der Eröffnung naheliegender anderer Vorgehensmöglichkeiten, die als einzelne Schritte eines Gesamtdesigns wiederum aufeinander abgestimmt sein müssen. Aus beiden Ebenen theoretischer Prämissen ergeben sich Abstimmungsanforderungen zur Methodologie und Methodik.

Als Methodologie bezeichnen wir diejenigen Bestandteile empirischer Forschung, die sich – unter Verknüpfung mit den gegenstandsbezogenen und metatheoretischen Annahmen – mit der Begründung einzelner Forschungsschritte und ihres Zusammenhangs befassen. Im weitesten Sinne handelt es sich um die Entscheidung über eine quantitative oder qualitative Anlage einer Studie, die üblicherweise nicht nur durch die Wahl des Gegenstandsbereichs

---

2   Begrifflich werden die beiden Ebenen auch als formale und bereichsbezogene Theorien (Strauss/Corbin 1996: 145ff.) unterschieden, oder es werden Metatheorien als theoretische Positionen (Flick 1998: 60) bzw. als grundlagentheoretische Modelle (Spöhring 1989: 58ff.) von gegenstandsbezogenen Theorien abgegrenzt. Genaugenommen müsste metatheoretisch zudem noch weiter zwischen wissenschaftstheoretischen und substanztheoretisch-soziologischen Vorstellungen differenziert werden, worauf Lamnek hinweist (1995: 39ff.).

mpliziert ist, sondern auch durch die metatheoretischen Präferenzen der For-scherInnen (was wiederum Auswirkungen auf das Interesse für bestimmte Gegenstandsbereiche und deren Ausschnittsbestimmung hat). Im engeren Sinne befassen sich methodologische Überlegungen mit der begründeten Abstimmung unterschiedlicher Forschungsschritte (Schnittstelle zur Methodik) und der Begründung ihres Zusammenhangs zur allgemeinen Fragestellung und Zielsetzung der Forschungsarbeit (Schnittstelle zu den beiden Ebenen der theoretischen Argumentation).

Unter Methoden verstehen wir schließlich diejenigen Bestandteile empirischer Forschung, die sich mit den konkreten Verfahren des Zugangs zu empirischen Feldern und Informationen, der Informationsgewinnung, -aufzeichnung und -analyse befassen, also sozusagen die ‚handwerkliche‘ oder besser ‚denkwerkliche‘ Seite empirischer Forschung. Wird auf den beiden Theorieebenen über Brille und Art des Gemäldes sowie auf der Ebene der Methodologie über Gesamtplan und Richtung des Malprozesses entschieden, so sind mit Methoden die dazu notwendigen Techniken und Utensilien bezeichnet.

Wir gehen davon aus, dass alle vier Ebenen in jeglicher Art empirischer Sozialforschung beständig präsent sind. Ähnlich wie man nicht ‚nicht kommunizieren‘ kann, kann man diese Ebenen nicht ‚nicht bearbeiten‘. Es ist immer nur die Frage, in welcher Weise und in welchem Umfang meta- oder gegenstandsbezogen theoretische Prämissen, methodologische Erwägungen und methodische Schritte im Einzelnen expliziert werden. Nie wird alles expliziert werden können.

Mit dieser Unterscheidung wollen wir in unserer weiteren Diskussion verschiedene Ebenen auseinanderhalten, auf welche in der Begründung der jeweiligen Konzepte qualitativer resp. ExpertInneninterviews argumentativ Bezug genommen wird. Besonderes Gewicht geben wir dabei der Unterscheidung zwischen gegenstandsbezogener und Metatheorie. Unsere These lautet: *Je stärker methodische Verfahrensweisen oder methodologische Designs metatheoretisch begründet werden, desto unproblematischer*[3] *ist die Übertragung in andere Forschungsvorhaben. Je mehr sie umgekehrt von gegenstandsbezogenen Prämissen geprägt sind, für desto schwieriger und problematischer halten wir eine solche Übertragung.* Vor diesem Hintergrund betrachten wir im Folgenden zunächst exemplarisch die Begründungsweisen qualitativer Interviewkonzepte, um uns anschließend den ExpertInneninterviews zuzuwenden.

---

3   Zumindest wiederum im Rahmen einer entsprechenden ‚metatheoretischen Brille‘.

2. Interviewkonzepte in der qualitativen Sozialforschung

Wir beschränken uns für die ausführlichere Diskussion auf Andreas Witzels Konzept des problemzentrierten Interviews und Fritz Schützes Überlegungen zum narrativen Interview. Beide – das narrative Interview sozusagen als Grundkonzept erzählgenerierender Interviews einerseits, das problemzentrierte Interview als prominenter Entwurf eines stärker leitfadenbasierten Konzepts andererseits – stecken mehr oder weniger die Bandbreite offener qualitativer Interviewformen ab.[4]

Fritz Schütze ging es mit seinen Überlegungen zum narrativen Interview ausdrücklich um die Entwicklung einer Methode – er spricht von „Technologie" (Schütze 1977: 1) – mit dem Ziel der „Ersthervorlockung, Aufrechterhaltung und Wiedererzeugung narrativer Strukturen in nicht-standardisierten situationsflexiblen Interviews" (ebd.). Er benennt als Entstehungszusammenhang so genannte Interaktionsfeldstudien, weist aber gleichzeitig beispielhaft auf Einsatzmöglichkeiten in anderen Forschungsfeldern hin. Als Kriterium für die Einsetzbarkeit gilt die Beteiligung der interviewten Personen an einem bestimmten Handlungszusammenhang, der „Ereigniskonstellation" (ebd.: 2). Angestrebt wird ein „ereignisspezifische[r] Kreuzvergleich zwischen den verschiedenen narrativen Darstellungen" (ebd.). Schütze greift auf die aus seinen Interviewerfahrungen resultierende Annahme von „grundlegenden Zugzwänge[n] des Erzählens und ihre[r] Auswirkungen" (ebd.: 4) zurück, um die Verallgemeinerbarkeit des von ihm vorgeschlagenen Verfahrens zu begründen. Wiewohl induktiv hergeleitet, nimmt er mit dieser Annahme grundlegender Zugzwänge ein metatheoretisches Argument über das allgemeine Funktionieren menschlicher Kommunikation in Anspruch. Weitere metatheoretische Prämissen verwendet Schütze, wenn er davon ausgeht, dass die Einnahme einer „wechselseitig anerkannten natürlichen Zuhörerrolle" (ebd.: 30) durch den/die ForscherIn es ermöglicht, die subjektiven Relevanzen der befragten Personen bezüglich eines Ereignisses zu rekonstruieren, was für ihn gleichbedeutend ist mit der Rekonstruktion einer „(in einem bestimmten Zeitraum) aktuellen Handlungswirklichkeit" (ebd.). Dies beinhaltet allgemeine Annahmen sowohl über Erinnerungsprozesse als auch wiederum über das Funktionieren menschlicher Kommunikation (im Sinne der Möglichkeit einer nicht beeinflussenden Kommunikation). Schützes Überlegungen zur Gesprächsstrukturierung im Allgemeinen, bestehend aus den Phasen einer Anfangs- und einer Haupterzählung sowie einer narrativen Nachfragephase, ergänzt durch Vorschläge zu bestimmten Nachfrageschritten, bauen auf diesen metatheoretischen Prämissen auf. Grenzziehungen hinsichtlich der Übertragbarkeit des vorgeschlagenen Verfahrens ergeben sich aus-

---

4   Vergleiche zu dieser Differenzierung zwischen erzählgenerierend und leitfadenbasiert z.B. auch Friebertshäuser (1997).

schließlich daraus, Anschlussmöglichkeiten für die angestrebten rekonstruktiven Erzählungen zu finden. Das schließt mit Sicherheit in praktischer Hinsicht etliche Gegenstandsbereiche und Fokusse aus, jedoch nicht auf dem Wege impliziter oder expliziter gegenstandsbezogen theoretischer Prämissen.

Zusammenfassend lässt sich – jenseits einer inhaltlichen Diskussion einzelner Annahmen Schützes, die wir hier aber nicht zu führen beabsichtigen – sagen: Das narrative Interview wird ausschließlich über metatheoretische Begründungen fundiert und über daran anschließende Vorschläge zur Gesprächsführung methodisch spezifiziert. Es lässt sich somit grundsätzlich ohne weitere gegenstandsbezogen theoretische ‚Umbauarbeit' auf unterschiedlichste Forschungsfelder und Interview-Zielgruppen übertragen.

Damit wenden wir uns dem problemzentrierten Interview zu. Im Unterschied zum narrativen Interview, das auf ein bestimmtes methodisches Verfahren zur Erhebung von Daten fokussiert ist und somit im engeren Wortsinne als Methode angesehen werden kann, ist im Zusammenhang mit dem problemzentrierten Interview explizit von einer „Methodenkombination bzw. -integration von qualitativem Interview, Fallanalyse, biographischer Methode, Gruppendiskussion und Inhaltsanalyse" (Witzel 1989: 230) die Rede. Von daher handelt es sich beim problemzentrierten Interview, anders als es die Namensgebung vielleicht suggerieren mag, weniger um ein methodisch zugespitztes Verfahren der Datenerhebung qua Interview, als vielmehr um ein stark programmatisch ausgerichtetes (methodologisches) Forschungsdesign, das vor allem über das Arrangement bestimmter Erhebungsverfahren in Verbindung mit einem festgelegten Auswertungsverfahren typisiert wird. Ziel ist die „möglichst unvoreingenommene Erfassung individueller Handlungen sowie subjektiver Wahrnehmungen und Verarbeitungsweisen gesellschaftlicher Realität" (Witzel 2000: [1]). Witzel weist zwar darauf hin, dass sein Konzept im Zusammenhang mit einer Studie zur Berufsfindung von Jugendlichen entwickelt wurde. Jedoch bezieht er sich in der Fundierung seines Konzepts nicht darauf, sondern auf metatheoretische Argumente des interpretativen Paradigmas. So nennt er die Forderung nach einer der Natur des sozialwissenschaftlichen Gegenstands entsprechenden Methodologie, den Verzicht auf eine vorgängige Hypothesenbildung, die Aufschlüsselung des subjektiv gemeinten Sinns sowie die Indexikalität des Handelns. Diese Anforderungen soll sein Konzept methodologisch einlösen. Zwar weist das Attribut der Problemzentrierung unter anderem auf die notwendige Verarbeitung „einschlägiger Theorien und empirischer Untersuchungen zu dem Themenbereich" (Witzel 1989: 230) hin, um die spezifische Bestimmung des Problems durch die ForscherInnen systematisch kenntlich zu machen. Weder die Ausführungen, mit denen die Transformation der Postulate des interpretativen Paradigmas in die spezifische Kombination der vorgeschlagenen Forschungsschritte begründet wird, noch die anschließenden Überlegungen zur Interviewführung und -auswertung werden jedoch mit Bezug auf den Gegenstandsbereich des Entstehungskontextes fundiert. Auf spezifische Fragen der methodischen Durchführung geht Witzel nur teilweise ein. Zur näheren Bestimmung seines zentralen Elements Interview greift er auf relativ allgemeine Formulierungen zu Leitfadengestaltung, Gesprächsphasen und Fragentypen zurück, die jedoch alle in dem Ziel zusammenlaufen, die Problemsicht der Befragten zur Geltung kommen zu lassen.

Alles in allem wird somit auch das problemzentrierte Interview in seinem Kern über metatheoretische Prämissen begründet, wodurch eine prinzipielle Übertragbarkeit gewährleistet ist. Jenseits seines Charakters als Forschungsdesign dürften aber gerade die im engeren Sinne auf das Interviewverfahren bezogenen und pragmatisch auf die Problemzentrierung ausgerichteten Vorschläge dazu geführt haben, dass das problemzentrierte Interview in forschungspraktischer Hinsicht zu einer gängigen Erhebungsmethode jenseits strikt narrativ vorgehender qualitativer Interviews geworden ist.

Typologisierend gesehen stehen narratives und problemzentriertes Interview exemplarisch für die beiden Pole einer eher auf methodische Verfahrens- oder aber auf methodologische Design-Begründung ausgerichteten Fundierung qualitativer Forschungsansätze. Insofern ist bei qualitativen Interviewkonzepten nicht überall (nur) Methode drin, wo Methode draufsteht. Die Adaption der genannten Ansätze in andere Forschungsvorhaben erscheint jedoch aufgrund ihrer metatheoretischen Verankerung unproblematisch – anders als bei Konzeptionen des ExpertInneninterviews, wie wir im folgenden Kapitel zeigen wollen.

3. ExpertInneninterviews in der qualitativen Sozialforschung

Einleitend haben wir Skepsis sowohl daran angemeldet, *dass* sich ExpertInneninterviews als Methode untermauern lassen, als auch daran, *in welcher Weise* dies versucht wird. Die Frage, ob ExpertInneninterviews als eigenständiges verallgemeinerbares Interviewverfahren anzusehen sind, wird in der Literatur kontrovers diskutiert. Jenseits der jeweils spezifischen Konstruktion des ExpertInnenbegriffs gehen einige AutorInnen durchaus davon aus, dass ExpertInneninterviews als eine Variante qualitativer Interviews anzusehen sind, die sich hinsichtlich Erhebungs- und Auswertungsstrategie von anderen Interviewformen abhebt. Diese Position geht vor allem auf die einschlägigen Arbeiten von Meuser/Nagel zurück.[5] Andere AutorInnen beurteilen die Möglichkeit einer methodischen Verallgemeinerung weitaus skeptischer und begründen dies mit der spezifischen Kontextgebundenheit und vielschichtigen

---

5   Vergleiche Meuser/Nagel (1991: 442, 1997: 482, aktuell 2003), aber auch Abels/Behrens (1998: 80) oder Trinczek (1995: 59ff.).

Anwendungspraxis von ExpertInneninterviews.[6] Da Meuser/Nagel mit ihren diversen Arbeiten zum Thema die Diskussion um ExpertInneninterviews wesentlich mit angestoßen haben, wollen wir uns im Folgenden vornehmlich mit ihrer Argumentation auseinandersetzen.[7]

Meuser/Nagel unterscheiden ExpertInneninterviews hinsichtlich ihrer randständigen oder aber zentralen Funktion im Rahmen von Forschungsdesigns (Meuser/Nagel 1991: 445). Ihre eigenen Überlegungen beziehen sich allerdings ausschließlich auf die letztgenannte Einsatzform und dort auf das Betriebs- bzw. Kontextwissen der interviewten ExpertInnen. Sie schreiben: „Mit der Perspektive auf Betriebswissen verbunden ist im Allgemeinen ein *objekttheoretischer Fragen- und Aussagenkomplex*, innerhalb dessen die Untersuchung angesiedelt ist. Hier wird ein *kategoriales Gerüst als Bezugsrahmen* für die empirische Analyse vorausgesetzt" (ebd.: 447; Hervorhebung K.K./P.W.). Hinsichtlich der Fokussierung auf Kontextwissen heißt es weiter: Die „*theoretischen Annahmen* und Kategorien beziehen sich auf die *Funktion der ExpertInnen*, nicht aber auf ihr Erfahrungswissen" (ebd.: 447; Hervorhebung K.K./P.W.).

Damit verengen Meuser/Nagel den Blickwinkel und nehmen eine explizit gegenstandsbezogen theoretische Perspektive hinsichtlich des Forschungsvorhabens ein. Hintergrund ist eine wissenssoziologische Modellierung von ExpertInnen als handlungs- und definitionsmächtige Angehörige einer Funktionselite innerhalb organisationaler oder institutioneller Kontexte.[8] Das Erkenntnisinteresse richtet sich insbesondere auf deren spezifisches Deutungswissen, d.h. auf kollektiv geteilte, aber weitgehend implizit bleibende Sinnstrukturen, „die zwar im Entscheidungsverhalten zur Geltung gelangen, den ExpertInnen aber nicht unbedingt reflexiv verfügbar sind" (Meuser/Nagel 1997: 485f.). Jenseits der Frage nach der Intentionalität des Handelns wird damit in der Bestimmung des ExpertInnenbegriffs Wissen und Macht im Sinne privilegierter Durchsetzungschancen zusammengebunden.[9] In einem Lexikonartikel bringen Meuser/Nagel die argumentative Herleitung ihrer Position wie folgt auf den Punkt:

„Experteninterviews (E.) (...) sind auf die Generierung bereichsspezifischer und objekttheoretischer Aussagen angelegt, nicht auf die Analyse von Basisregeln sozialen Handelns

---

6   Etwa Deeke (1995: 7) oder Vogel (1995: 73). Im Gegensatz zu Meuser/Nagel zielen diese AutorInnen mit eher explorativen und systematisierenden Varianten allerdings auch auf eine ganz andere Art von ExpertInneninterview. Als ebenfalls qualitative Interviews sind diese metatheoretisch nur lose an das interpretative Paradigma angebunden, da, wie Deeke (1995: 19) vermerkt, im Falle der anvisierten sachdienlichen Information ein offen-kommunikativer Erhebungsprozess zwar von Vorteil ist, sich aber „nicht notwendig über eine handlungstheoretische Fassung des Untersuchungsgegenstandes begründet".

7   Ihr zentraler Aufsatz von 1991 findet sich als Wiederabdruck in diesem Band. Gleichwohl zitieren wir in unserer weiteren Argumentation das Original.

8   Vergleiche auch Meuser/Nagel (1991: 444, 1994a: 181ff., 1997: 483ff.).

9   Bogner/Menz (2001) greifen diese Zuspitzung mit ihrem Begriff der Praxiswirksamkeit des ExpertInnenwissens nochmals ausdrücklich auf.

bzw. auf universale konstitutive Strukturen. Ihr Gegenstand sind Wissensbestände i.S. von Erfahrungsregeln, die das Funktionieren von sozialen und politischen Systemen bestimmen: handlungsleitende Regeln jenseits von Verordnungen, ungeschriebene Gesetze des Expertenhandelns, *tacit knowing*, Deutungsmuster und Relevanzstrukturen. E. beziehen sich mithin auf funktionsspezifische Wirklichkeitsausschnitte; darüber hinausgehende Erfahrungen, vor allem solche privater Art, bleiben ausgespart. Als Experte wird interviewt: wer in irgendeiner Weise Verantwortung trägt für den Entwurf, die Implementierung oder die Kontrolle einer Problemlösung; wer über privilegierten Zugang zu Informationen über Personengruppen oder Entscheidungsprozesse verfügt. Die Daten werden i.d.R. auf der Basis eines Leitfadens in offenen Interviews erhoben. Dies wird sowohl dem thematisch begrenzten Interesse des Forschers am Experten wie auch dem Expertenstatus des Gegenüber gerecht. (...) Die Auswertung zielt darauf ab, im Vergleich der Interviews überindividuell-gemeinsame Wissensbestände herauszuarbeiten." (Meuser/Nagel 1994b: 123)

Dieser von Meuser/Nagel entwickelte Begründungszusammenhang für ExpertInneninterviews ist Ausdruck eines theoretisch elaborierten Ansatzes. Wir bezweifeln allerdings, dass sich in dieser Weise ExpertInneninterviews als eigenständiges methodisches Instrument fundieren lassen. Dies wollen wir im Folgenden näher ausführen.

Grundsätzlich ist zunächst festzuhalten, dass Meuser/Nagel in zunehmend verallgemeinernder Weise Aussagen über ExpertInneninterviews, ihren Einsatz und ihre Durchführung treffen. Ihre Basis haben diese Aussagen jedoch in der oben beschriebenen spezifisch zugeschnittenen Verwendungsweise. Sie *verallgemeinern damit einen besonderen Anwendungsfall.* Damit verbunden und gewichtiger ist jedoch, dass sie zur Begründung der methodischen Besonderheiten des ExpertInneninterviews eine folgenreiche Vermischung gegenstandsbezogener und metatheoretischer Argumentation vornehmen, die dem methodischen Verallgemeinerungsziel entgegensteht. Wie die obige Zitatstelle in Kurzform zeigt, ist die Basis der Begründung ein spezifisches Erkenntnisinteresse vor dem Hintergrund einer speziellen Fassung des ExpertInnenbegriffs, welcher zentral mit theoretischen Annahmen über den Gegenstandsbereich verknüpft ist. Dieses Konzept als verallgemeinerungsfähiges ExpertInneninterviewkonzept anzusehen, legt gewissermaßen eine *‚Rationalisierung‘ vor allem gegenstandsbezogener theoretischer Arbeitsanforderungen des Forschungsprozesses* in dem Sinne nahe, dass suggeriert wird, ein übertragbares methodisches ‚Modul‘ könne diese Arbeit verkürzen. Unsere Kritik bewegt sich in dieser Hinsicht auf zwei miteinander verbundenen Ebenen, die wir zum Zweck der Darstellung aber getrennt betrachten wollen.

Zunächst zu den Implikationen ihrer gegenstandsbezogenen Argumentation. Indem Meuser/Nagel die Wissensbestände von ExpertInnen als privilegierten WirklichkeitsgestalterInnen ins Zentrum ihrer Aufmerksamkeit rücken, werden ExpertInnen in einer Weise zur Zielgruppe, in der unseres Erachtens nicht mehr umstandslos von ExpertInneninterviews in methodischem Sinne gesprochen werden kann. Es handelt sich bei ihrem Entwurf eher um ein komplettes Forschungsdesign als um eine Methode. Wie wir im Zusammenhang mit dem problemzentrierten Interview gezeigt haben, muss das einer Verallgemeinerbarkeit nicht unbedingt im Wege stehen. In Meuser/Nagels ExpertInneninterviewansatz wird jedoch gewissermaßen der Forschungsgegenstand selbst eingeholt, welcher notwendigerweise gegenstandsbezogen theoretisch gefasst ist. Insofern nun aber (in Meuser/Nagels Formulierung) objekttheoretische Annahmen über ExpertInnen, deren Verortung im sozialen Raum und deren Optionen zur Gestaltung organisationaler Handlungssysteme in die Überlegungen zur ‚Methode' mit eingehen, wird der Bedeutungsgehalt des Methodenbegriffs systematisch überlastet.

Exemplarisch zeigt sich am Beispiel der konkreten inhaltlichen Fassung des ExpertInnenbegriffs bei Meuser/Nagel zudem ein grundsätzliches Konstruktionsproblem von ExpertInneninterviews. Denn im Vergleich zu anderen Interviewformen ist ihr methodischer Sonderstatus letztlich unumgänglich mit der Frage danach verbunden, wer denn warum als ExpertIn interviewt werden soll. Und diese Frage muss nicht nur gegenstandsbezogen theoretisch, sondern zudem forschungskontextbezogen auch immer wieder neu beantwortet werden. Auf diesem Wege lassen sich ExpertInneninterviews als eigenständige Methode schwerlich verallgemeinerbar begründen.

Typischerweise zielen die Begründungen dafür, warum im Falle von ExpertInneninterviews die „Erhebungs- und Auswertungsstrategien eine gesonderte Betrachtung erfordern" (Meuser/Nagel 1991: 442), aber auch weniger auf den ExpertInnenbegriff selbst als auf die interessierenden Wissensbestände. Zentraler Gegenstand des von Meuser/Nagel vorgeschlagenen ExpertInneninterviews ist das implizite Wissen von ExpertInnen im Sinne von funktionsbereichsspezifischen handlungsleitenden Orientierungen. Aus eben diesem Grund plädieren sie für ein rekonstruktives Vorgehen im Rahmen des qualitativen Paradigmas (ebd.: 448f. bzw. 452f.). Anders als bei der Bestimmung des ExpertInnenbegriffs argumentieren Meuser/Nagel zur Einbindung der methodischen Verfahrensschritte nunmehr auf einer metatheoretischen Ebene. Eben dies haben wir oben als Kriterium für eine Übertragbarkeit in andere Forschungskontexte benannt. Allerdings ergibt sich nun das Problem, dass zwischen dem Begründungszusammenhang für die anvisierte Analyse latenter Wissensbestände auf der einen und der theoretischen Fassung der zu interviewenden ExpertInnen auf der anderen Seite keine zwingende Verbindung mehr besteht. Die angebotenen methodischen Vorgehensweisen – wir werden unten noch auf sie zu sprechen kommen – stellen vielmehr *eine* Möglichkeit dar, latente Wissensbestände und Sinnstrukturen per se zu erfassen und zu analysieren. Insofern lässt sich das Vorgehen von Meuser/Nagel denn auch treffender als Rekonstruktion sozialer Deutungsmuster von ExpertInnen mittels leitfadengestützter qualitativer Interviews bezeichnen.[10] Damit gewin-

---

10 Vergleiche zur Analyse sozialer Deutungsmuster z.B. Meuser/Sackmann (1992), Kassner (2003) oder Meuser (2003); explizit unter methodischen Gesichtspunkten Ullrich (1999). Meuser (1992: 90) selbst stellt an anderer Stelle die Zielrichtung des Forschungsprojekts,

nen jedoch auch in dieser Hinsicht ExpertInneninterviews als methodisches Verfahren keine eigenständigen Konturen.

Bisher haben wir uns aus einer inhaltlichen Argumentation auf der gegenstandsbezogen theoretischen Ebene weitgehend herausgehalten. Die Frage danach, wie und in welcher Weise Meuser/Nagel ihren ExpertInnenbegriff konzeptionell mit Macht und Wissen verbinden, möchten wir aber schließlich kurz aufgreifen und zu einigen Anmerkungen nutzen. Wir meinen, dass mit ihrer Begriffsverwendung eine Engführung im Hinblick auf machtvolle Entscheidungseliten verknüpft ist, die zumindest im Falle einer Verallgemeinerung dem Erkenntnisinteresse hinderlich sein oder sogar entgegenstehen kann. Um die damit verbundene Problematik zu verdeutlichen, zitieren wir mit Deeke einen ‚Verallgemeinerungsskeptiker‘. Er verweist grundsätzlich auf die Theorieabhängigkeit der ExpertInnenkonstruktion resp. -auswahl und greift in diesem Zusammenhang ein Diktum von Weltz auf, der von „der ‚doppelten Wirklichkeit‘ z.B. des Industriebetriebs“ (Deeke 1995: 16) spricht, um daran zu erinnern, dass die Herrschaftsperspektive in einer Organisation nur eine der möglichen Sichtweisen darstellt.

Insofern über die Analyse handlungsleitender Wissensbestände nicht nur eine Rekonstruktion gemeinsamer Sinnstrukturen, sondern eine Rekonstruktion der Strukturen organisationaler Handlungssysteme anvisiert ist, ergeben sich organisationssoziologisch Anschlussmöglichkeiten zu dem von Crozier/ Friedberg (1993: 287ff.) vorgeschlagenen Vorgehen. Über eine iterative Folge von Gesprächen werden dort die Strategien wechselseitig aufeinander bezogener feldimmanenter Akteure mit dem Ziel herausgearbeitet, auf diesem Wege sukzessive ein konkretes und machtstrukturiertes Handlungssystem in seinen Konturen nachzeichnen zu können. Soweit ExpertInneninterviews im Sinne Meuser/Nagels zu diesem Zweck eingesetzt werden sollen, hieße das konsequenterweise, den Blick über ExpertInnen hinaus zu weiten. Denn nicht nur ist Macht bei Crozier/Friedberg ein relationales Konzept, auch die Frage nach den jeweiligen Durchsetzungschancen ist bei ihnen wesentlich und zunächst eine, die nur empirisch beantwortet werden kann. Interessieren also „Wissensbestände im Sinne von Erfahrungsregeln, die das Funktionieren von sozialen Systemen (von bürokratischen Organisationen bis zu Projektinitiativen) bestimmen“ (Meuser/Nagel 1997: 489), so wären für ein umfassendes Bild die gesuchten ‚ExpertInnen‘ womöglich nicht nur in der Funktionselite zu suchen.

Damit kommen wir zu der im engeren Sinne methodischen Seite von ExpertInneninterviews. Entwerfen Meuser/Nagel hier Verfahrensvorschläge, die ExpertInneninterviews als gesonderte Interviewmethode konturieren? Hinsichtlich der Erhebungsstrategie behaupten sie einerseits die Eigenstän-

---

aus dem u.a. die Überlegungen zu ExpertInneninterviews hervorgegangen sind, ausdrücklich in den Kontext eines Deutungsmusteransatzes.

digkeit von ExpertInneninterviews als methodischem Verfahren, bleiben andererseits aber eher unspezifisch, wenn sie „ein leitfadengestütztes offenes Interview für das angemessene Erhebungsinstrument" (1997: 486) halten. Sinn und Zweck eines solchen Interviewkonzepts ist für Meuser/Nagel die anvisierte Balance zwischen Strukturiertheit und Offenheit des Gesprächs mit den ExpertInnen. Zum einen dient der Leitfaden einer thematischen Vorbereitung und Strukturierung des Interviews, um darüber das spezifische Erkenntnisinteresse der ForscherInnen auch kompetent zur Geltung bringen zu können. Zum anderen ermöglicht gerade eine offene Gesprächsführung, die sich nicht akribisch an den Leitfaden halten muss, eine angenehme Gesprächsatmosphäre, die den notwendigen Raum lässt für die Entfaltung der Sichtweise des interviewten Gegenübers. Damit wird eine Abgrenzung zu einer rein narrativen Interviewform vorgenommen, die Meuser/Nagel für ExpertInneninterviews in ihrem Sinne nicht für praktikabel halten. Letztlich sind ihre methodischen Ratschläge in diesem Zusammenhang jedoch recht allgemein gehalten und keineswegs allein für ExpertInneninterviews reserviert (Meuser/Nagel 1991: 448ff., 1997: 486ff.). Abgesehen von Fragen nach der Auswahl der zu interviewenden Personen oder dem Feldzugang, die sich generell im Rahmen jeder interviewbasierten empirischen Forschung stellen und dort kontextspezifisch beantwortet werden müssen, zielen ihre Vorschläge zur Organisation und Handhabung des Leitfadens oder der Interviewführung primär auf die Rekonstruktion von Sinnstrukturen und Deutungsmustern. Insofern ist ihr Erhebungsinstrument mit Interviewstrategien vergleichbar, wie sie durch Witzel (1989) oder Ullrich (1999) vorgeschlagen wurden – und dies unabhängig davon, ob ExpertInnen interviewt werden.

Ähnlich sieht es hinsichtlich der Auswertungsstrategie aus, die Meuser/ Nagel verhältnismäßig ausführlich ausgearbeitet haben (1991: 451ff., 1997: 488f.). Aufgrund des Interesses an gemeinsam geteilten Wissensbeständen der ExpertInnen als Angehörigen einer Funktionselite schlagen sie ein mehrstufiges Kodierverfahren mit anschließender systematischer Fallkontrastierung vor. Gesucht wird nach thematischen Einheiten, die im Rahmen des Funktionskontextes der ExpertInnen interpretiert und schließlich theoretisch generalisiert werden. Ein solches Vorgehen ist eng an die Grounded Theory angelehnt (vgl. Strauss/Corbin 1996) und nicht zuletzt durch ihr Interesse an der Rekonstruktion sozialer Deutungsmuster motiviert. Mit dem Tatbestand, dass ExpertInnen interviewt wurden, ist dagegen auch das nicht in zwingender Weise verknüpft. Dies zeigt beispielsweise ein Blick auf die Auswertungsstrategien von Witzel (1996) oder Ullrich (1999), die in anderen Zusammenhängen ähnliche Verfahrensvorschläge machen. Zudem ist der Bezug zum Funktionskontext der ExpertInnen im Zuge der Interpretation keineswegs eine Funktion der Auswertungs*methode*, sondern der Tatsache geschuldet, dass ExpertInnen und ihre Wissensbestände als Forschungsgegenstand im Zentrum des Untersuchungsinteresses stehen.

Was noch also bleibt als mögliches methodisches Spezifikum von ExpertInneninterviews? Eine Besonderheit wird immer wieder an der herausgehobenen Stellung und Erwartungshaltung des befragten Gegenübers festgemacht. So plädieren Meuser/Nagel (1991: 448ff., 1997: 486ff.) zum Beispiel dafür, strikt zwischen Gesamtperson und ExpertIn als RepräsentantIn eines professionellen Handlungsfeldes zu trennen und dies für die Interviewsituation in Anschlag zu bringen. ExpertInnen sollen in ihrer Rolle als privilegierte WirklichkeitsgestalterInnen bestärkt werden und die InterviewerInnen sich auf deren Sprache einlassen, um ein Misslingen des Interviews zu verhindern. Dagegen ist Neugier auf Seiten der ExpertInnen eine wünschenswerte Voraussetzung für ein Gelingen des Interviews: „Werden gleich zu Anfang des Gesprächs Konventionen und Rituale der Begegnung zwischen Fremden in Gestalt von Experte und Forscher eingehalten, wird vom Forscher der richtige Ton getroffen und Kompetenz unauffällig demonstriert, dann kommt das Interview in Gang. Der Forscher interessiert den Experten für seine Sache, und der Experte entfaltet seine Sicht der Dinge" (Meuser/Nagel 1991: 450).[11] Letztlich gehen Meuser/Nagel allerdings davon aus, dass Faktoren wie Alter, Geschlecht, Sympathie oder Vorurteile „in der Erhebungssituation weder technisch noch methodisch kontrollierbar" sind (ebd.: 451).

Verschiedentlich ist jedoch darauf hingewiesen worden, dass ExpertInnen sowohl in ihrem Handlungskontext als auch in der Interviewsituation selbst keineswegs nur als ‚Professionelle‘, sondern ebenso als Person anwesend sind.[12] Auch wenn es im Falle von Interviews mit ExpertInnen in der Regel nicht um biografische oder private Themen geht, können für die Frage nach individuellen und kollektiven Sinnstrukturen, die faktisches Handeln mitkonstituieren, derartige Interviewpassagen durchaus von Nutzen sein. Anstatt also ganz spezifische Bedingungen der Interviewsituation stabil halten zu wollen, erscheint es vielversprechender zu sein, mit situativen Zuschreibungs- und Aushandlungsprozessen zu rechnen und diese im Sinne eigener Erkenntnisinteressen nutzbar zu machen. Abels/Behrens (1998: 85ff.) oder Bogner/Menz (2001: 488ff.) nehmen die Interaktionssituation ‚Interview‘ in diesem Sinne ernst und machen Vorschläge zur Ausdifferenzierung möglicher Interaktionseffekte bzw. Situationsdeutungen der Beteiligten und ihrer Implikationen für den Gesprächsverlauf. Derartige Typologien mögen ihren Sinn darin finden, im Verlauf der Auswertungsphase selbstreflexiv den Blick für die eigene Forschungspraxis zu schärfen. Vielleicht könnten sie darüber hinaus – gleichsam als eine Art ‚Mustererkennung‘ – sogar schon in der kon-

---

11 Bezogen auf Manager (wir dürfen annehmen, dass hier tatsächlich nur Männer gemeint sind) argumentiert auch Trinczek (1995) in ähnlicher Weise. ExpertInneninterviews – so hier das Argument – gelingen dann besonders gut, wenn sie durch in etwa statusgleiche InterviewerInnen geführt werden, die sich zudem mittels eines argumentativ-diskursiven Interviewstils auf den alltäglichen Kommunikationsstil der Befragten einlassen.

12 Abels/Behrens (1998: 81f.), Bogner/Menz (2001: 487ff.), Honer (1994: 634).

kreten Interviewsituation zur Anwendung kommen. Auch eine solch idealtypische Annäherung kann jedoch über die Offenheit prinzipiell unendlich
variabler und komplexer Interviewsituationen nicht hinwegtäuschen. Vor allem aber lassen sich ExpertInneninterviews selbst auf diesem Wege nicht als
eigenständige Interviewform begründen. Anders als bei strikt narrativen Interviews, bei denen noch am ehesten davon gesprochen werden kann, dass das
‚Gespräch‘ einem rein methodisch induzierten spezifischen Verlauf folgt, ist
die Gesprächsführung bei ExpertInneninterviews in pragmatischer Weise am
jeweiligen Gegenüber orientiert. Und in dieser Hinsicht besteht kein Unterschied zu anderen leitfadenzentrierten Interviews.[13] In seinem konkreten
Ablauf richtet sich das Interview im einen wie im anderen Fall nach den
Besonderheiten der Situation, ist sowohl abhängig von den Beteiligten, ihren
Erwartungen und Kompetenzen, als im Übrigen auch von den gegenstandsbezogenen und also theoretisch vermittelten Annahmen der ForscherInnen
darüber, dass die Befragten Relevantes ‚zum Thema‘ beitragen können. Fragen der Interviewgestaltung sind in diesem Zusammenhang somit immer
wieder neu und kontextgebunden zu beantworten.

Es lässt sich zusammenfassen, dass das ExpertInneninterview im Sinne
Meuser/Nagels eher ein Forschungsanliegen denn eine Methode darstellt,
welches sich auf die Orientierungen und Deutungsmuster einer als in ihren
Handlungsmöglichkeiten privilegiert modellierten Personengruppe bezieht.
Deeke (1995: 11) plädiert daher nicht zu Unrecht dafür, in einem solchen Fall
in methodischer Hinsicht ganz auf den Begriff ExpertInneninterview zu
verzichten. Dass Meuser/Nagel gleichwohl an dem Begriff festhalten und ihre
Überlegungen in den Kontext einer allgemeinen Methodendiskussion stellen,
führt zwangsläufig zu Irritationen, weil sie sich unter dem ‚bloß‘ methodischen Label mit methodischen Fragen wenig befassen, vielmehr eine theoretisch höchst voraussetzungsvolle Forschungsperspektive entwickeln. Wer im
Rahmen eigener Forschung unter dem Label Interviewform nach einem
einsetzbaren methodischen Instrument Ausschau hält, wird dagegen ent-
täuscht.

4. Fazit

Obgleich für ExpertInneninterviews im Anschluss an Meuser/Nagel ein
eigenständiger methodischer Status reklamiert wird, hat sich gezeigt, dass
sich diese schlecht für derartige Verallgemeinerungsbemühungen eignen.
Einerseits, weil sich ihre Spezifik nicht aus methodischen Spezialverfahren,

---

13 Gleichwohl sind auch bei narrativen Interviews die Befragten alles andere als unerheblich.
    Fundamentale Voraussetzung ist hier die Erzählkompetenz des Gegenübers, die je nach
    Zielgruppe erheblich variieren kann.

sondern aus der notwendig gegenstandsbezogen theoretischen Einpassung ihrer Begrifflichkeit in ein Forschungsdesign ableitet. Andererseits, weil diejenigen Aspekte, die über eine metatheoretische Argumentation methodisch generalisierbar sind, keine Exklusivität hinsichtlich einer solch speziellen Befragtengruppe beanspruchen können. Wo diese Zusammenhänge nicht oder nur unzureichend ausgewiesen sind, findet eine doppelte Rationalisierung statt: als vermeintliche Minimierung des Arbeitsaufwandes und als Verdrängung beziehungsweise Verkehrung theoretischer Fragen in methodische. Aufgrund ihrer Kontextgebundenheit sind Interviews mit ExpertInnen jedoch nicht ohne weiteres als methodisches ‚Rezeptwissen' übertragbar. Was übertragbar ist, sind dagegen typische forschungspraktische Problemstellungen, die im Verlauf von empirischen Untersuchungen an neuralgischen Punkten des Forschungsprozesses entstehen und entsprechend gelöst werden müssen.

Bogner/Menz (2001) nehmen in dieser Hinsicht gewissermaßen eine Zwischenstellung ein, wenn sie einerseits – in Weiterführung der Position von Meuser/Nagel – für theoriegenerierende ExpertInneninterviews als eigenständiger Methode argumentieren, andererseits aber deren methodische Pluralität postulieren. So lässt sich auch ihr Fazit verstehen (ebd.: 496), in welchem sie sich gegen die implizite Festlegung auf einen one best way der Interviewführung wenden und für das durchaus angemessene Prinzip des anything goes im Sinne eines kontextsensitiven Methodeneinsatzes plädieren. Dass wir die Begründungszusammenhänge, die theoriegenerierende ExpertInneninterviews als eigenständige Methode fundieren sollen, nicht für überzeugend halten, haben wir oben ausführlich dargestellt. Hinsichtlich einer Klärung der Frage, was ExpertInneninterviews denn nun im engeren Sinne methodisch spezifiziert, gleicht dieses Fazit eher dem Vorschlag: „Gehen Sie zurück über Los. Fangen Sie neu an!".

Eine solche Einschätzung sollte nun nicht dazu verleiten, doch noch – in welcher Weise auch immer – nach *der* einen, richtigen und insofern gesonderten Vorgehensweise der methodischen Durchführung von Interviews mit ExpertInnen zu suchen. Ganz im Gegenteil spiegelt sich unseres Erachtens in einem solchen Fazit vielmehr die alltägliche Praxis empirischer Sozialforschung wider. Und aus eben diesem Grund halten wir einen solchen Schluss auch keineswegs für unbefriedigend. Methodische Konzepte und Vorschläge, allermeist selbst aus empirischen Projekten hervorgegangen, können hilfreiche Richtschnur für eigene Forschungspraxis sein. Ihre konkrete Einpassung und Ausgestaltung ist dann aber *eine je kontextspezifische Arbeit*, die tatsächlich immer wieder neu zu leisten ist. Insofern sind wir auch nicht der Meinung, dass in der Praxis empirischer Sozialforschung auf Interviews mit ExpertInnen verzichtet werden sollte. Nur korrespondiert dem eben keine eindeutig zugrundelegbare Methode des ExpertInneninterviews.

Gerade die Erkenntnisse über Probleme der Gesprächsführung innerhalb der sozialen Situation ‚Interview', wie sie sich in neueren Arbeiten zu ExpertInneninterviews finden, könnten allerdings wertvolle Anregungen für eine systematisch betriebene Erforschung von Interviewsituationen und Interaktionsordnungen in Interviews liefern. Über ExpertInneninterviews hinaus könnte sich darüber die methodische Reflexion qualitativer Sozialforschung insgesamt vertiefen lassen.

Literatur

Abels, Gabriele/Behrens, Maria (1998): ExpertInnen-Interviews in der Politikwissenschaft. Das Beispiel Biotechnologie. In: Österreichische Zeitschrift für Politikwissenschaft, Jg. 27, H. 1, S. 79-92

Bogner, Alexander/Menz, Wolfgang (2001): „Deutungswissen" und Interaktion. Zu Methodologie und Methodik des theoriegenerierenden Experteninterviews. In: Soziale Welt, Jg. 52, H. 4, S. 477-500

Crozier, Michel/Friedberg, Erhard (1993): Die Zwänge kollektiven Handelns. Über Macht und Organisation. Frankfurt/M.

Deeke, Axel (1995): Experteninterviews – ein methodologisches und forschungspraktisches Problem. Einleitende Bemerkungen und Fragen zum Workshop. In: Brinkmann, Christian/Deeke, Axel/Völkel, Brigitte (Hg.): Experteninterviews in der Arbeitsmarktforschung, BeitrAB 191. Nürnberg, S. 7-22

Flick, Uwe (1998): Qualitative Forschung. Theorie, Methoden, Anwendung in Psychologie und Sozialwissenschaften. Reinbek, 3. Auflage

Friebertshäuser, Barbara (1997): Interviewtechniken – Ein Überblick. In: Friebertshäuser, Barbara/Prengel, Annedore (Hg.): Handbuch Qualitative Forschungsmethoden in der Erziehungswissenschaft. Weinheim und München, S. 371-395

Honer, Anne (1994): Das explorative Interview. Zur Rekonstruktion der Relevanzen von Expertinnen und anderen Leuten. In: Schweizerische Zeitschrift für Soziologie, Jg. 20, H. 3, S. 623-640

Kassner, Karsten (2003): Soziale Deutungsmuster – über aktuelle Ansätze zur Erforschung kollektiver Sinnzusammenhänge. In: Geideck, Susan/Liebert, Wolf-Andreas (Hg.): Sinnformeln. Linguistische und soziologische Analysen von Leitbildern, Metaphern und anderen kollektiven Orientierungsmustern. Berlin/New York, S. 37-57.

Lamnek, Siegfried (1995): Qualitative Sozialforschung, Band 1: Methodologie. München und Weinheim, 3. Auflage

Meuser, Michael (1992): „Das kann doch nicht wahr sein" – Positive Diskriminierung und Gerechtigkeit. In: Meuser, Michael/Sackmann, Reinold (Hg.): Analyse sozialer Deutungsmuster. Beiträge zur empirischen Wissenssoziologie. Pfaffenweiler, S. 89-102

Meuser, Michael (2003): Deutungsmusteranalyse. In: Bohnsack, Ralf/Marotzki, Winfried/Meuser, Michael (Hg.): Hauptbegriffe qualitativer Sozialforschung. Opladen, S. 31-33.

Meuser, Michael/Nagel, Ulrike (1991): ExpertInneninterviews – vielfach erprobt, wenig bedacht. Ein Beitrag zur qualitativen Methodendiskussion. In: Garz, Detlev/Kraimer, Klaus (Hg.): Qualitativ-empirische Sozialforschung: Konzepte, Methoden, Analysen. Opladen, S. 441-471 (wieder abgedruckt im vorliegenden Band)

Meuser, Michael/Nagel, Ulrike (1994a): Expertenwissen und Experteninterview. In: Hitzler, Ronald/Honer, Anne/Maeder, Christoph (Hg.): Expertenwissen. Die institutionalisierte Kompetenz zur Konstruktion von Wirklichkeit. Opladen, S. 180-192

Meuser, Michael/Nagel, Ulrike (1994b): Experteninterview. In: Kriz, Jürgen/Nohlen, Die-ter/Schultze, Rainer-Olaf (Hg.): Lexikon der Politik, Band 2: Politikwissenschaftliche Methoden. München, S. 123-124

Meuser, Michael/Nagel, Ulrike (1997): Das ExpertInneninterview – Wissenssoziologische Voraussetzungen und methodische Durchführung. In: Friebertshäuser, Barbara/Pren-gel, Annedore (Hg.): Handbuch Qualitative Forschungsmethoden in der Erziehungs-wissenschaft. Weinheim und München, S. 481-491

Meuser, Michael/Nagel, Ulrike (2003): Experteninterview. In: Bohnsack, Ralf/Marotzki, Winfried/Meuser, Michael (Hg.): Hauptbegriffe qualitativer Sozialforschung. Opla-den, S. 57-58

Meuser, Michael/Sackmann, Reinhold (1992): Zur Einführung: Deutungsmusteransatz und empirische Wissenssoziologie. In: Dies. (Hg.): Analyse sozialer Deutungsmuster. Beiträge zur empirischen Wissenssoziologie. Pfaffenweiler, S. 9-37

Schütze, Fritz (1977): Die Technik des narrativen Feldinterviews in Interaktionsfeldstudien – dargestellt an einem Projekt zur Erforschung von kommunalen Machtstrukturen. Arbeitsberichte und Forschungsmaterialien Nr. 1. Fakultät für Soziologie an der Uni-versität Bielefeld

Spöhring, Walter (1989): Qualitative Sozialforschung. Stuttgart

Strauss, Anselm/Corbin, Juliet (1996): Grounded Theory – Grundlagen Qualitativer Sozial-forschung. Weinheim

Trinczek, Rainer (1995): Experteninterviews mit Managern – Methodische und methodo-logische Hintergründe. In: Brinkmann, Christian/Deeke, Axel/Völkel, Brigitte (Hg.): Experteninterviews in der Arbeitsmarktforschung, BeitrAB 191. Nürnberg, S. 59-67

Ullrich, Carsten B. (1999): Deutungsmusteranalyse und diskursives Interview. In: Zeit-schrift für Soziologie, Jg. 28, H. 6, S. 429-447

Vogel, Berthold (1995): „Wenn der Eisberg zu schmelzen beginnt..." Einige Reflexionen über den Stellenwert und die Probleme des Experteninterviews in der Praxis der empi-rischen Sozialforschung. In: Brinkmann, Christian/Deeke, Axel/Völkel, Brigitte (Hg.): Experteninterviews in der Arbeitsmarktforschung, BeitrAB 191. Nürnberg, S. 73-83

Witzel, Andreas (1989): Das problemzentrierte Interview. In: Jüttemann, Gerd (Hg.): Qua-litative Forschung in der Psychologie: Grundfragen, Verfahrensweisen, Anwendungs-felder. Heidelberg, S. 227-255, 2. Auflage

Witzel, Andreas (1996): Auswertung problemzentrierter Interviews: Grundlagen und Er-fahrungen. In: Strobl, Rainer/Böttger, Andreas (Hg.): Wahre Geschichten? Zu Theorie und Praxis qualitativer Interviews. Baden Baden, S. 49-76

Witzel, Andreas (2000, Januar): Das problemzentrierte Interview [26 Absätze]. In: Forum Qualitative Sozialforschung/Forum: Qualitative Social Research [Online, Journal] 1(1). Verfügbar über: http://qualitative-research.net/fqs [Zugriff: 24.08.00]

Auf gleicher Augenhöhe reden

Das Experteninterview – ein Gespräch zwischen Experte und Quasi-Experte

Michaela Pfadenhauer

Abweichend vom ‚common sense' (auch) innerhalb der empirischen Sozialforschung wird in diesem Beitrag die Auffassung vertreten, die Besonderheit
des Experteninterviews bestehe *nicht* vorrangig darin, dass hier Personen
befragt werden, die – nach welchen Kriterien auch immer – als Experten
gelten.[1] Verfahrenstechnisch gesehen bildet das Experteninterview vielmehr,
wie im Folgenden dargelegt wird, zum einen aufgrund des ihm zugrunde
liegenden Erkenntnisinteresses (1), zum anderen und *vor allem* aber aufgrund
der besonderen Art der Gesprächsführung (2) eine – selbst in der einschlägigen Literatur bislang vernachlässigte – eigenständige Methode im Kanon
der so genannten „qualitativen Interviews" (Hopf 2000). Aus der Spezifik der
Gesprächsform resultiert (zumindest) für das Interviewen *bestimmter* (Typen
von) Experten die Notwendigkeit, dieses Verfahren in ein ethnographisches
Forschungsdesign einzubetten (3).

1. Das Erkenntnisinteresse des Experteninterviews

Der Sinn und Zweck von Experteninterviews scheint auf der Hand zu liegen:
Sie zielen ab auf die Rekonstruktion von besonderen Wissensbeständen bzw.
von besonders exklusivem, detailliertem oder umfassendem Wissen über besondere Wissensbestände und Praktiken, kurz: auf die Rekonstruktion von
Expertenwissen. Eine erste Einschränkung ergibt sich allerdings hinsichtlich
so genannter ‚habitueller' bzw. ‚impliziter' Bestandteile von Expertenwissen.

---

1   Vgl. stellvertretend für viele Deeke (1995: 7), demzufolge „im Begriff ‚des Experteninter-
     views' bereits angezeigt [ist], dass seine Besonderheit nicht in einer bestimmten Form des
     Interviews besteht, sondern darin, dass ‚Experten' befragt werden." Deeke zufolge handelt
     es sich beim Experteninterview deshalb nicht um ein spezielles Verfahren bzw. um eine
     besondere Methode.

Denn wie alle Interviews eignen sich auch Experteninterviews vorzugsweise zur Rekonstruktion vom Befragten *explizierbarer* Wissensbestände.

Zweifel sind also angebracht gegenüber der Eignung des Experteninterviews als Instrument zur Erhebung und Analyse solcher Strategien und Relevanzen, „die zwar im Entscheidungsverhalten zur Geltung gelangen, den ExpertInnen aber nicht unbedingt reflexiv verfügbar sind" (Meuser/Nagel 1997: 485). Damit soll keineswegs bestritten werden, dass auch Experten – ebenso beiläufig wie selbstverständlich – ‚implizites Wissen‘ zur Anwendung bringen, das *nicht* „klar und deutlich" (Schütz 1972a: 87), sondern vielmehr hochgradig diffus ist, und von ihnen selbst allenfalls bruchstückhaft verbalisiert werden kann.[2] Dergestalt „routinisiertes Expertenwissen" (Schröer 1994) über Experteninterviews zu rekonstruieren, erscheint jedoch als ein ausgesprochen prekäres Unterfangen. Denn im Hinblick auf – auch für Expertenwissen – hoch-relevante Erkenntnisinteressen, wie z.B. die Rekonstruktion habitualisierter Fertigkeiten, von Vollzugsroutinen und quasi-automatischen Verhaltensweisen zeitigen *alle* Arten von Interviews typischerweise defizitäre bzw. irreführende Resultate (vgl. Hitzler 2000: 22).[3] Zur Rekonstruktion thematisch aussonderbarer, *explizierbarer* Wissensbestände hingegen, zur Rekonstruktion also solchen Wissens, das als erlernt erinnerbar ist und folglich in der Regel als Wissen *gewusst* wird (vgl. Honer 1993: 88), betrachten auch wir[4] Interviews als den ‚Königsweg‘ in der Sozialforschung.

1.1 Das Wissen von Experten

Der Erkenntnisgegenstand des Experteninterviews erweist sich als *fokussiert* auf einen besonderen Wissensbestand im sozialen Wissensvorrat: auf das Sonderwissen, das im Zuge fortschreitender Arbeitsteilung proportional zum Allgemeinwissen an Umfang und Gewicht (im Sinne von ‚Gewichtigkeit‘) zunimmt (vgl. Schütz/Luckmann 1979: 363ff). Die gesellschaftlichen Son-

---

2 Routinewissen ist ein struktureller Bestandteil *jeden* subjektiven Wissensvorrats und lässt sich – in der Tradition der phänomenologisch orientierten Wissenssoziologie (vgl. Schütz/Luckmann 1979: 139ff.) – analytisch unterteilen in Fertigkeiten, Gebrauchswissen und Rezeptwissen.

3 Besonders nachdrücklich weist Bergmann (1985, S. 307) auf die Problematik des Interviews als Erhebungsinstrument hin, da es „rekonstruktiv überformte und damit nur begrenzt analysefähige Daten produziert"; vgl. zu dieser Grundeinsicht interpretativer, verstehender Sozialforschung auch bereits Oevermann 1983 sowie Reichertz 1988. Den Nutzen *ethnographischer* Verfahren zur Rekonstruktion impliziten Routinewissens (ebenso wie Schröer 1994 am Beispiel polizeilicher Vernehmung jugendlicher Tatverdächtiger) unterstreicht Soeffner (1989: 211ff).

4 Da ich für viele Aspekte der in diesem Text vertretenen Auffassung keinen Anspruch auf Originalität erhebe, sondern mich als in einem Diskussionszusammenhang von ethnographisch arbeitenden Soziologen bewegend verstehe, verwende ich an verschiedenen Stellen die Wir-Form.

derwissensbestände differenzieren sich immer weiter aus und müssen oft in langwierigen ‚sekundären‘ Sozialisationsprozessen erworben werden, aus denen jener Typus eines Wissenden hervorgeht, den man als ‚Spezialisten‘ bezeichnen kann. Er verfügt über ein aufgabenbezogenes, relativ genau umrissenes Teil-Wissen innerhalb eines Sonderwissensbereichs, das zur Erfüllung seiner Spezialistenfunktion erforderlich ist. In Abgrenzung zum Spezialisten bezeichnet Hitzler (1994: 25) als ‚Experten‘ jenen Typus eines Wissenden, der einen *Überblick* über das auf einem Gebiet insgesamt gewusste Wissen, d.h. einen Überblick über einen Sonderwissens*bereich* hat, also „weiß, was die (jeweiligen) Spezialisten auf dem von ihm ‚vertretenen‘ Wissensgebiet wissen – und wie das, was sie wissen, miteinander zusammenhängt.“

Die Unterscheidung von Spezial(isten)wissen bzw. spezialisiertem Sonderwissen hie und Expertenwissen als eine Art ‚Überblickswissen‘ über spezialisierte Sonderwissensbereiche da verdeutlicht nun zwar, dass keineswegs jegliches Sonderwissen mit Expertenwissen gleichzusetzen ist, der Begriff des Expertenwissens bleibt jedoch nach wie vor unterbestimmt (vgl. entsprechend auch Sprondel 1979).

Eine Konkretisierung erfährt der Begriff zunächst einmal durch seine Begrenzung auf einen *bestimmten* Typus von Problemlösungswissen. Damit ist nun nicht lediglich jenes Wissen gemeint, das man braucht, um Probleme zu suchen, zu erkennen, zu erfassen, zu analysieren und daraufhin Lösungen zu deren Behebung entwickeln und schließlich zur Anwendung bringen zu können.[5] Grundsätzlicher geht es dabei um Wissen, das man braucht, um (den) *Ursachen* von Problemen und um (den) *Prinzipien* von Problemlösungen auf den Grund zu gehen. In Abgrenzung insbesondere zum Spezialisten verfügt der Experte also insofern über ein umfassenderes Wissen, als es ihn nicht nur zur Problemlösung, sondern zur Erkenntnis und zur Begründung sowohl von Problemursachen als auch von Lösungsprinzipien befähigt. Kurz: Der Experte „kennt typischerweise den Wissensbestand, der für ein bestimmtes Gebiet ‚bezeichnend‘ bzw. ‚relevant‘ ist, er hat sozusagen einen Überblick über einen Sonderwissensbestand und kann innerhalb dessen *prinzipielle* Problemlösungen anbieten bzw. auf Einzelfragen applizieren“ (Hitzler 1994: 26).

Mit seinem Wissen über die *Prinzipien* des Sachverhalts bzw. die Sach*logik* verfügt der Experte – im Verhältnis zu anderen mit der betreffenden Problemlage befassten Personen, im Verhältnis also zu Nicht-Experten (und d.h. *auch* zu Spezialisten) – über einen relativ *exklusiven* Wissensbestand,

---

5   Insofern sich das Erkennen und Lösen von Problemen zu weiten Teilen schematisieren, standardisieren und damit auch delegieren lässt, scheint uns die Bestimmung von Expertenwissen als ‚Problemlösungswissen‘ nicht hinreichend zu sein.

d.h. über Wissen, das prinzipiell nicht mehr jedermann zugänglich ist.[6] In der Terminologie von Meuser und Nagel (1991: 443) gesprochen, verfügen Experten über „privilegierte Informationszugänge". Die Relevanz von Experteninterviews resultiert also grundsätzlich aus der Erkenntnis, dass Menschen auf unterschiedliche Weise an unterschiedlichen sozialen Wissensvorräten partizipieren und dass es – nicht nur, aber insbesondere in modernen Gesellschaften – besondere, für bestimmte Rollen ‚exklusive' Wissensbestände gibt.

1.2 Die Kompetenz von Experten

Maßgeblich für Expertenschaft sind jedoch nicht lediglich die Informationen, über die der Experte exklusiv verfügt, sondern darüber hinaus die (zurechenbare) Zuständigkeit für problemlösungsbezogene Entscheidungen. Gemeint ist damit Kompetenz in einem weiten Sinne: „Kompetenz hat offenbar irgendwie zu tun mit Zuständigkeit und mit Fähigkeit und mit Bereitschaft und damit, dass Zuständigkeit, Fähigkeit und Bereitschaft sich in Deckung befinden" (Marquardt 1981: 24). In dem Sinne, dass dem Experten gleichsam als letzter Instanz die Verantwortung für Erkenntnis und Lösung von Problemen obliegt, geht Expertenkompetenz über (exklusive) Fähigkeiten und (besondere) Fertigkeiten hinaus.

Kennzeichnend für den Experten ist also nicht nur sein – im Verhältnis zu anderen mit dem Problem befassten Personen – exklusiver Wissensbestand, sondern *zudem* seine (aus Ursachen-Erkenntnis resultierende) verantwortliche Zuständigkeit für die Bereitstellung, Anwendung und/oder Absicherung von Problemlösungen. D.h.: Der Experte trägt letztlich die Verantwortung für die Expertise – unabhängig davon, wer (außer ihm), in welcher Funktion bzw. in welchem Umfang auch immer in deren Entstehungsprozess involviert ist bzw. war. Diese (Letzt-)Verantwortlichkeit bildet gleichsam die Kehrseite der Medaille zur relativen Autonomie des Experten, die daraus resultiert, „Mehr-Wissen als das von anderen konkret abfragbare bzw. beanspruchbare Wissen zu haben, d.h. über (kaum bzw. unkontrollierbare) Rat- und Hilfekompetenz zu verfügen" (Hitzler 1994: 26). Denn dem ‚objektiven Sinn' von Verantwortlichkeit nach bedeutet dies nicht zuletzt, dass er es ist, der für das, was im Hinblick auf die Lösung von Problemen (von ihm und von anderen) getan bzw. unterlassen wird, von ‚Dritten' zur Rechenschaft gezogen werden kann.[7]

---

6   Sein Wissen über die Sachlogik befähigt den Experten zur Klärung der logischen Konsistenz von Sachverhalten. Auf die für Expertenhandeln symptomatische Dominanz der logischen Konsistenz einer Darstellung über das Einzeldatum verweist Hans-Georg Soeffner (1989: 222) am Beispiel von Vernehmungsbeamten, denen „die Frage, wie etwas logisch-konsistent hätte sein müssen, wichtiger ist als die, was denn ‚tatsächlich' geschehen sei."

7   Vom ‚objektiven Sinn' der Verantwortlichkeit (im Sinne von „verantwortlich sein *gegenüber*") grenzt Schütz (1972b: 256f) den subjektiven Aspekt (im Verstande von „verantwortlich sein *für*") ab: „Wenn ich mich nur subjektiv für das verantwortlich fühle, was ich

In Zuspitzung des Definitionsvorschlags von Meuser und Nagel (1991) gelten uns also diejenigen Personen als ‚Experten‘, die über privilegierte Informationszugänge verfügen *und* – darüber hinaus – für den Entwurf, die Implementierung und/oder die Kontrolle von Problemlösungen verantwortlich (zu machen) sind. Aus elitentheoretischer Perspektive erscheinen Experten auf der Grundlage dieser Definition weniger als Angehörige einer Funktionselite (vgl. Meuser/Nagel 1994: 181ff), denn als Mitglieder dessen, was man im Anschluss an Jaeggi (1960) als ‚relative‘, d.h. als lokale im Unterschied zu globalgesellschaftlichen Eliten, und im Anschluss an Dreitzel (1962) als ‚Leistungseliten‘ bezeichnen kann, d.h. als Erbringer sozial erwünschter bzw. ‚nachgefragter‘ Leistungen, denen aufgrund dieser Leistungen (signifikante) Privilegien, Optionen, Ressourcen und/oder Wertschätzungen zuteil werden.[8]

Das Experteninterview bietet sich dementsprechend vornehmlich dann als Datengenerierungsinstrument an, wenn die exklusiven Wissensbestände von Experten im Kontext ihrer (letzt-)verantwortlichen Zuständigkeit für den Entwurf, die Implementierung und die Kontrolle von Problemlösungen Gegenstand des Forschungsinteresses sind. In diesem weiten Sinne zielt das Erkenntnisinteresse des Experteninterviews auf die Rekonstruktion von (explizitem) Expertenwissen ab.

2. Die Art der Gesprächsführung

Ein Grundanspruch nicht-standardisierter Sozialforschung gegenüber standardisierten Befragungstechniken besteht bekanntlich darin, dem befragten Akteur nicht ein externes Relevanzsystem zu oktroyieren, sondern ihn seine eigenen Relevanzen entwickeln und formulieren zu lassen. Allerdings ist dabei keineswegs unhinterfragt davon auszugehen, „daß Befragte ihre subjektiven Bedeutungszuschreibungen und Relevanzstrukturen am besten in einer Interviewsituation entfalten können, die durch weitgehende Nicht-Intervention durch den Interviewer gekennzeichnet ist."[9]

---

tat oder unterließ, ohne von einem anderen verantwortlich gemacht zu werden, wird die Folgerung meiner Missetat nicht Tadel, Kritik, Zensur oder eine andere Form der Bestrafung sein, die mir jemand anders auferlegt, sondern Bedauern, Gewissensbisse oder Reue."

8 Experten lassen sich ebenso wenig wie Eliten schlicht aus den funktionalen Erfordernissen des sozialen oder politischen Systems ableiten, sondern vielmehr anhand des Kriteriums der persönlichen Leistung bestimmen. Ob bzw. dass diese Leistungen funktional für das Bestehen eines wie auch immer gearteten ‚Systems‘ sind, bleibt dahingestellt (vgl. weiterführend dazu Pfadenhauer 2001a).

9 Vgl. Trinczek (1995: 60), der harsche Kritik an der „Fetischisierung" möglichst schwach ausgeprägter Interviewer-Intervention im interpretativen Paradigma übt.

2.1 Das Interviewsetting

In Anbetracht dessen, dass „sich die befragten Menschen – ebenso wie die konventionell arbeitenden Sozialforscher – ein Interview jedoch als einseitiges Frage-Antwort-Verhältnis vorstellen", plädiert Anne Honer (1994: 629) gerade in der ersten Interviewphase des von ihr konzipierten explorativen Interviews für eine ‚Normalisierung‘ bzw. ‚Veralltäglichung‘ der relativ außergewöhnlichen Kommunikationssituation des Interviews dahingehend, dass es möglichst den im jeweiligen Kontext kulturell üblichen Gewohnheiten des Miteinander-Redens entspricht. Prinzipiell geht es beim Experteninterview darum, den Gesprächspartner weder in eine verhör-ähnliche noch in eine künstlich ‚non-direktive‘, vielmehr in eine *ihm* möglichst vertraute Kommunikationssituation zu versetzen, d.h.: ein quasi-normales Gespräch mit ihm zu führen (vgl. dazu auch Honer 1993: 74ff).

Das Problem des optimalen Interviewsettings für die ungestörte Entfaltung subjektiver Relevanzstrukturen diskutiert Trinczek (1995) am Beispiel von Interviews mit Managern. Ihm zufolge weist die Kommunikation im Betrieb generell eher selten eine narrative Grundstruktur auf. Die Struktur alltäglicher Kommunikation im betrieblich-managerialen Kontext, der in der Regel ‚teamförmige‘ Arbeitszusammenhänge aufweist, entspricht vielmehr am ehesten einem „diskursiv-argumentativen Fachgespräch" im Rahmen einer (mehr oder weniger) lockeren Diskussionssituation.

Allgemein lässt sich konstatieren, dass die Kommunikation von Experten (der gleichen Provenienz) untereinander durch Merkmale gekennzeichnet ist wie: thematische Fokussierung, Gebrauch von Fachbegrifflichkeiten, Verwendung indexikaler Redeweisen, kurz dadurch, dass Experten (der gleichen Provenienz) ein „kommunikatives Universum" (Schütz 1972a: 97) teilen. Dies begründet sich nicht zuletzt darin, dass ein Experte im Gespräch unter ‚seinesgleichen‘ davon ausgehen kann, dass er die grundlegenden Sachverhalte bzw. Zusammenhänge voraussetzen darf und dass er – weder im wörtlichen noch im übertragenen Sinne – fürchten muss, missverstanden zu werden, weil sein Gegenüber nicht mit den Fachtermini und vor allem den hier geltenden, sein Denken und Handeln strukturierenden Relevanzen vertraut wäre.[10]

Vor allem aus dem Bewusstsein *divergierender* Relevanzsysteme hingegen resultiert, dass Experten in der Kommunikation mit Nicht-Experten (beobachtbar z.B. im Gespräch mit Journalisten) zur Anreicherung ihrer Rede mit Metaphern und Analogien, zur Verharmlosung oder aber zur Dramatisierung,

---

10 Der individuelle Wissensvorrat des Experten ist durch ein vorgeprägtes System „auferlegter Relevanzen" des spezifischen Wissensbereichs strukturiert, d.h. nicht mit seinen spontan gewählten Zielen verbunden. Dieses Relevanzsystem ist ihm auferlegt durch die auf seinem Gebiet vorausgesetzten Probleme; gleichzeitig akzeptiert er es mit seiner Entscheidung, ‚Experte‘ zu werden, als die allein wesentlichen Relevanzen für sein Denken und Handeln (vgl. Schütz 1972a: 96).

zu einem paternalistischen oder selbstlegitimatorischen Gesprächsverhalten neigen.[11] Die jeweilige Semantik – z.B. Fachjargon gegenüber anderen ‚Experten', Übersetzungsleistungen gegenüber ‚gutinformierten Bürgern', simplifizierende Darstellungen gegenüber ‚Laien' – lässt erkennen, mit welchem dieser Wissenstypen sich der Befragte im Gespräch konfrontiert sieht.[12]

Gespräche unter Experten (der gleichen Provenienz) dienen demgegenüber entweder – im Sinne gegenseitiger Unterrichtung – der Erweiterung ihrer privilegierten Informationszugänge oder aber der wechselseitigen Erläuterung ihres Tuns im Hinblick auf ihre Verantwortung für den Entwurf, die Implementierung und/oder Kontrolle von Problemlösungen. Was dabei stattfindet, ist keine Belehrung[13] oder (abwiegelnde) Rechtfertigung[14], wie sie eben typischerweise einem Nicht-Experten(-Publikum) gegenüber zu beobachten ist, sondern ein Darstellen und diskursives Erläutern dessen, was er macht, und warum er das, was er macht, so macht, wie er es macht.[15] Verhandelt wird unter Experten typischerweise also die Bedeutung und praktische Handhabung ihrer Zuständigkeit und Verantwortung für die Entwicklung, Implementierung und/oder Kontrolle von Problemlösungen.[16] Allgemein formuliert sind typischerweise Rahmenbedingungen und Implikationen von Expertenkompetenz Gegenstand der Expertenkommunikation.

Ausgetauscht wird also ein *anderer* Informationsgehalt als derjenige, der üblicherweise einem Laien(-Publikum) zuteil wird.[17] Insofern den *unter* Experten als relevant geltenden bzw. verhandelten Sachverhalten das Erkenntnisinteresse des Experteninterviews gilt, besteht das mit ihm einhergehende Grundanliegen des Experteninterviews darin, ein Interviewsetting zu erzeu-

---

11 Im Unterschied zu Vogel (1995: 80), der die vom ihm so genannten „Paternalismuseffekte" vor allem auf Alters- und Statusunterschiede zurückführt, halten wir vorrangig das (tatsächliche oder unterstellte) Kompetenzgefälle für den diese Effekte ‚auslösenden' Faktor.

12 Zur wissenssoziologischen Abgrenzung dieser drei Typen hinsichtlich ihres individuellen Wissensvorrats vgl. Schütz 1972a.

13 Ein Wesensmerkmal der kommunikativen Gattung ‚Belehrung' besteht darin, dass sie als explizites Wissen markierte Äußerungen enthält (vgl. Keppler/Luckmann 1991).

14 Rechtfertigungen (ebenso wie Entschuldigungen) lassen sich in der Tradition der konversationsanalytischen Ethnomethodologie als ‚praktische Erklärungen' (accounts) begreifen, d.h. als sprachliche Verfahren, die dann zur Anwendung gelangen, „wenn eine Handlung von der Bewertung her in Frage gestellt wird" (Scott/Lyman 1976: 74).

15 Nochmals sei an dieser Stelle darauf hingewiesen, dass der Experte – selbst beim besten Willen – immer nur das mitteilen kann und wird, was ihm ‚wissentlich' präsent ist.

16 Genau genommen handelt es sich auch hierbei um eine Form des ‚Accounting', wobei hier (im Verstande ‚theoretischer' Erklärungen) durchaus auch wissenschaftliche Kausalerklärungen oder Erklärungen mit einem ähnlichen Erkenntnisanspruch gemeint sind. Interessant ist in unserem Zusammenhang, dass Teile des einschlägigen Aufsatzes von Scott und Lyman (1976) in einer Übersetzung von Heinz Steinert im Deutschen ursprünglich unter dem Titel ‚Verantwortungen' erschienen ist.

17 Denn: „Der Experte weiß [andererseits], daß nur ein anderer Experte alle technischen Details und Implikationen eines Problems auf seinem Gebiet verstehen wird, und er wird niemals einen Laien oder einen Dilettanten als kompetenten Richter seiner Leistungen anerkennen" (Schütz 1972a: 88).

gen, das der Gesprächssituation *unter* Experten möglichst nahe kommt. Und wesentlichste Voraussetzung bzw. Bedingung dafür ist eben nicht nur der Status des befragten Akteurs als Experte, sondern auch ein ebensolcher des Interviewers.[18]

2.2 Der Status des Interviewers

Im Hinblick auf die zwei oben erwähnten Kernkomponenten von Expertenkompetenz erlangt der – ebenso einschlägig wie privilegiert informierte – Interviewer typischerweise allerdings allenfalls der Status eines *Quasi*-Experten, insofern er frei von Verantwortung für den Entwurf, die Implementierung und/oder die Kontrolle von Problemlösungen – und damit mit dem *wesentlichen* Unterschied der Handlungsentlastetheit – interagiert.

Infolgedessen entspricht die Inszenierung des befragten Experten gegenüber dem interviewenden Quasi-Experten nicht nur *nicht* derjenigen, die sich eben beispielsweise in paternalistischer ‚Manieriertheit‘ oder Rechtfertigungsdruck gegenüber Laien ausdrückt, sondern auch *nicht* (‚wirklich‘) derjenigen, die dieser anderen Experten gegenüber an den Tag legt.[19] Denn die Begegnung zwischen Experten (der gleichen Provenienz) ist typischerweise durch einen – wenn auch nicht unbedingt konkreten, so doch zumindest prinzipiellen – Konkurrenzdruck geprägt. Deshalb wohnt ihr (jedenfalls grundsätzlich) immer ein letzter Vorbehalt hinsichtlich der Offenlegung von ‚Betriebsgeheimnissen‘ inne. Da gerade diesem „Betriebswissen“ von Experten das Erkenntnisinteresse des Experteninterviews gilt, stellt die im Austausch eines Experten mit einem *Quasi*-Experten angelegte ‚Konkurrenzentlastetheit‘ der Gesprächssituation einen besonderen Vorteil dar. So konstatiert Trinczek (1995: 63), dass die handlungsentlastete Situation des Gesprächs, seine soziale Folgenlosigkeit den Managern „mitunter einen Grad an Freimütigkeit und offener Selbstreflexion [erlaubt], den sie sich im betrieblichen Alltag mit seinem überwiegend strategisch ausgerichteten Kommunikations- und Interaktionsstil so in aller Regel nicht zugestehen.“[20]

---

18 Vgl. zu einer anderen Schwerpunktsetzung Maindok (1996), die zwar explizit vom „Experten für Gesprächsführung“ spricht, dabei aber insbesondere auf die strategisch-kommunikative (Meta-)Kompetenz eines ‚professionellen‘ Interviewers im Gespräch mit ‚Laien‘ abhebt.

19 Den Inszenierungsinteressen und -techniken von Experten ist bei der Auswertung der Textgattung ‚Experteninterview‘ Rechnung zu tragen.

20 „Die Attraktivität dieser folgenentlasteten Gesprächssituation zeigt sich auch darin, daß die Befragten die Dauer des Interviews mitunter beträchtlich überziehen, auch wenn bei der Vereinbarung des Gesprächstermins noch um jede Viertelstunde gefeilscht worden war; nicht selten sind es dann eher die ForscherInnen als die Manager, die das Gespräch von sich aus beenden“ (Trinczek 1995: 63).

Auch Trinczek (1995: 65) weist nachdrücklich auf die thematische Kompetenz des Interviewers als notwendige Voraussetzung für ein gelingendes Experteninterview mit Managern hin: „Je mehr man im Verlauf des Interviews in der Lage ist, immer wieder kompetente Einschätzungen, Gründe und Gegenargumente einfließen zu lassen, umso eher sind Manager bereit, nun ihrerseits ihr Wissen und ihre Positionen auf den Tisch zu legen – und ihre subjektiven Relevanzstrukturen und Orientierungsmuster in nicht-strategischer Absicht offenzulegen."

Dabei besteht (zumindest) unter den Vertretern der so genannten „qualitativen" Sozialforschung weitgehend Konsens dahingehend, dass die Orientierung an den situativ-subjektiven Themensetzungen und Relevanzstrukturierungen des Gesprächspartners wesentlich erleichtert wird durch den ‚gesprächssituationsflexiblen' Einsatz eines ‚Leitfadens', der erst „die Offenheit des Interviewverlaufs gewährleistet" (Meuser/Nagel 1991: 449; in diesem Sinne auch bereits Dexter 1970).[21] Wesentlich bedeutsamer ist in diesem Zusammenhang jedoch, dass die Konzipierung dieses – beim Forscher idealerweise lediglich ‚mental' präsenten – Leitfadens bei seinem ‚Konstrukteur' möglichst umfassendes und einschlägiges Wissen bereits voraussetzt (vgl. Honer 1994 sowie Hitzler 2000).

3. Die ethnographische Einbettung des Experteninterviews

Der hier – wesentlich im Anschluss an Anne Honers (1994: 633) diesbezüglich einschlägige Notiz – entworfenen Konzeption des Experteninterviews liegt die Prämisse zugrunde, dass Menschen mit anderen Menschen – und zwar sowohl hinsichtlich dessen, ‚wie' geredet wird, als auch dessen, ‚was' zur Sprache kommt – *anders* reden, je nachdem, ob sie ihre Gesprächspartner eher für kompetent oder für inkompetent (und damit in gewisser Weise auch für relevant oder irrelevant) in Bezug auf den zu verhandelnden Gegenstand halten. Entgegen der nachgerade inflationären Etikettierung aller möglichen Arten von Gesprächen als ‚Experteninterview' plädieren wir dafür, nur jene Gesprächsform als ‚Experteninterview' zu bezeichnen, die sich auf die Kurzformel ‚auf gleicher Augenhöhe reden' bringen lässt.

Diese das Experteninterview charakterisierende besondere Gesprächsform – des Forschers als Quasi-Experten im Gespräch mit einem Experten –

---

21 Die Meinungen darüber, wie weit sich der Forscher im Gespräch dann tatsächlich auch von seinem Leitfaden leiten lassen sollte, gehen gegenüber auseinander (vgl. zur Befürwortung so genannter „kathartischer Effekte" Kern/Kern/Schumann 1988, Vogel 1995; kritisch zum ‚Abgleiten' in Persönliches und Privates Meuser/Nagel 1991). Grundsätzlich ist festzuhalten, dass erst die distanzierte Haltung des Interpreten bei der Analyse des ganzen Interviewtextes eine Entscheidung über ‚Wichtigkeit' oder ‚Nichtigkeit' der Mitteilung ermöglicht.

lässt es uns in mindestens[22] zweierlei Hinsicht als notwendig erscheinen, die Methode in ein ethnographisches Forschungsdesign einzubetten: zum einen im Hinblick auf die Identifizierung von Experten, zum anderen im Hinblick auf die Qualifizierung des Interviewers.

3.1 Die Identifizierung von Experten

Das Bild, das in der einschlägigen Literatur vom Experten gezeichnet wird, entspricht weitgehend der Figur des Professionellen, der seine Kompetenzen über die Erfüllung *formaler* Ausbildungsanforderungen erlangt und seinen Expertenstatus mittels berufsständisch erteilter Zertifikate auch formal nachweisen kann: „Das Innehaben beruflich organisierter Expertenrollen setzt heute in jedem Falle die Absolvierung allgemeiner wie spezieller Ausbildung voraus, in der das als relevant geltende Sonderwissen erworben wird. Dessen Besitz wird in entsprechenden Zertifikaten mit gesellschaftlicher Gültigkeit sanktioniert" (Sprondel 1979: 151).

Der Expertenstatus des Professionellen lässt sich am ‚Prototyp' der Professionssoziologie, dem Mediziner, plausibilisieren, der sowohl über privilegierte Informationszugänge verfügt (worauf nicht zuletzt die ärztliche Schweigepflicht einen Hinweis gibt), als auch (letzt-)verantwortlich zuständig ist für die Entwicklung, Anwendung und Kontrolle medizinischer Problemlösungen (wofür Kunstfehlerprozesse nur ein besonders aufmerksamkeitsträchtiges Beispiel sind). Der professionelle Kompetenzanspruch der Mediziner zielt wesentlich darauf ab, die Berechtigung zur Linderung bzw. zum Heilen von Leiden dauerhaft und exklusiv an jene Personengruppe zu binden, die *nachweislich* die von der Profession definierten Qualifikationsstandards erfüllt: an den Stand eben der approbierten Ärzte (vgl. weiterführend dazu Hitzler/ Pfadenhauer 1999).

Im Unterschied zu anderen Typen von Experten[23] kennzeichnet den Professionellen, dass er sich einen *kanonisierten* Sonderwissensbestand über eine

---

22 Wie oben bereits angedeutet, erscheint uns eine Einbettung des Experteninterviews in ein ethnographisches Forschungsdesign unerlässlich auch im Hinblick auf eine ‚Totalerhebung' des Wissens von Experten, d.h. der Rekonstruktion auch der impliziten Bestandteile von Expertenwissen, sowie – ohne dies hier weiter auszuführen – als Voraussetzung für eine kontextbezogene Auswertung aller erhobenen Daten. Zu den unter dem Etikett ‚Sozialwissenschaftliche Hermeneutik' versammelten *unterschiedlichen* Verfahren bzw. Techniken der Datenauswertung im Rahmen ethnographischer Forschungsarbeit vgl. Honer 1993: 89-110 sowie die Beiträge in Hitzler/Honer 1997, zu den allen *gemeinsamen* ‚Verfahrensregeln' vgl. Hitzler 2001: 25-28.

23 Weitere Expertentypen sind Berger/Luckmann (1969: 133f) zufolge der ‚Gebildete' einerseits und der ‚Intellektuelle' andererseits. Letzteren bezeichnen sie als einen (Gegen-)Experten, „dessen Expertise von der Gesellschaft nicht gewünscht wird", weil er einen Gegenentwurf für die Bestimmung von Wirklichkeit liefert. Zygmunt Bauman (1987) zufolge wandelt sich die Rolle des Intellektuellen unter postmodernen Bedingungen vom ‚Ge-

institutionell spezialisierte, in Umfang und Dauer *formalisierte* Ausbildung in typischerweise ,öffentlichen' Einrichtungen aneignet, der Erwerb dieses professionellen Sonderwissens (oft in berufsständisch-staatlicher Kooperation) *geprüft* und ihm qua *Zertifikat* bestätigt wird, das ihm seine professionelle Kompetenz – nicht nur im Sinne von Befähigung, sondern auch im Sinne von Befugnis – amtlich ,bescheinigt'. Insbesondere aufgrund dieser Kennzeichen ist der Professionelle ein typisch *moderne* – und damit historisch relativ ,junge' – Erscheinungsform des Experten (vgl. dazu Hitzler 1994, sowie Pfadenhauer 1997).

Die empirisch früheste Ausformung des Experten ist vermutlich der Schamane. Mircea Eliade (1975) zufolge ist er in seiner sozialen Funktion ein Experte für das Außergewöhnliche, „der durch seine nur ihm möglichen ,Jenseitsreisen' Kraft und Autorität zur Bewältigung spezifischer kollektiver und individueller Grenzsituationen gewinnt" (Hitzler 1982: 55). Indem er in Kontakt mit Geistern zu treten vermag, verfügt er nicht nur über privilegierte Informationszugänge, sondern ist darüber hinaus verantwortlich für die Bereitstellung, Anwendung und Absicherung von Problemlösungen, die wesentlich in der ,Abwehr des Bösen bzw. Falschen' bzw. in der ,Herbeiführung des Guten bzw. Richtigen' bestehen. Seine Kompetenzen und besonderen Fähigkeiten sind Folge bzw. ,Ausfluss' der ,Begeisterung' seines Körpers, der ein biographischer Bruch bzw. eine Identitätskrise vorausgeht und in die Konstitution einer neuen Identität mündet (vgl. ausführlich dazu Hitzler 1982).

Dieser kurze Ausflug in den Schamanismus zielt nun keineswegs auf die Überhöhung oder gar Mystifizierung des Experten ab. Der Experte unserer Tage verfügt selten über außeralltäglich erlangte Kompetenzen (z.B. durch göttliche Eingebung oder begnadete Geburt), aber über Kompetenzen, deren Erwerb andere, und d.h. vor allem nicht-formalisierte, vielmehr diffuse, nicht klar ausgewiesene Zugänge erfordern, als dies beim Professionellen der Fall ist. Die Fokussierung „vornehmlich auf die in einer Berufsrolle kristallisierte (...) Expertise" (Sprondel 1979: 141) stellt vor diesem Hintergrund eine Engführung des Begriffs des Expertenwissens dar. Weder ist der Experte – wie am Beispiel des Schamanen illustriert werden sollte – mit dem Professionellen identisch noch ist Expertenwissen ,per se' mit kanonisiertem Sonderwissen gleichzusetzen, das in Bildungsinstitutionen formalisiert vermittelt und zertifiziert wird. Und schon gar nicht ist ein Hochschulabschluss eine notwendige oder gar hinreichende Bedingung für den Expertenstatus.[24]

---

setzgeber' zum ,Interpreten'. Unter dem Oberbegriff „Man of Knowledge" hat auch bereits Znaniecki (1975) eine bislang weithin unbeachtet gebliebene Typologie von sozial approbierten ,Wissenden' vorgelegt, wonach sich *Anwender* von Wissen, *Verwalter* von Wissen und *Entdecker* von (neuem) Wissen unterscheiden lassen.

24 Vgl. in diesem Sinne auch Meuser/Nagel (1994: 180) in Kritik am Expertenbegriff von Hartmann/Hartmann 1982.

Auch in Gesellschaften wie der unseren ist der Status des Experten keineswegs zwangsläufig an die schulische und berufliche Ausbildung in – typischerweise ‚öffentlichen‘ – Bildungseinrichtungen geknüpft. In dynamischen Wachstumsbranchen, derzeit etwa in der dem weiten Feld der ‚New Economy‘ zugerechneten IT- und Multimedia-Branche, spielt die ‚Herkunft‘ bzw. der Nachweis einschlägiger Kompetenzen *qua* berufsständisch erteilten und staatlich anerkannten Zertifikaten beispielsweise eine untergeordnete Rolle.[25] Demgegenüber wird hier verstärkt auf ‚Learning by doing‘ bzw. ‚Training on the Job‘ gesetzt. Zumindest für die Hochphase der ‚New Economy‘ kann infolgedessen unverkennbar eine Tendenz zum Quer-Einstieg, d.h. der Einstieg aus fachfremden Studiengängen bzw. gar ohne (Aus-)Bildungsabschluss konstatiert werden. Erst im Zuge von Konsolidierungsprozessen und sinkendem Personalbedarf wird auch hier formalen bzw. zertifizierten Kompetenznachweisen als Auslesekriterium vor allem für Führungspositionen bzw. Expertenfunktionen wieder ein höherer Stellenwert zugewiesen.[26]

Prinzipiell ist zu berücksichtigen, dass die Frage, wer – hier oder anderswo – ein Experte ist, vom Zugang, im Goffmanschen (1977) Sinne von der durch das Forschungsinteresse bzw. den Forschungsgegenstand gesetzten ‚Rahmung‘, abhängt (vgl. entsprechend Meuser/Nagel 1991). Damit wird die der interaktiven Konstitution vorgelagerte *faktische* Konstitution von Expertenschaft über spezifisches Sonderwissen keineswegs in Abrede gestellt. Denn der oben ausgeführten Definition zufolge gilt uns – hier wie anderswo – als Experte, wer glaubhaft machen kann, über ‚relativ‘ exklusive Wissensbestände zu verfügen und für sozial relevante Problemlösungen verantwortlich zu sein, auf die sich Nicht-Experten im Hinblick auf bestimmte, lebenspraktisch relevante Fragen angewiesen sehen.[27] In Frage gestellt wird also lediglich die *Gleichsetzung* von Expertenwissen mit professionellem Son-

---

25 Gerade die Aneignung hard- und software-bezogener Kenntnisse und Fertigkeiten erfolgt in hohem Maße autodidaktisch bzw. im ständigen netz-basierten Austausch untereinander.

26 Das Kompetenzprofil dieser ‚New Economics‘ steht im Mittelpunkt eines derzeit geplanten Forschungsvorhabens. Beiläufig und vielfach noch unbemerkt bildet sich – unseren noch vorläufigen Erkenntnissen zufolge – gerade in jenem, zumindest anfänglich zu großen Teilen ‚schattenwirtschaftlichen‘ Konglomerat der ‚Freizeit-Arbeit‘ bzw. neudeutscher ausgedrückt: des ‚leisure-jobbing‘ (vgl. dazu Gross/Friedrich 1988, Teichert 1993, Kommission für Zukunftsfragen 1997), die bzw. das wir symptomatisch in Szenen finden, ein *neues* Kompetenzprofil heraus, das wir als ‚*postmodernes* Expertentum‘ zu etikettieren vorschlagen, das mit der abnehmenden Relevanz zertifizierter Bildungsabschlüsse und der zunehmenden Relevanz partieller (statt gesellschaftlich konsensueller) Wertorientierungen einhergeht (vgl. Pfadenhauer 2000).

27 Aus inszenierungstheoretischer Perspektive stellt sich grundsätzlich die Frage nach der Erkennbarkeit von Sachverhalten: Dann erscheint der Experte „nicht als jemand, der besondere Kompetenzen hat, sondern als jemand, der es versteht, sozial zu *plausibilisieren*, dass er über besondere Kompetenzen verfügt" (Hitzler 1994: 27; vgl. zu dieser Perspektive auf den Professionellen Pfadenhauer 1998).

derwissen, welches weitgehend kanonisiert ist und über die Erfüllung formaler Ausbildungsanforderungen erworben werden kann.

Zumindest dann, wenn man – sozusagen unter individualisierungstheoretischen ‚Vorzeichen' – von der Prämisse ausgeht, dass für jedes Gesellungsgebilde, für jede Gruppierung, auch *innerhalb* einer Gesellschaft, *andere* Arten von Wissen und vor allem *andere* Hierarchien von Wissensarten relevant sind bzw. relevant sein können (vgl. Hitzler 1999), setzt schon die Chance, Experten überhaupt als solche zu *identifizieren*, in vielen Handlungsbereichen bzw. Kulturfeldern eine relativ detaillierte *ethnographische*[28] ‚Inventarisierung' des Forschungsfeldes bereits voraus, insofern das ethnographische Erkenntnisinteresse ja generell der Rekonstruktion des kulturell typischen (subjektiven und sozialen) Wissensvorrats gilt.[29]

Das erfordert zunächst grundsätzlich, dass der Forscher seine Vor-Urteile und Vorab-Gewissheiten dem zur Untersuchung anstehenden Forschungsfeld gegenüber suspendiert und stattdessen fragt, wie die Akteure selber *ihre* Welt (und was sie dabei) sehen (vgl. exemplarisch dazu Pfadenhauer 2001b). Hinsichtlich der Frage nach Expertenwissen muss er das spezifische Kulturwissen dahingehend beleuchten, welche ‚Bestandteile' prinzipiell von allen gewusst werden, d.h. hier zur ‚Allgemeinbildung' gehören, und welche sozial relevanten, d.h. als für die Bewältigung von hier anstehenden Problemen notwendig erachteten (exklusiven) Sonderwissensbestände sich davon abheben. Und in Bezug auf die Identifizierung von Experten muss er in Erfahrung bringen, welche (Typen von) Personen diesbezüglich über privilegierte Informationszugänge verfügen und für den Entwurf, die Implementation und/oder die Kontrolle von Problemlösungen. zuständig sind bzw. verantwortlich gemacht werden.

3.2 Die Qualifizierung des Interviewers

Konstitutiv für das Experteninterview ist – jenseits der (mitunter durchaus problematischen) Identifizierung von Experten – der Erwerb eines hohen Maßes an thematischer Kompetenz seitens des Interviewers *vor* der Durchführung des Experteninterviews. Dies impliziert, dass sich der Interviewer mit allen ihm zur Verfügung stehenden Mitteln möglichst viel von jenem – relativ exklusiven – Sonderwissen aneignet, das der Experte in der Regel in einem langwierigen (sekundären) Sozialisationsprozess erworben hat.

---

28 Vgl. zu einem Überblick über verschiedene Arten von Ethnographie Hitzler 2000. Einen kontrastiven Vergleich von konventioneller und fokussierter Ethnographie liefert neuerdings Knoblauch 2001.

29 Auf das Forschungsinteresse bezogen werden dabei möglichst viele, möglichst mannigfaltige Daten zusammengetragen und analysiert. Das ethnographische ‚Ideal' dabei ist die theoriegeleitete Kombination möglichst vielfältiger Verfahren der Datenerhebung (vgl. auch dazu nochmals Honer 1993).

In dem Maße, in dem der Wissenskorpus, über den Experten auf ihrem Gebiet typischerweise verfügen müssen, relativ genau umrissen ist, in dem er also in Studien- und Prüfungsordnungen, Aufgaben- und Stellenbeschreibungen usw. niedergelegt ist, eröffnen sich dem empirischen Sozialforscher zahlreiche Mittel und Wege der Wissensaneignung. In erster Linie wird er dazu tendieren, ‚kanonische Dokumente' unterschiedlicher Art zu beschaffen und zu studieren, die ihm das betreffende Fach- und Sonderwissen vermitteln, also z.B. Lehrbücher, Studienbriefe, Fachpublikationen und -dokumentationen sowie Arbeitsberichte, Sitzungs- und Gesprächsprotokolle, berufsständische Verhaltenskodizes u.v.a.m.[30] Des weiteren besteht die Möglichkeit zur Teilnahme an (Fort- und Weiter-)Bildungsmaßnahmen in öffentlichen und privaten Einrichtungen, in denen der professionelle Experte selber seinen Wissensstand erwirbt und erweitert.

Es liegt allerdings auf der Hand, dass es sich hier immer nur um theoretisches Wissen handelt, insofern auch die gängigen Arbeitsbeschreibungen (Lehrbuchdarstellungen, Arbeitsanleitungen usw.) immer ‚theoretisch' bleiben bzw. allenfalls ‚How-to-do-Rezepte' vermitteln. Was sie konkret bedeuten, wird immer erst in der ‚Praxis', im praktischen Vollzug der Tätigkeiten erkennbar: „Erst im Laufe der praktischen Tätigkeit erlernt der Akteur die Kompetenz, Arbeitsvollzüge ‚richtig' auszuführen, mit Unwägbarkeiten und Unvorhersehbarkeiten fertig zu werden und situativ ‚vernünftige' Entscheidungen zu fällen" (Eberle 1997: 267).[31] Auch der Forscher erwirbt auf diesem Weg typischerweise lediglich Basiskenntnisse bzw. Hintergrundwissen und somit allenfalls bedingt jenes Maß an Einsichtnahme, das ihn zur kompetenten Einschätzung von Expertenkompetenz – und damit zum Experteninterview im hier protegierten Sinne – befähigt.

Vor besonders gravierende Probleme sieht sich der Interviewer nun allerdings in allen solchen Handlungsbereichen bzw. Forschungsfeldern gestellt, in denen das Expertenwissen sich eben *nicht* in formalisierten und zertifizierten Sonderwissensbeständen konkretisiert. Während man sich die kanonisierten, formal ausgewiesenen Wissensbestände von Professionellen, wenn auch zum Teil mit hohem Aufwand, so doch über bekannte und mehr oder weniger ‚jedermann' zugängliche Vermittlungswege aneignen kann, gelingt der Erwerb nicht-zertifizierter, eher diffuser Sonderwissensbestände *anderer* Experten ausnahmslos dadurch, dass der Forscher jenen ‚Spuren'

---

30 Die (z.T. hochspezialisierten) Bildungsprogramme in Funk und Fernsehen sowie die nachgerade unüberschaubaren Möglichkeiten des Internets bilden mitunter probate Möglichkeiten für einen ersten *Einstieg* in die Wissensaneignung und -akkumulation von Professionellen.

31 Das Interesse der ethnomethodologisch ausgerichteten ‚Studies of Work' gilt deshalb den konkreten Arbeitsvollzügen in der beruflichen Praxis. Und in das an Arbeitsvollzügen in komplexen technischen Umgebungen interessierte Programm der ‚Workplace Studies' ist der ethnographische Ansatz bereits dezidiert integriert (vgl. im Überblick dazu Eberle 1997).

durch ihm (zunächst) fremde Welten folgt, die ihm erweisen, wie sich diese Akteure ihre Kompetenzen aneignen, die sie zu Experten bestimmter sozio-kultureller Kontexte machen.[32]

Dabei bieten sich prinzipiell die grundlegenden Techniken nicht-stan-dardisierter Datenerhebung an, die bekanntlich darin bestehen, das Geschehen zu beobachten, Dokumente zu beschaffen und mit den Leuten zu reden. Allen ethnographischen Varianten gemeinsam ist, dass die Forscher mehr oder minder intensiv ins Feld hineingehen und zugleich im Feld so agieren, dass sie es möglichst wenig verändern. Die Bedeutung, die Ethnographen „existen-tiellem Engagement" (Honer 1993: 40), d.h. praktischer Teilnahme zuschrei-ben, resultiert nicht zuletzt aus einer grundsätzlichen Skepsis gegenüber der Qualität von Daten, die von anderen übermittelt werden, weil es sich dabei eben grundsätzlich um Daten darüber handelt, wie ein Sachverhalt von ande-ren situativ *dargestellt* wird (was nicht nur bei in Textform ‚geronnenen' Dar-stellungen mitunter übersehen wird) – und nicht um Daten über den Sachver-halt selber.

Für die Qualifizierung des Forschers zum (Quasi-)Experten bedeutet dies, möglichst bei allem, was die von ihm identifizierten Experten als Experten tun, dabei zu sein und – nach Möglichkeit – mitzutun. D.h., die ideale Basis für den Erwerb des – für die Durchführung von Experteninterviews konsti-tutiven – möglichst umfassenden und einschlägigen Vor-Wissens, ist „der Er-werb der praktischen Mitgliedschaft an dem Geschehen, das erforscht werden soll, und damit der Gewinn einer existentiellen Innensicht" (Honer 2000: 198). Damit erwirbt der Forscher eine praktische Vertrautheit mit dem Un-tersuchungsfeld, die sich in (zumindest potentieller) Handlungskompetenz äußert und den Interviewer hinlänglich dazu befähigt, ein Gespräch ‚*auf gleicher Augenhöhe*' zu führen.

4. Fazit

Diejenige Interviewform, die wir als Experteninterview zu bezeichnen vor-schlagen, stellt ein sehr voraussetzungsvolles und damit auch ausgesprochen aufwendiges Instrument zur Datengenerierung dar, dessen Einsatz sich nur im Hinblick auf ganz bestimmte Forschungsinteressen als zweckdienlich erweist.

---

32 Um bei dem gewählten, ja keineswegs nur ‚archaischen' Beispiel zu bleiben: Der typisch subjektive Wissensvorrat des Schamanen erschließt sich dem Forscher bestenfalls dadurch, dass er versucht, mit der zu erforschenden Welt des Schamanen hochgradig vertraut zu werden. Die existentielle Involviertheit in für Ethnographen gewohnter Intensität scheint uns in diesem Fall die einzige Möglichkeit für den Forscher zu sein, jenes möglichst um-fassende und einschlägige Vorwissen zu erlangen, das für Experteninterviews konstitutiv ist. Der Interviewer muss gewissermaßen danach trachten, selber (Quasi-)Schamane zu werden, um mit diesem ‚auf gleicher Augenhöhe' reden zu können.

Ganz gewiss *nicht* eignet es sich, unserer Erfahrung nach, „als Ersatz für zeitraubendere, kostspieligere oder an praktisch-technischen Schwierigkeiten scheiternde Verfahren der direkten Datenermittlung" (Mayntz/Holm/Hübner 1972: 103). D.h., das Experteninterview im hier gemeinten Sinne taugt weit weniger als Instrument zur ‚schnellen', die Zeitaufwendungsmühen der Teilnahme sozusagen kompensierenden Datengenerierung, denn als eine Art ‚Surplus'-Verfahren, dessen kompetente Verwendung hohe Feldkompetenzen – und hohe Feldakzeptanz – bereits mehr oder weniger zwingend voraussetzt.

Literatur

Bauman, Zygmunt (1987): Legislators and Interpreters. On Modernity, Postmodernity and Intellectuals. Cambridge: Polity Press

Berger, Peter L./Luckmann, Thomas (1969): Die gesellschaftliche Konstruktion von Wirklichkeit. Frankfurt/M.: Fischer

Bergmann, Jörg (1985): Flüchtigkeit und methodische Fixierung sozialer Wirklichkeit. In: Bonß, Wolfgang/Hartmann, Heinz (Hg.): Entzauberte Wissenschaft. Sonderband 3 der Sozialen Welt. Göttingen: Schwartz, S. 299-320

Deeke, Axel (1995): Experteninterviews – ein methodologisches und forschungspraktisches Problem. In: Brinkmann, Christian/Deeke, Axel/Völkel, Brigitte (Hg.): Experteninterviews in der Arbeitsmarktforschung. BeitrAB191. Nürnberg: IAB, S. 7-22

Dexter, Lewis A. (1970): Elite and specialized interviewing. Evanston: Northwestern University Press

Dreitzel, Hans Peter (1962): Elitebegriff und Sozialstruktur. Stuttgart: Enke

Eberle, Thomas S. (1997): Ethnomethodologische Konversationsanalyse. In: Hitzler, Ronald/Honer, Anne (Hg.): Sozialwissenschaftliche Hermeneutik. Opladen: Leske + Budrich, S. 245-279

Eliade, Mircea (1975): Schamanismus und archaische Ekstasetechnik. Frankfurt/M.: Suhrkamp

Goffman, Erving (1977): Rahmenanalyse. Frankfurt/M.: Suhrkamp

Gross, Peter/Friedrich, Peter (Hg. 1988): Positive Wirkungen der Schattenwirtschaft? Baden-Baden: Nomos

Hartmann, Heinz/Hartmann, Marianne (1982): Vom Elend der Experten: Zwischen Akademisierung und Deprofessionalisierung. In: Kölner Zeitschrift für Soziologie und Sozialpsychologie, Jg. 34, S. 193-223

Hitzler, Ronald (1982): Der ‚begeisterte' Körper. Zur persönlichen Identität von Schamanen. In: Gehlen, Rolf/Wolf, Bernd (Hg.): Unter dem Pflaster liegt der Strand, Bd. 11. Berlin: Kramer, S. 53-73

Hitzler, Ronald (1994): Wissen und Wesen des Experten. Ein Annäherungsversuch – zur Einleitung. In: Hitzler, Ronald/Honer, Anne/Maeder, Christoph (Hg.): Expertenwissen. Die institutionalisierte Kompetenz zur Konstruktion von Wirklichkeit. Opladen: Westdeutscher Verlag, S. 13-30

Hitzler, Ronald (1999): Welten erkunden. Soziologie als (eine Art) Ethnologie der eigenen Gesellschaft. In: Soziale Welt, Jg. 50, S. 473-483

Hitzler, Ronald (2000): Die Erkundung des Feldes und die Deutung der Daten. Annäherungen an die (lebensweltliche) Ethnographie. In: Lindner, Werner (Hg.): Ethnographische Methoden in der Jugendarbeit. Opladen: Leske + Budrich, S. 17-31

Hitzler, Ronald/Honer, Anne (Hg. 1997): Sozialwissenschaftliche Hermeneutik. Opladen: Leske + Budrich

Hitzler, Ronald/Pfadenhauer, Michaela (1999): Reflexive Mediziner? Die Definition professioneller Kompetenz als standespolitisches Problem am Übergang zu einer ‚anderen' Moderne. In: Maeder, Christoph/Burton-Jeangros, Claudine/Haour-Knipe (Hg.): Gesundheit, Medizin und Gesellschaft. Beiträge zur Soziologie der Gesundheit. Zürich: Seismo, S. 94-111

Hitzler, Ronald/Pfadenhauer, Michaela (2000): Die Lage ist hoffnungslos, aber nicht ernst! (Erwerbs-) Probleme junger Leute heute und die anderen Welten von Jugendlichen. In: Hettlage, Robert/Vogt, Ludgera (Hg.): Identitäten im Umbruch. Opladen: Westdeutscher Verlag, S. 361-380

Honer, Anne (1993): Lebensweltliche Ethnographie. Wiesbaden: DUV

Honer, Anne (1994): Das explorative Interview. Zur Rekonstruktion der Relevanzen von Expertinnen und anderen Leuten. In: Schweizerische Zeitung für Soziologie, Jg. 20, S. 623-640

Honer, Anne (2000): Lebensweltanalyse in der Ethnographie. In: Flick, Uwe/Kardoff, Ernst von/Steinke, Ines (Hg.): Qualitative Forschung. Reinbek: Rowohlt, S. 194-204

Hopf, Christel (2000): Qualitative Interviews – ein Überblick. In: Flick, Uwe/Kardoff, Ernst von/Steinke, Ines (Hg.): Qualitative Forschung. Reinbek: Rowohlt, S. 349-360

Jaeggi, Urs (1960): Die gesellschaftliche Elite. Bern: Haupt

Keppler, Angela/Luckmann, Thomas (1991): „Teaching": Conversational Transmission of Knowledge. In: Markova, Ivana/Foppa, Klaus (Hg.): Asymmetries in Dialogue. Hempstead: Harvester Wheatsheaf, S. 143-165

Kern, Brigitte/Kern, Horst/Schumann, Michael (1988): Industriesoziologie als Katharsis. In: Soziale Welt, Jg. 39, S. 86-96

Kommission für Zukunftsfragen (1997) der Freistaaten Bayern und Sachsen (Hg.): Erwerbstätigkeit und Arbeitslosigkeit in Deutschland. Bonn.

Knoblauch, Hubert (2001): Fokussierte Ethnographie. In: Sozialer Sinn, Jg. 1, S. 123-141

Maindok, Herlinde (1996): Professionelle Interviewführung in der Sozialforschung. Pfaffenweiler: Centaurus

Marquardt, Odo (1981): Inkompetenzkompensationskompetenz? Über Kompetenz und Inkompetenz der Philosophie. In: Marquardt, Odo: Abschied vom Prinzipiellen. Philosophische Studien. Stuttgart: Reclam, S. 23-38

Mayntz, Renate/Holm, Kurt/Hübner, Peter (1972): Einführung in die Methoden der empirischen Soziologie. Opladen: Westdeutscher Verlag

Meuser, Michael/Nagel, Ulrike (1991): ExpertInneninterviews – vielfach erprobt, wenig bedacht. Ein Beitrag zur qualitativen Methodendiskussion. In: Garz, Detlef/Kraimer, Klaus (Hg.): Qualitativ-empirische Sozialforschung. Konzepte, Methoden, Analysen. Opladen: Westdeutscher Verlag, S. 441-471 (wieder abgedruckt in diesem Band)

Meuser, Michael/Nagel, Ulrike (1994): Expertenwissen und Experteninterview. In: Hitzler, Ronald/Honer, Anne/Maeder, Christoph (Hg.): Expertenwissen. Die institutionalisierte Kompetenz zur Konstruktion von Wirklichkeit. Opladen: Westdeutscher Verlag, S.180-192

Meuser, Michael/Nagel, Ulrike (1997): Das ExpertInneninterview – Wissenssoziologische Voraussetzungen und methodische Durchführung. In: Friebertshäuser, Barbara/Prengel, Annedore (Hg.): Handbuch Qualitative Forschungsmethoden in der Erziehungswissenschaft. Weinheim und München: Juventa, S. 481-491

Oevermann, Ulrich (1983): Zur Sache. Die Bedeutung von Adornos methodologischem Selbstverständnis für die Begründung einer materialen soziologischen Strukturanalyse. In: Friedeburg, Ludwig von/Habermas, Jürgen (Hg.): Adorno-Konferenz 1983. Frankfurt/M.: Suhrkamp, S. 234-289

Pfadenhauer, Michaela (1997): Die (Re-)Konstruktion professionellen Handelns. Überlegungen zur Annäherung an den Forschungsgegenstand. In: Pfadenhauer, Michaela (Hg.): Explorationen zum Begriff des professionellen Handelns. Dokumentation des 1. Workshops des Arbeitskreises ‚Professionelles Handeln‘ am 28.02. und 1.03.1997 in München. München: Eigendruck, S. 3-6

Pfadenhauer, Michaela (1998): Problem zur Lösung. Inszenierung von Professionalität. In: Willems, Herbert/Jurga, Martin (Hg.): Inszenierungsgesellschaft. Opladen: Westdeutscher Verlag, S. 209-304

Pfadenhauer, Michaela (2000): Spielerisches Unternehmertum. Zur Professionalität von Event-Produzenten in der Techno-Szene. In: Gebhardt, Winfried/Hitzler, Ronald/Pfadenhauer, Michaela (Hg.): Events. Zur Soziologie des Außergewöhnlichen. Opladen: Leske + Budrich, S. 95-114

Pfadenhauer, Michaela (2001a): Macht – Funktion – Leistung. Elitentheoretische Überlegungen zur Profession: In: Mieg, Harald/Pfadenhauer, Michaela (Hg.): Professionelle Leistung – Positionen zur Professionssoziologie. Reihe ‚Wissen und Studium‘ im Universitätsverlag Konstanz: UVK – im Erscheinen

Pfadenhauer, Michaela (2001b): Was andere Augen sehen. Perspektiven der Rezeption des Techno-Videoclips ‚Sonic Empire‘. In: Hitzler, Ronald/Pfadenhauer, Michaela (Hg.): Techno-Soziologie. Erkundungen einer Jugendkultur. Opladen: Leske + Budrich, S. 235-252

Reichertz, Jo (1988): Verstehende Soziologie ohne Subjekt? In: Kölner Zeitschrift für Soziologie und Sozialpsychologie, Jg. 40, S. 207-222

Schröer, Norbert (1994): Routinisiertes Expertenwissen. Zur Rekonstruktion des strukturalen Regelwissens von Vernehmungsbeamten. In: Hitzler, Ronald/Honer, Anne/Maeder, Christoph (Hg.): Expertenwissen. Die institutionalisierte Kompetenz zur Konstruktion von Wirklichkeit. Opladen: Westdeutscher Verlag, S. 214-231

Schütz, Alfred (1972a): Der gut informierte Bürger. In: Ders.: Gesammelte Aufsätze, Bd. 2. Den Haag: Nijhoff, S. 85-101

Schütz, Alfred (1972b): Einige Äquivationen im Begriff der Verantwortlichkeit. In: Ders.: Gesammelte Aufsätze, Bd. 2. Den Haag: Nijhoff, S. 256-258

Schütz, Alfred/Luckmann, Thomas (1979): Strukturen der Lebenswelt, Bd. 1. Frankfurt/M.: Suhrkamp

Scott, Marvin B./Lyman, Stanford M. (1976): Praktische Erklärungen. In: Anwärter, Manfred/Kirsch, Edit/Schröter, Manfred (Hg.): Seminar: Kommunikation, Interaktion, Identität. Frankfurt/M.: Suhrkamp, S. 73-114

Soeffner, Hans-Georg (1989): Auslegung des Alltags – Der Alltag der Auslegung. Zur wissenssoziologischen Konzeption einer sozialwissenschaftlichen Hermeneutik. Frankfurt/M.: Suhrkamp

Sprondel, Walter M. (1979): „Experte“ und „Laie“. Zur Entwicklung von Typenbegriffen in der Wissenssoziologie. In: Sprondel, Walter M./Grathoff, Richard (Hg.): Alfred Schütz und die Idee des Alltags in den Sozialwissenschaften. Stuttgart: Enke, S. 140-154

Teichert, Volker (1993): Das informelle Wirtschaftssystem. Opladen: Westdeutscher Verlag

Trinczek, Rainer (1995): Experteninterviews mit Managern: Methodische und methodologische Hintergründe. In: Brinkmann, Christian/Deeke, Axel/Völkel, Brigitte (Hg.): Experteninterviews in der Arbeitsmarktforschung. BeitrAB191. Nürnberg: IAB, S. 59-67

Vogel, Berthold (1995): „Wenn der Eisberg zu schmelzen beginnt...“ – Einige Reflexionen über den Stellenwert und die Probleme des Experteninterviews in der Praxis der empirischen Sozialforschung. In: Brinkmann, Christian/Deeke, Axel/Völkel, Brigitte (Hg.): Experteninterviews in der Arbeitsmarktforschung. BeitrAB191. Nürnberg: IAB, S. 73-83

Znaniecki, Florian (1975): The Social Role of the Man of Knowledge. New York: Octagon

Teil II:
Techniken und Interaktionsstrategien

Das ExpertInnen-Delphi: methodische Grundlagen und Anwendungsfeld Technology Foresight

Georg Aichholzer

Die Delphi-Methode ist im Kern ein relativ stark strukturierter Gruppenkommunikationsprozess, in dem Fachleute Sachverhalte beurteilen, über die naturgemäß unsicheres und unvollständiges Wissen vorhanden ist. Das ExpertInnen-Delphi hat inzwischen einen festen Platz im Rahmen von weltweit an Bedeutung gewinnenden Technology Foresight-Projekten. Der Beitrag legt methodische Grundlagen dar und illustriert seine Anwendung am Beispiel des österreichischen Technologie-Delphi. Zum innovativen Ansatz des Projekts und des Einsatzes der Delphi-Methode gehören folgende Hauptelemente: der auf die spezifische Situation Österreichs zugeschnittene Vorausschau-Ansatz (selektiv, nachfrage-, problem- und umsetzungsorientiert); die Modifikation des klassischen Delphi zu einem „Entscheidungs-Delphi"; eine breitere Definition der ExpertInnenbasis; sowie die Orientierung an der „Total Design Methode" für postalische Umfragen. Die Umsetzung dieser Designelemente und ihr Beitrag zum erzielten Response werden diskutiert, anhand einiger Gütekriterien belegt und mit einem Blick auf den Verwertungszusammenhang des Technologie-Delphi abgerundet.

1. Ziele und Methoden der Technologievorausschau

„Technology Foresight" bzw. *„Technologievorausschau"* hat sich weltweit zu einem wichtigen technologiepolitischen Instrument und zu einem bevorzugten Einsatzfeld der Delphi-Methode entwickelt.[1] Zur „source of strategic intelligence" (Gavigan/Cahill 1997) und „strategic core competence" (Major et al. 2001) der Technologiepolitik aufgewertet, werden Foresight-Studien zur methodisch kontrollierten Abschätzung wissenschaftlich-technischer Entwick-

---

1   Einen aktuellen Überblick bietet z.B. das International Journal of Technology Management (2001) Jg. 21, H. 7/8, Special Issue on Technology Foresight.

lungstrends unternommen, die möglichst hohen wirtschaftlichen und gesellschaftlichen Nutzen verheißen. Eine gängige Definition charakterisiert Foresight als „systematic attempt to look into the long-term future of science, technology, economy and society" ..., mit dem Ziel, ... „to identify the areas of strategic research and the emergence of generic technologies likely to yield the greatest economic and social benefits" (Irvine/Martin 1984).

Es geht bei Foresight also um den Versuch, mit geeigneten Methoden das Wissen von ExpertInnen zur Reduktion von Ungewissheit zu nutzen und gewissermaßen „Zukunft zu rationalisieren", wenngleich spannungsbehaftet und mit bestimmten Einschränkungen (Rappert 1999). Zugleich wird Foresight-Projekten eine wichtige Funktion bei der Kommunikation und Vermittlung zwischen gesellschaftlichen Interessen zugeschrieben.[2] Martin und Johnston (1999) heben vor allem die Rolle der Vernetzung von Aktivitäten in unterschiedlichen gesellschaftlichen Teilsystemen hervor und sehen darin einen zentralen Beitrag zur Stärkung nationaler Innovationssysteme.

Seit den neunziger Jahren sind Foresight-Aktivitäten und nationale Foresight-Programme immens angewachsen (vgl. Grupp/Linstone 1999; Blind et al. 1999). Die neuere Generation von Technologievorausschau grenzt sich vom Begriff des Forecasting ab. Sie versteht sich also nicht als deterministische Prognose sondern betont den Wahrscheinlichkeitscharakter ihrer Aussagen, versucht die Interdependenz von technischen und sozialen Faktoren zu berücksichtigen und sieht die Funktion nicht allein auf die inhaltlichen *Ergebnisse* beschränkt. Als mindestens ebenso wichtig gilt der Foresight-*Prozess*, durch den die als zentrale Elemente hervorgehobenen *fünf C's* – „communication, concentration on the longer term, co-ordination, consensus and commitment" (Martin 1995: 144) – vor allem vernetzungs-, koordinations- und umsetzungsfördernde Wirkung entfalten. Damit treten die Kommunikationsprozesse, die konsultative Komponente und das Feedback zu technologiepolitischen Instanzen als Momente eines angestrebten selbstlernenden Systems in den Vordergrund.

Alle Foresight-Aktivitäten sind auf Einschätzungen von ExpertInnen angewiesen. Angesichts der Definitionsoffenheit des Begriffs Experte/in werden meist verschiedene Grade von Sachkenntnis unterschieden, entsprechend abgestuft operationalisiert und empirisch erhoben. Die methodischen Ansätze zur Gewinnung tragfähiger Aussagen über längerfristige Technologietrends und davon erwartbare Chancen auf nationaler Ebene sind vielfältig (vgl. Cameron et al. 1996: 25ff.). Zu den wichtigsten zählen Delphi-Umfragen, Szenario-Analysen, ExpertInnen-Ausschüsse, Trendanalysen, Relevanzbaum-

---

2   „Foresight is part of the ever-present need to establish a ‚social contract' between researchers, government, and the public" (Rappert 1999: 544). Ähnlich Grupp/Linstone: „Foresight ... (brings in) elements to moderate or negotiate between the social interest groups. Foresight results provide the code to communicate between social actors in science, technology, and society" (1999: 89).

analysen und morphologische Ansätze (Johnston 2001: 718). Hervorzuheben wären auch Listen kritischer Technologien und Workshops. Häufigen Einsatz erfahren zum einen meist breit angelegte Delphi-Umfragen unter ExpertInnen und zum anderen Analysen durch ExpertInnen-Ausschüsse. Neuere Studien kombinieren mitunter Elemente beider Ansätze miteinander.

2. Einsatz der Delphi-Methode

2.1 Grundlagen

Die Verwendung des Delphi-Verfahrens für Foresight-Projekte basiert auf gewissen Vorteilen, die sich aus seinen Grundcharakteristika herleiten, sowie auf seiner relativ guten Bewährung.

In der Regel wird die Delphi-Technik als eine in zwei, selten mehreren Runden durchgeführte anonyme Befragung einer Gruppe von Fachleuten angewendet, wobei mit dem Fragebogen zur zweiten Runde die Ergebnisse der ersten meist als Werte für Median bzw. arithmetisches Mittel und Streuungsparameter rückvermittelt werden. Als konstitutiv gelten vier Grundeigenschaften: Anonymität, Iteration, kontrolliertes Feedback und statistisches Aggregieren zu einer Gruppenantwort (Rowe/Wright 1999: 354). Anonymität und Ergebnis-Feedback sollen eine virtuelle Debatte ermöglichen, die von störenden Einflüssen (Status, Gruppenzwänge, Rhetorik etc.) unbeeinflusst eine Konsensannäherung erlaubt. In diesem Sinne gilt das Delphi-Verfahren als effizienter und effektiver Gruppenprozess, der viele der psychologischen Störfaktoren herkömmlicher Gruppendiskussionen auszuschalten erlaubt. Die von einer Monitorgruppe organisierte Nutzung des Erfahrungswissens von ExpertInnen führt letztlich zu zukunftsbezogenen Aussagen über Fragen, zu denen nur unsicheres bzw. unvollständiges Wissen vorhanden ist. Im Kern verspricht die Methode, "to obtain the most reliable consensus of opinion of a group of experts ... by a series of intensive questionnaires interspersed with controlled feedback" (Dalkey/Helmer 1963: 458).

Eine wesentliche Begründung für die Validität des Delphi-Verfahrens stammt aus der „Theorie der Fehler", aufgrund der erwartbar ist, dass die aggregierten Gruppenantworten eine Aussage repräsentieren, die der Mehrheit der einzelnen ExpertInnen überlegen ist (Parentè/Anderson-Parentè 1987: 140ff.). Für die Verwendung im Bereich des Technology Foresight spricht weiters die Möglichkeit, neue Entwicklungstendenzen und Trendbrüche grundsätzlich erfassen und den Kreis der Befragten nahezu beliebig groß ziehen zu können. Letzteres ist gerade für die angestrebten Anstöße zu längerfristigem Denken, Wissenstransfer und indirekter Koordination unter den Akteuren nationaler Innovationssysteme von Bedeutung.

Andererseits gelten einige an der Delphi-Methode grundsätzlich als problematisch angesehene Punkte auch bei ihrer Verwendung im Foresight-Kontext: z.B. Neigung zu Konformität statt echter Konsens, manipulationsgefährdetes Feedback, nachlässige Antworten aufgrund von Anonymität, Formulierung geeigneter Thesen, unklare Kriterien der Auswahl von Teilnehmern (vgl. Grießler/Krajic 1998: 25f.).

2.2 Evaluationsergebnisse

Die zum Teil kontroverse Diskussion hat mittlerweile zu einer Reihe von Bemühungen um Evaluierung des Delphi-Ansatzes geführt, wobei im großen und ganzen die positiven Aspekte überwiegen. Zur Beurteilung werden sehr unterschiedliche Kriterien verwendet. Im Vordergrund stehen allerdings meist Validität, Reliabilität, Genauigkeit der Vorhersage und Erhöhung von Konsens.

Eine von Rowe und Wright (1999) durchgeführte systematische Metaanalyse in Form der Auswertung von 27 Arbeiten zur Evaluierung der Delphi-Methode ergab folgendes: Insgesamt zeigt sich hinsichtlich Treffgenauigkeit eine Überlegenheit gegenüber statistischen Gruppen ebenso wie gegenüber normalen interagierenden Gruppen. Beim Vergleich mit anderen strukturierten Gruppenverfahren wie der Nominal Group Technique waren die Ergebnisse dagegen nicht konsistent besser. Das Phänomen der Konsenssteigerung ist praktisch durchgängig festzustellen, ungelöst ist die genaue Ursache. Als Resümee plädieren die Autoren für ein Übergehen von methodenvergleichenden Studien zu Prozess-Studien von Delphi bzw. zu verstärkter Auseinandersetzung mit dem Phänomen des Einschätzungswandels und der Rolle des Feedbacks.[3]

In Deutschland haben insbesondere Michael und Sabine Häder weitere Analysen zu wesentlichen Designaspekten und zur Evaluierung der Delphi-Methode (Häder 1996) beigetragen. Ihr Schluss ist, ähnlich dem von Rowe und Wright, dass die „Möglichkeiten und Grenzen noch nicht befriedigend erforscht sind" und eine wichtige Aufgabe darin bestünde, „die Voraussetzungen für einen erfolgreichen Einsatz der Methode genauer zu beschreiben", wobei kognitionspsychologischen Beiträgen zur theoretischen Begründung der Leistungsfähigkeit von Delphi ein hoher Rang zukäme (Häder/Häder 2000: 27f.).

In einzelnen Anwendungsstudien im Bereich der Technikvorausschau erzielten Delphi-Verfahren bei der Einschätzung technologischer Entwicklungen bisher eine passable Trefferquote (Grupp 1995: 53; Ono/Wedemeyer

---

3   Vgl. auch die Kommentare von Ayton et al. (1999), die auf weitere Aspekte eingehen und u.a. die dringende Notwendigkeit der Einbeziehung von Einsichten der Sozialpsychologie und kognitiven Psychologie betonen.

1994). Besonders prädestiniert ist Delphi offensichtlich vor allem durch den Umstand, dass die Vielfalt wichtiger Faktoren und entsprechender Wissenserfordernisse (technisch, wirtschaftlich, politisch, sozial, etc.) in diesem Bereich auf der Ebene einzelner ExpertInnen nur teilweise abgedeckt werden kann und Letztere daher von der simulierten wechselseitigen Kommunikation profitieren. Das Anwendungsfeld Technology Foresight selbst ist im übrigen – ungeachtet der eingesetzten Methode und trotz der beobachtbaren Weiterentwicklung – nicht frei von Kritik: Vorgehalten werden u.a. eine Fixierung auf das Technologieangebot, das Fortwirken eines technologischen Determinismus und Ignorieren von Fortschritten der jüngeren sozialwissenschaftlichen Technikforschung (Knie 1997: 227). Andere Einwände betreffen die fragwürdige Übertragung von Anlage und Fragestellungen japanischer Technologievorausschau, die Dominanz zentral anstelle dezentral bestimmter Schwerpunktsetzung und dabei geübte technische „Expertokratie" sowie die Vernachlässigung von Schritten zur Gewährleistung einer stärkeren Nachfrage- und Bedarfsorientierung (Tichy 1997: 198f.). Bemühungen um methodisch-konzeptuelle Anpassungen und Verbesserungen sind daher notwendig.

Mit dem im Folgenden dargestellten Anwendungsbeispiel eines ExpertInnen-Delphi, dem „Technologie-Delphi Austria" wurde versucht, eine innovative, eigenständige Variante zu entwickeln, die die Berücksichtigung von Theoriefortschritten und landesspezifischen Bedarfslagen mit Politikrelevanz zu verbinden trachtet.

3. Anwendungsbeispiel „Technologie-Delphi Austria"

3.1 Zielsetzung und Projektdesign

Das Technologie-Delphi Austria war zentraler Teil des ersten auf nationaler Ebene durchgeführten Technology Foresight-Projekts in Österreich. Hauptziel war, die Relevanz und Chancenpotentiale weltweiter Technologietrends für Österreich zu erforschen und zukunftsträchtige Nischen zu bestimmen; d.h. Innovationschancen, durch die Österreich längerfristig Themenführerschaft erlangen sowie auf wirtschaftliche Nachfrage stoßen und auf gesellschaftlichen Problemlösungsbedarf reagieren könnte. Zugleich sollten die Akteure und Betroffenen des Innovationsgeschehens durch den Prozess der Technikvorausschau angeregt werden, sich mit unterschiedlichen Zukunftsentwicklungen auseinander zu setzen, deren Realisierung durch ihre eigenen Entscheidungen wesentlich mitgestaltet wird. Dadurch sollte ein Beitrag zur Selbstorganisation des nationalen Innovationssystems geleistet werden. Es galt somit, einen auf die Situation Österreichs maßgeschneiderten Ansatz zu entwickeln, der sich unter Berücksichtigung von Nachfrageaspekten auf einige besonders wichtige Bereiche konzentrierte, eine parallele Erforschung sozialer Trends einschloss und einen dezidiert bottom-up generierten, umsetzungsrelevanten Input für eine längerfristig ausgerichtete Technologiepolitik bereitstellte.

Das mit dem Technologie-Delphi betraute Institut für Technikfolgen-Abschätzung (ITA) der Österreichischen Akademie der Wissenschaften entwickelte dazu ein Foresight-Design, dessen innovative Elemente vor allem in der dezidierten Problem-, Nachfrage- und Umsetzungsorientierung, der Konzeption als Entscheidungs-Delphi, der dezentralen Ausrichtung, sowie der Kombination mit einem Gesellschafts- und Kultur-Delphi liegen. Der eigenständige, multi-instrumentale Ansatz war als österreichisches Pilotprojekt bewusst auf ausgewählte Gebiete konzentriert und besteht im Kern aus einer Serie breit angelegter ExpertInnen-Delphis in insgesamt sieben Themenfeldern. Dabei kam die Delphi-Methode als ExpertInnenbefragung in einer Basisrunde und zwei Hauptrunden zum Einsatz: Die *Basisrunde* bestand pro Themenfeld aus einer maximal zwei Dutzend Personen umfassenden Expertinnen-Arbeitsgruppe, die beiden *Hauptrunden* dagegen umfassten einen beträchtlich erweiterten ExpertInnenkreis von bis zu rund 300 TeilnehmerInnen pro Themenfeld.[4] Die grundsätzliche Organisation des ExpertInnen-Delphi geht aus Abbildung 1 hervor.

Federführend bei der Initiierung und Durchführung des Foresight-Programms war das damalige Bundesministerium für Wissenschaft und Verkehr. Der eigentliche Auftakt erfolgte im Herbst 1996 mit der Vergabe von aufeinander abgestimmten Aufträgen an drei Forschungsteams, begleitet von einem im Ministerium eingerichteten Steuerungsausschuss. Der abschließende Ergebnisbericht lag im März 1998 vor. Die Entscheidung zugunsten breit angelegter Delphi-Umfragen als methodischem Kernstück fiel sehr früh, zumal es die Kooperation zwischen Unternehmen, Politik und Wissenschaft zu stärken galt und die mögliche Alternative reiner ExpertInnen-Ausschüsse wegen der Gefahr der Dominanz von Einzelpersonen weniger geeignet erschien (Tichy 1997: 201).

---

4   Genauere Information findet sich in einem dreibändigen Forschungsbericht über das Technologie Delphi (ITA 1998). Zur Gesamtanlage von Delphi Austria und zur Kombination mit einem Gesellschafts- und Kultur-Delphi als zweitem Teilprojekt siehe Aichholzer (2001).

Abbildung 1: Organisationsstruktur des österreichischen Technologie-Delphi

Auftraggeber	Monitorgruppe	ExpertInnen
Ministerium BMWV: Auftragsvergabe Technology Foresight „Delphi Austria"	ITA-Team	ExpertInnen-Arbeitsgruppen in 7 Themenfeldern: 1. Umweltgerechtes Bauen und neue Wohnformen 2. Lebenslanges Lernen 3. Medizintechnik und Lebenshilfen für ältere Menschen 4. Umweltgerechte Produktion und Nachhaltigkeit 5. Biologische Nahrungsmittel und Rohstoffe 6. Physische Mobilität 7. Eigenschaftsdefinierte Werkstoffe
Einrichtung eines Steering Committee	Vorbereitung: Projektkonzept, Vorstudien, Auswahl von sieben Untersuchungsfeldern, ExpertInnenauswahl für sieben feldspezifische Arbeitsgruppen, ExpertInnen-Briefing, Fragebogenkonzept	
	Organisation der ExpertInnen-Arbeitsgruppen für die Delphi-Basisrunde; Fragebogenentwicklung, Pretest	Basisrunde: Thesenentwicklung in 7 ExpertInnen-Arbeitsgruppen
Regelmäßige Meetings, Zwischenberichte von ITA, Diskussion, Abstimmung mit Gesellschafts- und Kultur-Delphi	Organisation der Delphi-Umfrage Runde 1 Statistische Auswertung für Ergebnis-Feedback	Runde 1: Delphi-Umfrage in erweitertem ExpertInnenkreis (in jedem der 7 Themenfelder)
	Organisation der Delphi-Umfrage Runde 2	Runde 2: Delphi-Umfrage in erweitertem ExpertInnenkreis (in jedem der 7 Themenfelder)
	Statistische Auswertung, Analyse, Rohbericht	
		Gemeinsame Ergebnisdiskussion mit ITA, Kommentare (in jedem der 7 Themenfelder)
Entscheidungsgrundlage für (Technologie-)Politik Umsetzungsmaßnahmen	← Delphi-Resultate → Endbericht mit Maßnahmenempfehlungen, öffentliche Präsentation, Publikations- und Diffusionsaktivitäten	z.T. eigene Folgeaktivitäten, Aufgreifen von Ergebnissen

Quelle: Eigene Darstellung

Die Bestimmung der Untersuchungsbereiche erfolgte bewusst eher problem- als technologieorientiert und baut auf einer *Reihe von Vorstudien* auf (z.B.

Sekundäranalyse internationaler Studien zur Technologievorschau; Stärken/ Schwächen-Analyse der österreichischen Wettbewerbsposition im Technologiebereich; explorative Expertenumfrage mit Co-Nominierungsverfahren für das spätere ExpertInnen-Delphi; Bevölkerungsumfrage zu Technikeinstellungen). Aufgrund der Vorstudienergebnisse wurden schließlich anhand einer Liste von Kriterien sieben problemorientierte Untersuchungsfelder als vordringlich und damit als Gegenstand des Technologie-Delphi ausgewählt (ITA 1998: Bd.1, 30f.). Genaugenommen handelt es sich beim Technologie-Delphi also nicht um *ein* Delphi sondern um eine Serie von *sieben* in den einzelnen Untersuchungsfeldern parallel durchgeführten Delphi-Verfahren.

Die zeitliche Abfolge der einzelnen Etappen des Technologie-Delphi geht aus Abbildung 2 hervor.

Abbildung 2: Zeitlicher Ablauf des Technologie-Delphi

Phase 1: Mai bis August 1996

Erarbeitung eines Grobkonzepts durch Steering Committee und ITA-Experten
Erteilung des Auftrags

Phase 2: September 1996 bis Jänner 1997

Sekundäranalyse ausländischer Technologie-Delphi-Studien
Erstellung von Szenarien der internationalen Technologieentwicklung
Stärken-/Schwächenanalyse des österreichischen F&E-Systems
Erarbeitung des methodischen Grundkonzepts des Technologie-Delphi
ExpertInnenumfrage zwecks Co-nomination und Prioritätsbestimmung
Telefonumfrage unter 1000 BürgerInnen (Projektpartner ITK)
Medien-Analyse (Projektpartner Rust)
Vorauswahl von 13 problemorientierten Technologiefeldern
Endauswahl der 7 Untersuchungsgebiete

Phase 3: Februar bis Mai 1997

Auswahl der ExpertInnen für die Arbeitsgruppen der Basisrunde
Erarbeitung des Informationsmaterials für die Arbeitsgruppen
Aufbau der Adressdatenbank für die Delphi-Umfragen
Entwicklung des Fragebogenkonzepts
Erarbeitung der Thesen durch die Arbeitsgruppen (März, April)
Entwicklung und graphische Gestaltung der Fragebögen
Fragebogen-Pretest und -Adaption
Druck der Fragebögen

Phase 4: Juni 1997 bis März 1998

Erste Runde der Befragung (Juni/Juli)
EDV-Auswertung und Zwischenbericht (August)
Zweite Runde der Befragung (September/Oktober)
Globalauswertung durch ITA (November/Dezember 1997)
Technologie-Delphi Band I: Globalauswertung
Technologie-Delphi Band II: Bereichsergebnisse
Technologie-Delphi Band III: Statistische Tabellen
Öffentliche Präsentation

Quelle: Eigene Darstellung

3.2 Organisation als Entscheidungs-Delphi

Die von Rauch (1979) eingeführten drei Idealtypen der Delphi-Methode – *classical*, *policy* und *decision Delphi* – legten nahe, das österreichische Technologie-Delphi als Entscheidungs-Delphi zu konzipieren (vgl. Tichy 2001). Das *klassische Delphi* ist ein Mittel zur Gewinnung einer Gruppenmeinung über anonyme, mehrstufige Gruppeninteraktion auf grundsätzlich faktischer Ebene. Voraussetzung für die nach dem Muster bedingter wissenschaftlicher Prognosen produzierten Aussagen ist, dass diesen im wesentlichen eine regel- bzw. gesetzmäßige Entwicklung zugrunde liegt. Ein *Politik-Delphi* hingegen ist ein Werkzeug zur Klärung der Standpunkte von Lobbyisten über politische Fragen; es geht um Ideen und Konzepte, nicht um zukünftige Daten und Fakten, aber auch nicht um Entscheidungsmechanismen.

Ein *Entscheidungs-Delphi* schließlich ist ein Instrument, mit dem dort, wo die Entwicklung keiner wie immer gearteten Gesetzmäßigkeit folgt, sondern aus unzähligen kleinen, dezentralen und unkoordinierten Handlungen hervorgeht, Entscheidungen vorbereitet und gesellschaftliche Entwicklungen beeinflusst werden können: „In a decision Delphi reality is not predicted or described; it is made." ... „Decision Delphi, however, has to be seen as much more than a simple self-fulfilling prophecy. Its main social function could be to coordinate and structure the general lines of thinking in a diffuse and unexplored field of social relations, and to transfer the future development of such an area from mere accident to carefully considered decisions." ... „The Delphi feedback serves as a major source of information in this process. Some elements of brainstorming are in this way taken over by Delphi" (Rauch 1979: 163f.).

Dadurch erschien das Entscheidungs-Delphi für das österreichische Technologie-Delphi prädestiniert: Es ging schließlich um Entwicklungen, die von einer Vielzahl von Einzelentscheidungen der Akteure des Innovationssystems in unterschiedlichen gesellschaftlichen Subsystemen beeinflusst werden. Im Zentrum des Interesses stand der Vorausschau*prozess*, die Förderung der Abstimmung und Konsensfindung unter den Entscheidungsträgern.

Dies erfolgte einerseits durch Meinungsbildung unter den RespondentInnen der beiden Hauptrunden des ExpertInnen-Delphi (insgesamt 1638 in Runde 1 und 1127 in Runde 2), von denen viele selbst Entscheidungsträger waren. Andererseits geschah dies durch die (nur zum Teil anonyme[5]) Interaktion in den kleineren ExpertInnengruppen der Basisrunde (pro Feld zwischen 14 und 23 Personen, insgesamt 128), die sich in erheblichem Maße aus Entscheidungsträgern zusammensetzten und nicht bloß die Thesen formu-

---

5 In den vom ITA-Team moderierten Workshops wurden Thesenvorschläge zum Großteil ohne allgemein erkenntliche individuelle Zuordnung auf Kärtchen schriftlich eingebracht, zum Teil über individuelle elektronische Kommunikation ergänzt.

lierten, sondern nachfolgend auch die Ergebnisse kommentierten und in Empfehlungen umsetzten. Es wurde bewusst danach getrachtet, dass gerade diejenigen Entscheidungsträger, die letztlich hinter den unkoordinierten kleinen Entscheidungen stehen, in den ExpertInnengruppen des Technologie-Delphi die Thesen formulierten und dabei wechselseitig mit ihren unterschiedlichen Ansichten konfrontiert wurden; eine zweite Meinungsbildungs- und Koordinierungsfunktion liegt in der Konfrontation der erweiterten Gruppe der RespondentInnen mit der Meinung der übrigen in den zwei Hauptrunden, eine dritte in der späteren Konfrontation der Basisrundenmitglieder mit den Antworten (auf ihre Fragen) in der Auswertungsrunde. Dadurch erhält das Technologie-Delphi einen dynamischen Charakter im Sinne einer Rückkopplungsschleife auf die Entscheidungen der Arbeitsgruppenmitglieder und der RespondentInnen, mit dem teilweisen Effekt „to 'create' the future in reality rather than just predicting it" (Rauch 1979: 159).

3.3 ExpertInnenauswahl

Die „richtigen" ExpertInnen auszuwählen, gilt als ein methodisches Hauptproblem (Häder/Häder 2000: 18f.). Dabei dreht es sich vor allem um entsprechende Sachkenntnis, Motivation und Einfluss zur praktischen Umsetzung von Ergebnissen, sowie um Zusammensetzung und Gruppengröße. Beim Technologie-Delphi ging es also um eine zweifache Auswahl: einerseits um die ExpertInnen der Basisrunde, die die Inhalte für die in zwei weiteren Runden mit standardisierten Fragebögen durchgeführte Delphi-Umfrage entwickelten, andererseits um die wesentlich erweiterte Gruppe von ExpertInnen, die als RespondentInnen dieser beiden Hauptrunden einbezogen waren.

Es galt, ein hohes Maß an *Kompetenz* zur Beurteilung der Perspektiven bzw. Chancen und Folgen unterschiedlichster (technischer und organisatorischer) Innovationen zu gewährleisten sowie zugleich die Probleme interessengebundener und durch Spezialisierung verengter Sichtweisen möglichst auszuschalten. Die durch „Betriebsblindheit" drohende Gefahr von Fehlprognosen wird seit langem diagnostiziert: „We find a curious ahistoricity in the outlook of most scientists and technologists, together with a tendency for inbreeding" (Linstone 1978: 298).

In das Technologie-Delphi wurden daher keineswegs nur wissenschaftlich-technische ExpertInnen einbezogen, sondern auch Fachleute aus Unternehmen, der staatlichen Verwaltung ebenso wie aus den Sozial- und Wirtschaftswissenschaften, aus Interessenverbänden, sozialen Bewegungen bzw. NGOs und NutzervertreterInnen im weitesten Sinn. Nicht zuletzt wurden auch Einschätzungen der Realisierungschancen und die soziale Erwünschtheit einzelner Innovationsprojekte erhoben und bei deren Gesamtbewertungen entsprechend berücksichtigt. Gerade die Zielsetzung des Delphi Austria, die

Fachgebiete eher als Problemfelder denn als reine Technologiefelder zu fassen, legte die Berücksichtigung entsprechend breiter gefächerter Kompetenzen bei der Definition der ExpertInnengruppe nahe. Zusätzlich zur Expertise im technologischen Kernbereich galt es, das zur Einschätzung von Problemlösungskapazitäten, der Auslotung von Chancen auf Themenführerschaft und der institutionellen Voraussetzungen erforderliche Wissen einzubringen.

Der zu befragende ExpertInnenkreis erstreckt sich mit dieser Zielsetzung in jedem Fachgebiet auf eine ganze Reihe unterschiedlicher Kompetenzbereiche, die in den einzelnen Etappen des Innovationszyklus zur Geltung kommen – von der Vertrautheit mit bereichsspezifischen Problem- und Bedarfslagen über wissenschaftlich-technische Expertise bis zu marktseitigem und sozio-ökonomischem Know-how. Die Fragebögen waren auf die Heranziehung einer bewusst heterogenen Kompetenzbasis unter anderem dadurch abgestimmt, dass jede Frage je nach Grad der Sachkenntnis der einzelnen Person beantwortet oder ausgelassen werden konnte. Für die spätere Auswertung wurden nur Antworten mit mindestens mittlerer Sachkenntnis berücksichtigt.

Hauptsächliches *Auswahlprinzip* war daher eine gezielte Erfassung und Berücksichtigung der *Diversität* der für die Identifizierung, Entwicklung und Nutzung bzw. Verwertung technischer und organisatorischer Innovationen relevanten Kompetenzbereiche. Die operationelle Umsetzung dieses Prinzips erfolgte durch Festlegung von entsprechenden Zielbereichen bzw. institutionellen Kontexten als Basis für die ExpertInnenauswahl. Es sind dies die folgenden zu drei Grundkategorien zusammengefassten Bereiche:

– *Wissenschaftliche Forschung* (Hochschulen und außeruniversitäre Forschungseinrichtungen, unterschieden nach naturwissenschaftlich-technischen und sozialwissenschaftlichen Disziplinen);
– *Unternehmen* (unterschieden nach Industrie bzw. Produktion und Dienstleistung);
– *Verwaltung und Verbände* (öffentliche Verwaltung und Forschungsförderungsinstitutionen, Interessen-, Konsumenten- und Nutzervertretungen, Nicht-Regierungs-Organisationen).

Für die sieben Delphi-Felder wurden sachkundige Personen für die ExpertInnenumfrage jeweils so ausgewählt, dass eine möglichst ausgewogene Verteilung auf die drei Grundkategorien erreicht wurde. Dabei waren innerhalb der Gebiete die den allgemeinen Kategorien Technik/Naturwissenschaft, Sozialwissenschaft, Industrie, Dienstleistung, öffentliche Verwaltung und Nutzervertretung jeweils zurechenbaren konkreten Kompetenzbereiche und Institutionen zu identifizieren: Im Feld (Technologien für) „Lebenslanges Lernen" beispielsweise waren dies in der Kategorie Unternehmen (Produzenten und Dienstleister) Weiterbildungs- und Fernstudieneinrichtungen, Personalberatungsfirmen, Fortbildungsverantwortliche in Großunternehmen, das Arbeitsmarktservice Österreich, Volkshochschulen, Verlage, Produzenten von Bildungssoftware, Post- und Telekomeinrichtungen, Netzwerkbetreiber und Anbieter von Internet-Diensten, Computerfirmen, ORF, Bildungsjournalisten und ähnliche Einheiten. Analog wurden jeweils die feldspezifischen Ausprägungen in den übrigen Kategorien festgestellt und der Auswahl zugrundegelegt.

Hinsichtlich der optimalen *Größe* von Delphi-Gruppen liegen recht unterschiedliche Empfehlungen vor (vgl. Häder/Häder 2000: 18f.). Nach Ansicht von Parentè/Anderson-Parentè (1987: 149f.) gibt es eigentlich keine fixe Obergrenze; als Untergrenze werden jedoch – nach Abzug möglicher Ausfälle – mindestens 10 empfohlen. Daher wurde für die Arbeitsgruppen der (weniger stark strukturierten) Basisrunde eine für Gruppendiskussionen angemessene Größe angestrebt. In Erwartung eines bis zu fünfzigprozentigen Ausfalls pro Feld wurden hierfür rund zwei Dutzend ExpertInnen eingeladen; die effektive Gruppengröße lag schließlich zwischen 14 und 23 pro Feld. Für den wesentlich erweiterten ExpertInnenkreis der beiden Delphi-Hauptrunden orientierte sich die angestrebte Größe eher an einer für statistische Analysen ausreichenden Fallzahl, der durchschnittlich erwartbaren Rücklaufrate und der u.a. vom Spezialisierungsgrad bzw. der Heterogenität des Gebiets abhängigen Ausfallsrate. Als operationelle Auswahlkriterien auf individueller Ebene fungierten verschiedene Indikatoren für möglichst hohe Sachkompetenz bzw. hohen fachlichen Ruf wie Nominierung durch Fachkollegen, einschlägige Leitungsfunktion bzw. Lehrstuhl, Mitgliedschaft in Spitzengremien, Zuerkennung von Fördermitteln und fachlichen Auszeichnungen. Die effektive Teilnahme an den beiden Hauptrunden des ExpertInnen-Delphi geht aus Tabelle 1 hervor:

Tabelle 1: Größe der beiden Hauptrunden des ExpertInnen-Delphi

Bereich	Runde 1		Runde 2	
	ExpertInnen	Rücklaufquote %	ExpertInnen	Rücklaufquote %
Umweltgerechtes Bauen	219	43,2	142	66,7
Lebenslanges Lernen	309	52,2	219	73,0
Medizintechnik/Lebenshilfen	191	41,2	139	73,5
Umweltgerechte Produktion	313	41,6	211	70,6
Biologische Nahrungsmittel	183	43,0	126	71,6
Physische Mobilität	300	50,3	200	69,9
Eigenschaftsdef. Werkstoffe	123	50,0	90	75,0
Insgesamt	1638	45,7	1127	71,2

Quelle: ITA 1998 Bd.1: 72f.

3.4 Entwicklung der Thesen und Fragebögen

Genauso wie die Auswahl der ExpertInnen zählt auch die Auswahl von sinn-vollen und verständlichen Szenarien – im Foresight-Kontext spricht man auch von Thesen bzw. Statements – zu den Schlüsselfragen einer Delphi-Anwen-dung. Dabei ist sowohl Kreativität wie methodische Versiertheit gefragt. Nach Empfehlungen von Parentè/Anderson-Parentè (1987: 149f.) sollten Del-phi-Statements nicht länger als 20 Worte umfassen, möglichst leicht veri-fizierbar bzw. konkret sein und für eine ExpertInnengruppe insgesamt rund 25 Statements nicht überschreiten.

Im Technologie-Delphi erfolgte die Entwicklung der Thesen in den ExpertInnen-Arbeitsgruppen der Basisrunde. Dies geschah für jedes der sie-ben Untersuchungsfelder in Form moderierter Workshops unter Leitung von jeweils zwei Mitgliedern des ITA-Teams und unterstützt durch Kommunika-tion über elektronische Post. Eingeleitet von einer Einführung in Zielsetzung und Methode wurden die Teilnehmer mit Informationsunterlagen und sekun-däranalytischen Ergebnissen zu internationalen Technologietrends versorgt und mit ihrer *Aufgabe* vertraut gemacht: Sie bestand im wesentlichen darin, in jedem der sieben Gebiete die für das Ziel der Erlangung österreichischer Themenführerschaft chancenreichsten technischen und organisatorischen Innovationen der nächsten 15 Jahre zu identifizieren. Solche chancenreichen Innovationen waren als Beschreibung des in 15 Jahren erwarteten Entwick-lungsstadiums in Form von *Thesen* zu formulieren, wobei das hypothetische Stadium in Abstufungen von Entwicklung bis zu allgemeiner Verbreitung zum Ausdruck kam. Ein *Beispiel* für eine solche Innovationsthese aus dem Bereich „Medizintechnik und Lebenshilfen für ältere Menschen" lautete etwa folgendermaßen:

„Biosensoren (Antikörper-Sensoren) werden entwickelt, die spezifische Allergene in der Umwelt (Luft, Wasser) erfassen und z.B. eine Asthma-War-nung ermöglichen".

Auf Grundlage der von den ExpertInnen-Arbeitsgruppen der Basisrunde entwickelten Thesen zu Innovationen und Maßnahmen wurde vom ITA-Team für jedes der sieben Felder ein eigener *Fragebogen* mit nachfolgend darge-stelltem Grundgerüst konstruiert. Dieser wurde in den bereits erwähnten je-weils zwei Delphi-Hauptrunden pro Feld einem um ein Vielfaches größeren ExpertInnenkreis postalisch zur Beurteilung zugesandt.

Zu jeder These wurden folgende *Fragen* gestellt:

— Sachkenntnis des/der Respondenten/in,
— Innovationsgrad,
— Wichtigkeit,
— Wahrscheinlichkeit der Verwirklichung in Österreich innerhalb der nächs-ten 15 Jahre,

- Chancen auf österreichische Themenführerschaft in bezug auf: a) F&E, b) organisatorisch-gesellschaftliche Umsetzung und c) wirtschaftliche Verwertung,
- Wünschbarkeit der jeweiligen Entwicklung.

Die Beurteilung der ersten vier Fragen erfolgte anhand einer fünfstufigen *Beurteilungsskala* in Anlehnung an das österreichische Schulnotensystem (1 = sehr hoch bzw. positiv, 5 = sehr gering bzw. negativ) bei den übrigen ging es um Zustimmung/Nichtzustimmung; bei den „Chancen" war Mehrfachnennung möglich.

Darüber hinaus wurde für eine Liste von *Maßnahmen,* die von den ExpertInnen der Basisrunde vorgeschlagen worden waren, die Eignung zur Erhöhung der österreichischen Erfolgschancen aussichtsreicher Innovationen abgefragt. Dies erfolgte allerdings nicht für jede einzelne Innovationsthese sondern für entsprechend zusammengefasste Gruppen. Es handelte sich dabei um konkrete Einzelmaßnahmen in folgenden sieben Kategorien: forschungsbezogene, technologische, wirtschaftliche, regulatorische, kooperationsbezogene, aus- und weiterbildungsbezogene sowie gesellschaftsbezogene. Ein Maßnahmenvorschlag der technischen Kategorie im Bereich „Lebenslanges Lernen" lautete zum *Beispiel*:

„Information über Zertifizierungsfragen (Anforderungen, Zertifizierungsstellen, organisatorischer Ablauf) mittels I&K-Technik anbieten".

Darauf war ebenfalls die fünfstufige Bewertungsskala anzuwenden. Bei jeder These und Maßnahmenliste stand zusätzlich entsprechender Raum für Kommentare zur Verfügung. Die RespondentInnen wurden auch, da der von den ExpertInnen der Basisrunde ausgeschöpfte Möglichkeitsraum nicht als absolut vollständig zu betrachten war, in Form einer offenen Frage gebeten, allfällige weitere Innovationen und auch Maßnahmen vorzuschlagen, mit denen Österreich vielleicht noch bessere Chancen hätte.

In den Fragebögen zu allen Fachgebieten bildete schließlich eine Standardliste von 17 so genannten „Megatrends" den Abschluss, mit der zum einen Grundtendenzen für das jeweilige Gebiet, zum anderen Trendeinschätzungen zu gesellschaftlichen, wirtschaftlichen, politischen und ökologischen Rahmenbedingungen erfragt wurden. Dies erlaubte, die in einzelnen Feldern thematisierten Innovationen und Entwicklungen in einen größeren Zusammenhang von Umwelteinflüssen zu stellen und zugleich das Spektrum von Deutungsmustern, Perspektiven und subjektiven Weltbildern unter den Delphi-ExpertInnen zu erkunden, wurde allerdings nur ein Mal, nämlich in der ersten Hauptrunde, erfragt (siehe dazu ausführlicher Aichholzer 2000: 81f.).

Insgesamt umfasste das Technologie-Delphi somit in jedem der sieben Untersuchungsfelder 30-42 zu beurteilende Innovationsthesen (insgesamt also 271), weiters pro Themenblock 10-24 Maßnahmenthesen sowie Fragen zu 17 Megatrends.

3.5 Förderung der Motivation zur Teilnahme

Das Erreichen einer möglichst hohen Beteiligung über sämtliche Runden des Delphi-Prozesses und in jedem der thematischen Felder stellt bei einem nationalen Technologie-Delphi eine besondere Herausforderung dar. Um bei der Vielfalt an geforderter spezieller Expertise eine ausreichende Zahl von RespondentInnen mit hoher Sachkenntnis auch auf der Ebene der einzelnen Thesen (bzw. Innovationen) zu sichern, bedarf es vergleichsweise großer Delphi-Gruppen und besonderer Bemühungen zur Sicherung möglichst hoher Rücklaufraten. Letztlich geht es dabei um das Problem der *Motivation* zur Teilnahme von ExpertInnen am Delphi. Für den Foresight-Bereich lassen sich grundsätzlich eine Reihe von Incentives ausmachen, die je nach verwendeter Methode und Stakeholder-Kategorie unterschiedlich zum Tragen kommen (Salo 2001: 698f.): Einfluss ausüben, Lernmöglichkeiten nutzen, Kontakte entwickeln, Loyalität demonstrieren, Kompensation erfahren. Bei der Delphi-Methode werden die hauptsächlichen Anreize in Lern- und Einflussmöglichkeiten gesehen. Beides wurde bei der Einladung an die ExpertInnen entsprechend ins Treffen geführt, letzteres vor allem mit dem Betonen der Intention der technologiepolitischen Umsetzung auf höchster Ebene, nämlich der des Ministers.

Insgesamt orientierte sich das Technologie-Delphi bei der Motivationssicherung weitgehend an einer in der postalischen Umfrageforschung erfolgreich eingesetzten Vorgehensweise, der von Dillman (1978) eingeführten *Total-Design-Methode (TDM)*. Deren Grundidee ist es, jedes Element der Umfrage so anzulegen und die einzelnen Aspekte untereinander so abzustimmen, daß Qualität und Quantität der Antworten maximiert werden (Hippler 1988: 246). Zwei zur Umsetzung verfolgte *Grundprinzipien* sind dabei:

- die Kosten der Teilnahme bzw. Beantwortung der Fragebögen für die Befragten zu minimieren, gleichzeitig aber deren erkennbare Vorteile zu maximieren;
- ein Vertrauensverhältnis zwischen Forscher und Befragten zu schaffen.

Entsprechend galt es, jeden Schritt der Befragung so zu gestalten, dass er diesen Bedingungen möglichst weitgehend gerecht wurde:

Als wesentliche Maßnahme nahm die *Gestaltung der Fragebögen* auf eine Verkürzung des bei anderen Foresight-Studien oft äußerst großen Umfangs Bedacht. Waren zum Beispiel in der deutschen (Cuhls et al. 1998) und britischen Delphi-Studie (Loveridge et al. 1995) auf vielen Gebieten über 100 Thesen nach mehr als einem Dutzend Kriterien zu beurteilen, wurde der Umfang pro Feld des österreichischen Technologie-Delphi auf rund 30-40 Thesen begrenzt, die nach lediglich sechs Kriterien einzuschätzen waren (plus Maßnahmenlisten mit bis zu zwei Dutzend Items pro Liste, die aber nur nach einem Kriterium, dem Grad der Eignung, beurteilt wurden).

Die Art dieser Maßnahmenvorschläge stellt gegenüber den bisher in der Technikvorausschau vorzufindenden Formen übrigens ebenfalls eine Neuerung dar, die sich durch einen wesentlich höheren „*Finalisierungsgrad*", das heißt ein deutlich größeres Maß an *Konkretisierung* auszeichnet und sich ebenfalls positiv auf die Motivation auswirken sollte: Statt „wirtschaftspolitische Maßnahmen" lautete ein typischer Maßnahmenvorschlag im Bereich „Umweltgerechte Produktion und Nachhaltigkeit" zum Beispiel „Gewährung von speziellen Förderungen für Klein- und Mittelbetriebe".

Weitere spezielle TDM-Empfehlungen, die bei der Fragebogengestaltung umgesetzt wurden, betreffen die technisch einheitliche Gestaltung und Gliederung, leichtes Ausfüllen durch einheitliche Skalen (Orientierung am österreichischen Schulnotensystem), Vermeidung von Filtern und Antwortcodierungen, Einladung zu persönlichen Kommentaren, ansprechende graphische Gestaltung, Druck in Broschürenform und gute Papierqualität.

Die *Durchführung* der Befragung als zentraler Gestaltungspunkt des TDM-Konzepts erfolgte mit einer Reihe besonderer Vorkehrungen: persönliches Anschreiben der zu befragenden ExpertInnen durch den Direktor des Instituts für Technikfolgen-Abschätzung der Österreichischen Akademie der Wissenschaften (persönliche Anrede im Briefkopf; Begleittext mit Erklärungen zur Wichtigkeit des zu erwartenden Nutzens, Belohnung durch frühe Resultatübermittlung; persönliche Unterfertigung); offizielles Schreiben des Wissenschaftsministers mit Ersuchen um Mitarbeit an der Delphi-Umfrage; Vertrauenssicherung durch anonyme Rücksendemöglichkeit; beigelegtes Kuvert für portofreie Rücksendung; Versand zur Wochenmitte; höfliche Erinnerungskarte nach drei Wochen, telefonisches Nachfassen in der fünften Woche (in der zweiten Runde zwei Wellen telefonischen Nachfassens in der vierten und fünften Woche), bei Bedarf mit nochmaligem Versand eines Fragebogens; gemeinsame Dankesschreiben durch das durchführende Institut und das Wissenschaftsministerium.

Diese Vorgehensweise leistete einen wesentlichen Beitrag zur hohen Akzeptanz und Kooperationsbereitschaft unter den befragten ExpertInnen. Dafür können eine Reihe von Indikatoren auch als *Gütekriterien* insgesamt ins Treffen geführt werden:

– Der gute Response äußerte sich nicht nur in den erzielten und für den Bereich Technologie-Delphi als überdurchschnittlich anzusehenden Rücklaufraten von rund 46 Prozent in der ersten und 71 Prozent in der zweiten Runde.

– Auch das große Ausmaß an Kommentarbereitschaft und die Qualität der Kommentarinhalte zu einzelnen Innovationen und Maßnahmenvorschlägen (pro Feld jeweils in mehreren Dutzend Seiten an Kommentaren resultierend) sind ein Indiz dafür.

– Die Rate an Item-Non-Response ist selbst bei Hinzurechnung der wegen zu geringer Sachkenntnis nicht berücksichtigten Antworten mit durchschnittlich weniger als 25 Prozent relativ gering (selbst im geringsten Fall, einer hochspezialisierten Innovation im Bereich Werkstoffe umfasst die Zahl gültiger Antworten noch 33 Fälle).

– Die Antwortraten über den Fragebogen hinweg sind in allen Feldern relativ konstant bzw. zeigen gegen das Ende zu kein deutliches Absinken.

– Explizite Verweigerungen machen schließlich nur einen marginalen Anteil an der Ausfallsrate aus.

3.6 Feedback und Auswertung

Rechnet man die weniger strukturierte, face-to-face arbeitende und wesentlich kleinere, aber für die Generierung der Delphi-Inhalte zentrale Basisrunde mit ein (vgl. Rowe/Wright 1999: 354), so wurde das österreichische Technologie-Delphi in insgesamt drei Runden durchgeführt, wobei allerdings die als Basisrunde bezeichnete erste Etappe sich von den beiden folgenden Hauptrunden in Funktion und Form deutlich unterschied. Die eigentliche Delphi-Umfrage mit standardisierten Fragebögen erfolgte mit wesentlich größerer Teilnehmerzahl in den beiden Hauptrunden. Runde 1 wurde im Juni und Juli 1997 absolviert und im August erfolgte die statistische Zwischenauswertung für das *Feedback* zur zweiten Runde, die sich über September und Oktober erstreckte. Mit dem Fragebogen zur Runde 2 wurden die Mittelwerte (Arithmetisches Mittel) zu den einzelnen Fragen der ersten Runde rückgemeldet, sodass diese Gruppenantworten von den befragten ExpertInnen bei ihren neuerlichen Einschätzungen berücksichtigt werden konnten. Die Panelmortalität hielt sich mit einer durchschnittlichen Rücklaufquote von 71,2% und verbleibenden insgesamt 1127 TeilnehmerInnen in der zweiten und letzten Runde ziemlich in Grenzen. Die Beschränkung auf zwei Runden trug einerseits der Erfahrung Rechnung, dass sich wesentliche Änderungen der ExpertInnen-Urteile auf die ersten Runden reduzieren (Rowe/Wright 1999: 372), zum anderen der Erwartung, dass die Motivation mit jeder weiteren Runde erheblich sinken würde.

Die *Auswertung* der Endergebnisse vollzog sich in zwei Stufen: eine erste Globalauswertung resultierte in einem Technologie-Delphi Band I (Ziele, Untersuchungsansatz, Globalergebnisse). In einer zweiten Etappe erfolgte eine Detailauswertung der Ergebnisse nach den sieben Untersuchungsbereichen. Die in einem Rohbericht zusammengefassten Ergebnisse wurden in einem abschließenden Workshop mit den ExpertInnen der Basisrunde diskutiert und anschließend als Technologie-Delphi Band II abgefasst. Ein weiterer Technologie-Delphi Band III schließlich enthält die Tabellen mit den Gesamtergebnissen in Form von Häufigkeitsauszählungen zu allen Fragen.

Diese in drei Berichtsbänden zusammengefassten Resultate des Technologie-Delphi (ITA 1998) berücksichtigten die Variable „Sachkenntnis" in folgender Form: In die Auswertung gingen nur die Antworten von ExpertInnen ein, die zur betreffenden Frage „mittlere", „eher hohe" oder „sehr hohe"

Sachkenntnis angaben. Das bedeutet umgekehrt, dass jene Antworten, bei denen RespondentInnen ihre Sachkenntnis nur als „eher gering" oder „sehr gering" eingestuft hatten, ausgeschaltet blieben. Diese Vorgangsweise schien sinnvoll, da sich gezeigt hat, dass eine Beschränkung auf höchste Expertise nicht unbedingt zu valideren Ergebnissen führt (Parentè/Anderson-Parentè 1987: 137), andererseits aber ein Mindestmaß an Informiertheit über das betreffende Thema unabdingbar ist.

3.7 Ergebnisse und Umsetzung

Auf die *Resultate* kann in diesem Rahmen nur in knappster Form eingegangen werden. Aus der Fülle von Einzelergebnissen lassen sich jedoch einige übergreifende Einsichten hervorheben: Auf einigen Gebieten bestehen bereits jetzt oder mittelfristig gute Chancen auf Themenführerschaft Österreichs; insbesondere bei der Anwendung hoher – wenn auch nicht immer höchster – *Technologie auf grundsätzlich mitteltechnologischen Feldern,* andererseits auf Märkten, auf denen Österreich auf Grund besonderer Nachfragebedingungen *lead market-Charakter* aufweist (zum Beispiel Umwelttechnik; biologische Lebensmittel). Der Sprung vom Technologienehmer zum -entwickler wurde aber generell noch nicht geschafft, der Innovationshorizont erscheint überwiegend zu kurz und die Einstellung zu organisatorischen Innovationen ist ambivalent. An Maßnahmen erweist sich vor allem ein breiter, vernetzungsorientierter Ansatz der Technologiepolitik als erforderlich.

Das ExpertInnen-Delphi ergab einige hinsichtlich vorhandener Potentiale, Problemlösungskapazität und Verwertungschancen besonders *erfolgversprechende Innovationsfelder*:

– Simulationsmodelle für Entwicklungsprozesse,
– Hightech-Stähle und Leichtwerkstoffe,
– Recycling von Verbundwerkstoffen und Werkstoffkombinationen,
– Projekt Lärmarme Bahn,
– Umweltverträgliche Produktionsverfahren,
– Werkstoff Holz (konstruktiver Bereich, Beschichtungstechniken),
– Ökologisierung der Bauwirtschaft,
– Biologische Lebensmittel (Haltbarmachung, Analysemethoden),
– Maßgeschneiderte Weiterbildungspakete und elektronische Lernmedien,
– Technische Lebenshilfen für größere Eigenständigkeit im Alter,
– Organ- und Funktionsersatz (biokompatible Materialien, Hybridtechnologien).

Das Ziel, umsetzungsrelevante Ergebnisse für die Technologiepolitik auf nationaler Ebene zu liefern, wurde jedenfalls erfüllt. Dies zeigt sich schlagend an den rund drei Jahre nach Abschluss des Technologie-Delphi zu verzeichnenden *Umsetzungsmaßnahmen.*

Unmittelbare Auswirkungen in der Technologie- und Forschungspolitik bzw. eine Unterstützung bestimmter Maßnahmen durch Resultate von Delphi Austria sind zum einen im Bereich gezielter Schwerpunkt- bzw. Impulsprogramme zu verzeichnen. Fast aus allen Teilbereichen des Technologie-Delphi wurden durch die Ergebnisse nahegelegte Maßnahmen aufgegriffen bzw. sind Empfehlungen in die Förderpolitik eingeflossen:

Ergebnisse der Delphi-Bereiche „Umweltgerechtes Bauen und neue Wohnformen" bzw. „Umweltgerechte Produktion und Nachhaltigkeit" haben den Start eines neuen Förderprogramms angestoßen, nämlich das „Impulsprogramm Nachhaltig Wirtschaften" mit den Programmlinien „Haus der Zukunft" und „Fabrik der Zukunft". Im Rahmen beider Programmteile wird auch der Einsatz nachwachsender Rohstoffe gefördert. Weiters trug das Technologie-Delphi im Bereich „Physische Mobilität" dazu bei, das Impulsprogramm „move – Mobilität und Verkehrstechnologie" – einzurichten. Es soll innovative umweltverträgliche Mobilitätsformen ermöglichen und das gesamte Verkehrssystem effizienter machen. Mit 1. Jänner 2002 startete schließlich das Impulsprogramm „Biomedizinische Technik", das ausdrücklich auf technische Lebenshilfen und medizintechnische Produkte zur Erhaltung bzw. Verbesserung der Lebensqualität behinderter und älterer Menschen – einem auch vom Technologie-Delphi vorgeschlagenen Themenschwerpunkt – Bezug nimmt.

Die Einrichtung eines neuen Innovations-Förderprogramms für so genannte „Kompetenzzentren" (*K.plus Programm*) wird nicht nur durch zentrale Maßnahmenempfehlungen des Technologie-Delphi unterstützt, sondern auch bei Entscheidungen darüber, welche Kompetenzzentren-Projekte gefördert werden, spielen die Delphi-Ergebnisse eine Rolle. Nach zwölf bereits eingerichteten *K.plus-Zentren* lagen Anfang 2002 bereits Projektvorschläge der dritten Ausschreibungsrunde vor, aus denen eine Anzahl weiterer kooperativer Spitzenforschungseinrichtungen zur Förderung ausgewählt wird.

Als direkte Folgeaktivität von Delphi Austria wurde auch von drei Ministerien gemeinsam eine Konzeptstudie für eine *„Clusterinitiative Biolebensmittel"* in Auftrag gegeben. Schließlich ist noch festzuhalten, dass im Zusammenhang mit der Beteiligung an der Umfrage bzw. einem der ExpertInnenpanels eigenständige Foresight-Projekte in anderen Bereichen angestoßen wurden – zum Beispiel zu beruflicher Aus- und Fortbildung, zu stationärer Behandlung älterer Menschen in verschiedenen Medizinbereichen, zu biomedizinischer Technik sowie zum Thema Verkehr.

Damit kann mit dem Einsatz der Delphi-Methode im österreichischen Technologie-Delphi auf jeden Fall dreierlei verbucht werden: die Erfahrung eines wertvollen, fokussierenden und Informationstransfer fördernden sozialen Prozesses, der zur Vernetzung des nationalen Innovationssystems beiträgt, die Generierung relevanter Ergebnisse und die Entfaltung durchaus beträchtlicher politisch-praktischer Wirksamkeit.

Literatur

Aichholzer, G. (2000): Innovative Elemente des österreichischen Technologie-Delphi. In: Häder, M./Häder, S. (Hg.): Die Delphi-Technik in den Sozialwissenschaften. Methodische Forschungen und innovative Anwendungen. Wiesbaden: Westdeutscher Verlag, S. 67-93

Aichholzer, G. (2001): The Austrian foresight program: organization and expert profile. In: International Journal of Technology Management, Jg. 21, H. 7/8, S. 739-755

Ayton, P./Ferrell, W.R/Stewart, T.R. (1999): Commentaries on "The Delphi technique as a forecasting tool: issues ad analysis" by Rowe and Wright. In: International Journal of Forecasting, Jg. 15, S. 377-381

Blind, K./Cuhls, K./Grupp, H. (1999): Current foresight activities in Central Europe. In: Technological Forecasting and Social Change, Jg. 60, H. 1, S. 15-35

Cameron, H./Loveridge, D./Cabrera, J./Castanier, L./Presmanes, B./Vazquez, L./van der Meulen, B. (1996): Technology Foresight: Perspectives for European and International Co-operation. Manchester: The University of Manchester, Policy Research in Engineering, Science and Technology (PREST) (unveröff.)

Cuhls, K./Blind, K./Grupp, H. (1998): Delphi '98 Umfrage. Studie zur globalen Entwicklung von Wissenschaft und Technik. Fraunhofer Institut für Systemtechnik und Innovationsforschung: Karlsruhe (unveröff.)

Dalkey, N.C./Helmer, O. (1963): An experimental application of the Delphi method to the use of experts. In: Management Science, Jg. 9, 458-467

Dillman, D. (1978): Mail and telephone surveys. The total design method. New York: Wiley

Gavigan, J.P./Cahill, E. (1997): Overview of Recent European and Non-European National Technology Foresight Studies. Technical Report No.TR97/02. Sevilla: Institute for Prospective Technological Studies (IPTS) (unveröff.)

Grießler, E./Krajic, K. (1998): Delphi-Verfahren, Konsenskonferenzen und direkte Bevölkerungsbeteiligung. Eine Expertise. Wien: Ludwig Boltzmann-Institut für Medizin- und Gesundheitssoziologie (unveröff.)

Grupp, H. (1995): Der Delphi-Report – Innovationen für unsere Zukunft. Stuttgart.

Grupp, H./Linstone, H. A. (1999): National technology foresight activities around the globe: resurrection and new paradigms. In: Technological Forecasting and Social Change, Jg. 60, H. 1, S. 85-94

Häder, M. (1996): Zur Evaluation der Delphi-Technik. Ein Ergebnisbericht. ZUMA-Arbeitsbericht 96/2 (unveröff.)

Häder, M./Häder, S. (2000): Die Delphi-Methode als Gegenstand methodischer Forschungen. In: Häder, M./Häder, S. (Hg.): Die Delphi-Technik in den Sozialwissenschaften. Methodische Forschungen und innovative Anwendungen. Wiesbaden: Westdeutscher Verlag, S. 11-31

Hippler, H.-J. (1988): Methodische Aspekte schriftlicher Befragungen. Probleme und Forschungsperspektiven. In: planung und analyse, Jg. 6, S. 244-248

Irvine, J./Martin, B. (1984): Foresight in Science: Picking the Winners. London: Pinter

ITA Institut für Technikfolgen-Abschätzung (1998): Technologie Delphi (3 Bände). In: Bundesministerium für Wissenschaft und Verkehr (Hg.): Delphi Report Austria 1-3. Wien: Bundesministerium für Verkehr, Innovation und Technologie

Johnston, R. (2001): Foresight – refining the process. In: International Journal of Technology Management, Jg. 21, H. 7/8, S. 711-725

Knie, A. (1997): Technik als gesellschaftliche Konstruktion. Institutionen als soziale Maschinen. In: Dierkes, M. (Hg.): Technikgenese. Berlin: edition sigma, S. 225-243

Linstone, H. A. (1978): The Delphi Technique. In: Fowles, J. (Hg.): Handbook of Futures Research. Westport: Greenwood Press

Loveridge, D./Georghiou, L./Nedeva, M. (1995): United Kingdom Technology Foresight Programme. Delphi Survey, Manchester: Policy Research in Engineering, Science and Technology (PREST), The University of Manchester (unveröff.)

Major, E./Asch, D./Cordey-Hayes, M. (2001): Foresight as a core competence. In: Futures, Jg. 33, H. 2, S. 91-107

Martin, B./Johnston, R. (1999): Technology foresight for wiring up the national innovation system. In: Technological Forecasting and Social Change, Jg. 60, H. 1, S. 37-54

Martin, B., R. (1995): Foresight in Science and Technology. In: Technology Analysis & Strategic Management, Jg. 7, H. 2, S.139-168

Ono, R./Wedemeyer, D. J. (1994): Assessing the validity of the Delphi Technique. In: Futures, Jg. 26, H. 3, 289-304

Parentè, F.J./Anderson-Parentè, J.K. (1987): Delphi inquiry systems. In: Wright, G./Ayton, P. (Hg.): Judgemental forecasting. Chichester, S. 129-156

Rappert, B. (1999): Rationalising the future? Foresight in science and technology policy co-ordination. In: Futures, Jg. 31, H. 6, S. 527-545

Rauch, W. (1979): The Decision Delphi. In: Technological Forecasting and Social Change, Jg. 15, H. 2, S. 159-169

Rowe, G./Wright, G. (1999): The Delphi technique as a forecasting tool: issues and analysis. In: International Journal of Forecasting, Jg. 15, S. 353-375

Salo, A. A. (2001): Incentives in technology foresight. In: International Journal of Technology Management, Jg. 21, H. 7/8, S. 694-710

Tichy, G. (1997): Technologieprognosen und Technologiepolitik. In: Wirtschaft und Gesellschaft, Jg. 23, H. 2, S. 193-209

Tichy, G. (2001): The decision Delphi as a tool of technology policy – the Austrian experience. In: International Journal of Technology Management, Jg. 21, H. 7/8, S. 756-766

„Was ich dazu noch sagen wollte..."

Die Moderation von Experten-Fokusgruppen

Alexander Bogner und Margit Leuthold

1. Einleitung: Warum Gruppeninterviews mit Experten?

Obwohl sich im Anschluss an Friedrich Pollocks Studienbericht über das „Gruppenexperiment" (1955) eine breitere – wenngleich überwiegend theoretisch geführte – Diskussion um Nutzen und Grenzen der Gruppendiskussion in Deutschland entwickelte, ist die Gruppendiskussion im deutschsprachigen Raum ein relativ randständiges Erhebungsverfahren geblieben. Selbst in den einschlägigen Lehr- und Handbüchern zur qualitativen Sozialforschung wird dieser Methode eine lediglich routinehafte Aufmerksamkeit zuteil (Lamnek 1998:14). In der qualitativ-empirischen Forschungspraxis werden Gruppendiskussionen vor allem bei politisch sensiblen oder emotional besetzten Themen eingesetzt.[1] Begründet wird dies entweder pragmatisch unter Hinweis auf die empirisch gewonnene Einsicht, dass Gruppendiskussionen aufgrund ihrer Interaktionsdynamiken gerade für sensible Themen gut geeignet seien (Farquhar 1999, Kitzinger 1994) oder aber unter Rückgriff auf ein theoretisches Modell, z.B. die Psychoanalyse. So ging Pollock etwa davon aus, dass über die Freisetzung spontaner Reaktionen und freier Assoziationen, die im Gruppenprozess leichter provozierbar seien als im Einzelinterview, die Berücksichtigung des Unbewussten als einer intervenierenden Variable im Kommunikationsprozess und damit letztlich die Überwindung von Rationalisierungen gelingen könne.

Nun stellt sich die Frage nach ihrer methodischen Produktivität nicht nur für Gruppendiskussionen, die in ideologiekritischer oder theoriegenerierender Absicht geführt werden, sondern auch für „informatorische" Interviews, und sie stellt sich auch nicht nur im Fall der Befragung von Laien. Gerade auf

---

1 Pollocks Studie etwa zielte in der Tradition des Frankfurter Instituts auf die Untersuchung des demokratischen Potentials im Nachkriegsdeutschland. Im angelsächsischen Raum sind Gruppendiskussionen im Rahmen der Gesundheitsforschung und staatlicher Aufklärungskampagnen (Public Health) seit längerem von einiger Bedeutung. Beispiele sind hier etwa Untersuchungen zur Rolle der Medien und Gesundheitserziehung für das öffentliche Verständnis von AIDS (Kitzinger 1993) oder zur Einstellung junger Männer aus der Unterschicht zur Sexualität (Wight 1994).

dem Hintergrund der Erfahrung, dass dieses Verfahren einen nicht unerheblichen organisatorischen und auswertungstechnischen Aufwand darstellt, wird die Frage akut, welche Vorzüge Gruppendiskussionen mit Experten gegenüber Einzelinterviews aufweisen.

Aus methodologischer Perspektive ist in diesem Zusammenhang an das in der qualitativen Sozialforschung prominente Kriterium der „Naturaliszität" (Lamnek 1995: 20) zu erinnern, das es nahe legt, den Prozess der Datenproduktion der alltäglichen Gesprächssituation möglichst anzunähern. Gerade für Experten ist es Routine, in größeren und strukturierten Arbeitszusammenhängen argumentativ Positionen zu entwickeln und zu verteidigen, etwa in Arbeitsgruppen, Ausschüssen, Kommissionen usw. Wenn das Forschungsinteresse zudem auf die Rekonstruktion von Einstellungen und Meinungen abzielt, die im Kontext von „Realgruppen" – also unabhängig von der Erhebungssituation bestehender oder sogar institutionalisierter Expertengruppen – vertreten werden, ist die Gruppendiskussion geradezu konkurrenzlos.[2]

Aus theoretischer Perspektive spricht die zunehmende Kontroversialität und Relativierung des Expertenwissens für ein Erhebungsinstrument, das methodisch der Struktur dieser Wissenskonflikte Rechnung trägt. Weil mit Gründen davon auszugehen ist, dass infolge der Pluralisierung von Deutungsangeboten, Wissenschaftsverständnissen und Erkenntnisansprüchen Wissenschaft ihren Absolutheitsanspruch aufgeben muss und der Experte als Hüter „formelhafter Wahrheit" (Giddens 1996: 155) fragwürdig wird, sind Gruppendiskussionen insofern ein Stück weit alltagsnah, als die real existierenden Widersprüche und Meinungsverschiedenheiten zwischen den Experten offen, direkt und u.U. sogar konfrontativ entwickelt werden können. Eine – wenngleich fokussierte – Diskussion kann daher zu einem breiteren Spektrum an Informationen und Meinungen führen; zuweilen mag sie sogar über die Informationsebene hinaus die Ebene der Handlungsorientierungen und Werthaltungen erreichen, die im Einzelinterview womöglich nicht so leicht hätten offen gelegt werden können. Wenn auch nicht unbedingt „validere" Werte, so ist bei „informatorischen" Interviews also zumindest eine umfassendere, „ganzheitliche" Bestandsaufnahme von Expertenwissen zu erwarten.

So sprechen nicht zuletzt auch „ökonomische" Gründe für die Durchführung von Gruppendiskussionen. Schließlich lassen sich mit einem relativ überschaubaren Aufwand eine Vielzahl von Meinungen und Informationen auf einmal erheben. Dass aber aus ökonomischen Gründen nicht auf die Initiierung eines Diskussionsprozesses verzichtet werden kann wie z.B. im Fall

---

2 Als ein frühes Beispiel für die „Beobachtung" von solchen impliziten (nicht bewussten) gruppeninternen Aushandlungsprozessen darüber, welche Handlungsorientierungen, Argumentationsmuster und Deutungen innerhalb der Gruppe als sagbar und somit „legitim" erscheinen, kann die Studie von Mangold (1960) gelten, deren Erkenntnisinteresse auf die Rekonstruktion von informellen Gruppenmeinungen bei arbeitsweltlichen Solidargruppen bzw. lebensweltlichen Schicksalsgemeinschaften gerichtet ist.

des „Gruppeninterviews", das eine Form serieller Befragung darstellt,[3] wird aus den oben genannten Gründen ersichtlich.

Da sich unsere eigenen Forschungserfahrungen mit Gruppendiskussionen auf jene Interviews beschränken, die sich auf Informationsermittlung und Evaluation beziehen, wollen wir uns im Folgenden mit der Frage auseinandersetzen, wie sich in der praktischen Durchführung von Gruppendiskussionen die angesprochene „Ganzheitlichkeit" von Informationen und Meinungen erreichen lässt. Da wir uns explizit auf das Konzept der Fokusgruppen beziehen, wird zunächst im zweiten Abschnitt eine begriffstheoretische Differenzierung zwischen zwei Forschungstraditionen vorgenommen, die in erheblichem Maße von den Arbeiten ihrer „Gründerväter", Friedrich Pollock und Robert Merton, strukturiert wurden. Im Anschluss daran wird im dritten Abschnitt die Frage nach dem Zusammenhang von Interaktion und Meinungsbildung für den spezifischen Fall von Experteninterviews vertieft aufgenommen. Die Explizierung interaktionstheoretischer Grundlagen erhält ihre methodische Bedeutung bei der Frage nach Ausmaß und Form der Strukturierung von Gruppenprozessen. Im abschließenden vierten Abschnitt diskutieren wir das in der Methodendebatte implizite Moderationsideal auf dem Hintergrund unserer Erfahrungen mit Experten-Fokusgruppen. Wir plädieren für eine Gesprächsführung, die das Ideal einer „supportive leadership" nicht im Sinne größtmöglicher Zurückhaltung interpretiert, sondern – angesichts der besonderen Situation, die Fokusgruppen mit Experten darstellen – im Sinne einer engagierten Moderation, die auf fachlicher Kompetenz und dem Einsatz von professionellen Moderationstechniken basiert.

2. Fokusgruppen und Gruppendiskussion – Differenzen und Parallelen zweier Traditionslinien

Während sich in der deutschen Literatur der Begriff Gruppendiskussion etabliert hat, stößt man in der angelsächsischen Debatte zumeist auf den Begriff der Fokusgruppe *(focus group)*. Dies lässt sich u.E. als ein implizites „Bekenntnis" zu unterscheidbaren Forschungstraditionen lesen. So spielt z.B. jene Traditionslinie, die in deutschsprachigen Einführungstexten – in Anlehnung an Krüger (1983) – von den frühen Arbeiten am Frankfurter Institut für

---

3   Vgl. zu einer Unterscheidung unterschiedlicher Formen und Funktionen von Gruppenbefragungen Frey/Fontana 1993. Ein Typ des Gruppeninterviews ist z.B. die Nominal Group Technique, die gern bei hochspezialisierten Gruppen mit Zeitproblemen eingesetzt wird. Hier werden die Antworten der individuell befragten Teilnehmer gesammelt und dem jeweils Interviewten vorgelegt. Daraus ergeben sich mehrere Befragungsrunden, denen eine indirekte Kommunikation zwischen Gruppenmitgliedern zugrunde liegt. Als eine Spezialform dieser Technik wiederum kann das „Delphi" verstanden werden.

Sozialforschung und den interpretativen Ansätzen der 70er Jahre bis hin zu aktuellen wissenssoziologisch orientierten Beiträgen gezeichnet wird, in der angelsächsischen Diskussion keine Rolle. Hinweise auf Pollock oder Mangold wird man in der Literatur zu Fokusgruppen vergebens suchen.

Umgekehrt haben Fokusgruppen in der deutschsprachigen Methodendebatte nach wie vor einen exotischen Klang. In den einschlägigen Lehrbüchern und Sammelbänden zur qualitativen Sozialforschung, in denen das Verfahren der Gruppendiskussion berücksichtigt wird, finden Fokusgruppen nicht oder allenfalls am Rande Erwähnung, zumindest wird der Begriff nicht systematisch aufgearbeitet (vgl. Flick 1995, Kromrey 1986, Mayring 1999). Aus den kargen Bemerkungen zu Fokusgruppen ließe sich kaum auf deren forschungspraktische Bedeutung und ihren anhaltenden Boom im angelsächsischen Raum schließen.[4] Die Vernachlässigung dieser Forschungstradition legt die Vermutung nahe, dass Fokusgruppen hierzulande immer noch – entsprechend der frühen (und damals eher zutreffenden)[5] Einschätzung Mangolds (1973) – mit einem kostengünstigen, aber oberflächlichen und wissenschaftlich substanzlosen Instrument der Marktforschung in eins gesetzt werden.

In der aktuellen deutschsprachigen Methodenliteratur zur Gruppendiskussion werden Fokusgruppen – sofern nicht ignoriert – entweder unter dem Hinweis auf ihre wissenschaftliche Unseriosität aus dem Kreis ernstzunehmender Gruppendiskussion-Konzeptionen ausgegrenzt (Bohnsack 2000b, Loos/Schäfer 2001) oder aber – aufgrund der kritiklosen Orientierung an den einschlägigen englischen Lehrbüchern (z.B. Morgan 1997, Morgan/Krueger 1998) – umstandslos dem Konzept der Gruppendiskussion subsumiert (Lamnek 1998). Während die letztere Position die metatheoretischen und methodologischen Differenzen beider Konzepte zugunsten einer vorrangigen Orientierung auf technisch-organisatorische Gemeinsamkeiten einebnet, werden im ersteren Fall die verfahrenstechnische Elaboriertheit sowie die Entwicklungspotentiale einer Forschung, die sich in der Tradition der Fokusgruppen versteht, erst gar nicht zur Kenntnis genommen. In einem Punkt gleichen sich die beiden gegensätzlichen Positionen jedoch: Über Gemeinsamkeiten und Dif-

---

4   Referenzlosen Angaben Lamneks (1998: 12) zufolge werden in den USA jährlich über 100.000 Fokusgruppen durchgeführt, in Großbritannien an die 40.000. Besser belegt ist die wirtschaftliche Bedeutung der „Fokusgruppen-Industrie" (vgl. Greenbaum 1998) sowie deren publizistische Produktivität: Morgan (1996) etwa geht von jährlich über 100 Publikationen zu Fokusgruppen aus.

5   Waren Fokusgruppen von etwa 1950-80 auf einen Anwendungsbereich beschränkt gewesen, der in erster Linie das Testen der Akzeptanz und die Optimierung von Produkten, das frühzeitige Erfassen von Konsumentenpräferenzen und das Evaluieren von Werbekampagnen umfasste (Morgan 1998: 39f.), so mehren sich zwischenzeitlich die Versuche, Fokusgruppen als eine eigenständige Form qualitativer Interviewformen innerhalb des interpretativen Paradigmas theoretisch zu verankern; vgl. etwa die Beiträge in Barbour/Kitzinger 1999 sowie Bloor et al. 2001.

ferenzen der Verfahren wird nicht explizit Rechenschaft gegeben. Ein solcher Vergleich soll hier wenigstens kurz angerissen werden.[6]

Mit dem Verfahren der Gruppendiskussion wurde am Frankfurter Institut für Sozialforschung eine Methode entwickelt, die – in kritischer Distanz zum objektivistischen Reiz-Reaktions-Modell der Umfrageforschung – die Analyse über die manifesten Aussagen, die Rationalisierungen unterliegen, an die „eigentliche Bedeutung" der Aussagen heranführen soll (Pollock 1955: 33). Die Moderation sollte eine freie, weitschweifige Diskussion ermöglichen, um über die dabei entstehenden „freien Assoziationen" (ebd.: 34) analytisch auf den latenten Gehalt von Äußerungen schließen zu können. Damit setzte sich die Frankfurter Arbeitsgruppe zum Ziel, die Gründe und Bedeutungen von Rationalisierungen aufzuspüren, also die objektiven Bedingungen von Ideologien zu verstehen. Entsprechend der Frankfurter Tradition empirischer Sozialforschung liefert Pollock also eine positivismuskritische und psychoanalytisch fundierte Begründung für das methodische Vorgehen.

Fokusgruppen, im Sinne von Merton et al. (1990: 135ff.) auch als fokussiertes Interview mit Gruppen zu verstehen, sind sowohl hinsichtlich ihrer theoretischen Einbettung wie der methodologischen Orientierung deutlich anders gelagert.[7] Denn das fokussierte Interview (Merton/Kendall 1946) folgt eher einer „quantitativen" Logik. Dieses Verfahren zielt auf die Identifikation von Reaktionsmustern und Einstellungstypen, die in einem zweiten Schritt mit Hilfe standardisierter Befragungen auf ihre statistische Signifikanz getestet werden sollen. Ähnlich wie bei Barton/Lazarsfeld (1993) wird also die Funktion des qualitativen Interviews auf den Bereich der Exploration eingeschränkt. Mit dem fokussierten Interview wird nicht auf die genuine Stärke qualitativer Verfahren als Einzelmethode abgehoben, sondern das „hypothetiko-deduktive Modell" der Sozialforschung (Glaser/Strauss 1998) auf einer erweiterten Stufe reformuliert: zwischen These und Test wird ein Experiment zur Spezifizierung der Stimuli sowie der erwartbaren „Abweichungen" eingeschoben.

---

6 Folgende begriffstheoretische Ausführungen verstehen sich als eine Begründungsskizze für den eigenen Rückgriff auf das Konzept der Fokusgruppen. Sie erheben nicht den Anspruch, die historischen Entwicklungslinien der Gruppendiskussion im Detail zu diskutieren. Vgl. dazu etwa Bohnsack 2000a: 123ff..

7 Daneben verweist der spezifische Entstehungszusammenhang beider Verfahren auf divergierende Erkenntnisinteressen: Während die Gruppendiskussion in der kritischen Demokratieforschung des Frankfurter Instituts wurzelt und insofern – unbeschadet konkreter Einlösungsdefizite beim „Gruppenexperiment" (etwa einer rein quantitativen Auswertung) – den Ruf eines kritischen Konzepts behalten hat, entstammt das fokussierte Interview der Wirkungsforschung, konkret: der sozialwissenschaftlichen Analyse von massenmedial vermittelten Propagandamaßnahmen der US-Regierung während des 2. Weltkriegs. Vgl. zu einer detaillierteren Schilderung der historischen Hintergründe Merton 1987: 552ff..

Parallelen zwischen beiden Verfahren ergeben sich hinsichtlich ihrer methodischen Konzeptualisierung. So liegt dem „Criterion of Nondirection" (Merton/Kendall 1946: 545) die – einer „qualitativen" Logik verbundene – Einschätzung zugrunde, dass eine offene Kommunikationssituation dem Forscher eher Zugang zu den persönlichen Interpretationen verschafft als etwa das restriktive Umfragedesign. Ähnlich wie Pollock begreift Merton demnach auch den Gruppendiskurs als zentrale Bedingung der Artikulation ursprünglich nur diffus vor- bzw. tiefer liegender Ansichten. Beide Methoden verstehen sich als eine spezifische Form gruppenförmiger Kommunikation, die durch einen thematischen Input (Grundreiz) und eine offene, sich idealerweise dem Alltagscharakter annähernde Kommunikationsstruktur gekennzeichnet sind. Dementsprechend formulieren beide Autoren weitgehend identische Regeln und Anweisungen für den Interviewer. Die methodologische Bedeutung von Interaktionsprozessen wird bei Merton aber nicht in einem theoretischen Modell verankert. Somit bleibt die Frage offen, ob kommunikative Barrieren, Nicht-Erinnertes und widersprüchliche Antworten systematisch bedingt sind oder rein situativ und damit gewissermaßen zufällig – ein Problem, das in der Fokusgruppen-Literatur bis heute nicht aufgegriffen wurde.

Letztlich muss eine Unterscheidung der beiden Methoden-Traditionen mittels eines Vergleichs ihrer maßgeblichen Begründer schon deshalb unzureichend bleiben, weil beide Konzepte zwischenzeitlich weiterentwickelt wurden.[8] Ein solcher Vergleich mag aber helfen, sowohl die Generaldifferenzen in normativer, theoretischer und methodologischer Hinsicht zu skizzieren wie auch jene methodischen Gemeinsamkeiten zu erkennen, die darüber leicht aus dem Blick geraten. In unserem Zusammenhang bleibt festzuhalten, dass mit dem Begriff der Fokusgruppe eine Orientierung am empirischen Pragmatismus Mertonscher Prägung verbunden ist, die forschungspraktisch durchaus zentralen Kriterien qualitativer Sozialforschung entspricht – ohne diese explizit mit einer bestimmten theoretischen oder normativen Position zu verbinden.

3. Interaktion und Meinungsbildung

Eine Diskussion um erfolgversprechende Moderationsstrategien ist von der Frage nach der Bedeutung der Interaktion und der Gruppenprozesse für die

---

8   Mertons (1987) spätere Distanzierung vom Konzept der Fokusgruppen mit dem Hinweis, dass er selbst nie diesen Begriff verwendet habe, lässt sich angesichts deren Affinität zum fokussierten Interview freilich am ehesten als Enttäuschung über den eingeschränkten Anwendungsbereich der Fokusgruppen sowie das zunehmend rein qualitativ orientierte Forschungsdesign verstehen.

Konstitution von Meinungen und Einstellungen nicht zu trennen. In der deutschen Methodendebatte wird diese Diskussion unter der Alternative von Repräsentation vs. Emergenz diskutiert (z.B. Loos/Schäfer 2001). In dieser Gegenüberstellung wird nahegelegt, dass sich die Meinungsbildung entweder als ein offener Aushandlungsprozess oder als eine Aktualisierung bereits bestehender Muster begreifen lässt. In Bezug auf Experteninterviews greifen beide Positionen in dieser Verabsolutierung zu kurz. Dem „harten" Repräsentationsmodell, das die Aktualisierung als Abrufbereitschaft von Meinungen versteht, entspricht ein methodischer Rationalismus, wie er sich am deutlichsten im Modell der Umfrage realisiert. Im Fall von Fokusgruppen wären demzufolge weder Gruppenprozesse noch (variable) Moderationsstrategien von Bedeutung. Denn das Expertenwissen erscheint in diesem Modell als gleichermaßen stabil und reflexiv verfügbar wie spontan kommunizierbar. Gruppendiskussionen ließen sich demnach problemlos durch eine Reihe von Einzelinterviews ersetzen.

Demgegenüber wird im Emergenzmodell Meinung nicht als Manifestation prä-existenter Strukturen begriffen, sondern als Resultat von (wie immer determinierten) Handlungen und Interaktion. Während im „normativen Paradigma" (Wilson 1973) Interaktion als ein Wechselspiel von Erwartungen und Dispositionen konzeptualisiert wird, das die Annahme einer die Regeln des Handelns, der Interaktion bestimmenden vorgängigen Realität (Status, Rolle) und damit die Existenz eines gemeinsam geteilten Symbol- und Bedeutungsuniversums voraussetzt, wird von symbolisch-interaktionistischer Seite von einer Kontingenz und Konstruktion von Bedeutungen ausgegangen, die die Interaktion als zirkulären Prozess von Interpretation und Aktionen ausweist (Blumer 1973).[9] Gerade jene Forschungen, die die voraussetzungsvolle Normalität von Mikro-Strukturen im Blick haben (Garfinkel 1967), haben sich dem Nachweis verschrieben, dass Meinungen in keiner Weise durch eine Methode abgerufen, vielmehr essentiell generiert, d.h. in einem sozialen Prozess „geformt", formiert zusammengesetzt, nicht im Verlaufe dessen „hervorgelockt" bzw. nur beeinflusst werden. Die Konzeption von Meinung als Derivation eines bestimmten Einstellungsmusters wird damit abgelehnt und – in unseren Zusammenhang übersetzt – die Bedeutung von Gruppeninteraktion als Medium von Aushandlungsprozessen hervorgehoben.

Daneben besteht die theoretische Bedeutung dieses Modells im Falle der Experten in der Vermutung, dass das Expertenwissen nicht nur als Spezial-

---

9   Damit kehrt sich die Perspektive um, unter der bestimmte Auffälligkeiten von Gruppenkommunikation (Übereinstimmungen, Abweichungen) analysiert werden können. Anders als im normativen Paradigma, wo die Probleme der Interaktion als „Abweichungen" von einem impliziten Rationalitätsideal in einem sozialpsychologischen Sinn als Konformität, Compliance usw. verstanden werden müssen und darum folgerichtig als Bedrohung für die Validität der Daten gehandelt werden (vgl. Albrecht 1993), sind diese Phänomene hier nicht länger „Defekte", sondern Resultat bestimmter formaler Regeln und sozialer Konstellationen.

oder Sonderwissen, also als ein stabiler Wissensbestand, sondern im gleichen Maße auch als ein Effekt von Diskursen und Strategien zu begreifen ist. D.h. die wissenssoziologische Entzauberung des Experten, die gemeinhin mit dem Nachweis der Existenz konkurrierender, aber gleichwertiger Rationalitäten unternommen wird, wird durch eine Position ergänzt, die noch die Auseinandersetzungen und Kontroversen selbst als eine diskursive Arena begreift, die konstitutiv ist für die Herstellung von Expertenwissen. Dies lässt sich gegen die Annahme richten, dass Einfluss und Macht des Experten auf einer besonderen Wissensstruktur, außergewöhnlicher Systematik usw. gründen.

Andererseits führt die interaktionistische „Auflösung" stabiler Expertenwissensbestände zu Konsequenzen, die ebenfalls nicht befriedigen. Von diskurstheoretischer Seite wäre einzuwenden, dass die Sprechakte ein Produkt von Diskursen sind, also immer schon der Macht von formalen Regeln und Ordnungssystemen unterliegen. In der Praxis werden obendrein sowohl gemeinsame Relevanzen als auch die Hegemonie bestimmter Deutungen und Positionen sowie die realen und imaginierten Unterschiede zwischen den Experten für eine Ordnung des Diskurses sorgen, die die Prozesse der Meinungsbildung reguliert und (vor)strukturiert. Und nicht zuletzt befragen wir ja die Experten, weil wir davon ausgehen, dass sie mit einer fundierten Argumentation, mit einer bestimmten Position in die Diskussion gehen. Kurz: Auf dem Hintergrund des Emergenzmodells wird fraglich, warum wir überhaupt Experten interviewen sollen, genauer: der Begriff des Experten wird gänzlich unscharf, wenn nicht überflüssig. Außerdem wird unklar, welchen Aufschluss über die Realität wir uns durch die Expertendiskussionen erhoffen, wenn Aussagen und Stellungnahmen vornehmlich als Ausfluss von situativen Interpretations- und Aushandlungsprozessen verstanden werden. Der Daten-Output wäre auf diesem Hintergrund als beliebig manipulierbares Produkt spezifischer Moderationsstrategien zu verstehen.

Es liegt daher nahe, jenseits der beiden skizzierten Extreme von einem Interaktionsmodell auszugehen, das man als „weiches" – gewissermaßen interaktionistisch aufgeladenes – Repräsentationsmodell bezeichnen könnte. Im Rahmen eines solchen Modells meint Aktualisierung oder Diskursivität von Meinung einen gruppeninduzierten „Erinnerungs-" bzw. „Freilegungsprozess". In diesem Sinne ist die Gruppe in erster Linie ein Ort der *Produktion* und *Darstellung*, nicht aber der *Aushandlung* von Meinungen. Die Interaktion wird v.a. als produktiv, nicht so sehr als konstitutiv für die Meinungsbildung betrachtet. Dies soll aber *nicht* heißen, dass die Gruppenprozesse keine Bedeutung für die konkrete Darstellungsform der Aussagen haben. Wie der Experte seine Einschätzungen formuliert; dass er sie dem Gegner oder der Frage anpasst; dass er etwas strategisch formuliert – all das sind natürlich Effekte der spezifischen Interaktionsverhältnisse.

Dieses Modell hat im Zusammenhang mit Expertendiskussionen den Vorteil, einerseits einen Voluntarismus hinsichtlich Sinn und Bedeutung zu vermeiden, andererseits aber die Bedeutung von Gruppenprozessen zu unterstreichen. Die eingangs bereits theoretisch abgeleitete These, dass Gruppendiskussionen im Fall von Experten zu einer Produktion von „Mehr-Information" führt, lässt sich auf diese Weise auch durch ein Interaktionsmodell abstützen. Gleichzeitig stellt sich damit die Frage, welche Strategie sich für den Umgang mit Experten empfiehlt.

4. Demonstrative Kompetenz und engagierte Moderation

Die folgenden Ausführungen zur Durchführung von Experten-Fokusgruppen verstehen sich als eine an konkreten Forschungserfahrungen kondensierte Abstraktion. Wir rekurrieren dabei auf zwei Forschungsprojekte aus dem Bereich der Umweltforschung, innerhalb derer Fokusgruppen mit Experten durchgeführt wurden, die an der Erfassung eines möglichst weiten Radius von Erfahrungen, Meinungen und Bewertungen orientiert waren. Zum einen handelt es sich um eine vom Österreichischen Umweltministerium in Auftrag gegebene Evaluation des österreichischen Umweltzeichens für Tourismusbetriebe.[10]

Das Ziel dieser Studie bestand in der Beurteilung des Kriterienkatalogs für die Vergabe des Umweltzeichens an Tourismusbetriebe (von Privatvermietern und Gastronomiebetrieben bis hin zu *- bis ****-Hotels) und der Erarbeitung von konkreten Verbesserungsvorschlägen. Zur Evaluation wurde ein Vergleich mit anderen Tourismusauszeichnungen vorgenommen und mittels einer ökologischen und ökonomischen Bilanzierung ein Statusbericht über Zertifikationsverfahren, Umsetzung und Praktikabilität der Kriterien auf Betriebsebene geliefert. Die Fokusgruppen konzentrierten sich darauf, welche Einschätzungen und Erfahrungen die Experten bezüglich der ökonomischen und ökologischen Effektivität der Vergabekriterien hatten. Die Fokusgruppen wurden zweimal durchgeführt, einmal gegen Ende der Auswertungsphase und einmal zum Projektabschluss. An der ersten Gruppe nahm ein Kreis von zwölf Experten teil, der sich aus Vertretern des Umweltministeriums, der beratenden Länder, der Wirtschaftskammer und der Wirtschaftsforschung sowie aus Beratern und Prüfern im Zertifikationsverfahren zusammen setzte. Das Gespräch dauerte drei Stunden. Die zweite Gruppe fand mit der gleichen Zielgruppe zwei Monate später zur Diskussion des Endberichtes statt. An dieser Fokusgruppe nahmen elf Personen teil; sie dauerte drei Stunden.

Im zweiten Fall handelt es sich um ein europäisches Projekt zur Berufsbildung im Rahmen ökologischer Qualifizierung.[11]

In diesem Projekt ging es darum, europaweit den Qualifizierungsbedarf in der Aus- und Weiterbildung von Bauhandwerkern im Hinblick auf eine Ökologisierung der Althaussanierung zu erheben. In den Diskussionen zwischen Schlüsselpersonen im Baugewerbe und den Experten in der Aus- und Weiterbildung in Österreich, Ungarn, Spanien, Finnland und

---

10   Zu Einzelheiten und Ergebnissen des Projekts vgl. Baumgartner/IITF 2000.
11   Vgl. zum Leonardo da Vinci-Projekt „Quintec" Geissler 2001, Leuthold 2001.

den Niederlanden sollte dabei der derzeitige Ausbildungsstand und Qualifizierungsbedarf erhoben werden. Die teilnehmenden Experten waren Personen, die professionell mit der Konzeption und Durchführung von Aus- und Weiterbildungen im Baubereich betraut sind wie etwa Bildungsbeamte, Verantwortliche für Bauhandwerk und Ausbildung in der Wirtschaftskammer und in der Gewerkschaft. Diese international besetzten und in vier Ländern durchgeführten Fokusgruppen hatten gleichzeitig eine explorative und evaluative Funktion. Sie dienten dazu, erste Meinungen von Bildungsexperten aus der beruflichen Ausbildung einzuholen, sowie die im Laufe des Projekts entwickelten Vorschläge zur Ausbildungsreform im Hinblick auf Relevanz und Umsetzung zu prüfen. Zusätzlich stellten die Fokusgruppen ein Instrument der „externen Projektevaluierung" dar. Die Auswertung zielte darauf ab, Kritikpunkte, Empfehlungen und Vorschläge herauszuarbeiten, um diese in den Ausbildungsvorschlag einzuarbeiten. Die Fokusgruppen fanden in jedem Land einmal statt. Die österreichische Diskussion dauerte rund zwei Stunden und hatte elf Teilnehmer.

Gemäß unserem Erkenntnisinteresse zielten die Fokusgruppen auf die Generierung einer konzentrierten Vielfalt reflexiv entwickelter Bewertungen und Einschätzungen ab. Für eine solche engagierte, offene Diskussion wird gemeinhin das Moderationsideal einer „supportive leadership" (Stewart/Shamdasani 1990: 73) entworfen, das den Moderator als das „ausgleichende Element" bzw. als ein „Medium" konzipiert (vgl. Krueger 1998). In diesem Modell muss er/sie situationsbedingt zwischen Empathie und Objektivität wechseln, um zwischen den Parteien zu vermitteln, die Balance und somit den Diskussionsfluss erhalten zu können. Dieser „perfekte" Moderator ist gleichermaßen eloquent, unterstützend und zurückhaltend, diplomatisch und kooperativ, richtungsgebend, aber nicht direktiv, belesen, aber meinungslos.

Konkret wird für das Ziel einer offenen, „selbstläufigen" Diskussion eine Strategie vorgeschlagen, die in der englischen Literatur als „funnel approach" diskutiert wird. Der Moderator soll von einer anfangs offenen zu einer stärker strukturierten Diskussion bestimmter Fragen im Verlauf der Sitzung führen. Auch bei Bohnsack (2000a: 212ff.) finden sich Prinzipien einer solchen „Trichter-Strategie", auch wenn seine Skizzierung einer reflexiven Forschungshaltung über die Ebene der Diskussion angemessener Fragestrategien hinausgeht. Am Beginn der Diskussion steht hier eine „offene", d.h. keine vorschreibende Themenvorgabe. Im weiteren Diskussionsverlauf führen dann offene und vage Fragereihungen zu immanenten, später dann auch exmanenten, neue Themen anschneidende Nachfragen, die schließlich zu einer direktiven Phase überleiten. Erst an dieser Stelle dürfen Auffälligkeiten und Widersprüche thematisiert werden. Einem solchen Modell korrespondiert eine äußerst zurückhaltende Gesprächsführung. So soll etwa in die Verteilung der Redebeiträge nicht eingegriffen werden, die Fragestellungen sollen – fast im Sinne ethnologischer Fremdheit und Unkenntnis – demonstrativ vage gehalten sein, und Nachfragen und Interventionen erst spät einsetzen, wenn die Diskussion zum Erliegen gekommen ist.

Diese im Kontext spezifischer Forschungserfahrungen entwickelte Strategie ist unserer Erfahrung nach an vielen Punkten für Gruppendiskussionen mit Experten nicht übertragbar. Wir gehen vielmehr davon aus, dass im

Umgang mit Expertengruppen eine engagierte Moderation notwendig ist, die wir im Folgenden unter dem Aspekt ihrer kognitiven, sozialen und methodisch-praktischen Voraussetzungen diskutieren wollen.

a) Bei Fokusgruppen mit Experten ist einmal die *fachliche Kompetenz* der moderierenden Person, ihre Vertrautheit mit den Forschungsfragen und -interessen ebenso wie mit dem Forschungsfeld von zentraler Bedeutung. Ohne eine gewisse – angelesene oder in Vorerhebungen erworbene – Kompetenz in dem zu verhandelnden Problemfeld ist eine spontane Abschätzung der inhaltlichen Bedeutung einzelner Beiträge für das Forschungsprojekt während der Diskussion nicht möglich. Es ist wichtig, zwischen zentralen und peripheren Themen unterscheiden zu können bzw. eine sachlich logische Themenabfolge im Kopf zu haben, andernfalls bleibt der inhaltliche Ertrag der Diskussion den unübersichtlichen Gruppenprozessen, Spezialinteressen und Diskussionsstrategien der Experten überlassen. Die Bedeutung fachlicher Kompetenz bei der Diskussionsstrukturierung wird im folgenden Beispiel dokumentiert, das der Fokusgruppe zur Berufsbildung (im Rahmen ökologischer Altbausanierung) entnommen ist.

Beispiel 1:

Experte (P3): Man muss trotzdem diese Frage stellen – ich meine, es gibt ja Rückbaukonzepte, wo man sagt, wir wollen nichts mehr, was über den 7. Stock hinausgeht, weil das halten wir für unmenschlich. Also baut man die Gebäude runter, da gibt es auch schon neue Technologien und Qualifikationen dafür, das ist ja auch eine Art von Sanierung, oder sagen wir einmal: Rückbau in dem Sinne. Oder man sagt, Plattenbauten, jetzt zum Beispiel in der ehemaligen DDR, die haben also derart schlechte Substanz – na gut, da reißen wir eher ab, ja? Da gibt es die Frage der Sozialverträglichkeit, die muss auch immer gestellt werden (...) Und gleichzeitig stellt sich bei Altbausanierung auch immer die Frage: Ja, da wohnen ja Leute, da gibt's Verträge, da gibt es auch die Frage, wie verändert sich die Miete und wie verändern sich die Nutzenkonzepte für das Gebäude – werden da kleinere Wohnungen, werden da größere Wohnungen, werden da Büroräume draus? Wird da etwas ganz anderes draus gebaut? Also auch diese Frage „Neue Nutzungskonzepte" muss dabei mitdiskutiert werden. Also, unter Sozialgesichtspunkten selbstverständlich. – Und Sanierung in puncto Technologie, was ich dazu noch sagen wollte...

Moderator: Warten Sie bitte noch kurz. Ich würde die Diskussion ganz gern noch einmal auf das Thema Ausbildung fokussieren, denn Sanierung, das ist ein weites Feld, und es liegt ja auch nicht nur an Ausbildungsdefiziten, wenn so etwas nicht gemacht wird. Im Rahmen von „Leonardo" interessiert uns jetzt nur die Ausbildung, deshalb würde ich gern darauf zurückkommen. Und ich würde es auch noch ein bisschen zuspitzen. Wir haben es in diesen Projekten mit zwei Themen zu tun, die ein wenig unterbelichtet sind. Das eine Thema betrifft die Frage, was neue, was zukunftsträchtige Themen sind; das eine ist also das Thema Althaussanierung, und das ganze soll jetzt noch kombiniert werden mit dem Thema Ökologie bzw. einer ökologischen Qualifizierung. Was in diesem Zusammenhang, also bei der Althaussanierung, notwendig ist. Also, ich würde Sie bitten, noch einmal Stellung zu nehmen: Was ist das Spezifische am Altbau, was ist dafür generell möglicherweise notwendig im Hinblick auf Ausbildungen? Das zweite ist, welche Notwendigkeiten kommen dazu, wenn es um Ökologie geht? (...)

Hier wird deutlich, wie ein Expertenexkurs mittels fachkundiger Intervention in den (bereits vorab) vorgestellten Ablauf der Diskussion eingebunden werden kann. Erst gegen Ende der Fokusgruppe ist der Einwurf des Experten, der die Frage der Qualifikation in der Althaussanierung an die Frage nach neuen Nutzungskonzepten in Althäusern koppelt, wieder aufgenommen worden. Experten neigen dazu, in Gruppendiskussionen „ihre" Fragen behandeln zu wollen. Das kann z.B. heißen, dass das Zusammentreffen von Fachkollegen auch dazu genutzt wird, um eigene Forschungsfragen (hier: Wie können neue Nutzungskonzepte entwickelt werden?) zu diskutieren. D.h. Fokusgruppen sind ein labiles soziales Arrangement, deren inhaltliche Zielbestimmung bei Evaluationen oder Informationserhebungen – hier: Stellungnahmen und Kommentare zu den konkreten Vorschlägen zur Verbesserung der Aus- und Weiterbildung – immer einzufordern bleibt. Eine (auch demonstrative) Kompetenz seitens des Moderators ist hierfür unerlässlich.[12]

b) Zur Optimierung des diskursiven Engagements der Experten sowie der frühzeitigen Durchsetzung einer Diskussionsordnung bieten sich *teilnehmerorientierte Methoden* an. Im Folgenden wollen wir speziell auf die Kartenabfrage hinweisen.

In der Fokusgruppe zur Umweltzeichen-Evaluation wurden die Experten aufgefordert, im Zuge der Input-Referate ihre wichtigsten Diskussionspunkte (Begrenzung: nicht mehr als drei) zu den präsentierten Thesen auf verschieden farbigen Karten – eine grüne Karte für ökologische, eine gelbe Karte für ökonomische Effektivität – festzuhalten. Die Karten wurden anschließend eingesammelt, auf einer Pinwand festgehalten, und in einer ersten Runde wurden anhand der unstrukturierten Karten die Teilnehmer aufgefordert, zu ihren Karten Stellung zu nehmen und eine Zuordnung zu einer anderen Karte vorzunehmen. Dadurch kamen alle Teilnehmer zu mindestens einer Stellungnahme. In einer anschließenden Gewichtung der Karten (durch Punkte)[13] wurden dann von den Teilnehmern jene Themen ausgewählt, mit denen sie sich eingehender befassen wollten. Die Kartenabfrage hat – bei 12 Teilnehmern – rund 30 Minuten gedauert.

Eine solche Kartenabfrage ermöglicht zum einen eine „partizipative" Vorab-Strukturierung der Themenliste. Nach der durch einen „Grundreiz" (z.B. mittels eines Kurzreferates) eingeführten Themendimensionen wird

---

12 Pfadenhauer (2002) hat diesen Aspekt stärker gemacht und betont die Spezifität der Interaktionsverhältnisse, die an den Interviewer die Anforderung stellen, für eine erfolgreiche Durchführung dieser Interviews selbst zum „Quasi-Experten" zu werden, als ein konstruktives Merkmal von Experteninterviews.

13 Die Gewichtung von Karten oder Themen durch die Teilnehmer ist eine Bewertungstechnik in der Moderation, die mittels Selbstklebepunkten oder aber durch Striche etc. durchgeführt wird. Da hierzu die Teilnehmer aufstehen müssen und gemeinsam vor den Stellwänden zur Bewertung stehen, ist diese Methode zugleich dazu geeignet, die Situation innerhalb der Gruppe etwas zu lockern.

166

vermittels der kurzen Stellungnahmen auf Karten eine Inventur der individuellen Erwartungen, spontaner Reaktionen und gewünschter Prioritätensetzungen vorgenommen. Mögliche Fragestellungen sind hier etwa „Worüber sollten wir hier unbedingt sprechen?" oder „Welche sind Ihrer Ansicht nach die drei wichtigsten Themen aus dem eben gehörten Statement?". Auf diese Weise vermeidet man, dass nur bestimmte Expertengruppen die Diskussionsthemen vorgeben und daher das allgemeine Interesse erlahmt. Im Fall der Umweltzeichen-Fokusgruppe konnte eine relativ große Gruppe zu einer dreistündigen engagierten Diskussion animiert werden.

Zum zweiten dient die Kartenabfrage gewissermaßen als ein Katalysator für die weitere Diskussion. Denn die Aufforderung zur Kommentierung und Bewertung der eigenen Karte (These) – nach einer ersten Runde von Stellungnahmen – führt in der Regel zu einem gewissen Explizierungszwang. Wer wollte schon – inmitten konkurrierender Deutungsansprüche – auf die Präzisierung oder Zuspitzung seiner eingangs abgegebenen Stellungnahme verzichten? D.h., in den Prozess der „Themenfindung" sind durch die plakative Darstellungsform Momente eingebaut, die die Motivation zum Diskussionseinstieg und damit zur sukzessiven Entfaltung individueller Sichtweisen erhöhen. Dies gewährleistet zwar noch keineswegs, dass sich im Weiteren eine symmetrische Kommunikationssituation zwischen den Teilnehmern etabliert, jedoch ist hier ein erheblicher Anreiz für einen vertieften Einstieg in die argumentative Auseinandersetzung gegeben. Gerade auch für „informatorische" Interviews, die auf die Gewinnung vielfältiger und dezidierter Stellungnahmen abzielen, ist ein solcher Anstoß zu einer „wirklichen", lebhaften Diskussion, in der sich die Experten aufeinander beziehen, entscheidend. Mögliche Fragestellungen sind hier etwa „Was spricht für, was spricht gegen die eben vorgetragene These?" oder „Würden Sie der Problemcharakterisierung ihres Vorredners zustimmen?".

Nebenbei hat die Kartenabfrage auch die Funktion der zwanglosen Etablierung einer Diskussionsordnung. In Beispiel 2, das sich auf die Diskussion der Kriterien zum österreichischen Umweltzeichen bezieht, strukturiert der Moderator zu Beginn die Präsentation und den Ablauf der Kommentare und Zwischenfragen: Die Teilnehmer werden aufgefordert, die vor ihnen liegenden Karten zu benutzen und dort ihre Fragen und Kommentare festzuhalten. Dies verhindert eine frühzeitige Zerfaserung der Diskussion durch Zwischenbemerkungen.

Beispiel 2:

Experte (P3): *Trägt Thesen zur ökologischen Evaluation vor*

Moderator: Wenn Sie zu den vorgetragenen Thesen eine Frage bzw. eine Anmerkung haben, schreiben Sie diese bitte groß und einzeln auf eine der grünen Karten, die vor Ihnen liegt, jedoch nicht mehr als drei. (...)

Experte (P11): *Trägt Thesen zur ökonomischen Evaluation vor*

Moderator: Bitte nehmen Sie sich noch einmal Zeit für die Formulierung Ihrer Fragen oder Anmerkungen zu diesen Thesen auf den gelben Karten. Wenn Sie schon etwas haben, dann geben Sie mir die Karten, und wir werden sie erst einmal ungeordnet vorlesen.

(2 Minuten Pause)

Moderator: Es ist so, dass wenn die Karten klein geschrieben sind, man sie nur schlecht lesen kann. Ich werde deshalb die Karte vorlesen und bitte Sie, dazu kurz Stellung zu nehmen, damit wir sie noch einmal gemeinsam anschauen können. Ich beginne mit Grün, also einer Frage oder einem Kommentar zur ökologischen Effektivität: „Umweltzeichen ist nicht gleich Kaufentscheidung."

Experte (P12): Ich hab mir überlegt, ob das bei der ökologischen Effektivität oder bei ökonomischer Effektivität passt. Es würde unter beides passen. Ich sehe einfach zwei eigentlich sich widersprechende Argumente. (...)

Da im Zuge der ersten Diskussionsrunde alle Kartenschreiber aufgefordert wurden, ihre Fragen und Kommentare zu erläutern, konnte hier ein größtmögliches Spektrum an Fachmeinungen abgefragt werden. Der weitere – durch die Bewertung der Karten vorstrukturierte – Diskussionsverlauf bezog sich dann auf jene Argumentationen und Stellungnahmen, die am meisten Resonanz gefunden hatten.

Im folgenden Beispiel, das sich wiederum auf die Fokusgruppe zum Umweltzeichen bezieht, wird in ähnlicher Weise die „Kontrollfunktion" der Kartenabfrage offenbar. Der spontanen Reaktion eines Teilnehmers auf das Statement des Vorredners, die andernfalls zu einem längeren Wortwechsel führen könnte, wird nicht statt gegeben; sie wird auch nicht einfach unterdrückt sondern in den weiteren Diskussionsverlauf integriert. Zu einem späteren Zeitpunkt wird der Experte das Thema „Beratung" wieder einbringen bzw. über seinen Kartenbeitrag selbst zum Thema machen.

Beispiel 3:

Moderator: Ich habe hier die Karte „Leitkriterien – wenige Bereiche, hoher Standard". Ja, was meint das in Bezug auf die Kriterienliste des österreichischen Umweltzeichens?

Experte (P12): Ja, das ist die Diskussion ob... Wenn es ein Ziel des Umweltzeichens ist, auch durchaus eine gewisse Anzahl von Betrieben anzusprechen und auch einzubinden, dann muss man sich fragen, ob man nicht einige Leitkriterien auswählt und von dieser – Zitat – „Verzettelung", das habe ich oft gehört, wegkommt. In diesen einzelnen Leitkriterien, die ja dann auch die höchsten ökologischen positiven Effekte zeigen, sollte man durchaus einen hohen Standard halten oder vielleicht auch den jetzigen Standard verbessern, aber einiges aus dem Kriterienkatalog, was bis jetzt drin ist, wo die ökologische Effektivität nicht wirklich vorhanden ist oder sehr marginal vorhanden ist, dafür wieder rausnehmen. Also eine Vereinfachung der Zielsetzungen auf Verhältnisse, um eine größere Breitenwirkung zu erreichen, bei Beibehaltung des Standards.

Experte (P7): Das ist kein Kriterienproblem, sondern das kommt auf die Beratung an. Wir haben gerade die Wirkung – 'tschuldigung.

Moderator: Bitte notieren Sie Ihr Argument doch für später! Die nächste Karte: „Was ist mit Abfall?"

Experte (P 5): Das ist von mir gekommen. Dieses Thema ist ja bis jetzt noch gar nicht zur Sprache gekommen. (...)

Hier strukturiert die Kartenabfrage das Gespräch gleichsam „von selbst". Die Moderatorin liest eine Karte vor, die dann anschließend von dem Teilnehmer erläutert wird. Er plädiert mit seiner Karte für eine Vereinfachung der Leitkriterien für das Umweltzeichen, um möglichst viele Betriebe als (Gebühren entrichtende) Partner des Umweltzeichens zu gewinnen. Dass diese Position nicht unumstritten ist, wird an der spontanen Wortmeldung eines weiteren Experten deutlich: Die Anzahl der Umweltzeichenbetriebe sei kein Problem einer „Verzettelung der Kriterienliste", sondern eine Herausforderung für die Unterstützung der Betriebe durch technische Berater, um mit entsprechenden Maßnahmen (z.B. Sanierungen, Energiesparbilanzen) wenigstens die zentralen Kriterien erfüllen zu können. Nach diesem Einwand nimmt er sich jedoch selbst zurück und entschuldigt sich für den Einwurf, der in Folge eine möglicherweise unkontrollierte Diskussion eröffnet hätte. Es wird deutlich, dass die Experten den Moderationsvorschlag akzeptieren und sich selbst danach richten. Der Experte kam der Aufforderung der Moderation, das Argument für später zu notieren, nach und berichtete im zweiten Gesprächsabschnitt über eine Untersuchung, bei der die Wirkung der Beratung im Hinblick auf die Umweltzeichenbetriebe festgestellt wurde. An dieser Stelle jedoch wurde eine vorschnelle Verbreiterung der Diskussion verhindert.

Die Kartenabfrage stellt auch im Rahmen der Auswertung eine zusätzliche Hilfe dar. Über eine einfache Auszählung wird – bei einer entsprechenden Gewichtung der Karten – schnell deutlich, welche Themen bzw. Stellungnahmen welches Maß an Resonanz in der Gruppe gefunden haben. Im Weiteren können sich über den Vergleich von individuellen schriftlichen und mündlichen Beiträgen erste Hinweise auf die der Diskussion zugrunde liegenden Argumentationslinien und deren prozesshafte Entwicklung ergeben.

5. Resümee

Aus modernisierungstheoretischer Perspektive sind wir von einer Kontroversialität des Expertenwissens ausgegangen, der sich gleichsam auch methodisch entsprechen lässt. Nach der begriffstheoretischen Differenzierung zwischen einer deutschen und angelsächsischen Tradition von Gruppendiskussionen haben wir daher die Vermutung, dass Gruppendiskussionen ein für die möglichst vollständige Erschließung von Meinungen und Informationen fruchtbares Verfahren sind, auch interaktionstheoretisch zu begründen versucht. Die sich daran anschließende Frage, welche konkreten Strategien zur Durchführung von Experten-Fokusgruppen sich empfehlen, haben wir in Abgrenzung zu einer Position diskutiert, die sich an einem eher nicht-interventionistischen Moderationsideal orientiert. Wir plädieren dagegen für eine engagierte Moderation, die wir unter den Aspekten von notwendiger fachlicher Kompetenz und moderationstechnischer Einbindung und Kontrolle der Teilnehmer skizziert haben. Für eine Strukturierung der Diskussion, die die Relevanzen der Experten berücksichtigt, ohne den thematischen Fokus aufzugeben, bietet sich die Methode der Kartenabfrage an.

Beim Einsatz solcher teilnehmerorientierter Moderationstechniken mag der Einwand einer Fetischisierung der Methode nahe liegen: die themenspezifische Reflexion der Interaktionsprozesse – so ein möglicher Einwand – tritt zugunsten der Professionalisierung technisch-medialer Steuerungspraktiken zurück, eine versteckte Standardisierung ist die Folge. Wir glauben allerdings, dass das entgegengesetzte Problem sehr viel realer ist: dass nämlich eine unprofessionell erscheinende Moderation mit fachlicher Inkompetenz gleichgesetzt wird und daher der Forscher nicht als der „richtige" Gesprächspartner angesehen wird. Die Standards werden dabei durch den professionellen Erfahrungskontext der Experten selbst gesetzt. Es erscheint fast widersinnig, bei Diskussionen mit Experten – die, falls sie eine entsprechende Leitungsfunktion innehaben, ohnehin einige Managementseminare besucht haben werden – nur auf traditionelle Darstellungsmethoden zu rekurrieren. Verschiedene Methoden der Diskussionsstrukturierung, Ergebnisdokumentation und Visualisierung (Overhead-Folien, Plakate, Szenarien-Raster) dienen insofern (auch) einer notwendigen Selbstdarstellung des Forschers als „Moderations-Profi". Inhaltlich ergiebige Diskussionen von Expertengruppen setzen deren Steuerung und Strukturierung voraus, die nur auf der Basis von (zugeschriebener) Fachkompetenz und der Fremdwahrnehmung des Moderators als statusgleich und ebenbürtig funktioniert. Der Auseinandersetzung mit Moderationstechniken, die freilich eher dem Bereich der Erwachsenenpädagogik entstammen, wird man sich daher nicht entziehen können.

Literatur

Albrecht, Terrance L./Johnson, Gerianne M./Walther, Joseph B. (1993): Understanding Communication Processes in Focus Groups. In: Morgan, David L./Krueger, Richard A. (Hg.), S. 51-64

Barbour, Rosaline S./Kitzinger, Jenny (Hg. 1999): Developing Focus Group Research. Politics, Theory and Practice. London: Sage

Barton, Allen/Lazarsfeld, Paul (1993): Einige Funktionen von qualitativer Analyse in der Sozialforschung. In: Hopf, Christel/Weingarten, Elmar (Hg.): Qualitative Sozialforschung. Stuttgart: Klett-Cotta, 3. Auflage, S. 41-89

Baumgartner, Christian/Institut für Integrativen Tourismus und Freizeitforschung (Hg. 2000): Evaluierung des Österreichischen Umweltzeichens für Tourismusbetriebe. Forschungsbericht GZ 23 4720/125-II/3/99. Wien (unveröff.)

Bloor, Michael/Frankland, Jane/Thomas, Michelle/Robson, Kate (2001): Focus Groups in Social Research. London: Sage

Blumer, Herbert (1973): Der methodologische Standort des Symbolischen Interaktionismus. In: Arbeitsgruppe Bielefelder Soziologen (Hg.): Alltagswissen, Interaktion und gesellschaftliche Wirklichkeit. Reinbek: Rowohlt, S. 80-146

Bohnsack, Ralf (2000a): Rekonstruktive Sozialforschung. Einführung in Methodologie und Praxis qualitativer Forschung. Opladen: Leske + Budrich, 4. Auflage

Bohnsack, Ralf (2000b): Gruppendiskussion. In: Flick, Uwe/Kardorff, Ernst von/Steinke, Ines (Hg.): Qualitative Forschung. Ein Handbuch. Reinbek: Rowohlt, S. 369-384

Farquhar, Clare (1999): Are focus groups suitable for 'sensitive' topics? In: Barbour, Rosaline S./Kitzinger, Jenny (Hg.), S. 47-63

Flick, Uwe (1995): Qualitative Forschung. Theorie, Methoden, Anwendung in Psychologie und Sozialwissenschaften. Reinbek: Rowohlt

Frey, James H./Fontana, Andrea (1993): The Group Interview in Social Research. In: Morgan, David L./Krueger, Richard A. (Hg.), S. 20-34

Garfinkel, Harold (1967): Studies in Ethnomethodology. Englewood Cliffs: Prentice Hall

Geissler, Susanne/Österreichisches Ökologie Institut (2001): Quintec - Qualifizierungsbedarf zum Einsatz innovativer Technologien in der Althaussanierung. Endbericht an die Europäische Kommission Leonardo da Vinci. Wien: ÖÖI

Giddens, Anthony (1996): Leben in einer posttraditionalen Gesellschaft, in: Beck, Ulrich/Giddens, Anthony/Lash, Scott (Hg.): Reflexive Modernisierung. Eine Kontroverse. Frankfurt/M.: Suhrkamp, S. 113-194

Glaser, Barney/Strauss, Anselm (1998): Grounded Theory. Strategien qualitativer Forschung. Bern: Huber

Greenbaum, Tom (1998): The Handbook for Focus Group Research. Thousand Oaks: Sage, 2. Auflage

Kitzinger, Jenny (1993): Understanding AIDS: media messages and what people know about Acqired Immune Deficiency Syndrome. In: Eldridge, John (Hg.): Getting the Message. London: Routledge, S. 271-304

Kitzinger, Jenny (1994): The methodology of Focus Groups: the importance of interaction between research participants. In: Sociology of Health & Illness, Jg. 16, H. 1, S. 103-121

Kromrey, Helmut (1986): Gruppendiskussionen. Erfahrungen im Umgang mit einer weniger häufigen Methode empirischer Sozialwissenschaft. In: Hoffmeyer-Zlotnik, Jürgen H.P. (Hg.): Qualitative Methoden in der Arbeitsmigrantenforschung. Mannheim: FRG, S. 109-132

Krueger, Richard A. (1998): Moderating Focus Groups. Thousand Oaks: Sage

Krüger, Heidi (1983): Gruppendiskussionen. Überlegungen zur Rekonstruktion sozialer Wirklichkeiten aus der Sicht der Betroffenen. In: Soziale Welt, Jg. 35, H. 1, S. 90-109

Lamnek, Siegfried (1995): Qualitative Sozialforschung, Bd. 2: Methoden und Techniken. Weinheim: PVU, 3. Auflage

Lamnek, Siegfried (1998): Gruppendiskussion. Theorie und Praxis. Weinheim: PVU

Leuthold, Margit (2001): Qualifizierte FacharbeiterInnen in der Althaussanierung. Ergebnisse aus einem europäischen Berufsbildungsprojekt. In: Österreichische Zeitschrift für Berufsbildung, Jg. 20, H. 1, S. 17-19

Loos, Peter/Schäfer, Burkhard (2001): Das Gruppendiskussionsverfahren. Theoretische Grundlagen und empirische Anwendung. Opladen: Leske + Budrich

Mangold, Werner (1960): Gegenstand und Methode des Gruppendiskussionsverfahrens. Aus der Arbeit des Instituts für Sozialforschung. Frankfurter Beiträge zur Soziologie, Bd. 9. Frankfurt/M.: Europäische Verlagsanstalt

Mangold, Werner (1973): Gruppendiskussionen. In: König, Rene (Hg.): Handbuch der empirischen Sozialforschung, Band 2. Stuttgart: Enke, 3. Auflage, S. 228-259

Mayring, Philipp (1999): Einführung in die qualitative Sozialforschung. Eine Anleitung zu qualitativem Denken. Weinheim: PVU, 4. Auflage

Merton, Robert K. (1987): The Focussed Interview and Focus Groups. Continuities and Discontinuities. In: Public Opinion Quarterly, Jg. 51, H. 4, S. 550-566

Merton, Robert K./Kendall, Patricia L. (1946): The Focused Interview. In: American Journal of Sociology, Jg. 51, H. 6, S. 551-447

Merton, Robert K./Fiske, Marjorie/Kendall, Patricia L. (1990): The Focused Interview. A Manual of Problems and Procedures. New York: The Free Press, 2. Auflage

Morgan, David L. (1996): Focus Groups. In: Annual review of sociology, Jg. 22, S. 129-152

Morgan, David L. (1997): Focus Groups as Qualitative Research. Thousand Oaks: Sage

Morgan, David L. (1998): The Focus Group Guidebook. Thousand Oaks: Sage

Morgan, David L./Krueger, Richard A. (Hg. 1993): Successful Focus Groups. Advancing the State of the Art. Newbury Park: Sage

Morgan, David L./Krueger, Richard A. (1998): The Focus Group Kit. Thousand Oaks: Sage

Pfadenhauer, Michaela (2002): Auf gleicher Augenhöhe reden. Das Experteninterview – ein Gespräch zwischen Experte und Quasi-Experte. In diesem Band

Pollock, Friedrich (1955): Gruppenexperiment. Ein Studienbericht. Frankfurter Beiträge zur Soziologie, Bd. 2. Frankfurt/M.: Europäische Verlagsanstalt

Stewart, David W./Shamdasani, Prem N. (1990): Focus Groups. Theory and Practice. Newbury Park: Sage

Wight, Daniel (1994): Boys' thoughts and talk about sex in a working class locality of Glasgow. In: Sociological Review, Jg. 42, H. 4, S. 702-737

Wilson, Thomas P. (1973): Theorien der Interaktion und Modelle soziologischer Erklärung. In: Arbeitsgruppe Bielefelder Soziologen (Hg.): Alltagswissen, Interaktion und gesellschaftliche Wirklichkeit. Reinbek: Rowohlt, S. 54-79

ExpertInnen-Interviews in der Politikwissenschaft

Geschlechtertheoretische und politikfeldanalytische Reflexion einer Methode[*]

Gabriele Abels und Maria Behrens

1. Einleitung

Die Entwicklung der Biotechnologie ist in den vergangenen Jahren zum Gegenstand zahlreicher empirisch-politikwissenschaftlicher Studien geworden. Methodisch wird dabei vielfach auf ExpertInnen-Interviews zurückgegriffen, die ein zentrales Erhebungsverfahren politologischer Forschung im Allgemeinen darstellen, dessen Methodik gleichwohl „vielfach erprobt, wenig bedacht" (Meuser/Nagel 2002)[1] ist. In diesem Beitrag werden wir in einem Werkstattbericht unsere Erfahrungen mit ExpertInnen-Interviews anhand von zwei Forschungsprojekten darlegen, die sich mit der politischen Steuerung der Biotechnologie befassen. Wir werden Möglichkeiten und Grenzen des Verfahrens in einem sich höchst konflikthaft konstituierenden Politikfeld aufzeigen. Aus der anhaltenden politischen Brisanz der Biotechnologie und den Charakteristika der Befragungsgruppe sowie aus allgemeinen Problemen mit Daten aus Befragungen resultieren – so unsere These – Probleme hinsichtlich der Gütekriterien, die es nahe legen, ExpertInnen-Interviews im Rahmen einer Methodentriangulation durch andere Erhebungsverfahren (Dokumentenanalyse, teilnehmende Beobachtung etc.) zu ergänzen.

Dennoch bedeutet dies nicht, dass Interviewdaten – wie häufig praktiziert – nur zur Illustration oder gar als Anekdote herangezogen werden können. Allerdings verdeutlichen die methodischen Fallen das Erfordernis einer disziplinären (Selbst-)Reflexion und einer Forschung über Methoden in der Politikwissenschaft. Dabei kommt u.a. der Kategorie Geschlecht eine zentrale Rolle zu. Wir werden in diesem Beitrag ihren Einfluss primär auf die *Durchführung* von ExpertInnen-Interviews exemplarisch darlegen; Auswer-

---

[*] Der Beitrag erschien unter dem Titel „ExpertInnen-Interviews in der Politikwissenschaft: Das Beispiel Biotechnologie" in der „Österreichischen Zeitschrift für Politikwissenschaft" (H. 1/1998, S. 79-92). Er wurde für den Wiederabdruck gekürzt und leicht überarbeitet.

[1] Wir beziehen uns, soweit nicht anders vermerkt, bei Verweisen auf Meuser/Nagel immer auf den in diesem Band wieder abgedruckten Beitrag „ExpertInnen-Interviews – vielfach erprobt, wenig bedacht".

tung und Interpretation der Daten hingegen thematisieren wir nur am Rande (zu diesen Verfahrensschritten allgemein vgl. Meuser/Nagel 2002, bezogen auf die Kategorie Geschlecht vgl. Behnke/Meuser 1999: 77-84, Althoff u.a. 2001).

2. Methodenreflexion in der Politikwissenschaft

Die deutschsprachige Politikwissenschaft zeichnet sich durch eine relative Abstinenz hinsichtlich methodischer Reflexion aus. Patzelt (1991: 53) bemängelte vor zehn Jahren in seiner Bestandsaufnahme qualitativer Verfahren, dass zwar die Praxis empirischer Politikforschung von der „Popularitätswelle qualitativer Forschung" erfasst worden sei, insgesamt aber „vordergründig Neigungen, die Methodenreflexion als irrelevant zu erachten bzw. der Soziologie zuzuschieben" zu konstatieren seien. Zwar ist in den letzten Jahren eine stärkere Methodenreflexion festzustellen (vgl. z.B. von Alemann 1995, Kriz u.a. 1994, Behrens 2003), jedoch ist Patzelts Tenor auch heute noch richtig.

Die sich ansonsten selbstbewusst entwickelnde feministische Politikwissenschaft bildet hier keine Ausnahme. Auch in der zweiten Welle einer feministischen Methodologie-Debatte in den Sozialwissenschaften sind Politologinnen erstaunlich abwesend (vgl. Abels 1997). In den nunmehr vorliegenden Einführungs- und Lehrbüchern in die feministische Politikwissenschaft fehlen Methodenkapitel, anders als bei vergleichbaren Werken in die feministische Soziologie (s. Althoff u.a. 2001).

Wir wollen hier keine Standardmethodenlehre für Politikwissenschaft proklamieren, die sich genuin von den sozialwissenschaftlichen Nachbardisziplinen unterscheidet, und wir begrüßen ausdrücklich den Methodenpluralismus in der Disziplin. Dennoch bleibt festzustellen, dass in der Politikwissenschaft bestimmte methodische Herangehensweisen und Verfahren der Datenerhebung sowie -auswertung – insbesondere „entpersonalisierte" Zugänge zum Forschungsgegenstand – präferiert werden, die einer methodologischen und methodischen Reflexion bedürfen. Hierzu gehört auch das ExpertInnen-Interview, das vor allem zur Erforschung politischen Handelns (Meuser/Nagel 1991) und in der Policy-Forschung – hier v.a. in der Implementationsforschung (Voelzkow 1995: 55) und der Evaluationsforschung (vgl. Leitner/Wroblewski 2002) – sowie zur Exploration und Evaluation der lebensweltlichen Seite und Alltagspraxis von Politik (Patzelt 1994: 398) verwendet wird.

3. Was ist ein ExpertInnen-Interview?

Mit Meuser und Nagel (1991, 1994, 1997, 2002) verstehen wir unter ExpertInnen-Interviews eine spezifische Form qualitativer Interviews, die selbstverständlich sozial komplexe Interaktionen sind. ExpertInnen-Interviews unterscheiden sich von anderen Befragungsmethoden in der Gesprächsführung und Auswertung; spezifisch für sie ist das *Erkenntnisinteresse* und die *Befragtengruppe*. Im ExpertInnen-Interview sind die Befragten in einer Doppelrolle präsent – als *Professionelle* und als *Personen* –, was Konsequenzen für die Interviewsituation und Gesprächsführung hat. Diesen Umstand gilt es systematisch im Hinblick auf Validität, Reliabilität und Generalisierbarkeit der Daten zu reflektieren.

Dexter (1970: 5) spricht von *Elite-* oder *Spezial*interviews und benennt hierfür drei Kriterien: (1) der/die Befragte definiert die Interviewsituation, (2) er/sie strukturiert den Bedeutungsrahmen und (3) entscheidet im Verlauf des Interviews, was bedeutsam und wichtig ist. Allerdings können diese Kriterien ebenso für narrative und biographische Interviews gelten. Der Terminus *Informations*gespräche (von Alemann/Forndran 1990: 169) gibt präziser den Zweck an, den dieses Verfahren für die Forscherin bzw. den Forscher hat, nämlich Informations-„gewinnung"[2], benennt jedoch keinen Adressaten. Der Begriff ExpertInnen-Interviews hingegen benennt die Befragungsgruppe und rückt das Gegenüber in den Mittelpunkt.

Wer Experte ist, kann im Einzelnen nur in Relation zum Forschungsgegenstand und Erkenntnisinteresse beantwortet werden (Meuser/Nagel 2002). Der Expertenstatus ist ein soziales und methodisches Konstrukt (Deeke 1995: 9). Allgemein sind ExpertInnen „FunktionsträgerInnen innerhalb eines organisatorischen oder institutionellen Kontextes", die „Problemlösungen und Entscheidungsstrukturen (re)präsentieren" (Meuser/Nagel 2002: 74). ExpertInnen müssen nicht – wie in den Untersuchungen von Meuser und Nagel – zwangsläufig der (Funktions-)Elite[3] einer Organisation angehören, sondern befinden sich oftmals gerade auf den unteren und mittleren Ebenen von Organisationen. In der Regel handelt es sich um gut ausgebildete und statusbewusste Personen, die es gewohnt sind, sich darzustellen, mit Fragesituationen umzugehen und komplexe Zusammenhänge darzulegen.

Während beim Interview mit Eliten wie z.B. ParlamentarierInnen die persönlichen Einstellungen der Befragten von Interesse sein können (zu Eliteinterviews vgl. van Schendelen 1984, Aberbach u.a. 1975, Semmel 1975), ist

---

2 Die englischen Termini „data-making" oder „data-creation procedures" verweisen u.E. präziser darauf, dass Methoden erst Daten produzieren.

3 Der Begriff meint diejenigen Personen, die „Teil des Handlungsfeldes, dessen Probleme gelöst werden sollen", sind. In diesem Sinne würden auch unsere Interviewten zur Funktionselite gehören. Der Begriff der Elite und Verfahren zur ihrer Identifizierung sind allerdings umstritten, vgl. Meuser/Nagel 1994: 181-184.

dies bei ExpertInnen-Interviews gerade nicht der Fall. Der Experte bzw. die Expertin interessiert nicht als „Gesamtperson", denn der „Kontext ... ist ein organisatorischer oder institutioneller Zusammenhang, der mit dem Lebenszusammenhang der darin agierenden Personen gerade nicht identisch ist und in dem sie nur einen ‚Faktor' darstellen" (Meuser/Nagel 2002: 72f.). Nichtsdestotrotz sind ExpertInnen im Interview als Person präsent. Mehr noch: Wenn der Subjektstatus der Befragten geleugnet wird, dann stellt dies psychodynamisch eine narzisstische Kränkung dar, wodurch das erforderliche Vertrauensverhältnis in der Interviewsituation empfindlich gestört wird und der Erfolg des Interviews zur Disposition stehen kann.[4] Ebenso ist auch die Forscherin kein fragendes Neutrum. Vielmehr nehmen *alle* InterviewteilnehmerInnen immer auch als Subjekte, und nicht nur als RepräsentantInnen für die jeweilige Organisation bzw. „die Wissenschaft" an der Interviewsituation teil. Interessen, Vertrauen, Macht und Kontrolle beeinflussen auch diese spezifische Form sozialer Interaktion.

Im interpretativen Paradigma der qualitativen Sozialforschung wird Kommunikation und Interaktion als konstitutiver Bestandteil des Forschungsprozesses gesehen. Das Schlüsselprinzip ist, „dass der Forscher den Zugang zu bedeutungsstrukturierten Daten im allgemeinen nur gewinnt, wenn er eine Kommunikationsbeziehung mit dem Forschungssubjekt eingeht und dabei das kommunikative Regelsystem des Forschungssubjekts in Geltung läßt" (Hoffmann-Riem 1980: 346f.). Zugleich wird den InterviewerInnen auch im offenen, leitfadenorientierten ExpertInnen-Interview zumeist ein Gestus interessierter Zurückhaltung empfohlen. Sie sollen als „anteilnehmende" und dabei „anregend-passive" Personen lediglich zum Erzählen auffordern, damit das Interviewprotokoll als monologischer Text angesehen und interpretiert werden kann (Lamnek 1989: 67, 69, 179). Dabei soll sich die Interviewsituation den „kommunikativen Regeln des alltagsweltlichen Handelns annähern" (Lamnek 1988: 24).

Dass sich aus diesen widersprüchlichen Anforderungen Probleme für die Forschungspraxis ergeben, liegt auf der Hand und wird im Hinblick auf ExpertInnen-Interviews von Schmid geschildert. Einerseits erfordert die Gesprächssituation Offenheit, Exploration und Flexibilität. Andererseits kann der Befragte Gegenfragen stellen, Kommentare abgeben oder die Position des Interviewers zu einem Problem abfragen. Der Forscher muss reagieren, und im Hinblick auf den Informationsgewinn ist eine abweisende Haltung nicht gerade zweckdienlich. Schmid (1995: 285) empfiehlt, z.B. bei politischen Äußerungen „wohlwollendes Interesse" zu zeigen; ein „detektivischer Spürsinn" – auch unter Nutzung von Suggestivfragen – wird bei kritischen The-

---

4   In Umkehrung einer von Becker-Schmidt (1985: 95) für die feministische Debatte formulierten Zuspitzung kann für ExpertInnen-Interviews gefragt werden, ob die Objekthaftigkeit des Experten im Forschungsprozess gerade durch die Leugnung seiner Subjektivität verfehlt wird.

men für unausweichlich gehalten. Weiterhin sollten auch „Kommentare, Gesten und Handlungen" kontrolliert werden (ebd.: 311).

Deutlich wird, dass der Forscher zwar eine möglichst neutrale Haltung einnehmen sollte, sich aber in einer Interviewsituation nicht unbedingt neutral verhält bzw. verhalten kann, sondern durchaus auf strategische Weise versucht, dem Gesprächspartner Informationen zu entlocken. Viele sozialstrukturelle und situative Faktoren entziehen sich dem Zugriff der Forscherin; sie werden verbal und nonverbal kommuniziert und können bestenfalls genutzt werden. Wichtige Faktoren sind: Geschlecht, Alter, professioneller Status/Titel, Erfahrungshintergrund, Idiosynkrasien/Einstellungen und Organisationszugehörigkeit. Sie wirken in der konkreten Interviewsituation nicht unabhängig voneinander, sondern es kommt vielmehr zu Verknüpfungen, gegenseitigen Verstärkungs- oder auch Abmilderungseffekten, weshalb eine Analyse spezifischer Wirkungszusammenhänge sehr schwierig ist. Wir glauben nicht, dass es sinnvoll ist, diese Faktoren als „Verzerrungen" und „Störungen" zu begreifen, die um der Validität willen möglichst minimiert werden können und sollen. Ganz im Gegenteil: Sie sind in allen sozialen Interaktionen und damit auch in der Forschungssituation immer und unausweichlich präsent. Wir erachten sie als die Interviewsituation mitkonstituierende Faktoren, die nicht zu vernachlässigen sind (vgl. auch Bogner/Menz 2002). Denn wie Heinzel (1997: 100) konstatiert, werden „grundsätzlich in jeder dialogischen Interviewsituation Vorstellungen von Beziehungen realisiert und Interaktionsmuster inszeniert".

Während Alter und Status als Determinanten noch allgemein anerkannt sind, wird v.a. das Geschlecht in der Literatur weitgehend ignoriert (vgl. Littig 2002). Meuser und Nagel (2002) verweisen nur kurz darauf, dass mit „Sicherheit ... Geschlechtsunterschiede der Beteiligten auf die Definition der Situation" einwirken. Warren (1988: 44) stellt fest, dass es nahezu eine Binsenwahrheit der Interviewforschung sei, dass Frauen in den meisten Fällen mehr Rückmeldung erhalten, weil sie weniger bedrohlich wirken und über eine bessere kommunikative Kompetenz verfügen. Diese generelle Aussage ist u.E. dahingehend einzuschränken, dass hier – abgesehen von der Gefahr der Reifizierung von Geschlechterstereotypen – der Forschungsgegenstand und die realen Geschlechterverhältnisse eine wichtige Rolle spielen. Gerade durch die Veränderung der Geschlechterverhältnisse und das Eindringen von Frauen in Männerdomänen können sich also je nach Gegenstand Veränderungen ergeben.[5] Van Schendelen (1984: 307) erwähnt, dass der Zugang zu ParlamentarierInnen in verschiedenen Studien für Frauen leichter gewesen sei, und deshalb das Geschlecht als Rekrutierungsmerkmal bei der Zusammenstellung seines Interviewteams berücksichtigt wurde – ohne dass er hie-

---

5   Wir danken Michael Meuser für diesen Hinweis aus seiner Studie über die Implementation von Frauenfördermaßnahmen.

raus weitere Schlüsse für die Datenerhebung und -auswertung zieht. Padfield und Procter (1996) plädieren dafür, dass Geschlechtereffekte möglichst minimiert werden sollten.

Für die feministische Forschung ist die Einsicht, dass das Geschlecht in der Forschungssituation „mitläuft", nicht neu. Aus dieser Perspektive liegen erste empiriegeleitete methodische Reflexionen über geschlechtsspezifische Effekte in narrativen Interviews vor (McKee/O'Brian 1983, Padfield/Procter 1996, Williams/Heikes 1993). Jedoch ist hier der Untersuchungsgegenstand geschlechtsspezifisch konturiert (Abtreibung, alleinerziehende Väter, Krankenpflege); die Geschlechterverhältnisse, Gegenstand und biographische Fragestellung haben vermutlich das Interviewsetting stark geprägt. Lediglich Gurney (1985) reflektiert ihre Forschungserfahrungen in einer Männerdomäne, die stark von Problemen des Feldzugangs aufgrund sexistischen Verhaltens geprägt sind. Insgesamt mangelt es bisher an systematischen und vergleichenden Untersuchungen über den Einfluss von Geschlecht im Interview.

Wir sind auf der Basis unserer Interviewerfahrungen der Meinung, dass das Geschlecht, obschon es hier eine diskriminierende Komponente gibt, erkenntnisbringend eingesetzt werden kann. Blockierende Effekte sind andererseits ebenfalls systematisch nicht auszuschließen.

4. Erfahrungshintergrund

Im Rahmen von zwei Forschungsprojekten, die sich mit verschiedenen Bereichen der Biotechnologie (Medizin und Nahrungsmittel) beschäftigen, haben wir Mitte der 1990er Jahre zahlreiche leitfadengestützte ExpertInnen-Interviews durchgeführt. Das eine Projekt ist eine Fallstudie zur Rekonstruktion und Analyse des Verhandlungsnetzwerkes zum Humangenomprogramm der EG von 1986 bis 1991 (Abels 2000). Das heißt, im Mittelpunkt stand der reale Verlauf des Politikprozesses, Interessen und Strategien der beteiligten Akteure sowie ihre Deutungen des Konfliktes. Die ExpertInnen-Interviews dienten der Rekonstruktion und Bewertung von Ereignissen sowie der Exploration von Handlungsmustern.

Die Befragten waren auf verschiedenen Ebenen und in verschiedenen Mitgliedstaaten (BRD, Frankreich, GB, Niederlande) überwiegend als WissenschaftlerInnen oder als VertreterInnen von Förderorganisationen sowie des politisch-administrativen Systems am Policyprozess beteiligt. Einige Interviews dienten der Erhebung relevanten Kontextwissens; mit drei Befragten wurden zwei Gespräche geführt, da Nachrecherchen erforderlich waren. In 49 Einzel- und einem Gruppeninterview wurden insgesamt 10 Frauen und 42 Männer befragt. Die hohe Auskunftsbereitschaft resultiert aus der Spezifik der Befragtengruppe (Selbstbewusstsein, (Selbst-) Darstellung) und ist ferner sicherlich auf den Umstand zurück zu führen, dass der umstrittene Verhandlungsprozess zum Zeitpunkt der Interviewführung bereits abgeschlossen war. Die Gespräche wurden (fast alle) aufgezeichnet; zu jedem Gespräch ein Protokoll mit ersten Eindrücken und wichtigen Ergebnissen angefertigt. Die Interviews dauerten zwischen 30 Minuten und 4 Stunden (durchschnittlich 90 Minuten).

Die Gespräche fanden überwiegend am Arbeitsort der Befragten statt, d.h. in Büros und Forschungslabors; einige in den Privatwohnungen der Befragten. Insgesamt war der Zugang zu den Interviewten relativ leicht. In den meisten Fällen genügte ein Telefonat und/oder Anschreiben zur Kontaktaufnahme. Nur wenige Befragte, v.a. diejenigen auf höheren Hierarchieebenen, mussten mehrfach angefragt werden oder bedurften z.T. eines Vermittlers. Der Zugang zur mittleren Entscheidungs- und Hierarchieebene mag deshalb leichter sein, weil diese Gruppe hier eine Möglichkeit sieht, Bedeutung und Probleme der eigenen, sonst ignorierten Arbeit relativ zweckfrei zu thematisieren und zu inszenieren (van Schendelen 1984, Hucke/Wollmann 1980: 223). Dies halten wir – neben Neugier – für ein wichtiges Motiv, insbesondere z.B. bei Befragten aus der Administration.

Das zweite, mit Drittmitteln geförderte Projekt (Behrens 1995, Behrens u.a. 1996) setzte sich vergleichend zwischen den Niederlanden und der Bundesrepublik Deutschland mit der Umsetzung von Forschungsprogrammen im Bereich der Biotechnologie auseinander und untersuchte den Prozess der gesellschaftlichen Kontextualisierung von gentechnischen Verfahren zur Nahrungsmittelherstellung (Behrens u.a. 1997, 2001b).

Insgesamt wurden von der Autorin 77 Interviews mit 65 Männern und 12 Frauen aus den Bereichen staatlicher Administration, wissenschaftlicher Einrichtungen, Unternehmen und Verbände durchgeführt. Die Gespräche hatten explorativen, rekonstruktiven und evaluativen Charakter. Sie dienten der Annäherung an den Untersuchungsgegenstand, der Rekonstruktion von Entscheidungsprozessen sowie der Ermittlung von Problemen aus Sicht der beteiligten Akteure. Zur internen Validierung wurden mehrere Gespräche mit Experten geführt, die sich in einem ähnlichen Kontext bewegen und eine vergleichbare Stellung einnehmen (z.B. Abteilungsleiter von öffentlichen Forschungsanstalten). Darüber hinaus wurden nach dem Prinzip der Cross-examination anhand von Dokumenten und Statistiken die Ergebnisse der Interviews geprüft und ergänzt.

Der Zugang zu den Experten war in den meisten Fällen problemlos, die Gesprächspartner in der Regel sehr kooperativ. Viele Unternehmen lehnten es aufgrund des gesellschaftlichen Konflikts allerdings ab, sich offiziell zu äußern. Nur wenige Unternehmen waren nach Vermittlungshilfe der Gewerkschaft Nahrung-Genuss-Gaststätten zu einem „informellen" Gespräch bereit, ließen aber keine schriftlichen Notizen oder tontechnischen Aufzeichnungen zu. Im Anschluss an die Gespräche musste daher ein ausführliches Gedächtnisprotokoll angefertigt werden.

Die Gespräche wurden zumeist in den Büros der Experten durchgeführt, in Ausnahmefällen auch in Labors der Forschungseinrichtungen. Die Dauer der Interviews lag im Durchschnitt bei anderthalb Stunden, wobei das kürzeste Interview nur eine halbe Stunde, das längste fünfeinhalb Stunden währte.

Insgesamt liegen somit aus beiden Forschungsprojekten Erfahrungen mit einem sehr heterogenen Sample vor. Sowohl Humangenomanalyse als auch gentechnisch hergestellte Lebensmittel sind nach wie vor gesellschaftlich umstrittene Forschungs- und Anwendungsbereiche; Erfolg, Diffusionswege und Regulierungsbedarf sind noch weitgehend ungeklärt. Während das erste Projekt (Abels) eine ex-post-Analyse ist, ist das zweite (Behrens) eine begleitende Untersuchung. In beiden Projekten richtete sich das Erkenntnisinteresse auf Durchsetzungsstrategien, Interessen und Konfliktdeutungen von AkteurInnen in einem extrem konfliktbehafteten Politikfeld.

Faktoren, welche die Interviews beeinflusst haben, sind der Untersuchungsgegenstand, Status der Befragten und Status der Interviewerin. Beide Forschungsprojekte verfolgten keine geschlechtsspezifische Fragestellung. Mögliche geschlechtsspezifische Technikfolgen wurde daher nur in Ausnahmefällen seitens der befragten Experten thematisiert (z.B beim Genomprojekt die Probleme pränataler Diagnostik für Frauen). Die gesellschaftliche und politische Brisanz des Forschungsfeldes Biotechnologie hatte demgegenüber einen größeren Einfluss auf Offenheit bzw. Zurückhaltung der Gesprächspartner.

In den insgesamt 127 Interviews wurden 107 Männer sowie 22 Frauen befragt. Die Mehrzahl der befragten Männer war zwischen 50-60 Jahre alt, die Frauen zumeist 35-45 Jahre. Fast alle Befragten hatten einen akademischen Abschluss; viele waren promoviert, einige habilitiert. Die meisten waren Naturwissenschaftler, gefolgt von Juristen und Wirtschaftswissenschaftlern. Nur in wenigen Fällen wurden Führungseliten, d.h. hierarchische Spitzenpositionen befragt, ansonsten Akteure, die auf unteren und mittleren Hierarchieebenen an der Entscheidungsvorbereitung und -durchsetzung beteiligt waren (z.B. Fachreferenten) und insofern über detaillierte Kenntnisse verfügten.[6]

Die Autorinnen/Interviewerinnen sind Politologinnen und waren zum Zeitpunkt der Gespräche Anfang/Mitte 30 und Doktorandinnen, kurzum: in mehrfacher Hinsicht „not one of the guys" (Gurney 1985). Neben dem Geschlecht bestand hinsichtlich des Alters, der Qualifikation und der formalen beruflichen Position ein zumeist großer Unterschied zu den von uns befragten Experten. Wir unterstellen, dass das Geschlecht die Interaktionen im ExpertInnen-Interview besonders mitgeprägt hat. Diese Effekte waren nicht bloß

---

6   Zu den Problemen von Gesprächen mit Sachbearbeitern im Unterschied zu Führungspositionen vgl. Hucke/Wollmann 1980: 223f.; Meulemann (1993: 106) formuliert, dass umgekehrt das Gewicht der Funktion des Fragers die Motivation des Experten, einem Gespräch zuzustimmen oder abzulehnen, mitbestimmt.

störend oder verzerrend, sondern haben sich z.T. durchaus *positiv* auf die Informationsgewinnung ausgewirkt. Die Geschlechterverhältnisse schlugen sich als geschlechtsspezifische Vorurteile nieder, die als externe Variable nur bedingt beeinflussbar sind, und konnten von uns als Forscherinnen bis zu einem gewissen Grad zur Informationsgewinnung genutzt werden.[7] Im Folgenden werden wir daher – auf Grundlage unserer Erfahrungen und einer konversationsanalytischen Kategorienbildung – vertiefend auf Interaktionseffekte im Interview eingehen. Wir wollen hier keine generalisierenden Aussagen oder gar methodisch saubere Regeln, sondern erste Hypothesen formulieren.

5. Interaktionseffekte in ExpertInnen-Interviews

Interaktionseffekte im Interview werden in der Literatur unterschiedlich bewertet. Vielfach gelten sie als Misslingen des Diskursverlaufs im Interview, gegen die der Forscher wenig ausrichten kann, da sie den Rahmen der Situation sprengen (vgl. Meuser/Nagel 2002: 77ff.). Der Informationsgehalt solcher Gespräche sei gering, und für die Auswertung stellten diese Interviews nur Beiwerk dar. Solche Diskursverläufe können jedoch, wie die folgenden Beispiele zeigen, sehr wohl positive Elemente haben.

Wir beziehen uns auf die von Vogel (1995) beschriebenen vier Effekt-Typen: (1) Paternalismus-, (2) Katharsis-, (3) Eisberg- und (4) Rückkopplungseffekt. Wir werden diese aus einer Geschlechterperspektive darlegen und um den (5) Profilierungseffekt ergänzen.

ExpertInnen-Interviews sind „entschieden im Ziel, aber variabel im Kurs" (Vogel 1995: 75, vgl. auch Brosi 1981: 48, van Schendelen 1984: 311). Aufgrund der Dynamik der Interaktion lassen sich die Gespräche nicht idealtypisch den Effekte-Typen zuordnen. Wenn ein Effekt-Typus auch im gesamten Interview dominieren mag, so kann sich je nach Interviewphase aufgrund von Anpassungen der Beteiligten an und Reaktionen auf die Gesprächssituation das Grundmuster ändern, also z.B. dem Eisberg- ein Katharsiseffekt folgen (vgl. hierzu Vogel 1995: 81).

---

7   Durch das bewußte Ausnutzen geschlechtsspezifischer Vorurteile zur Informationsgewinnung können allerdings bestehende Geschlechterstereotypen verfestigt werden. Ein solches Ausnutzen von Vorurteilen der Experten seitens der ForscherInnen ist nicht nur bei geschlechtsspezifischen Fragen, sondern z.B. auch in Hinblick auf parteipolitische Einstellungen, die mit Hilfe der Auswahl bestimmter Kleidung zum Ausdruck gebracht wird, durchaus üblich (Schmid 1995). Ob hier der Zweck die Mittel heiligt, sollte daher Gegenstand allgemeiner Überlegungen zur Forschungsethik sein.

5.1 Paternalismuseffekt

Das Charakteristische des Paternalismuseffektes ist „eine demonstrative Gutmütigkeit des Befragten gegenüber dem vorgetragenen Forschungsanliegen" (Vogel 1995: 80). Dieses war eine typische Gesprächssituation mit Männern, die uns als Frauen in der Männerdomäne oftmals väterlich begegneten. Hier vermischten sich Geschlecht, Alter, professioneller Status und Wissenshierarchie: Der Paternalismus, der sich uns als „jungen" Frauen gegenüber einstellte, wurde durch ein faktisches Informationsgefälle gespeist, wie es in ExpertInnen-Gesprächen allerdings immer besteht, denn diese zielen genau auf diesen „Wissensvorsprung" ab (Meuser/Nagel 1997: 484; vgl. auch Hucke/ Wollmann 1980: 222). Behnke und Meuser (1999: 78) konstatieren, dass „(j)unge Forscherinnen, die sich in einem männerdominierten Feld bewegen, (...) in besonderem Maße davon betroffen (sind), daß in der Wahrnehmung der Erforschten der Geschlechtsstatus den professionellen Status dominiert. Die Forscherin gilt in diesem Fall als in akzeptabler Weise inkompetent."

Ein zusätzliches geschlechtsspezifisches Vorurteil kommt uns gegenüber zum Ausdruck, weil wir uns als Frauen für Fragen der Förderung von Forschung und Technologie in der Biotechnologie und für politische Prozesse in diesem Feld interessieren, die als Männerdomänen wahrgenommen werden. Auf die von den Befragten vermuteten geringen Kenntnisse der politischen und wissenschaftlich-technischen Materie konnten wir auf zweierlei Weise reagieren: Zum einen standen wir zum Teil unter dem Druck, unsere Kompetenzen, d.h. unseren eigenen im Laufe der Zeit erworbenen Expertenstatus in der Sache zu präsentieren. Zum anderen ergab sich oft die Möglichkeit, gerade den an sich diskriminierenden Paternalismus in einer produktiven Weise für die Datenerhebung strategisch zu wenden. Wir behaupten, dass wir in vielen Gesprächen mit Experten gerade deshalb wichtige Informationen erhielten, weil man glaubte, uns Dinge von Grund auf erklären zu müssen oder Fakten auszusprechen, die man uns als Frauen mit einem zugewiesenen niedrigeren Status nicht zutraute, richtig einschätzen zu können.[8] Diese Projektionen auf uns und die damit einhergehende Offenheit über den Sachverhalt ließen sich noch durch Fragen verstärken, die dem Experten als naiv und unbeholfen erscheinen mussten und an seine Bereitschaft appellierten, hier Aufklärung zu betreiben.

---

8 Es gibt auch Formen kulturellen Paternalismus, wenn z.B. in Interviews mit einem US-amerikanischen Experten sich dieser extrem paternalistisch gegenüber einem deutschen Interviewer verhält, weil die USA im Bereich biotechnologischer Forschung und Entwicklung weltweit führend sind.

5.2 Katharsiseffekt

Katharsiseffekt meint, dass Befragte das Interview zur Kompensation nutzen, um ihrer beruflichen Unzufriedenheit Luft zu machen (Vogel 1995: 81). Für die Forscherin kann das Problem auftreten, dass der Befragte nicht beim Thema bleibt, sondern abschweift und der Ertrag an Informationen gering ist. Gleichzeitig besteht die Chance, detailliertere Aussagen zum Untersuchungsgegenstand zu erhalten. Da uns als Frauen ein niedrigerer Status zugeschrieben wurde, wurden wir von den Befragten als weniger bedrohlich empfunden. Daher trat der Katharsiseffekt relativ häufig auf – allerdings nicht nur in dieser Variation.

Unter Katharsiseffekt kann in Erweiterung der Definition von Vogel der Wechsel des Befragten von seiner Rolle als Experte zur Privatperson verstanden werden (vgl. Meuser/Nagel 2002, McKee/O'Brien 1983). Es wurde über Erlebnisse in der Familie berichtet, der Zustand des Gartens beschrieben oder über die Tauglichkeit des neuen Wagens debattiert. In solchen Situationen steht die Forscherin vor dem Problem, das Interview entweder abzubrechen und damit zu riskieren, benötigte Informationen nicht zu erhalten, oder aber geduldig den Befragten immer wieder zum eigentlichen Thema zu lenken.

Diese Variante tritt bei Frauen eventuell eher ein. Der Rollenwechsel zur Privatperson basiert vermutlich darauf, dass Frauen der Sphäre des Privaten zugerechnet werden. Für die Forscherin ist es schwierig, das Gespräch wieder auf den Untersuchungsgegenstand zu lenken, da dies z.T. als Desinteresse an der Person gewertet und somit die stets prekäre Vertrauenssituation gefährdet wird. Eine mögliche Folge ist, dass der Befragte dann im weiteren Gespräch blockiert (Eisbergeffekt).

5.3 Eisbergeffekt

Für den Eisbergeffekt, d.h. Desinteresse und zögerliche Auskunftsbereitschaft des Befragten (Vogel 1995: 79), können unterschiedliche Gründe vorliegen. Möglicherweise handelt es sich beim Befragten hinsichtlich der Forschungsfrage nicht um einen echten Experten und er oder sie kennt sich in der Thematik nicht bzw. nicht (mehr) ausreichend aus. Meuser und Nagel empfehlen, solche Gespräche abzubrechen.

Eine weitere Ursache kann ein Testen der Interviewerin durch den Befragten sein. Der Experte will zuerst einordnen, ob die Interviewerin über Fachkompetenz verfügt, welche (politische) Haltung sie zum Untersuchungsgegenstand einnimmt, ob sie vertrauenswürdig erscheint. Bei „Gefallen" wird die blockierende Haltung aufgegeben, und es können sehr gewinnbringende Gespräche entstehen. Bis zu einem gewissen Grad ist dieses am Anfang eines jeden Interviews ein normaler Effekt, da eine Vertrauenssituation erst aufgebaut werden muss.

Der Eisbergeffekt war in unseren ExpertInnen-Interviews in seiner hartnäckigen Ausprägung eher selten und konnte in relativ kurzer Zeit durchbrochen werden. Nur in zwei Fällen wurde das Gespräch vorzeitig beendet. Das seltene Auftreten dieses Interviewtypus kann darauf zurückgeführt werden, dass uns als Frauen mit weniger Misstrauen begegnet wird und die Erwartungshaltung niedriger ist. Lag Unkenntnis über den Untersuchungsgegenstand seitens des Befragten vor, zeigte sich dieser Umstand in unseren Gesprächen meistens nicht in einer blockierenden Haltung. Im Gegenteil versuchte der Befragte zumeist durch andere Informationen oder allgemeine Bemerkungen fehlende Kenntnis zu kaschieren und sein Gesicht zu wahren (vgl. Profilierungseffekt).

5.4 Rückkoppelungseffekt

Rückkoppelungseffekt meint solche Gesprächssituationen, in denen der Befragte versucht, die Frage-Antwort-Situation umzukehren (Vogel 1995: 80). Der Befragte möchte die Forscherin zu einer Ko-Expertin machen. Er will sich bei der Forscherin erkundigen, wie sein Handeln vom gesellschaftlichen Umfeld wahrgenommen wird, beziehungsweise er will sein Handeln darin einordnen. Der Rückkoppelungseffekt kann die Forscherin in die missliche Lage versetzen, bei Abblocken von Fragen einerseits unhöflich zu erscheinen, bei Tolerierung andererseits Informationen nicht zu erhalten oder Hinweise auf sozial erwünschte Antworten zu geben. In beiden Fällen kann somit das Interview scheitern. Dieser Effekt ist z.T. gegenstandsabhängig, insofern ein konfliktbehaftetes Thema wie die Biotechnologie insbesondere zu potentiell kritischen Meinungsbekundungen herausfordert und SozialwissenschaftlerInnen tendenziell als kritisch eingeschätzt werden.

Der Rückkoppelungseffekt war in unseren ExpertInnen-Interviews eher selten und wenn, trat er nach mehreren Interviews auf. Im Verlauf der Untersuchung wird die Forscherin selbst zu einer Expertin. Durch gezieltes Fragen wird dem Befragten nach zumeist kurzer Zeit klar, dass die Forscherin über Fachkompetenz verfügt, was zu Gegenfragen verlockt. Vor allem in Interviews mit Unternehmensvertretern versuchten die Befragten, von der Forscherin Informationen über Positionen und Strategien der Konkurrenz bzw. von umwelt- und verbraucherpolitischen Verbänden zu erhalten. Neben den erhofften Informationen über die Konkurrenz hat die Umkehr der Frage-Antwort-Richtung für die Unternehmensvertreter den Vorteil, selbst kaum Informationen preisgeben zu müssen. Hier hilft in der Regel nur ein „Informationshandel". Aber auch in dem anderen Projekt trat dieser Effekt auf: Es wurde versucht, Informationen über die Haltung anderer Befragter zu ermitteln, Einstellungen der Interviewerin zu erfragen oder auch sich das

Verhalten anderer Akteure erklären zu lassen. Im Einzelfall kann hieraus eine interessante Diskussion entstehen, bei der wichtige Informationen ans Licht kommen. Allerdings stellt sich das Problem, dass Antworten verzerrt werden.

Das seltene Auftreten dieses Typs von Interaktionseffekten führen wir u.a. darauf zurück, dass wir als Frauen in diesem Politikfeld zumeist nicht *prima facie* als Expertinnen wahrgenommen wurden, und in den Gesprächen nicht so stark dem Druck ausgesetzt waren, uns als kompetente InterviewpartnerInnen (oder KonkurrentInnen) ausweisen zu müssen.

5.5 Profilierungseffekt

Dem Profilierungseffekt sind wir recht häufig begegnet. Der Befragte will seine Kompetenz beweisen und ist im allgemeinen sehr auskunftsfreudig. Wir vermuten, dass der Profilierungseffekt häufiger bei Interviews auftritt, die von Frauen geführt werden und dies insofern ein geschlechtsspezifischer Effekt sein könnte.[9] Für die Forscherin besteht die Möglichkeit, durch Provokation nach dem Motto: „... aber darüber werden Sie sicherlich keine genaueren Kenntnisse besitzen" Informationen zu erhalten bzw. durch die Bekundung von Bewunderung hinsichtlich seiner Kompetenz weitere Informationen aus dem Befragten „herauszulocken". In einigen Interviews rühmten sich die Befragten gar mit strafrechtlich belangbaren Handlungen.

Die Gesprächssituation entspricht hier der klassischen geschlechtsspezifischen Rollenverteilung: Der Mann ist kompetent und welterfahren – die Frau bewundert ihn. Bis zu einem gewissen Grad kann sich die Forscherin auf diese Rollenverteilung einlassen. Es besteht jedoch die erhebliche Gefahr, dass der Befragte das Interview als Privatperson dominiert.

Darüber hinaus trat auch der Fall ein, dass die Befragten sich nicht unbedingt mit Kenntnissen in Bezug auf den Untersuchungsgegenstand profilieren wollten, sondern „Nebenschauplätze" wählten: Ein Befragter legte beispielsweise einen telefonischen Interviewtermin mit einem Reporter eines Fernsehsenders so, dass die Autorin anwesend war und mithören musste. Offenbar wollte er dadurch demonstrieren, wie gefragt er ist. Oder ein Interviewter arbeitete zwischendurch am PC, um seine Unabkömmlichkeit und damit seine Großzügigkeit, einem Gespräch zuzustimmen, zu signalisieren. Einer solchen Situation kann frau nur mit offensichtlichem Desinteresse begegnen und ihm somit signalisieren, dass die erhoffte Bewunderung ausbleiben wird.

---

9 Weitergehend ist zu vermuten, dass auch in Gesprächen unter Männern ein Profilierungseffekt zum Tragen kommt. Auch dieser ist geschlechtsspezifisch, insofern dabei Männlichkeit inszeniert wird. Die Inszenierung von Geschlecht findet sich beim Paternalismuseffekt in der Figur des väterlichen Typs.

6. Schlussfolgerungen

Die hier dargestellten Erfahrungen mit ExpertInnen-Interviews erlauben keine generalisierenden Aussagen, sondern lediglich erste Hypothesen. Der Blick für die Bedeutung von Interaktionseffekten und sie prägende Faktoren kann geschärft werden: Neben Alter, professionellem Status und Erfahrungshintergrund ist das Geschlecht ein maßgeblicher Faktor sozialer Interaktion. Trotz verschiedener Forschungsfelder, unterschiedlicher Befragungsstile und einer Vielfalt unterschiedlicher Experten entdeckten wir die geschilderten Gemeinsamkeiten in der Gesprächssituation. Diese beziehen sich sowohl auf das Verhalten der (zumeist männlichen) Befragten uns (als Frauen) gegenüber als auch auf die Art und Weise, wie wir reagierten. Geschlechtsspezifische Vorurteile, seien sie positiver oder diskriminierender Art, prägen die Interaktionsbeziehung und können für die Forscherin durchaus vorteilhaft sein. Abwehrmechanismen (Eisbergeffekt) treten seltener auf; andere Effekte wie paternalistisches oder sich profilierendes Verhalten seitens des Befragten können informationsgewinnend genutzt werden. Als nachteilig für den Gesprächsverlauf erwies sich allerdings das relativ häufige Auftreten des Katharsiseffektes in der Variante, dass der Befragte in die Rolle der Privatperson wechselte.

Die Erfahrungsberichte über geschlechtsspezifische Interaktionseffekte machen deutlich, dass es sich zumeist nicht um partnerschaftlich diskursive Gespräche unter Gleichen gehandelt hat, sondern bedingt durch das Geschlecht in Verbindung mit anderen Faktoren diskriminierende Verhaltensmuster auftraten, die sich im Hinblick auf den Informationsgewinn freilich nicht *per se* nachteilig auswirken müssen.

Bei offenen ExpertInnen-Interviews, wie wir sie durchgeführt haben, stellt sich das generelle Problem, dass wir als Politikwissenschaftlerinnen an der Aufdeckung realer Handlungsabläufe interessiert sind, während die befragten Experten genau die Vertuschung von Tatsachen und die Bildung politischer Mythen zum Ziel haben können; auch „Organisationen haben ein Eigeninteresse an möglichst positiver und widerspruchsfreier Tätigkeitsdarstellung" (Hucke/Wollmann 1980: 224). Es ist davon auszugehen, dass sich „political desirability", d.h. die Abgabe politisch erwünschter Antworten, auf jegliche Methode der Datenerhebung in diesem politisch kontroversen Politikfeld auswirkt, weshalb wir für eine Methodentriangulation plädieren.

Die Feststellung methodischer Fallen liefert u.E. jedoch keine hinreichende Begründung dafür, das Untersuchungsinstrument als solches abzulehnen. Denn zugleich bietet es entscheidende Vorteile, gerade in einem erst noch zu explorierenden Feld. Standardisierte Methoden sind für die Ermittlung von Expertenwissen (z.B. Delphi-Befragung, vgl. Aichholzer 2002) oftmals ungeeignet, da die erforderliche Reduktion von Realität den Erfahrungen von Experten zuwiderläuft.

Nach Meuser und Nagel (1991: 133f.) ist der Erkenntnisgewinn von ExpertInnen-Interviews als eigenständiges Verfahren ein im weitesten Sinne wissenssoziologischer, d.h., er liegt auf der „Ebene von Deutungsmustern, Orientierungsmustern, Normalitätsmustern"; im Hinblick auf politisches Handeln zielen sie auf „Relevanzstrukturen und Wissensmuster im politischen System" ab. Darüber hinaus können politische „Realakte" als „Gegenstände eigener Qualität" (Hucke/Wollmann 1980: 220) und die Erfassung politischer Alltagspraxis nur über Interviews mit AkteurInnen oftmals überhaupt erst im Detail rekonstruiert werden, weshalb „iterative Experteninterviews" gerade in der Policyforschung und dort speziell für qualitative Netzwerkanalysen weit verbreitet sind (Voelzkow 1995: 55). Dokumente wie z.B. Gesetzesvorlagen, Pressemitteilungen, Stellungnahmen oder Protokolle hingegen sind – je nach Form und Inhalt – in der Regel nur Markierungspunkte, wenn auch bedeutende; die empirische Komplexität politischen Handelns spiegeln sie aber nur zum Teil wider.

Einen einfachen Ausweg daraus, dass ExpertInnen immer auch problematische Informanten sind (vgl. Dean/Whyte 1970) und diese Art offener Interviews eine Vielzahl von Fallstricken mit sich bringt, kann es nicht geben. Möglichkeiten, dem zu begegnen, sind u.E. die vielfach praktizierte Kombination von ExpertInnen-Interviews mit anderen Methoden der Datenerhebung, die Durchführung einer größeren Zahl von Interviews bzw. mit ExpertInnen unterschiedlicher organisationaler und institutioneller Zugehörigkeit, um so über einen thematischen Vergleich Daten gegeneinander validieren zu können. Für die Validität und Reliabilität von Daten wäre es sicherlich sinnvoll, wenn diese möglichst von einem Team durchgeführt, zumindest aber ausgewertet würden.

Im Hinblick auf Geschlechtereffekte sehen wir erheblichen Bedarf an und Möglichkeiten für Methodenforschung: Durch Textanalysen von Transkripten könnten ex post geschlechtsspezifische Faktoren rekonstruiert werden. Darüber hinaus könnten Vergleiche mit den Erfahrungen männlicher Kollegen, aber auch die Einbeziehung von ExpertInnen-Interviews mit weiblichen Befragten aufschlussreich sein. Besonders gemischtgeschlechtliche Forschungsgruppen bieten die Möglichkeit eines systematischen Vergleichs, da sowohl der Untersuchungsgegenstand als auch der Expertenkreis übereinstimmen. Leider scheitert dieses jedoch – neben forschungsökonomischen Gründen – nicht zuletzt am Widerstand, das Geschlecht als relevante analytische und methodische Kategorie anzuerkennen sowie daran, in der Politikwissenschaft offensiver und reflexiver über Methoden zu diskutieren.

Literatur

Abels, Gabriele (1997): Zur Methodologie-Debatte in der feministischen Forschung. In: Friebertshäuser, Barbara/Prengel, Annedore (Hg.): Handbuch Qualitative Forschungsmethoden in der Erziehungswissenschaft. Weinheim, S. 131-143

Abels, Gabriele (2000): Strategische Forschung in den Biowissenschaften. Der Politikprozeß zum europäischen Humangenomprogramm. Berlin

Aberbach, Joel D./Chesney, James D./Rockmann, Bert A. (1975): Exploring elite political attitudes: some methodological lessons. In: Political Methodology, Jg. 2, H. 1, S. 1-27

Aichholzer, Georg (2002): Das ExpertInnen-Delphie: methodische Grundlagen und Anwendungsfeld Technology Foresight. In diesem Band

Alemann, Ulrich von (Hg.) (1995): Politikwissenschaftliche Methoden. Grundriß für Studium und Forschung. Opladen

Alemann, Ulrich von/Forndran, Erhard (1990): Methodik der Politikwissenschaft. Stuttgart

Althoff, Martine/Bereswill, Mechthild/Riegraf, Birgit (2001): Feministische Methodologien und Methoden: Traditionen, Konzepte, Erörterungen. Opladen

Becker-Schmidt, Regina (1985): Probleme einer feministischen Theorie und Empirie in den Sozialwissenschaften. In: Feministische Studien, Jg. 4, H. 2, S. 93-104

Behnke, Cornelia/Meuser, Michael (1999): Geschlechterforschung und qualitative Methoden. Opladen

Behrens, Maria (1995): Gentechnologie als Gegenstand staatlicher Politik in der Bundesrepublik und in den Niederlanden. In: Martinsen, Renate/Simonis, Georg (Hg.): Paradigmenwechsel in der Technologiepolitik? Opladen, S. 153-172

Behrens, Maria/Meyer-Stumborg, Sylvia/Simonis, Georg (1996): Gentechnik und die Nahrungsmittelindustrie. Opladen

Behrens, Maria/Meyer-Stumborg, Sylvia/Simonis, Georg (1997): GenFood: Einführung und Verbreitung, Konflikte und Gestaltungsmöglichkeiten. Berlin

Behrens, Maria (2001): Staaten im Innovationskonflikt. Vergleichende Analyse staatlicher Handlungsspielräume im gentechnischen Innovationsprozess Deutschlands und den Niederlanden. Frankfurt/M.

Behrens, Maria (2003): Quantitative und qualitative Methoden in der Politikfeldanalyse. In: Schubert, Klaus/Bandelow, Nils C. (Hg.): Lehrbuch der Politikfeldanalyse. München, Wien, S. 203-236

Bogner, Alexander/Menz, Wolfgang (2002): Das theoriegenerierende Experteninterview. Erkenntnisinteresse, Wissensformen, Interaktion. In diesem Band

Brosi, Walter H./Hembach, Klaus/Peters, Gerd (1981): Expertengespräche. Vorgehensweise und Fallstricke. Arbeitspapier des Forschungsprojekts Berufliche Bildung und regionale Entwicklung. Trier

Dean, John P./Foote Whyte, William (1970): How do you know if the informant is telling the truth? In: Dexter, Lewis Anthony: Elite and specialized interviewing. Evanston, S. 131-138

Deeke, Axel (1995): Experteninterviews – ein methodologisches und forschungspraktisches Problem. In: Brinkmann, Christian/Deeke, Axel/Völkel, Brigitte (Hg.): Experteninterviews in der Arbeitsmarktforschung. Diskussionsbeiträge zu methodischen Fragen und praktischen Erfahrungen. Beiträge zur Arbeitsmarkt- und Berufsforschung Nr. 191. Nürnberg, S. 7-22

Dexter, Lewis Anthony (1970): Elite and specialized interviewing. Evanston

Gurney, Joan Neff (1985): Not one of the guys: The female researcher in a male-dominated setting. In: Qualitative Sociology, Jg. 8, H. 1, S. 42-62

Heinzel, Friederike (1997): Biographische Methode und wiederholte Gesprächsinteraktion. Ein Verfahren zur Erforschung weiblicher Politisierungsprozesse. In: femina politica: Zeitschrift für feministische Politik-Wissenschaft, Jg. 6, H. 1, S. 96-104

Hoffmann-Riem, Christa (1980): Der Datengewinn. In: Kölner Zeitschrift für Soziologie und Sozialpsychologie, Jg. 32, S. 339-372

Hucke, Jochen/Wollmann, Hellmut (1980): Methodenprobleme der Implementationsforschung. In: Mayntz, Renate (Hg.): Implementation politischer Programme: empirische Forschungsberichte. Königstein/Ts., S. 216-235

Kriz, Jürgen/Nohlen, Dieter/Schultze, Rainer-Olaf (Hg.) (1994): Lexikon der Politik. Bd. 2: Politikwissenschaftliche Methoden. München

Lamnek, Siegfried (1988/1989): Qualitative Sozialforschung. 2 Bde. München

Leitner, Andrea/Wroblewski, Angela (2002): Zwischen Wissenschaftlichkeitsstandards und Effizienzansprüchen. ExpertInneninterviews in der Praxis der Arbeitsmarktevaluation. In diesem Band

Littig, Beate (2002): Interviews mit Experten und Expertinnen. Überlegungen aus geschlechtertheoretischer Sicht. In diesem Band

McKee, Lorna/O'Brien, Margaret (1983): Interviewing men: taking gender seriously. In: Gamarnikow, Eva/Morgan, David H.H./Purvis, June/Taylerson, Daphne (Hg.): The public and the private. London, S. 147-161

Meulemann, Heiner (1993): Befragung und Interview. Über soziale und soziologische Situationen der Informationssuche. In: Soziale Welt, Jg. 44, H. 1, S. 98-119

Meuser, Michael/Nagel, Ulrike (1991): Experteninterviews als Instrument zur Erforschung politischen Handelns. In: Bering, H./Hitzler, R./Neckel, S. (Hg.): Politisches Handeln/Experteninterviews. Dok. Nr. 1 des AK Soziologie politischen Handeln. Bamberg, S. 133-140

Meuser, Michael/Nagel, Ulrike (1994): Expertenwissen und Experteninterview. In: Hitzler, Ronald/Honer, Anne/Maeder, Christoph (Hg.): Expertenwissen. Die institutionalisierte Kompetenz zur Konstruktion von Wirklichkeit. Opladen, S. 180-192

Meuser, Michael/Nagel, Ulrike (1997): Das ExpertInneninterview – Wissenssoziologische Voraussetzungen und methodische Durchführung. In: Friebertshäuser, Barbara/Prengel, Annedore (Hg.): Handbuch Qualitative Forschungsmethoden in der Erziehungswissenschaft. Weinheim, S. 481-491

Meuser, Michael/Nagel, Ulrike (2002): ExpertInneninterviews – vielfach erprobt, wenig bedacht. Ein Beitrag zur qualitativen Methodendiskussion. In diesem Band

Padfield, Maureen/Procter, Jan (1996): The effect of interviewer's gender on the interviewing process: a comparative enquiry. In: Sociology, Jg. 30, H. 2, S. 355-366

Patzelt, Werner (1991): Politikwissenschaft. In: Flick, Uwe/von Kardorff, Ernst/Keupp, Heiner/von Rosenstiel, Lutz/Wolff, Stephan (Hg.): Handbuch Qualitative Sozialforschung. München, S. 53-55

Patzelt, Werner (1994): Qualitative Politikforschung. In: Kriz, Jürgen/Nohlen, Dieter/ Schultze, Rainer-Olaf (Hg.): Lexikon der Politik. Bd. 2: Politikwissenschaftliche Methoden. München, S. 395-398

van Schendelen, M.P.C.M. (1984): Interviewing members of parliament. In: Political Methodology, Jg. 10, H. 3, S. 301-321

Schmid, Josef (1995): Expertenbefragung und Informationsgespräch in der Parteienforschung: Wie föderalistisch ist die CDU? In: Alemann, Ulrich von (Hg.): Politikwissenschaftliche Methoden. Grundriß für Studium und Forschung. Opladen, S. 293-326

Semmel, Andrew K. (1975): Deriving perceptual data from foreign policy elites: a methodological narrative. In: Political Methodology, Jg. 2, H. 1, S. 29-49

Voelzkow, Helmut (1995): „Iterative Experteninterviews": Forschungspraktische Erfahrungen mit einem Erhebungsinstrument. In: Brinkmann, Christian/Deeke, Axel/Völkel, Brigitte (Hg.): Experteninterviews in der Arbeitsmarktforschung. Diskussionsbeiträge zu methodischen Fragen und praktischen Erfahrungen. Beiträge zur Arbeitsmarkt- und Berufsforschung Nr. 191. Nürnberg, S. 51-57

Vogel, Berthold (1995): „Wenn der Eisberg zu schmelzen beginnt ..." – Einige Reflexionen über den Stellenwert und die Probleme des Experteninterviews in der Praxis der empirischen Sozialforschung. In: Brinkmann, Christian/Deeke, Axel/Völkel, Brigitte (Hg.): Experteninterviews in der Arbeitsmarktforschung. Diskussionsbeiträge zu methodischen Fragen und praktischen Erfahrungen. Beiträge zur Arbeitsmarkt- und Berufsforschung Nr. 191. Nürnberg, S. 73-83

Warren, Carol A.B. (1988): Gender issues in field research. London

Williams, Christine L./Heikes, E. Joel (1993): The importance of researcher's gender in the in-depth interview. In: Gender & Society, Jg. 7, H. 2, S. 280-291

Interviews mit Experten und Expertinnen
Überlegungen aus geschlechtertheoretischer Sicht

Beate Littig

1. Einleitung

Die Frage, welche Rolle die Geschlechterverhältnisse bei der Durchführung von ExpertInnen-Interviews spielen, wird selten gestellt (eine Ausnahme davon sind Abels und Behrens im vorliegenden Band). Dies ist erstaunlich, ist doch die Frauenforschung schon lange und neuerdings auch die Geschlechterforschung darum bemüht, soziale Interaktionen und soziale Strukturen als „vergeschlechtlicht", als beeinflusst von Geschlechterverhältnissen, zu analysieren. Konsequenterweise ist deshalb auch die Frage zu stellen, ob sozialwissenschaftliche Methoden, im vorliegenden Fall ExpertInneninterviews, geschlechterneutral sind oder ob und inwiefern die Kategorie Geschlecht bei der Verwendung dieser Methode eine Rolle spielt (Behnke/Meuser 1999). Will man diesen Fragen nachgehen, ist zunächst zu überlegen wie sich die Kategorie Geschlecht im ExpertInneninterview manifestiert und anhand welcher Indikatoren die Vergeschlechtlichung des ExpertInneninterviews beschrieben werden kann. Oder noch grundsätzlicher gefragt: Woran lässt sich erkennen, dass die Kategorie Geschlecht beim ExpertInneninterview bedeutsam ist? Was folgt daraus methodisch und methodologisch für das ExpertInneninterview?

Ich schlage vor, zur Beantwortung dieser Fragen die drei Phasen des ExpertInneninterviews – die Auswahl der InterviewpartnerInnen, die Durchführung des Interviews und die Auswertung – unter geschlechtertheoretischer Sicht näher zu betrachten. Für die vorgeschlagene Betrachtung des ExpertInneninterviews beziehe ich mich zentral auf zwei Forschungsansätze: zum einen auf den in der konstruktivistischen Geschlechterforschung inzwischen prominenten Doing-Gender-Ansatz und zum zweiten auf einige wichtige Erkenntnisse der feministischen Organisationsforschung. Vor dem Hintergrund dieser Forschungsansätze bzw. Forschungsergebnisse möchte ich unter anderem auf folgende Fragen eingehen: Welche Bedeutung hat der geringe Anteil von Frauen auf höheren Hierachieebenen als wichtige Rekrutierungsebene von InterviewpartnerInnen für die Datengenerierung? Wie funktioniert das Doing Gender, die Konstruktion und Reproduktion von Geschlecht im ExpertInnengespräch? Betrachtet man schließlich die Auswertung der Daten unter Geschlechteraspekten, geht es um die Frage, welche Bedeutung die Geschlechterkategorie für die Interpretation der Daten hat.

2. Die Bedeutung der Kategorie Geschlecht bei der Auswahl der ExpertInnen

Dass die Bestimmung des Expertenbegriffs alles andere als einfach ist, wird in vielen Beiträgen des vorliegenden Buches thematisiert. Zu seiner Bestimmung werden – je nach Perspektive (wissenssoziologisch, organisationssoziologisch, professionssoziologisch usw.) – unterschiedliche Kriterien herangezogen. Aus meiner Sicht sind folgende Annahmen sowohl methodologisch wie forschungspraktisch für die Bestimmung des Expertenbegriffs zentral: Experten oder Expertinnen sind Angehörige der organisatorischen Funktionseliten, die über ein privilegiertes Wissen verfügen und die innerhalb ihres Verantwortungsbereichs gewisse Freiheiten und Kontrollmöglichkeiten für dessen Gestaltung haben (vgl. Meuser/Nagel 2002, Bogner/Menz 2002). In den meisten Fällen handelt es sich bei Experten und Expertinnen also um Personen, die auf den unteren, mittleren oder höheren organisatorischen Ebenen und Führungspositionen von privaten Unternehmen, Non-Profitorganisationen, in wissenschaftlichen Institutionen, in der öffentlichen Verwaltung usw. anzusiedeln sind. Die geschlechterpolitische Betrachtung dieser Arbeitszusammenhänge steht seit vielen Jahren im Zentrum der feministischen Frauenforschung. Es gehört zu den Leistungen der Frauenforschung nachgewiesen zu haben, dass Arbeit, Arbeitsmarkt und Arbeitsstrukturen geschlechtlich geprägt sind: „Geschlechtsspezifische Arbeitsmarktstrukturen und betriebliche Personaleinsatzformen sind demnach nicht einfach Ausdruck ökonomisch zweckrationaler Verteilungen von Personen auf verschiedene Berufe und Tätigkeiten, sondern müssen im Kontext des „kulturellen Systems der Zweigeschlechtlichkeit" (Hagemann-White 1984) als Resultat komplexer Definitions- und geschlechtsspezifischer Zuweisungsprozesse von Arbeit und Qualifikation durch die beteiligten Akteure gesehen werden, wobei in der Regel geschlechtshierarchische Strukturen (re-)produziert werden." (Gottschall 1998: 63).[1] Zahlreiche feministische Forschungsarbeiten über die ge-

---

1 Entsprechende Untersuchungen liegen auch für den Non-Profitbereich, z.B. Umweltorganisationen (Littig 2001) und andere ehrenamtliche Organisationen (Notz 1999) vor. Als generelle Regel scheint hier zu gelten, dass Frauen insbesondere in der arbeitsintensiven und nicht oder wenig bezahlten Aufbauphase dieser Organisationen tätig sind, sobald die Formalisierung und Monetarisierung aber voranschreitet und sich die Organisationsstrukturen ausdifferenzieren, Frauen vielfach in den unteren ehrenamtlichen oder schlechter bezahlten niedrigeren Hierarchieebenen verbleiben.

schlechtliche Segregation von Arbeitsmärkten sowie Einkommens- und Lohn-differenzen (im Überblick Abbott/Wallace 1997), die Entwicklung von Beru-fen und Professionen (Gildemeister/Wetterer 1992) und die Analyse betrieb-licher Organisationsstrukturen (Kanter 1977, Acker 1992) belegen die ge-schlechtliche Verfasstheit der Arbeitswelt. Ein für den vorliegenden Zusam-menhang wichtiges Ergebnis dieser Forschungsarbeiten ist die Unterreprä-sentanz von Frauen auf den höheren und höchsten Führungsebenen. Hierzu liegen zahlreiche Fallstudien aus unterschiedlichen Branchen vor (z.B. Quack 1997). Anzumerken ist allerdings, dass trotz der üblichen Unterteilung in hö-heres, mittleres und unteres Management die Managementanalysen nach wie vor eher pauschal und die Daten über den Frauenanteil auf den verschiedenen Hierachieebenen wenig differenziert sind. Dementsprechend gibt es auch kaum international vergleichende Statistiken über diese Sachverhalte, was noch durch die Tatsache erschwert wird, dass die Einteilung nach verschie-denen Hierachieebenen zwischen verschiedenen Ländern variieren (Quack 1997: 6). Dennoch zeigt die folgende aggregierte Tabelle über den Frauen-anteil an den Erwerbstätigen und den Führungskräften aus Gesetzgebung, Verwaltung und Wirtschaft in verschiedenen EU-Ländern einen deutlichen Trend, nämlich die vergleichsweise geringere Repräsentanz von Frauen in den Führungsetagen sowie die unterschiedlichen Erwerbsquoten von Frauen in verschiedenen EU-Ländern.[2]

Tabelle 1 Frauenanteil unter den Erwerbstätigen und Führungskräften in den EU-Mitgliedsstaaten, 1994 in % (zitiert nach Quack 1997: 6)

Land	Frauen in Prozent der Erwerbstätigen	Frauen in Prozent der Führungskräfte
Dänemark	45,8	23,4
Großbritannien	44,8	33,7
Portugal	44,5	29,2
Frankreich	44,2	27,8
Deutschland	42,0	25,1
Niederlande	40,7	20,1
Belgien	39,9	30,3
Irland	37,2	25,5
Luxemburg	36,9	28,4
Italien	35,3	14,7
Griechenland	35,3	22,7
Spanien	34,0	32,6
EU 12 Insgesamt	41,0	28,9

Quelle: Europäisches Statistisches Amt (Eurostat), Europäische Arbeitskräftestichprobe 1994, eigene Berechnungen von Sigrid Quack 1997

---

2   Ob sich durch die Gender-Mainstreaming-Strategie der EU die ungleichen beruflichen Chancen von Männern und Frauen in absehbarer Zeit verändern werden, bleibt abzuwar-ten. Vgl. für eine aktuelle Bestandsaufnahme Behning/Pascual (Hg.) 2001.

Wenn es nun stimmt, dass ExpertInneninterviews vorwiegend mit den Funktioneliten von Organisationen, also vielfach mit Führungskräften oder Personen in Schlüsselpositionen, durchgeführt werden, ist damit zu rechnen, dass es sich dabei in den meisten Fällen um männliche Führungskräfte handeln wird. Ausnahmen davon sind vermutlich solche Branchen, Arbeitsfelder oder Professionen, die von Frauen dominiert werden (z.B. Pflegebereich, bestimmte Lehrämter, Frauenbeauftragte u.a.).[3]

Was bedeutet das nun für das Experteninterview? Zunächst einmal bedeutet es, dass sich mit großer Wahrscheinlichkeit die beschriebenen strukturellen Geschlechterdifferenzen auch in der Auswahl der GesprächspartnerInnen für das ExpertInneninterview – einer hohen Anzahl männlicher Befragter – zeigen werden. Im ExpertInneninterview werden sich also die gesellschaftlichen Geschlechterverhältnisse zunächst in der Weise manifestieren, dass das Sampling mit großer Wahrscheinlichkeit die strukturelle Geschlechtsspezifik und Geschlechterhierarchie von beruflichen oder semi-professionellen Organisationsformen widerspiegeln wird. Generelle methodische Schlussfolgerungen für die Auswahl von ExpertInnen, etwa eine gezielte Quotierung des Samples, scheinen mir an diesem Punkt nicht angebracht, zumal sich in einigen Bereichen kaum Expertinnen werden finden lassen. Dennoch halte ich die Geschlechterverteilung des Samples für bedeutsam, weil sie die Frage der Objektivität und Validität der Daten aufwirft; also die Frage, ob sie geschlechtsspezifische Deutungs- und Handlungsmuster wiedergeben und entsprechend interpretiert werden müssen. Darauf wird noch zurückzukommen sein.

3. Das Konzept des Doing Gender und das ExpertInneninterview

Abels und Behrens (2002) schildern verschiedene typische auch aus Geschlechterperspektive interessante Interaktionseffekte in den ExpertInneninterviews: den Paternalismus-, Katharsis-, Eisberg-, Rückkopplungs- und Profilierungseffekt. Diese Effekte zeigen sich etwa in väterlichen Gesten einiger Interviewter den Interviewerinnen gegenüber, in ihrer Degradierung zu verständnisvollen Zuhörerinnen für private Sorgen oder durch die provokative

---

3 Abels und Behrens (2002) haben kritisch gegenüber Meuser und Nagel (2002) geäußert, dass Experten und Expertinnen oftmals auf den unteren und mittleren Ebenen von Organisationen zu finden sein werden und nicht – was Meuser und Nagel mit dem Begriff der Funktionselite nahe legen – auf den oberen Hierarchieebenen. Ich schließe mich dieser Einschätzung an, vermute aber, dass es auch hier Männer in der Überzahl sein werden, auch wenn auf den unteren Ebenen der Frauenanteil oftmals höher ist. Dies zeigt sich bei den von Abels und Behrens erwähnten eigenen empirischen Beispielen: der Frauenanteil an den Interviewten beträgt maximal 20%.

Demonstration des Status und der Bedeutsamkeit des Interviewten. Aus einer Geschlechterperspektive interpretieren die Autorinnen diese Verhaltensweisen der Interviewten als Ausdruck klassischer Rollenstereotypen und Vorstellungen über die Geschlechterverhältnisse. Zum Teil überlagern sich die Geschlechtereffekte mit anderen Kategorien wie Alter, professionellem Status u.ä., die dann stärker zum Tragen kommen und männliche Interviewer vermutlich in ähnlicher Weise betreffen können. In einigen Fällen, z.B. bei paternalistischem Verhalten, setzen die Autorinnen ihre vermeintliche Inkompetenz geradezu strategisch zur Informationsgewinnung ein. In anderen Fällen, etwa bei demonstrativen Profilierungsversuchen seitens der Befragten, raten sie dazu, derartige Anstrengungen des Interviewpartners zu ignorieren, um sein Imponiergehabe zu unterminieren. Diese strategischen Schlussfolgerungen sind leicht nachvollziehbar und einsichtig. Widersprechen möchte ich allerdings der Interpretation bestimmter Interaktionen als Effekte von Geschlechterverhältnissen. Aus der Perspektive des Doing-Gender-Konzepts handelt es sich bei den beschriebenen geschlechtertypischen Verhaltensweisen nicht um Interaktionseffekte, sondern um Interaktionen, in denen Geschlechterzugehörigkeiten überhaupt erst hergestellt werden. Der Begriff Interaktions*effekte* legt nahe, dass es etwas der Interaktion Vorgängiges, gleichsam Natürliches gibt, das sich dann in einer bestimmten Situation auswirkt (wie etwa das Geschlecht, Ethnie, Alter u.a.). Eine konsequent konstruktivistische Sichtweise von Geschlecht und Geschlechterverhältnissen dagegen sieht die Vergeschlechtlichung als bestimmte Handlungsformen an: zum einen als interaktives alltägliches Handeln von Akteuren und zum anderen als (dauerhaftere) soziale Institutionalisierung von (Zwei-)Geschlechtlichkeit.

Zum besseren Verständnis dieser Einschätzung soll das Konzept des Doing Gender in einem kurzen Exkurs über die neueren Tendenzen der Geschlechterforschung skizziert werden.

Exkurs: Das Konzept des Doing Gender

Innerhalb der Frauen- und Geschlechterforschung[4] gibt es grob eingeteilt zwei verschiedene Zugänge zur Untersuchung der Kategorie Geschlecht: 1. die differenztheoretischen Ansätze, die das biologische Frau-Sein (oder Mann-Sein) als gegeben annehmen und versuchen, mit Hilfe der Frauenforschung aus dem Frau-Sein eine positive frauenspezifische Perspektive abzuleiten (im Überblick Maihofer 1998) und 2. die konstruktivistischen Ansätze der Ge-

---

4   Frauenforschung und Geschlechterforschung lassen sich nicht klar voneinander trennen, weshalb auch zumeist von Frauen- und Geschlechterforschung gesprochen wird (Gildemeister 2000: 214, Becker-Schmidt/Knapp 2000: 34ff). Letztere hat sich parallel aber mit einem Verständnis von Geschlecht als sozialer Strukturkategorie in deutlicher Abgrenzung von der tendenziell essentialisierenden und positivierenden Frauenforschung entwickelt.

schlechterforschung, die Geschlecht in Abgrenzung zu ersten nicht substantiell-wesensmäßig begreifen, sondern die soziale Konstruiertheit von Geschlecht und von Geschlechterverhältnissen betonen (im Überblick Gildemeister 2000: 214).[5] Auch wenn diese Ansätze nicht homogen sind, so geht es ihnen weniger darum „Forschungen zu Frauen oder (zunehmend) auch zu Männern (im Überblick: Meuser 1998) lediglich additiv zu einer ansonsten unverändert geschlechtsblinden Wissenschaft hinzuzufügen. An die Stelle einer naiven Setzung einer naturhaft gegebenen (Zwei-)Geschlechtlichkeit tritt vielmehr eine durch (sozial-)wissenschaftliche Theorien geleitete wissenschaftliche Konstitution des Forschungsgegenstandes: Geschlecht als grundlegende Kategorie sozialer Ordnung." (Gildemeister 2000: 216)

Das Verständnis von Geschlecht als sozialer Strukturkategorie liegt den eingangs dargelegten (arbeitssoziologischen) Forschungsarbeiten zugrunde, die die soziale Konstruktion von Geschlecht und Geschlechterverhältnissen handlungstheoretisch begründen und deren strukturelle Konsequenzen durch entsprechende empirische Daten belegen. Sie fokussieren also auf die sozialstrukturellen Auswirkungen der sozial konstruierten Zweigeschlechtlichkeit: sozial ungleiche und hierarchische Geschlechterverhältnisse.

Neuere, stärker mikrosoziologisch ansetzende Arbeiten über die soziale Konstruktion von Geschlecht konzentrieren sich dagegen mehr auf die Frage, wie überhaupt die scheinbar selbstverständliche Unterscheidung zwischen Mann/Männlichkeit und Frau/Weiblichkeit zustande kommt, die sich dann erst im Ergebnis als Geschlechterdifferenz darstellt (Hirschauer 1994; Gildemeister 2000). Theoretisch und methodologisch beziehen sich diese Forschungsansätze auf verschiedene Konzepte der interpretativen Soziologie (insbesondere auf den symbolischen Interaktionismus, die Ethnomethodologie und die Wissenssoziologie). Im Kern geht es bei dieser Perspektive um die symbolische Konstruktion von Geschlecht in Interaktionsprozessen und der erkenntniskritischen Rekonstruktion der sozialen Konstruktionslogiken und -regeln. Geschlechterkonstruktion wird aus dieser Perspektive zum ständigen Doing Gender, zur Herstellung von Geschlecht und Geschlechterdifferenz in der konkreten Interaktion (z.B. Gildemeister/Wetterer 1992; Hirschauer 1994,

---

5   Seit Beginn der zweiten Frauenbewegung versuchten feministische Gegenpositionen mit der Unterscheidung zwischen biologischem Geschlecht (biological sex) und sozialem Geschlecht (socially based gender) die scheinbar natürlich begründete Ungleichheit zwischen Männern und Frauen sowie die gesellschaftliche Unterordnung und Diskriminierung von Frauen zu entkräften. Viele Arbeiten der 70er Jahre entlarvten die weiblichen Rollenzuschreibungen (gender) als soziales Konstrukt und als Ideologie zur Legitimation männlicher Vormachtstellungen und weiblicher Unterordnung. Das biologische Geschlecht als Unterscheidungsmerkmal zwischen genau zwei Geschlechtern wurde aber als gegeben angenommen. Seit einigen Jahren wird zunehmend Kritik an diesen feministischen Differenz-Konzepten geübt, dahingehend, daß die Kategorien sex und gender nicht deutlich voneinander abzugrenzen seien und die biologische Verankerung von sex dazu tendiere, gesellschaftliche Geschlechterdifferenzen zu essentialisieren und zu reifizieren (Gildemeister/Wetterer 1992; Knapp/Becker-Schmidt 2000).

196

West/Zimmerman 1987).[6] Geschlechterunterscheidung ist aus dieser Sicht ein interaktiver Prozess – Doing Gender (Geschlecht herstellen/machen) – der durch die soziale Institutionalisierung von Zweigeschlechtlichkeit katalysiert wird. Geschlecht wird in dieser Sichtweise entindividualisiert, ist nicht mehr Merkmal einer Person, sondern soziale Praxis. Zugleich ist die Geschlechterunterscheidung eine Form der Organisation sozialer Ungleichheit. Die situative Geschlechtskonstruktion (das Doing Gender) kann auf eine soziale Infrastruktur, die sexualisiert ist, zurückgreifen. Doing Gender bestätigt das Wissen um die Zweigeschlechtlichkeit und kann zugleich zur Legitimation der sozialen Arrangements der Zweigeschlechtlichkeit (Arbeitsteilung, soziale Organisation der Fortpflanzung, Paarbildung usw.) genutzt werden (Gildemeister/Wetterer 1992). Wenn Soziologie die Zweigeschlechtlichkeit nicht als fraglos gegebenes Faktum (als unabhängige Variable) hinnehmen will, sondern als Form sozialer Organisation (wie Ethnie, Alter usw.) muss sich der Blick auf das Tun der Geschlechterunterscheidung richten. Geschlechterunterschiede (i.S. von Geschlechterzuschreibung) stellen sich im Alltag als konstant, naturhaft gegeben und dichotom dar. Diese Annahmen sind die Basis der ständigen Wahrnehmung von zwei Sorten Geschlecht. Im Alltag wird aber Geschlechterzugehörigkeit nicht erfragt, sondern dargestellt (Lindemann 1993). In diesem Sinne hat man nicht ein Geschlecht, das sich in bestimmten Verhaltensweisen oder kulturellen Objekten ausdrückt, sondern umgekehrt: man hat ein Geschlecht aufgrund dieser (Hirschauer 1994).[7] Geschlecht drückt sich demnach in Verhaltenweisen, Gesten, Tätigkeiten und in sexualisierten Objekten (Körperteilen, Kleidung usw.) aber auch in Berufsdefinitionen (Gildemeister/Wetterer 1992) u.a. aus. Aber nicht nur die interaktionelle Herstellung von Geschlechterdifferenz kennzeichnet den Ansatz des Doing Gender, sondern auch die Annahme, dass mit der symbolischen Herstellung von Geschlecht zugleich die Hierarchie zwischen den Geschlechtern (re-)produziert wird. Die Geschlechterrelationen, die sich in der Interaktion symbolisch ausdrückt, ist in der Regel die Dominanz des Männlichen und

---

6   Das Doing Gender ist inzwischen mehrfach in der Transsexuellen-Forschung untersucht worden, wobei auf einschlägige Arbeiten von Garfinkel (1967) und Goffman (1977) zurückgegriffen wurde (z.B. Hirschauer 1994, Lindemann 1993, West/Zimmerman 1987 u.a.). Die Geschlechtsumwandlung und geschlechtliche Inszenierung von Transsexuellen sowie ihre Wahrnehmung durch andere Personen dient dabei des Nachweises der sozialen Konstruiertheit, des ständigen sozialen Herstellens von Geschlecht.

7   Bei der sozialen Konstruktion von Geschlecht unterscheiden West und Zimmerman aufgrund ihrer Forschungsarbeiten über Transsexuelle (1987) drei Handlungsebenen 1. die Zuweisung von Geschlecht bei der Geburt aufgrund biologischer Merkmale (sex = birth classification), 2. die Geschlechtszuschreibung zu einer bestimmten sozialen Gruppe (sex category = social membership) und 3. die alltägliche interaktive Herstellung von Geschlechtszugehörigkeit (gender = processual validation of that membership). Diese drei Ebenen müssen nicht immer konsistent sein und sind auch nicht dauerhaft gegeben, sondern sie werden immer wieder situationsspezifisch aktiviert und modifiziert.

die Unterordnung des Weiblichen. Vor dem Hintergrund dieser Darlegungen ist also das „Doing Gender while doing Interviews" genauer zu betrachten.

4. „Doing Gender while doing Interviews": Ein Fallbeispiel

Was die Überlegungen zum Doing Gender für das ExpertInneninterview bedeuten können, möchte ich am Beispiel ausgewählter Stellen aus einem Interview illustrieren. Das Interview entstammt aus dem österreichischen Teil eines internationalen Forschungsprojekts, bei dem es um die Analyse der Aus- und Weiterbildung im Bausanierungsgewerbe unter ökologischen Gesichtspunkten ging. Das Interviews wurde von zwei weiblichen Interviewerinnen mit einem Baumeister durchgeführt. Dieser galt als (einer von mehreren) Experte(n) aufgrund seiner professionellen Ausbildung, seines hohen Status in der Firma (Chef) und seiner langjährigen Berufserfahrung. In dem Interview ging es explizit und vorrangig um die Situation, Rahmenbedingungen, Probleme und Verbesserungsmöglichkeiten der Lehrlingsausbildung im Baubereich. Von dem Interview liegen Transkripte der Audio-Aufzeichnung vor; leider keine visuellen Daten, so dass Mimik, Gestik, Haltung u.a. unter dem Gesichtspunkt des Doing Gender hier nicht betrachtet werden können. Ich beschränke mich im Folgenden also auf die sprachlichen Äußerungen der InterviewpartnerInnen und möchte drei verschiedene Elemente des Doing Gender unterscheiden:

1. Explizite Vergeschlechtlichung durch direkte Ansprache
2. Vergeschlechtlichung der Gesprächsinhalte:
   a) durch direkte Thematisierung (von Frauen oder Männern)
   b) durch implizite Thematisierung (vermittelt über Rollenstereotype).

Die explizite Vergeschlechtlichung durch direkte Ansprache erfolgt zum Beispiel durch die Begrüßung zu Beginn des Interviews durch die Anrede als Herr A. oder Frau B. Diese gängige Anredeform gehört zu den institutionalisierten Formen des Doing Gender (vgl. Hirschauer 1994). Sie expliziert und bestätigt das Wissen um die Zweigeschlechtlichkeit und um die geschlechtliche Zuordnung des Gegenübers.

Eine andere Form der expliziten geschlechtsspezifischen Ansprache, nämlich „gnädige Frau", enthält die folgende Interviewsequenz aus einem der Interviews:

Interviewerinnenfrage: „Können Sie etwas zu Ihrer Ausbildungsphilosophie sagen (..) in ihrer Firma?"

Antwort des Baumeisters: „Von meiner Firma, schauen Sie, das ist ganz einfach, gnädige Frau, ich habe übernommen mit 7 Leute, wir haben heute 100 Leute und die Familie ist eigentlich ein Familienbetrieb geblieben. Meine Philosophie ist das, dass ich zu jedem Mitarbeiter einen persönlichen Kontakt habe. Das beginnt schon, dass ich zu jedem Geburtstag eine Kleinigkeit habe, dass geht zu Weihnachten so, dass geht, wenn einer seine Frau im Spital hat, dass die einen Blumenstrauß kriegt, das ist, wenn einer in Pension geht, dass ein ordentliches Betriebsklima herrscht. Mein Wahlspruch: wenn es meinem Mitarbeiter gut geht, dann geht es auch mir gut. So einfach ist das. Der sagt alles. Ich kann mit meiner Firma mich gegen die Großen nur behaupten, wenn ich Qualität, Pünktlichkeit, Ehrlichkeit, die Termine werden eingehalten. ..."

Befragt nach der „Ausbildungsphilosophie", antwortet der Befragte, zunächst mit „von meiner Firma", als Bestätigung, dass er die Frage verstanden hat. Danach kommt: „schauen Sie" und darauf „gnädige Frau"; beide sind Ausdrücke, die im Österreichischen bestimmte Konnotationen haben. Die Aufforderung „schauen Sie" leitet zumeist eine eher belehrende Erklärung ein, bei der das adressierte Gegenüber darauf hingewiesen werden soll, dass die Sache etwas anders liegt, als dieses meinen könnte. In der Sequenz folgt dann: „das ist ganz einfach". Im Kontext kann dies gedeutet werden als ‚es ist längst nicht so kompliziert wie der (von der Interviewerin verwendete) Begriff Philosophie vielleicht suggerieren könnte', es ist also einfacher als die Interviewerin vielleicht meinen könnte. Und es ist vielleicht auch fraglich, ob die Vokabel Philosophie dem Sachverhalt überhaupt angemessen ist. Die Sequenz kann aber auch eine implizite Thematisierung der unterschiedlichen beruflichen Milieus und evtl. die Statusdifferenz der Beteiligten sein, der akademisch gebildeten Interviewerin, die ein entsprechendes Vokabular benutzt auf der einen Seite und dem Handwerksmeister, der kaum Fremdworte benutzt, auf der anderen.

„Das ist ganz einfach, gnädige Frau" kann aber auch heißen: ‚das ist so einfach, dass auch Sie es verstehen können, gnädige Frau." „Gnädige Frau" ist im Österreichischen eine Höflichkeitsfloskel, die häufig im Alltag gebraucht wird (z.B. im Verkaufsgespräch in höher preisigen oder traditionsbewussten Geschäften, bei der der/die VerkäuferIn die Kundin fragt: ‚Was kann ich für Sie tun, gnädige Frau?'). Diese Anredeform beinhaltet (vermutlich aufgrund ihrer standesgesellschaftlichen Tradition) eine höfliche, statusbewusste soziale Unterordnung der/s Sprechenden unter die adressierte Person. Zugleich kann (muss aber nicht) ‚gnädige Frau' einen ironischen Unterton beinhalten, der die Titulierte als etwas verschroben oder begriffsstutzig (wie einst der dekadente Adel) erscheinen lässt.[8] Im vorliegenden Fall ist nicht deutlich zu erkennen, ob die Anrede eine ironische Note enthält oder ob sie bloß eine Höflichkeitsbezeugung ist. Jedenfalls wird mit dieser Anrede die Interviewerin explizit als Frau angesprochen. Dies ist besonders bemerkenswert im Zusammenhang mit den darauf folgenden Ausführungen, nämlich der Entfaltung einer Familienmetapher für den Betrieb und die Betriebsführung des Befragten. (Die ursprünglich gestellte Frage nach der „Ausbildungsphilosophie" wird dabei nicht mehr berücksichtigt.) Das Bemerkenswerte

---

8 Eindeutig abwertend ist im Österreichischen die Anrede „Gnädigste".

daran ist, dass die Familienmetapher gegenüber zwei weiblichen Interviewerinnen dargelegt wird – ob dies gegenüber männlichen Interviewern ebenso erfolgt wäre, muss bloße Spekulation bleiben. Aufgrund der herrschenden Rollenstereotypen, die primär Frauen die Familie als Verantwortungsbereich zuschreibt, halte ich diese Thematisierung seitens des Befragten allerdings nicht für zufällig. Ich würde sie vielmehr doppelt deuten: Zum einen knüpft sie gemäß der weiblichen Rollenstereotype an den seitens des Interviewten vermuteten Erfahrungsbereich der Interviewerinnen an. Zum zweiten stellt sie einen Betrieb (der männlich dominierten Baubranche) als Familie dar, als einen Bereich also, der durchaus auch von einer Frau geführt werden kann. Dies scheint mir bedeutsam im Zusammenhang mit einer nachfolgenden Interviewpassage. Etwas später im Interview erzählt der Befragte nämlich, dass seine Tochter den Betrieb übernehmen wird:

Befragter: „Ich hoffe, dass meine Tochter – die auch für den Betrieb den Weg gegangen ist, ich meine nicht so, sie hat maturiert und hat die HAK gemacht, sie hat den Bauingenieur im Abendkolleg gemacht und ist eine der ersten Baumeisterinnen. Die sitzt zwei Zimmer weiter, (...) sie wird den Betrieb weiterführen. Das war auch nicht leicht. Das hat auch bei ihr Schwierigkeiten gegeben. Aber sie hat dann zu meinem 60er zu mir gesagt, ‚Was hätt' ich denn sollen anderes lernen?' Angeblich auch in den Flegeljahren haben wir zu etwas gezwungen und heute hat sie eine gute Freude. Wir haben eine gute Truppe aufgebaut, dass sie sich auf die Leute um sie herum verlassen kann."

Den Ausbildungsweg, den seine Tochter gegangen ist, ist allerdings keine Lehre, sondern eine schulische Ausbildung zum Bauingenieur (!) über den zweiten Bildungsweg. Sie hat also keine Lehre am Bau gemacht. Möglicherweise erscheint dies dem Befragten auch nicht unbedingt angemessen für Frauen. Jedenfalls weist er etwas später darauf hin, dass es keine Damentoiletten an den Ausbildungs- und Einsatzorten für die Auszubildenden gäbe.[9] Dies ist für ihn die Erklärung, warum es wenige weibliche Lehrlinge im Baubereich gibt.

In diesen zitierten Interviewpassagen fließen die explizite Thematisierung von Geschlecht („gnädige Frau") und die direkte sowie implizite Vergeschlechtlichung der Gesprächsinhalte ineinander. Die Anrede „gnädige Frau" bildet quasi die Einleitung zu einer Gesprächssequenz, die sich primär um geschlechterrelevante Themen dreht (Betriebsnachfolge und Frauen in Männerberufen). Im vorliegenden Fall präsentiert der Interviewte eine eher ungewöhnliche Lösung des Nachfolgeproblems: Der Betrieb wird nicht wie in einer Männerdomäne üblich vom Sohn, sondern von der Tochter übernommen. Allerdings bedarf diese unkonventionelle Übernahme eines Arrangements, das in der Vorstellungswelt des Befragten in gewisser Weise doch mit der stereotypen Familienorientierung von Frauen konform geht (Betrieb als Familie/Familienbetrieb). Die Innovation bedarf scheinbar einer gewissen Le-

---

9   Zur Institutionalisierung der Zweigeschlechtlichkeit durch die Anlage von Damen- und Herrentoiletten vgl. Goffman 1977.

gitimation und ist nicht ganz selbstverständlich. Dies wird auch in einer früheren Interviewpassage deutlich, in der der Befragte Frauen als die kooperativeren, engagierteren, innovativeren Schuldirektorinnen darstellt, was ihn aber zu wundern scheint. So als müsste er sich selbst erst von der Richtigkeit dieser positiven Einschätzung überzeugen, korrigiert er seine erste verwunderte Einschätzung („komischerweise") im Nachsatz („wichtiger Weise"):

Befragter: „Wir haben jetzt schon guten Kontakt zu den Schulen zu den Direktoren und Direktorinnen (...) Komischerweise, nicht komischerweise, sondern wichtiger Weise sind dort Frauen am Werk, die uns helfen, nicht die Männer. Das sind die Sturen. Die Frauen engagieren sich, kommen zu uns, machen Betriebsbesuche mit den Abgängen und Schnupperlehre gibt's und sprechen mit den Leuten, die sollen doch, wenn einer will. Es gibt ja 200 Berufe. Solang man keinen Beruf hat, ist man irgendwer."

Für das Doing Gender im ExpertInneninterview soll aufgrund dieses Beispiels festgehalten werden, dass die Geschlechterunterscheidung im Interview interaktiv hergestellt wird und während der gesamten Interviewsituation präsent ist.[10] Deshalb ist es müßig, die Vergeschlechtlichung des ExpertInneninterviews als störend oder als informationshemmend zu beurteilen und in der Folge vermeiden zu wollen; denn die Geschlechterklassifikation im Interview ist ein unhintergehbares Faktum, gleichsam eine soziale Tatsache (s.a. Behnke/Meuser 1999, S. 77ff). Während jedoch das Alltagsverständnis von der natürlichen Gegebenheit und Konstanz der Zweigeschlechtlichkeit ausgeht, muss sich – folgt man Stefan Hirschauer (1994) – der soziologische Blick auf das Tun der Geschlechterunterscheidung (im Sinne der Geschlechterzuschreibung) richten und nicht (nur) auf deren Resultat, die Geschlechterunterschiede. Interviews mit Experten und Expertinnen werden in der Regel von Experten und Expertinnen durchgeführt; die Planung, Organisation, Durchführung und Auswertung von Interviews ist Teil des professionellen Handelns von WissenschaftlerInnen. Mit der Durchführung von (ExpertInnen-)Interviews (oder anderer Formen der Datenerhebung) werden WissenschaftlerInnen zum Teil des Feldes, das sie untersuchen (vgl. auch Froschauer und Lueger in diesem Band). Sie sind Teil der Interaktion, die im Interview stattfindet. Nun wird aus konstruktivistischer Warte durch soziale Interaktion

---

10   Interessante Beispiele für vergeschlechtlichte Gesprächsinhalte lassen sich auch in einem anderen Interview mit dem Leiter eines sog. Lehrbauhofs und ehemaligen Berufsschuldirektor finden. Bemerkenswerterweise berichtet auch dieser interviewte Baumeister über die Berufswahl seiner Tochter und die Nachfolgefrage. Allerdings ist in diesem Fall die Tochter nicht gleichsam in die Fußstapfen des Vaters getreten, sondern hat einen anderen Beruf gewählt. Im Gegensatz zu dem zuerst zitierten Baumeister beschreibt dieser Interviewte die Bauwelt, insbesondere den Lehrbauhof, als männliche Welt, in der kaum Frauen vorkommen: Die Rede ist immer nur von den „Buam" (Buben), die dort ausgebildet werden. Einmal gibt es allerdings einen Einschub, in dem der Interviewte eine Aussage über die „Buam" durch die kurze Aussage ergänzt, dass sie leider nur wenige Mädchen ihrem Bereich hätten. Vielleicht ist es der Interviewte als Ausbildungsleiter gewöhnt, dass ihm Fragen nach dem Anteil von weiblichen Lehrlingen im Baubereich gestellt werden; möglicherweise erwartet er dieses auch von den Interviewerinnen.

Wirklichkeit konstruiert und institutionalisiert (Berger/Luckmann 1980). Diese situative Wirklichkeitskonstruktion – so die These des Doing Gender Konzepts – ist immer vergeschlechtlicht: Wir nehmen uns immer als Männer oder Frauen wahr und interagieren auch immer als Männer und Frauen. (Fälle, bei denen diese Unterscheidung nicht eindeutig sind, führen zu Irritationen oder werden als außergewöhnlich wahrgenommen.) Die Kategorie Geschlecht ist somit konstitutiv für die Hervorbringung von Interviewinhalten. Für die Durchführung von Expertinneninterviews folgt daraus aus meiner Sicht, dass sich die Forschenden dessen bewusst sein sollten, dass es nicht beliebig ist, ob das Interview in einem geschlechtshomogenen oder -heterogenen Setting stattfindet. Egal in welcher geschlechtlichen Konstellation das ExpertInneninterview durchgeführt wird, Doing Gender findet immer statt. Das Interviewsetting sollte deshalb auch unter Geschlechtergesichtspunkten bewusst gestaltet werden, damit tatsächlich ein strategischer Einsatz geschlechtertypischer Interaktion (etwa im Sinne von Abels und Behrens in diesem Band) erfolgen kann. Diese Überlegungen sollten auch in die Schulung oder Vorbereitung von Interviewern und Interviewerinnen einfließen. Konkret kann dies heißen, gezielte Übungen zu verschiedenen Gesprächstaktiken (z.B. sich naiv stellen, ggf. widersprechen, gezieltes Dirigieren, die Herstellung von Vertrauen bei heiklen Themen etc.) durchzuführen.

Sofern es die forschungspraktischen Rahmenbedingungen zulassen, sollten Interviews mit Experten und Expertinnen in unterschiedlichen geschlechtlichen Zusammensetzungen durchgeführt werden. Dadurch können vielfältigere Daten generiert werden, was insbesondere bei bestimmten, geschlechtersensiblen Fragestellungen (z.B. der Analyse von Gleichstellungspolitiken oder Reproduktionstechnologien) von Vorteil sein dürfte. Sporadische Hinweise auf Unterschiede in der Gesprächsführung und in den Gesprächsinhalten von ExpertInneninterviews – je nach dem, ob eine weibliche Interviewerin einen Experten oder ein männlicher Interviewer eine Expertin befragt – lassen sich wie bereits dargestellt bei Abels/Behrens (2002; vgl. auch Abels 1997) finden. Auch Padfield und Procter (1996) sprechen in ihrem Artikel „The Effect of Interviewer's Gender on the Interviewing Process: (...)", von Geschlechtereffekten. Sie stellten in Interviews mit jungen Frauen ein unterschiedliches Antwortverhalten fest und zwar in bezug auf die Mitteilungsbereitschaft von persönlichen Erfahrungen bei einer Abtreibung: Im Fall des männlichen Interviewers (Ian Procter) waren die Frauen zurückhaltender in der Mitteilung persönlicher Erfahrungen. Systematische Untersuchungen zur Frage geschlechtertypischen Frage- und Antwortverhaltens im Interview gibt es allerdings kaum.

5. Abschließende Überlegungen zur Auswertung von ExpertInneninterviews aus Geschlechterperspektive

Doing Gender kann (wie oben ausgeführt) sowohl im Rückgriff auf standardisierte/institutionalisierte vergeschlechtlichte sprachliche Formen (z.B. Anrede) oder durch die explizite wie implizite Vergeschlechtlichung der Gesprächsinhalte erfolgen.[11] Die genannten Formen des Doing Gender sind nun keine Spezifika des ExpertInneninterviews. Sie können prinzipiell in jeder kommunikativen Situation zur Anwendung kommen. Aber sie gelten eben auch für das Interviewen von ExpertInnen. Die Vergeschlechtlichung der Gesprächsinhalte und die (Re-)Produktion von Geschlechtersterotypen wird sich – so die These – auch in den Gesprächsinhalten niederschlagen, die gewonnenen Daten also geschlechtertypische Deutungs- und Handlungsmuster wiedergeben. Das Experteninterview wird (wie eingangs dargelegt) in vielen Fällen Sichtweisen von männlichen Experten (und seltener von weiblichen) dokumentieren. Die Sichtweisen von Angehörigen des männlichen Geschlechts nicht als objektive Abbildung von Realität anzuerkennen, ist das Ziel der feministischen Kritik an einem objektivistischen Wissenschaftsverständnis. „It's a man's world" – ließe sich vermutlich für viele Fälle von ExpertInneninterviews aus einer feministischen Differenzperspektive kommentieren. Vertreterinnen des Differenzfeminismus versuchen nachzuweisen, dass Frauen (trotz vielfältiger Heterogenitäten) anders und anderes kommunizieren als Männer; dass sie z.B. kooperativer im Gespräch sind, weniger dominant und aggressiv sind usw. (z.B. diverse Beiträge in Kotthoff/Wodak 1997; Becker-Schmidt/Knapp 2000). Doch es gibt eine Reihe von kritischen Einwänden gegen diese Sichtweise, nicht zuletzt den, dass die Kategorie Geschlecht von anderen wie Klasse, Ethnie, Alter usw. überlagert wird, was auch zu Differenzen zwischen Frauen führt und dass deshalb primär geschlechtstypische Unterschiede schwer nachweisbar sind (vgl. im Überblick Gibbon 1999). Dies gemahnt zur vorsichtigen Interpretation von geschlechtertypischer Interaktionen.

Was das ExpertInneninterview angeht, sind die erwähnten Befunde nur bedingt aussagekräftig oder übertragbar. Die vorliegenden Reflexionen über die Bedeutung der Geschlechterkategorie sind eher ein Nebenprodukt der Auswertung von ExpertInneninterviews, die in der Regel einen anderen thematischen Fokus hatten. Letztlich mangelt es an grundlegenden (Meta-)Untersuchungen über die Bedeutung der Geschlechterkategorie im ExpertInneninterview. Die Behandlung dieser Thematik erfordert allerdings nicht nur eingehende Primär- oder Sekundäranalysen von Datenmaterial, sondern auch ausgefeilte Forschungsdesigns, die verschiedene Settings von ExpertInnen-

---

11 Darüber hinaus gibt es noch vielfältige weitere Praktiken der Geschlechterinszenierung (nicht nur) im ExpertInneninterview. Spannend wäre aber nicht nur die Untersuchung von Mimik und Gestik, sondern auch das gesamte Outfit (Kleidung, Accessoires usw.) der Beteiligten.

interviews unter Gesichtspunkten der Geschlechterforschung miteinander vergleichen. Das Hauptproblem besteht darin, die spezifischen Geschlechterkomponenten der Interaktion dingfest zu machen, diese also von anderen Einflussfaktoren etwa dem beruflichen Status, dem Alter u.a. abzugrenzen. Aufwendig für die Untersuchung dieser Fragen ist nicht nur das Forschungsdesign, sondern auch die Auswertung selbst, die sorgfältiger hermeneutischer sozialwissenschaftlicher Verfahren bedarf (z.B. Soeffner 2000, Behnke/ Meuser 1999).

Trotz des Mangels an systematischen Metaanalysen über die Bedeutung der Geschlechterkategorie und der Geschlechterverhältnisse für das ExpertInneninterview scheint mir diese nicht von der Hand zu weisen zu sein. Dies sollte auch durch die kurze Analyse des Fallbeispiels verdeutlicht werden (s.o.). Wie eingehend die geschlechtertypische Interaktion im ExpertInneninterview analysiert wird, hängt letztlich vom Forschungsinteresse und den Rahmenbedingungen (Zeit, Budget usw.) ab. Eine völlige Vernachlässigung der Geschlechterkategorie bei der Analyse des Datenmaterials erscheint mir allerdings aufgrund der Omnipräsenz der Kategorie Geschlecht in der Interaktion fahrlässig. Die Rekonstruktion des Doing Gender im Interview sowie möglicher geschlechtertypischer Interaktionsformen wird vermutlich leichter in einer Auswertungsgruppe als alleine geleistet werden können.[12] Möglicherweise erhöht ein geschlechtsheterogenes Auswertungsteam (nicht nur im Fall des ExpertInneninterviews) die Sensibilität für diese Fragestellungen.

Literatur

Abels, Gabriele (1997): Hat der Experte ein Geschlecht? Reflexionen zur sozialen Interaktion im ExpertInnen-Interview. In: femina politica, Jg. 6, S. 79-88

Abels, Gabriele/Behrens, Maria (2002): ExpertInnen-Interviews in der Politikwissenschaft. Geschlechtertheoretische und politikfeldanalytische Reflexion einer Methode (in diesem Band)

Abbott, Pamela/Wallace, Claire (1997): An Introduction to Sociology. Feminist Perspectives. London und New York

Acker, Joan (1992): Gendering Organizational Theory. In: Mills, Albert J. (Hg.): Gendering Organizational Analysis. London, S. 248-263

Behnke, Cornelia/Meuser, Michael (1999): Geschlechterforschung und qualitative Methoden. Opladen

Becker-Schmidt, Regina/Knapp, Gudrun-Axeli (1995): Das Geschlechterverhältnis als Gegenstand der Sozialwissenschaften. Frankfurt/M.

---

12 Aus methodologischer Sicht wird m.E. gerade bei der Geschlechterkategorie die Idee der Konstruktion zweiter Ordnung (Soeffner 2000) seitens der SozialforscherInnen evident, erscheint doch die Zweigeschlechtlichkeit in der alltäglichen Interaktion als selbstverständlich gegeben.

Becker-Schmidt, Regina/Knapp, Gudrun-Axeli (2000): Feministische Theorien zur Einführung. Hamburg

Behning, Ute/Pascual, Amparo S. (Hg. 2001): Gender Mainstreaming in the European Employment Strategy. Brüssel

Berger, Peter L./Luckmann, Thomas (1980): Die gesellschaftliche Konstruktion der Wirklichkeit. Eine Theorie der Wissenssoziologie. Frankfurt/M.

Bogner, Alexander/Menz, Wolfgang (2002): Das theoriegenerierende Experteninterview. Erkentnisinteresse, Wissensformen, Interaktion (in diesem Band)

Garfinkel, Harold (1967): Studies in Ethnomethodology. New York

Gibbon, Margaret (1999): Feminist Perspectives on Language. London und New York

Gildemeister, Regine (2000): Geschlechterforschung (Gender Studies). In: Flick, Uwe/ Kardorff, Ernst v./Steinke, Ines (Hg.): Qualitative Forschung. Ein Handbuch. Reinbek, S. 213-223

Gildemeister, Regine/Wetterer, Angelika (1992): Wie Geschlechter gemacht werden. In: Knapp, Gudrun-Axeli/Wetterer, Angelika (Hg.): TraditionenBrüche. Freiburg, S. 201-254

Goffman, Erving (1977): The Arrangement Between the Sexes. In: Theory and Society, Jg. 4, S. 301-331 (deutsch 1994: Das Arrangement der Geschlechter. In: ders.: Geschlecht und Interaktion. Frankfurt/M., S. 105-158)

Gottschall, Karin (1998): Doing Gender While Doing Work? Erkenntnispotentiale konstruktivistischer Perspektiven für eine Analyse des Zusammenhangs von Arbeitsmarkt, Beruf und Geschlecht. In: Geissler, Birgit/Maier, Friederike/Pfau-Effinger, Birgit (Hg): FrauenArbeitsMarkt: Beiträge der Frauenforschung zur sozioökonomischen Theorieentwicklung. Berlin, S. 63-94

Hagemann-White, Carol (1984): Sozialisation männlich-weiblich? Alltag und Biographie von Mädchen, Bd. 1. Opladen

Hirschauer, Stefan (1994): Die soziale Fortpflanzung der Zweigeschlechtlichkeit. In: Kölner Zeitschrift für Soziologie und Sozialpsychologie, Jg. 46, S. 668-692

Hitzler, Ronald/Honer, Anne (Hg. 1997): Sozialwissenschaftliche Hermeneutik. Opladen

Kanter, Rosabeth Moss (1977): Men and Women of the Corporation. New York

Lindemann, Gesa (1993): Das paradoxe Geschlecht – Transsexualität im Spannungsfeld von Körper, Leib und Gefühl. Frankfurt/M.

Kotthoff, Helga/Wodak, Ruth (Hg. 1997): Communicating Gender in Context. Amsterdam und Philadelphia

Littig, Beate (2001): Feminist Perspectives on Environment and Society. Harlow et al.

Maihofer, Andrea (1998): Gleichheit und/oder Differenz. Zum Verlauf einer Debatte. In: Kreisky, Eva/Sauer, Birgit (Hg): Geschlechterverhältnisse im Kontext politischer Transformation. Opladen, S. 155-176

Meuser, Michael (1998): Geschlecht und Männlichkeit. Soziologische Theorie und kulturelle Deutungsmuster. Opladen

Meuser, Michael/Nagel, Ulrike (1994): Expertenwissen und Experteninterview. In: Hitzler, Ronald/Honer, Anne/Maeder, Christoph (Hg.): Expertenwissen. Die institutionalisierte Kompetenz zur Konstruktion von Wirklichkeit. Opladen, S. 180-192

Meuser, Michael/Nagel, Ulrike (2002): ExpertInneninterviews – vielfach erprobt, wenig bedacht. Ein Beitrag zur qualitativen Methodendiskussion (in diesem Band)

Notz, Gisela (1999): Die neuen Freiwilligen – das Ehrenamt – eine Antwort auf die Krise? Neu-Ulm

Padfield, Maureen/Procter, Ian (1996): The Effect of Interviewer's Gender on the Interviewing Process: A Comparative Enquiry. In: Sociology, Jg. 30, S. 355-366

Quack, Sigrid (1997): Karrieren im Glaspalast. Weibliche Führungskräfte in europäischen Banken. Discussion Paper Nr. FS I 97-104 hg. vom Wissenschaftszentrum Berlin

Soeffner, Hans-Georg (2000): Sozialwissenschaftliche Hermeneutik. In: Flick, Uwe/ Kardorff, Ernst v./Steinke, Ines (Hg.): Qualitative Forschung. Ein Handbuch. Reinbek, S. 164-175

West, Candace/Zimmerman, Don (1987): Doing Gender. In: Gender and Society, Jg. 1, S. 125-151

Teil III:
Anwendungsfelder und Beispiele aus der empirischen Forschung

Wie befrage ich Manager?

Methodische und methodologische Aspekte des Experteninterviews als qualitativer Methode empirischer Sozialforschung[1]

Rainer Trinczek

I.

Experteninterviews[2] wird in der Methodendiskussion von Puristen häufig vorgeworfen, sie seien ein ‚schmutziges‘ Verfahren. Unbeschadet von allzu tiefschürfender methodologischer Reflektion würde mit Experteninterviews gleichsam ‚im Niemandsland‘ zwischen qualitativem und quantitativem Paradigma operiert[3]: In der empirischen Forschung flexibel gehandhabt, je nach untersuchungsleitendem Interesse und konkreter Fragestellung mal mehr, mal weniger durch einen Leitfaden strukturiert, mehr oder weniger offen geführt

---

1 Dieser Text hat eine längere Geschichte. Er basiert auf einem Vortrag im Rahmen eines Workshops des Instituts für Arbeitsmarkt- und Berufsforschung (IAB) über ‚Experteninterviews in der Arbeitsmarktforschung‘ und wurde in der damaligen Fassung in der entsprechenden Dokumentation auch veröffentlicht (Trinczek 1995). In der Zwischenzeit habe ich jedoch im Rahmen eines DFG-Projektes über ‚Lebensarrangements von Führungskräften im Kontext veränderter beruflicher und privater Herausforderungen‘, das wesentlich von Cornelia Behnke und Renate Liebold am Institut für Soziologie der Uni Erlangen durchgeführt wurde, hinzugelernt: Meine Position ist heute ein wenig differenzierter als noch Mitte der 90er Jahre. Daher lehnt sich der vorliegende Text zwar in weiten Teilen inhaltlich und textlich stark an den früheren an, es gibt jedoch in bestimmten Passagen auch erhebliche Unterschiede.

2 Das ‚Experteninterview‘ ist im Grunde lediglich durch Verweis auf die Qualität des Interviewpartners als ‚Experte‘ spezifiziert – und damit (streng genommen) kein besonderes Erhebungsverfahren, denn solche Experten können auf die unterschiedlichste Art und Weise befragt werden. Trotzdem herrscht eine Art ‚stillschweigender Konsens‘ unter den empirisch Forschenden darüber, dass unter einem Experteninterview ein ‚Leitfadeninterview‘ zu verstehen sei – und an diesen Konsens werde ich mich im Folgenden denn auch halten: Hier geht es um das leitfadengestützte Experteninterview (vgl. hierzu allgemeiner auch Liebold/Trinczek 2002).

3 Diese Unsicherheit bei der Verortung leitfadengestützter Interviews innerhalb des (in der Zwischenzeit zwar zu Recht häufig kritisierten, nichtsdestoweniger jedoch weiterhin die Diskussion strukturierenden) ‚qualitativ-quantitativ‘-Spektrums wird besonders schön bei Lamnek (1989) deutlich. Lamnek schreibt dort in Bezug auf das ähnlich gelagerte fokussierte Interview: „Das fokussierte Interview – obgleich den qualitativen Befragungsformen zuordenbar – ist der quantitativen Methodologie doch näher als die anderen qualitativen Verfahren" (S. 80).

und auf obskure Art und Weise nach handgestrickten Verfahren aufbereitet, ausgewertet und interpretiert, erfüllen Experteninterviews in den Augen der Methodenpäpste qualitativer wie quantitativer Provenienz weder die Gütekriterien des einen noch des anderen methodologisch-methodischen Paradigmas. Diese Erfahrung mussten im Fall der qualitativen Methodengemeinde auch die beiden SozialforscherInnen M. Meuser und U. Nagel machen:

„Wenn das Wort Leitfadeninterview fällt, hat man beim harten Kern der Vertreter ‚weicher' Methoden einen schweren Stand. Auch Begriffe wie halboffenes oder focussiertes Interview helfen da nicht weiter, eher im Gegenteil" (1989: 8).

Dieses Unbehagen gegenüber leitfadenstrukturierten Experteninterviews schlägt sich nicht zuletzt auch in den einschlägigen Methodenbüchern nieder, in denen kaum jemals in breiterem Umfang auf dieses Verfahren eingegangen wird. Während sich ‚narratives Interview' und ‚objektive Hermeneutik' (als vermeintlich besonders reine, reflektierte und elaborierte Erhebungs- bzw. Auswertungsverfahren) vor Interesse kaum retten können, fristen Leitfadeninterviews – obwohl in der empirischen Sozialforschung als Instrument sehr viel breiter eingesetzt – eher ein Mauerblümchendasein.[4]

In diesem Beitrag soll der Versuch unternommen werden, eine Art ‚Ehrenrettung' des Experteninterviews als sinnvollem Erhebungsinstrument vorzunehmen; dies wird in Diskussion mit dem qualitativen Paradigma geschehen, denn üblicherweise und zurecht werden leitfadengestützte Experteninterviews in diesem Kontext verortet. Am Beispiel von Interviews mit Managern wird dabei insbesondere das Problem des optimalen Interviewsettings für die ungestörte Entfaltung subjektiver Relevanzstrukturen diskutiert – bekanntlich eine der zentralen Fragen, mit denen sich qualitative Methodenforschung auseinandersetzt.[5]

---

4 Diese Einschätzung ist bewusst etwas zugespitzt formuliert. Ohne Zweifel gibt es einige sehr reflektierte Beiträge zu verschiedenen Aspekten des Leitfadeninterviews, etwa von Christel Hopf (1978) oder die Beiträge von Meuser/Nagel (1989, 1994, 1997); sie stellen jedoch Ausnahmen im Mainstream dar. Und die angelsächsische Diskussion wird nach wie vor durch den nun fast schon weit über 50 Jahre alten Text von Merton/Kendall (1946; in dtsch. 1979) beherrscht (vgl. auch Merton u.a. 1956).

5 Den empirischen Hintergrund sowie die Materialbasis meiner Ausführungen stellen zahlreiche Interviews mit Managementvertretern – vorwiegend aus Industriebetrieben – dar, die wir in der Projektgruppe ‚Arbeits- und Industrieforschung' am Erlanger Institut für Soziologie sowie nun am Lehrstuhl für Soziologie der TU München in verschiedenen Projekten zu Arbeitszeitfragen, Problemen der Produktionsmodernisierung, zu diversen Aspekten innerbetrieblicher Austauschbeziehungen sowie zu Fragen der Work-Life-Balance durchgeführt haben.

II.

Die Kritik an standardisierten Verfahren der Interviewführung hat sich – unter Rückgriff auf symbolisch-interaktionistische wie phänomenologische Ansätze – nicht zuletzt an dem Vorwurf entzündet, dass diese Verfahren sich den Zugang zu dem, was die Befragten ‚wirklich' denken, systematisch versperren, da sie weder hinreichend auf den je spezifischen Kontext der Befragungssituation reflektieren, noch auf die konstitutiven Merkmale des Alltagslebens und der alltäglichen Kommunikation mit ihren Prozessen subjektiver Bedeutungszuweisung. Von diesen sei die Interviewsituation ja nicht ausgenommen: Befragte weisen den ihnen gestellten Fragen vor dem Hintergrund ihres Alltagswissen und ihrer Relevanzstrukturen bestimmte Bedeutungen zu und antworten auf Basis eben dieser ihrer subjektiven Sinngebungen. So streicht Cicourel denn auch in seinem klassischen Text 'Method and Measurement in Sociology' (1970) heraus:

„Wenn es richtig ist anzunehmen, dass Personen im Alltagsleben ihre Umwelt ordnen, Objekten Bedeutungen oder Relevanzen zuweisen, ihre sozialen Handlungen auf die Rationalitäten des Common-Sense basieren, dann kann man sich nicht in Feldforschung einlassen oder irgendeine andere Forschungsmethode in den Sozialwissenschaften benutzen, ohne das Prinzip subjektiver Interpretation in Betracht zu ziehen. (...) Diesen Punkt zu ignorieren hieße, sowohl die Fragen (oder Gespräche) als auch die erhaltenen Antworten zu problematischen und/oder bedeutungslosen zu machen" (94f.). „Standardisierte Fragen mit vorfixierten Auswahlantworten liefern eine Lösung für das Problem der Bedeutung, indem sie es einfach ignorieren" (S. 156).

Als ein entscheidender Vorteil qualitativer Interviewverfahren gegenüber standardisierten Verfahren gilt denn auch zurecht ihre höhere Kontextsensitivität – sowohl was den Kontext betrifft, in dem sich die Befragten in ihrem Alltagsleben mit ihren jeweiligen Relevanzstrukturen bewegen, als auch was den Kontext der Interviewsituation betrifft. Als eine unabdingbare methodologische Voraussetzung erfolgreicher Interviewführung wurde in diesem Zusammenhang herausgearbeitet, dass sich sozialwissenschaftliche Forschung systematisch „an die dem Forschungsprozess vorgängigen Regeln der alltagsweltlichen Kommunikation" anzupassen habe (Schütze u.a. 1981: 434). Mit ‚Offenheit' und ‚Kommunikation' wurden zwei Basisnormen für den Prozess der Datenerhebung benannt (Hoffmann-Riem 1980), die es einer interpretativen Soziologie erlauben sollten, dieses methodologische Postulat auf der Methodenebene erfolgreich einzulösen.

In der Fortführung der Methodendiskussion ist es dann allerdings zu einer eigentümlich einseitigen Spezifizierung dieser ‚vorgängigen Regeln alltagsweltlicher Kommunikation' gekommen. Der Aspekt der grundsätzlichen Offenheit qualitativer Interviewführung gegenüber ihrem Forschungsfeld mit dem entscheidenden Vorteil, dem/r ForscherIn ein flexibles Sich-Einlassen auf ganz unterschiedlich kommunikativ strukturierte soziale Kontexte zu ermöglichen, wurde zunehmend zugunsten von 'best practice'-Anweisungen ‚guter‘ qualitativer Interviewführung in den Hintergrund gerückt.

Unter Verweis auf eine angeblich weitgehend narrative Grundstruktur alltagsweltlicher Kommunikation, an die sich der Forschungsprozess anzupassen habe, hat sich auf diese Weise hinsichtlich eines optimalen Interviewsettings eingebürgert, nahezu unhinterfragt davon auszugehen, dass Befragte ihre subjektiven Bedeutungszuschreibungen und Relevanzstrukturen am besten in einer Interviewsituation entfalten können, die durch weitgehende Nicht-Intervention durch den Interviewer gekennzeichnet ist. Mit der ausgeprägten Zurückhaltung des Interviewers werde – im Umkehrschluss durchaus logisch konsequent – lediglich auf die ‚im Feld vorgängigen Regeln alltagsweltlicher Kommunikation‘ Rücksicht genommen.[6]

Nicht zuletzt diese Argumentationskette ist es ja auch, auf der das Unbehagen der harten Vertreter qualitativer Methoden gegenüber dem leitfadengestützten Experteninterview basiert: Bei Anwendung dieses Verfahrens werde zu stark interveniert und strukturiert, der Interviewte könne seine subjektiven Relevanzstrukturen gar nicht mehr ungestört entfalten.

In der Gesellschaft existieren nun aber Wirklichkeitsbereiche, die überwiegend gänzlich anderen Regeln alltagsweltlicher Kommunikation folgen. Eine solche Alltagswelt stellt beispielsweise der Betrieb dar. Nimmt man nun auch mit Blick auf dieses Forschungsfeld die methodologischen Grundlagen qualitativer Sozialforschung ernst, muss man den Versuch unternehmen, sich an solche Formen der Interviewführung heranzutasten, die eben den in diesem Ausschnitt gesellschaftlicher Wirklichkeit dominierenden Modi alltäglicher Kommunikation folgen.

Ein solcher Versuch soll im Folgenden unter Bezugnahme auf zwei empirische Untersuchungen mit Managern unternommen werden, von denen eine auf ein rein betriebliches Thema konzentriert ist, während sich die andere an der Schnittstelle von Betrieb und privater Lebenswelt von Führungskräften bewegt: Es handelt sich dabei im ersten Fall um eine Studie über kollektive Orientierungsmuster von Managern hinsichtlich betrieblicher Mitbestimmung (Trinczek 1993), im zweiten um eine Untersuchung über Lebensarrangements von Führungskräften zwischen veränderten beruflichen und privaten Anforderungen (vgl. Ellguth u.a. 1998, Behnke/Liebold 2000, Liebold 2000). Der jeweilige Gegenstand beider Studien scheint für das hier verfolgte Argument auch insofern geeignet zu sein, als der Untersuchungsgegenstand in beiden

---

6 Diese m.E. verkürzte Wahrnehmung möglicher kommunikativer Alltagssituationen ist wohl nur dadurch zu erklären, dass alltagsweltliche Kommunikation sukzessive unter der Hand mit Kommunikation im lebensweltlichen Kontext privaten Zusammenlebens gleichgesetzt wurde. Die aus diesem spezifischen sozialen Kontext herausgearbeiteten Regeln haben im Diskurs der qualitativen Fachgemeinschaft unter der Hand insofern eine Generalisierung erfahren, als sie zu den kommunikativen Regeln alltäglicher Kommunikation schlechthin hypostasiert wurden.

Fällen hinreichend ,weich' ist, um auch eingeschworenen Vertretern des qualitativen Paradigmas als adäquat für ,ihre' Methoden erscheinen zu können.[7]

Der Vergleich zwischen dem methodischen Vorgehen beider Studien ist vor allem deswegen interessant, weil hieran verdeutlicht werden kann, dass sich aufgrund der Tatsache, dass sich Manager alltäglich in von ihren Kommunikationsmodi gänzlich unterschiedlich strukturierten Welten (Betrieb – private Lebenswelt) bewegen, je nach Fragestellung aus den Postulaten qualitativer Methodologie auch gänzlich unterschiedliche Erhebungstechniken als gegenstandsadäquat ergeben.

III.

Völlig unabhängig vom konkreten Gegenstand des Forschungsvorhabens ist jedes Interview, das mit Managern in ihrer betrieblichen Umgebung geführt wird, in der Anfangssequenz zunächst einmal mit den im- und expliziten Erwartungen von Managern an ein solches Gespräch konfrontiert. Diese Erwartungen orientieren sich wesentlich an den im Betrieb vorgängigen Regeln alltagsweltlicher Kommunikation und sind entsprechend in der für den Erfolg eines Interviews entscheidenden Anfangssequenz dominant darauf gerichtet, vom Forschungsteam mit Fragen konfrontiert zu werden, die von ihnen beantwortet werden sollen. Diese Vorweg-Annahme einer klar definierten Rollenverteilung im Interview findet ihren typischen Ausdruck in den Anfangspassagen der Gespräche, die – nach den üblichen Begrüßungsritualen – von den ,Hausherrn' häufig etwa folgendermaßen eingeleitet werden:

„So, jetzt schießen Sie mal los. Was wollen Sie von mir wissen; fragen Sie einfach."

Eine solche primäre Erwartungshaltung speist sich offensichtlich wesentlich aus den alltäglichen Arbeitserfahrungen der Befragten. Fragen von Vorgesetzten gestellt zu bekommen bzw. selbst die richtigen Fragen zu stellen, ist integraler Bestandteil managerialer Arbeitssituationen. Die in diesem Kontext verankerte Erwartungshaltung projizieren Manager in die Interviewsituation: Nun sind es die ForscherInnen, die die Fragen stellen, und sie als Befragte versuchen so zu antworten, wie sie es immer von ihren Untergebenen bzw. die Vorgesetzten von ihnen erwarten: Knapp und präzise, immer auf den Punkt kommend und wenig abschweifend. Dass es nur wenige Manager gibt,

---

7   Leitfadengestützte Experteninterviews werden häufig auch ,nur' zum Zweck der Wissensabfrage geführt, weil man – etwa wegen der als problematisch eingeschätzten Thematik eines Forschungsvorhabens – auf andere Art und Weise nicht an die gewünschten Informationen herankäme. In der reinen Wissensabfrage vermögen die meisten Vertreter qualitativer Methoden jedoch kein Anwendungsfeld ihrer Verfahren zu entdecken, in dem deren spezifische Stärken voll zur Geltung kommen könnten.

die diesem Wunschbild selbst in praxi entsprechen, ist bekannt. Während einer Erhebung stößt man denn auch immer wieder auf Interviewpartner, die es in ihrer ausschweifenden Art den ForscherInnen schwer machen, ein erfolgreiches Interview zustande zu bekommen. Trotzdem: Die Erwartungshaltung bleibt wirksam, teilweise wird die eigene Abweichung von diesem Ideal sogar reflektiert und im Interview thematisiert. So gestand beispielsweise ein Manager vor Beginn des Interviews ein, dass er einen gewissen Hang zur Ausführlichkeit habe, und forderte uns auf, ihn zu unterbrechen, falls er zu lange bei einem Thema verweilen sollte.

Der dominanten Erwartungshaltung von Managern in der Anfangssequenz des Interviews entspricht die Interviewsituation eines Leitfadeninterviews in einer eher geschlossenen Variante in nahezu idealer Weise – und stellt insofern ohne Zweifel in der Einstiegsphase ‚das‘ Interviewverfahren der Wahl dar. Die Einführung anderer Verfahren bedürfen des behutsamen Überwindens dieser dominanten Frage-Antwort-Orientierung von Managern, was erheblich Zeit in Anspruch nehmen kann und ein hohes Maß an sozialer Kompetenz erfordert. Ein Interview mit einer Führungskraft etwa relativ rasch mit der Bitte um eine möglichst lange Narration einzuleiten, birgt die Gefahr des Scheiterns des gesamten Interviews – eben weil eine solche Interviewsituation den alltäglichen Kommunikationsstrukturen in Betrieben nahezu diametral entgegensteht. In den Augen der Manager ist ‚Zeit‘ – und ihre ganz besonders – eine knappe und wertvolle Ressource. Das betriebliche Alltagshandeln ist in ihrer Wahrnehmung durch ständigen Termindruck und Zeitknappheit geprägt. Manager mit dieser Selbst-Wahrnehmung ihrer eigenen Arbeitssituation gleich zu Beginn des Gesprächs aufzufordern, sich Zeit für eine ausführliche Erzählung zu nehmen, müsste diesen wie eine Provokation erscheinen. Dabei würde sich eine erhebliche Lücke zu den im Feld vorgängigen Regeln alltagsweltlicher Kommunikation auftun, so wie sie sich in der managerialen Erwartungshaltung einer klaren Strukturierung des anfänglichen Gesprächsverlaufs durch das Forschungsteam widerspiegeln.

IV.

Interviewsituationen sind nicht statisch, sie unterliegen in aller Regel einer eigenen Dynamik, in der sich auch die in der Anfangssequenz dominierenden Erwartungen der Gesprächspartner an das Interview ändern können. Ist die Interviewsituation erst einmal erfolgreich konstituiert und haben sich anfängliche Unsicherheiten gelegt, passiert es beispielsweise bei Management-Interviews regelmäßig, dass die Gesprächsatmosphäre zusehends entspannter wird. Sukzessiv realisieren die Befragten die Differenz zur Frage-Antwort-Situation, wie sie im betrieblichen Alltag immer wieder auftaucht: Im Unterschied zu dieser sozialen Situation steht im Interview niemand auf dem Prüf-stand, keiner muss sich für etwaige Versäumnisse rechtfertigen, und daher kann auch der anfänglich noch spürbar strategische Umgang mit Informatio-nen gelockert werden.

Dieser Wandel in der managerialen Wahrnehmung der sozialen Situation ‚Interview' findet nicht zuletzt auch darin seinen Ausdruck, dass die Befrag-ten ihre ursprüngliche Erwartungshaltung an die Rollenverteilung in dieser Interaktionskonstellation relativieren. Ist das Interview in dieses Stadium eingetreten, dominieren also nicht mehr die typisierten Anfangserwartungen einer Frage-Antwort-Struktur die Gesprächssituation; dadurch kann sich die Form des Interviews ändern – ohne dass die Gefahr des Scheiterns virulent wäre. Genau in dieser Situation bewährt sich die ‚Offenheit' qualitativer In-terviewführung, die einen situationsflexiblen Wandel des Interviewstils nicht nur zulässt, sondern nachgerade fordert.

Dies ist der Zeitpunkt, zu dem ‚andere' Erhebungsformen systematisch und erfolgversprechend in das Managementinterview eingeführt werden können. Allerdings steht dem Forscher auch in dieser Situation nicht das ge-samte Spektrum mündlicher Erhebungsverfahren ‚frei' zur Verfügung. Es existieren vielmehr nach wie vor Grenzen des Machbaren, die ganz offen-sichtlich mit dem Gegenstand zu tun haben, dem man sich im Interview zu nähern trachtet. Diese Gegenstandsabhängigkeit der Art der Interviewführung während der ‚zweiten Phase' von Managementinterviews soll im Folgenden an den beiden oben bereits erwähnten Beispielen ‚Orientierungsmuster hin-sichtlich betrieblicher Mitbestimmung' und ‚Lebensarrangements' exem-plarisch belegt werden.

Die interviewtechnisch entscheidende Differenz zwischen den beiden Beispielen ist, dass der eine Gegenstand inhaltlich ausschließlich im betrieb-lichen Arbeitsalltag von Managern verankert ist und von daher bei seiner Thematisierung im Interviewgespräch üblicherweise auch nach wie vor die in dieser Situation typischen Regeln alltagsweltlicher Kommunikation die Er-wartungshaltung der befragten Manager an das Interview dominieren – und entsprechend durch die Interviewführung tunlichst nicht zu verletzen sind. Das zweite Beispiel (‚Lebensarrangements') hingegen verweist auf die außer-betriebliche private Lebenswelt mit ihren anderen Modi alltagsweltlicher Kommunikation, so dass es in diesem Fall durchaus möglich ist, die zunächst existierende Erwartungshaltung von Managern an das Interview zu überwin-den und zu stärker narrativen Formen der Erhebung überzugehen. In diesem Fall wird der betriebliche Kontext mit seinen typischerweise ‚nicht-erzähleri-schen' Kommunikationsmodi in der Interviewsituation mental vom Befragten ‚verlassen' oder (im besten Fall) gar ‚vergessen' – und dies, obwohl das In-terview räumlich im eigenen Büro in der Firma stattfindet.

215

V.

Ist der Gegenstand des Interviews ganz vorrangig im Kontext des betrieblichen Handelns von Managern verankert, ist das Interview auch in seiner zweiten Phase, in die das entspannter gewordene Interviewgespräch übergeht, typischerweise nicht durch eine narrative Grundstruktur geprägt. Versuche, die Befragten im Verlauf des Interviews immer wieder zu kleineren Erzählungen zu stimulieren, sind in der Praxis solcher Manager-Befragungen nur selten erfolgreich. Dies hat weniger mit dem Bedürfnis der Manager zu tun, keine wertvolle Zeit mit, wie sie es nennen, „Geschwafel" zu vergeuden; vielmehr hängt es damit zusammen, dass die Erwartungshaltung von Managern hinsichtlich des Interviewverlaufs – wenn sie sich ändert, was nicht immer, aber durchaus häufig der Fall ist – sich zumeist von der anfänglichen ‚alltagsgewohnten' Frage-Antwort-Struktur hin zu einer weiteren, im betrieblich-managerialen Kontext verankerten Struktur alltäglicher Kommunikation entwickelt: dem ‚Fachgespräch', so wie es Manager in seiner kommunikativen Grundstruktur vorrangig aus offenen Diskussionen in teamartigen Arbeitszusammenhängen kennen.

Zu beobachten ist also im Verlauf dieser ‚betriebszentrierten' Interviews ein Wechsel zwischen unterschiedlichen Gesprächsstrukturen, die jedoch beide innerhalb des Spektrums eingeübter betrieblicher Alltagssituationen verankert sind. In einem ‚guten' qualitativem Interview muss dieser Wechsel von einer Form betrieblicher Alltagskommunikation zu einer anderen vom Befrager ‚mitgegangen' werden.

Die neue Interviewsituation stellt eine lockere Diskussionssituation dar, die thematisch zwar durchaus weiterhin vom ‚kompetenten' Forschungsteam strukturiert wird, in die die Interviewpartner aber ihre inhaltlichen Positionen ‚ungeschützt' einbringen, sie in Frage stellen lassen und auf diese Weise kritisch reflektieren. Die handlungsentlastete Situation des Gesprächs, seine soziale Folgenlosigkeit, erlaubt den Managern dabei mitunter einen Grad an Freimütigkeit und offener Selbstreflexion, den sie sich im betrieblichen Alltag mit seinem überwiegend strategisch ausgerichteten Kommunikations- und Interaktionsstil so in aller Regel nicht zugestehen. Die Attraktivität dieser folgenentlasteten Gesprächssituation zeigt sich auch darin, dass die Befragten die Dauer der Interviews mitunter beträchtlich überziehen, auch wenn bei der Vereinbarung des Gesprächstermins noch um jede Viertelstunde gefeilscht worden war; nicht selten sind es dann eher die ForscherInnen als die Manager, die das Gespräch von sich aus beenden.

Kern u.a. (1988) haben in diesem Zusammenhang von einem regelrecht ‚kathartischen Effekt' von Management-Interviews gesprochen, und dies ebenfalls wesentlich auf die einseitig erfolgte ‚Entmischung' von strategischen und kommunikativen Handlungsanteilen im betrieblichen Arbeitsalltag zurückgeführt.

„Wenn selbst der soziale Kontakt in der Befragungssituation eines Interviews als Kompensationsmöglichkeit erlebt wird, so muss dem ein *Nicht-Zulassen-Können an diskursiver Kommunikation im Alltag* zugrunde liegen. Die Ursache dafür ist unter Umständen darin zu suchen, dass die Beschränkung auf subjektiv ‚rein strategisches‘ Handeln dem Strategen selbst den Hals zuschnürt" (S. 93; Herv.i.Orig.).

In einer solchen betrieblichen Konstellation schaffe das „Beziehungsangebot der ‚verständigen Leute von draußen‘ (...) kurzfristig Entlastung" (S. 94), der „Kommunikationsstau" werde in der Interviewsituation verflüssigt. Dabei haben Kern u.a. offensichtlich die Erfahrung gemacht, dass die von ihnen befragten Manager häufig dazu neigten, das Interview zu einer Selbstinszenierung mit kathartischen Effekten zu nutzen und dabei die SoziologInnen zunehmend in die Rolle des Zuhörers bzw. Stichwortgebers zu rücken. Versuche, die managerialen Ansichten zu hinterfragen und zu problematisieren, seien regelmäßig gescheitert: „(...) dort, wo diskursive Infragestellung droht, (wird) die Verdrängung anderer berechtigter Weltsichten wiederholt" (S. 94). Solche pathogenen Kommunikationskonstellationen würden es mitunter kaum erlauben, ‚erfolgreiche‘ Interviews zu führen.

In diesem Punkt sind von mir – wie bereits angedeutet – primär andere Erfahrungen gemacht worden: Weniger ein geduldiges Publikum für ausufernde Selbstinszenierungen schienen die Manager zu suchen, als vielmehr vorrangig den Sozialforscher als Experten und Diskurspartner mit einer anderen analytisch-konzeptionellen Perspektive.[8] Dabei lässt sich durchaus ein breites Spektrum an unterschiedlichem managerialen Interviewverhalten beobachten: Einige wägen sehr offen und selbstreflexiv unterschiedliche Optionen und Positionen miteinander ab, begründen die eigenen Ansichten sorgfältig und reagieren mitunter auch nachdenklich auf Gegenargumente, fragen nach, welche Erfahrungen die InterviewerInnen denn in anderen Betrieben gemacht hätten. Andere neigen eher dazu, Gegenargumente vom Tisch zu wischen und die eigene Position als die letztlich einzig sinnvolle zu präsentieren. Aber auch solche Manager sind offensichtlich impliziten Diskursnormen verpflichtet: Inhaltlich begründete Interviewerinterventionen werden nicht primär als lästige Störungen im Prozess der Selbstinszenierung empfunden; es scheint mitunter eher so zu sein, dass die Befragten nachgerade auf Gegenargumente warten, um diese mit ihren Argumenten dann umso effektvoller als inadäquat, weltfremd oder betriebsblind zurückweisen zu können.

Wie immer sie sich konkret in den Interviews verhalten, auf jeden Fall erweckt die überwiegende Mehrheit der Manager den Eindruck, dass sie in

---

8 Möglicherweise sind die unterschiedlichen Erfahrungen von Kern u.a. und mir auch darauf zurückzuführen, dass es sich um Interviews mit Vertretern unterschiedlicher Hierarchiestufen gehandelt haben dürfte. Es wäre zu vermuten, dass sich ‚ganz oben‘ in der Unternehmenshierarchie Verhaltensweisen, wie sie Kern u.a. beobachtet haben, häufiger anzutreffen sind, als in den mittleren Managementetagen.

dem Gespräch eine Chance sehen, ihrer ‚Lust‘ am handlungsentlasteten intellektuellen Austausch, am Argumentieren und Diskutieren nachzugehen; und es scheint gerade die ‚Handlungsentlastetheit‘ der Interviewsituation zu sein, die diese ‚Lust‘ überhaupt erst ermöglichte. Diese Handlungsentlastetheit ist denn auch die wesentliche Differenz zu der aus dem betrieblichen Alltag bekannten ‚Fachgespräch‘, an dessen Kommunikationsstruktur im Interview zwanglos angeschlossen werden kann. Nicht aber – und das gilt es herauszustreichen – differieren die kommunikativen Grundregeln des Fragens und Antwortens, des Argumentierens und Diskutierens.

Eine solcherart von den Befragten eingeklagte ‚diskursive‘ Interviewstruktur erfordert eine spezifische Form der Interviewführung, die nur begrenzt den in der Literatur immer wieder herausgestrichenen Standards ‚qualitativer‘ Sozialforschung entspricht. Hier wird bekanntlich mit Nachdruck betont, dass sich die Interviewperson im Gespräch neutral-unterstützend verhalten sollte, auf jeden Fall sich aber mit eigenen Interventionen zurückhalten sollte, um nicht Gefahr zu laufen, den Prozess der Entfaltung der subjektiven Relevanzstrukturen des Befragten zu beeinflussen. Ganz im Gegensatz hierzu muss ein Experteninterview mit Managern angesichts der oben skizzierten ‚vorgängigen Regeln der alltagsweltlichen Kommunikation‘ in diesem spezifischen Forschungsfeld zwangsläufig argumentativ-diskursiv angelegt sein.

Der Forscher räumt den Befragten zwar hinreichend Zeit und Freiraum ein, ihre Position in ihrer eigenen Gestalt zu entfalten, konfrontiert sie aber im Interviewverlauf immer wieder mit Gegenpositionen. Eine derartige ‚diskursiv-argumentative‘ Interviewführung bedeutet nicht, dass die Gespräche notwendigerweise ‚konfrontativ‘ verlaufen. Es obliegt der Kompetenz des Interviewers, jeweils das richtige Maß an ‚Gegenhalten‘ zu finden. Die vorgebrachten Gegenpositionen bzw. Einwände sollen ja nicht dazu dienen, dass der Befragte im Verlauf des Interview seine Position ändert, sie sollen lediglich dazu beitragen, dass der Interviewte seine subjektiven Relevanzstrukturen diskursiv entfaltet – also im Kontext einer Gesprächsstruktur, wie sie für den betrieblichen Alltag jenseits der ‚künstlichen‘ Interviewsituation ebenfalls typisch ist. Dieser Intention entsprechend sollte der Interviewer seine Interventionen explizit in der Rolle eines ‚actor diabolus‘ vornehmen, um die Gefahr zu mindern, dass der Befragte sein Antwortverhalten implizit an einer durch den Interviewer vermittelten, vermeintlichen ‚social desirability‘ orientiert.

Eine konstruktive diskursive Interviewsituation setzt freilich inhaltlich wie sozial in hohem Maße kompetente Interviewer/innen voraus. Damit sich ein Manager auf diese für das Forschungsvorhaben fruchtbare, diskursiv-argumentative Interviewsituation einlässt, muss ihm – das ist eine notwendige Voraussetzung – der Interviewer wenigstens halbwegs kompatibel und ‚gleichgewichtig‘ erscheinen. Dies hat, das sei hier nur am Rande erwähnt, häufig auch etwas mit Alter und Status der ForscherInnen zu tun: Je höher die eigene Qualifikation, der formale Status oder der Umfang des Verantwortungsbereiches ist, umso höher steigt auch die implizite Erwartung von Managern an die formelle Ausgewiesenheit des Gegenüber. Unpromovierte ‚Youngster' aus der Wissenschaft können da – völlig unabhängig von ihrer wahren Kompetenz – in den Augen von Management-Vertretern kaum bestehen. Wenigstens promoviert sollte der Sozialforscher sein, wenn die Universität schon keinen ‚richtigen Professor' geschickt hat.[9]

Abgesehen von solchen Statusfragen setzt ein funktionierendes diskursivargumentatives Experteninterview mit Managementvertretern in der Tat aber auch einen Expertenstatus der Interviewer voraus: je mehr man im Verlauf des Interviews in der Lage ist, immer wieder kompetente Einschätzungen, Gründe und Gegenargumente einfließen zu lassen, umso eher sind Manager bereit, nun ihrerseits ihr Wissen und ihre Positionen auf den Tisch zu legen – und ihre subjektiven Relevanzstrukturen und Orientierungsmuster in nichtstrategischer Absicht offenzulegen.

VI.

Während sich im gerade diskutierten Fall die Interviewtechnik sinnvollerweise im Spektrum betrieblich typischer (‚nicht-narrativer') Formen der Alltagskommunikation bewegte, ist es im Fall von Managementstudien mit einer eher lebensweltlichen Ausrichtung (wie etwa der Untersuchung über ‚Lebensarrangements von Führungskräften') durchaus möglich bzw. je nach konkretem Erkenntnisinteresse eventuell gar geboten, die Übergangsphase im Interview nach der Anfangssequenz dazu zu nutzen, in eine Narrationsphase überzuleiten und einen Erzählimpuls zu setzen, der den Befragten zu einer längeren Stehgreiferzählung animieren soll. Dies kann, muss aber nicht gelingen. So gab es in besagtem Projekt immer wieder (insgesamt aber wenige!) Fälle, die sich trotz der inhaltlichen Ausrichtung des Vorhabens auf die außerbetriebliche Lebenssphäre im Interview nicht so recht von ihrer Berufsrolle und den entsprechenden Kommunikationsformen lösen mochten. Das Projektteam hatte sie ja zunächst als Manager, also als betriebliche Funktionsträger, angesprochen – und es fiel ihnen auch nach Lockerung der Gesprächsatmosphäre außerordentlich schwer, sich von dieser Rolle im Interviewverlauf zu verabschieden. Die Tatsache, dass die Interviews im Betrieb stattfanden, mag es manchem zusätzlich erschwert haben, sich aus den betriebstypischen Kom-

---

9   Ähnliches gilt für das askriptive Merkmal ‚Alter'. Einen Werkleiter in den Mitfünfzigern zu interviewen, wird einem ähnlich alten Sozialforscher leichter gemacht als seinem Kollegen Anfang 30; allerdings scheint es so zu sein, dass Alter in gewissen Grenzen über Titel und Status kompensiert werden kann.

munikationsmodi zu lösen. Die entsprechenden Interviews verblieben weitgehend im Frage-Antwort-Modus; auch die Möglichkeit des Umschaltens auf
den ‚handlungsentlasteten Diskurs' war bei dieser Thematik an der Schnittstelle zwischen Betrieb und Privatleben nicht gegeben: Bei diesem Gegenstand gehört der entsprechende Kommunikationsmodus offensichtlich nicht
zum Repertoire alltäglicher Gesprächsführung, an die man als Forscher im
Interview weitgehend problemlos anschließen kann.

VII.

Zusammenfassend bleibt festzuhalten: Es gibt kein einheitliches Idealrezept
zur interviewtechnischen Durchführung von Befragungen von Managern, sondern auch hier gilt die allgemeine methodologische Regel der Gegenstandsadäquanz der genutzten Verfahren. Diese müssen sich wesentlich orientieren
an dem gegenstandsspezifischen Spektrum von Kommunikationsformen, die
in dem jeweiligen sozialen Praxisfeld der Befragten, auf das das Interview
inhaltlich abstellt, vorgängig sind bzw. dort problemlos zu aktualisieren sind.
Nur so bleibt die methodologische Forderung qualitativer Sozialforschung gewahrt, der Forschungsprozess müsse sich den im Feld vorfindlichen Strukturen der Alltagskommunikation fügen.
   Die oben für die Anfangssequenz von Experteninterviews mit Managern
als typisch herausgestellte Frage-Antwort-Struktur der Befragungssituation,
wie auch die während der zweiten Phase des Interviews ‚argumentativ-diskursive' Gesprächsstruktur im einen bzw. die stärker narrative Interviewführung
im anderen Fall erfüllen in den diskutierten Fällen dieses zentrale Gütekrite-
rium qualitativer Sozialforschung: Zum einen verletzen sie jeweils nicht die
Erwartungshaltung der Befragten an den Gesprächsverlauf; zum anderen sind
sie jeweils anschlussfähig an die dem Forschungsprozess vorgängigen Strukturen der Alltagskommunikation, so dass der Prozess der Entfaltung der im
Alltag wirksamen subjektiven Relevanzstrukturen als optimal unterstützt gelten kann.
   Im Falle einer betriebszentrierten Thematik hängt der ‚Erfolg' einer Frage-
Antwort-basierten bzw. ‚argumentativ-diskursiven' Gesprächsführung nicht
zuletzt damit zusammen, dass es der betrieblichen Handlungssituation von
Managern entspricht, ihre Positionen – etwa vom Betriebsrat oder ihren Vorgesetzten – in Frage gestellt zu sehen, dass sie also für ihre Positionen begründungspflichtig sind. Obwohl die Interviewsituation – verglichen mit der
betrieblichen Alltagssituation – als ‚offener' gelten kann, bzw. grundsätzlich
weniger durch die Notwendigkeit zu ‚taktischem' Verhalten geprägt ist, ist die
‚argumentativ-diskursive' Interviewführung in thematisch zentrierten Expertengesprächen in diesem Forschungskontext damit dem Gegenstand ange-

messen. Gleiches gilt für die eher narrative Grundstruktur lebensweltlicher Kommunikation und die entsprechend darauf eingehende Interviewführung im zweiten Fall einer Thematik, die eher auf außerbetriebliche Lebenszusammenhänge zielt.

Ausgangspunkt der Ausführungen war das ausgeprägte methodologische und methodische Desinteresse an Experteninterviews auch unter Vertretern des qualitativen Paradigmas, dem dieses Verfahren im Grunde zuzuordnen ist. Diese Geringschätzung des leitfadengestützten Interviews als ‚schmutzigem‘ Verfahren dürfte – so war unsere Ausgangsthese – nicht zuletzt auf die Fetischisierung einer möglichst schwach ausgeprägten Interviewer-Intervention im qualitativen Paradigma zurückzuführen sein. Dies basiert auf der – wie ich oben gezeigt habe – inhaltlich nicht haltbaren Verabsolutierung von Regeln alltäglicher Kommunikation aus ganz spezifischen sozialen Kontexten. Das hieraus resultierende prinzipielle Drängen auf ‚Selbst-Leugnung‘ oder doch zumindest ‚Zurücknahme‘ des Interviewers kann – wie gezeigt werden konnte – in spezifischen Forschungskontexten methodologischer und methodischer Unsinn sein. Gerade wenn man die Grundregeln qualitativer Sozialforschung ernst nimmt – also etwa die von Hoffmann-Riem als ‚Schlüsselprinzip‘ des interpretativen Paradigmas bezeichnete Regel,

„dass der Forscher den Zugang zu bedeutungsstrukturierten Daten im allgemeinen nur gewinnt, wenn er eine Kommunikationsbeziehung mit dem Forschungssubjekt eingeht und dabei das kommunikative Regelsystem des Forschungssubjekts in Geltung lässt" (1980: 346f.),

ist es mitunter zwingend, zwar die Offenheit der Interviewsituation zu bewahren, gleichwohl aber strukturierend und argumentierend zu intervenieren. Nach wie vor gilt: Bei der Wahl des Interviewverfahrens gibt es keinen Königsweg, der sich abstrakt aus methodologischen Vorüberlegungen ableiten lässt, sondern lediglich ein angemessenes Kriterium: Das der Gegenstandsadäquanz!

Literatur

Behnke, C./Liebold, R. (2000): Zwischen Fraglosigkeit und Gleichheitsrhetorik – Familie und Partnerschaft aus der Sicht beruflich erfolgreicher Männer. In: Feministische Studien, Jg. 18, S. 64-77

Cicourel, A.V. (1970): Methode und Messung in der Soziologie. Frankfurt/M.

Ellguth, P./Liebold, R./Trinczek, R. (1998): ‚Double-Squeeze‘ – Manager zwischen veränderten beruflichen und privaten Herausforderungen. In: Kölner Zeitschrift für Soziologie und Sozialpsychologie, Jg. 50, S. 517-335

Hoffmann-Riem, C. (1980): Die Sozialforschung einer interpretativen Soziologie. Der Datengewinn. In: Kölner Zeitschrift für Soziologie und Sozialpsychologie, Jg. 32, S. 339-372

Kern, B./Kern, H./Schumann, M. (1988): Industriesoziologie als Katharsis. In: Soziale Welt, Jg. 39, S. 86-96

Lamnek, S. (1989): Qualitative Sozialforschung, Bd.2: Methoden und Techniken. München

Liebold, R. (2001): ‚Meine Frau managt das ganze Leben zu Hause...‘ Partnerschaft und Familie aus der Sicht männlicher Führungskräfte. Wiesbaden

Liebold, R./Trinczek, R. (2002): Experteninterview. In: Kühl, S./Strodtholz, P. (Hg.): Methoden der Organisationsforschung. Ein Handbuch. Reinbek S. 33-71

Merton, R.K./Fiske, M./Kendall, P.L. (1956): The focused interview: a manual of problems and procedures. Glencoe (Ill.)

Merton, R.K./Kendall, P.L. (1946): The focused interview. In: American Journal of Sociology, Jg. 51, S. 541-557

Merton, R.K./Kendall, P.L. (1979): Das fokussierte Interview. In: Hopf, Ch./Weingarten, E. (Hg.): Qualitative Sozialforschung. Stuttgart, S. 171-204

Meuser, M./Nagel, U. (1989): Experteninterviews – vielfach erprobt, wenig bedacht. Ein Beitrag zur qualitativen Methodendiskussion. Arbeitspapier Nr. 6 des Sonderforschungsbereichs 186 der Uni Bremen ‚Statuspassagen und Risikolagen im Lebensverlauf‘. Bremen

Meuser, M./Nagel, U. (1994): Expertenwissen und Experteninterview. In: Hitzler, R./Honer, A./Maeder, Ch. (Hg.): Expertenwissen. Die institutionalisierte Kompetenz zur Konstruktion von Wirklichkeit. Opladen, S. 180-192

Meuser, M./Nagel, U. (1997): Das Experteninterview. Wissenssoziologische Voraussetzungen und methodische Durchführung. In: Friebertshäuser, B./Prengel, A. (Hg.): Handbuch Qualitative Forschungsmethoden in der Erziehungswissenschaft. Weinheim und Basel, S. 481-491

Schütze, F. (1977): Die Technik des narrativen Interviews in Interaktionsfeldstudien – dargestellt an einem Projekt zur Erforschung von kommunale Machtstrukturen. Ms. Bielefeld

Schütze, F./Meinefeld, W./Springer, R./Weymann, A. (1981): Grundlagentheoretische Voraussetzungen methodisch kontrollierten Fremdverstehens. In: Arbeitsgruppe Bielefelder Soziologen (Hg.): Alltagswissen, Interaktion und gesellschaftliche Wirklichkeit. Opladen, 5.Auflage, S. 433-529

Trinczek, R. (1993): Management und betriebliche Mitbestimmung. Eine Typologie kollektiver Orientierungsmuster. Habil-Schrift. Erlangen

Trinczek, R. (1995): Experteninterviews mit Managern: Methodische und methodologische Hintergründe. In: Brinkmann, Ch./Deeke, A./Völkel, D. (Hg.): Experteninterviews in der Arbeitsmarktforschung. Diskussionsbeiträge zu methodischen Fragen und praktische Erfahrungen (=BeitrAB 191). Nürnberg, S. 59-67

ExpertInnengespräche in der interpretativen Organisationsforschung

Ulrike Froschauer und Manfred Lueger

Seriöse und wissenschaftlich fundierte Strategien zur Erkundung eines Forschungsgegenstands operieren mit methodologischen Basisannahmen, welche die Besonderheiten des Untersuchungsbereiches in die Analyseprozeduren einschreiben. Auf diese Weise reguliert die zugrundegelegte Methodologie von der Definition relevanter Forschungsfragen, über die Charakteristik der selektiv gesammelten oder generierten Materialien, bis hin zur interpretierenden Umarbeitung der Analyseergebnisse zu einem Bericht den Forschungsprozess. Der vorliegende Beitrag konzentriert sich dabei auf die Frage, wie aus der methodologischen Perspektive einer interpretativen Sozialforschung der Gegenstandsbereich „Organisation" betrachtet werden kann (erster Argumentationsschritt), um daraus Konsequenzen für die Bedeutung verschiedener Typen von Expertisen und verfahrenstechnische Spezifika für die Charakteristik und Anwendbarkeit von ExpertInnengesprächen abzuleiten (zweiter Argumentationsschritt). Im Zuge dessen werden drei verschiedene Typen von Expertisen mit jeweils spezifischen Funktionen im Forschungsprozess unterschieden. Anhand einer Fallstudie wird anschließend die systematische Einbindung von ExpertInnengesprächen in ein interpretatives Forschungsdesign thematisiert (dritter Argumentationsschritt).

1. Interpretative Organisationsforschung

Interpretative Organisationsforschung orientiert sich in groben Zügen an zwei Leitperspektiven: dem *Konstruktionismus*, der den Prozess der Wirklichkeitserkenntnis an Kommunikation und die Verankerung der Menschen in differenzierten Kollektiven bindet (z.B. Frindte 1998, Baecker u.a. 1992, Gergen 1994); und am generellen Verständnis von *gesellschaftlicher Wirklichkeit als soziale Konstruktion* (Berger/Luckmann 1980). Interpretative Organisationsforschung schließt dabei an methodologische Positionen an, die den gemeinsamen Aufbau von Wirklichkeit als Bedingung der Herstellung kollektiver Handlungsformen fokussieren (z.B. Berger/Luckmann 1980, Gergen 2000, Lueger 2001). Demnach sind Organisationen zugleich Bedingung und Konsequenz der sozialen Welt: Zwar setzen sie die Rahmenbedingungen für den Aufbau sozialer Wirklichkeitsvorstellungen und strukturieren dadurch die Handlungsorientierung der Akteure in Organisationen und deren relevantem Umfeld; aber umgekehrt konstituieren diese Handlungsweisen erst Realität als subjektunabhängiges Phänomen. Die Entwicklung kollektiver Orientierungen und individueller Handlungsfähigkeit erfolgt dabei in der Auseinandersetzung mit der sozialen Umwelt und den Anforderungen an soziale Kooperation. Im Prozess sozialisatorischer Internalisierung in einem spezifischen organisationalen Umfeld entwickeln Akteure sozial typisierte Interpretationsschemata (vgl. Fleck 1994), die den Sinnzusammenhang für eine kollektiv verbindliche Handlungskoordination herstellen. Die Interaktionspraxis, d.h. das Zusammenspiel der kommunikativen Handlungen in einem sozialen Feld, machen es möglich, Interaktionserfahrungen zu einem wechselseitig anschlussfähigen Weltbild zur gemeinsamen Bewältigung von Handlungsanforderungen zu formen.

Die interindividuelle und interaktive Konstruktion der Wirklichkeit organisiert auf diese Weise den Aufbau subjektiver Sinn- und Wissensstrukturen als Teil einer gemeinsamen organisationalen Praxis. Weick (1995) spricht in diesem Zusammenhang konsequent vom Prozess der *Sinngenerierung* in Organisationen, der die Menschen handlungsfähig macht, indem er die Welt mit Kohärenz unterlegt und dadurch Ordnung bzw. Erwartbarkeit schafft. Über diese individuelle Sinngenerierung hinaus produziert das Kollektiv Interaktionsmuster, die sich als objektiv latente Sinnstrukturen dem individuellen Bewusstsein und dem intentionalen Zugriff Einzelner entziehen. Organisationstheoretisch wird in diesem Entwicklungsprozess der kollektive Aufbau von Wirklichkeit als Bedingung der Herstellung gemeinsamen Handelns fokussiert, aber gleichzeitig dieser Aufbau von Wirklichkeit als Ausdruck des Handlungskontextes interpretiert.

Interpretative Organisationsanalysen können sich daher nie auf eine gleichsam ‚objektiv' gegebene ‚Realität' der Organisation beziehen, sondern müssen auf die Bedingungen und die Konkretisierung des intersubjektiven Aufbaues einer von „*Deutungskollektiven*" (vgl. Fleck 1994) geteilten Betrachtungsweise von Organisation rekurrieren. In diesem Prozess sind weder Objekte, noch Ereignisse oder Handlungsweisen an sich sinnvoll, sondern erhalten ihren Sinn und ihre Bedeutung erst aufgrund ihrer Einbettung in einen Deutungsrahmen. Da, worauf auch Goffman (1993) verweist, dieser Rahmen bestimmt, wie das Betrachtungsobjekt abgegrenzt wird und in welchen kontextuell definierten Sinnhorizont die Interpretation erfolgen kann, erweist sich der Prozess der kontextgebundenen Sinngenerierung als entscheidende Komponente interpretativer Organisationsanalysen. Die *Kommunikation* als sinngenerierender Prozess, der *Sinn* selbst als Ordnungsform des Erlebens und Handelns und die *Strukturierung* als Produktion von Ordnung bilden hierbei zentrale Elemente:

– *Kommunikation*: Sie vereinigt nach Luhmann (1984: 114ff.) drei Selektionsebenen, nämlich die Selektion einer Information, einer Mitteilung und eines Verstehens. Ausschlaggebend ist dabei, dass Kommunikation nicht bloß übertragen wird, sondern die in der Mitteilung enthaltene Information erst rekonstruiert werden muss, weshalb die aus der Mitteilung erschlossene Information eine andere als die intendierte sein kann. Will man daher verstehen, was in Organisationen passiert, reicht es nicht, die manifesten Bedeutungen des Redens oder Handelns ins Kalkül zu ziehen, sondern aufgrund der Kontextgebundenheit von Sprachbedeutungen bedarf es einer Analyse der sozialen Einbettung.

– *Sinn*: Um Handeln aufeinander abstimmen zu können, bedarf es des Sinns als Ordnungsform menschlichen Erlebens (Luhmann 1982: 31), der als Bezugsgröße im Bewusstsein gestiftet wird (Schütz/Luckmann 1984:13). Allerdings bleibt der gemeinte Sinn einzelner Handelnder für die Forschung unerreichbar. Daher rücken andere Sinnformen in den Vordergrund interpretativer Analysen: (a) die Typisierung des subjektiven Sinns, den Handelnde als gedachter Typus für sich in Anspruch nehmen könnten (Weber 1980: 1); (b) der in die Phänomene als Strukturierungsprinzip eingelassene objektive Sinn; und (c) der praktische Sinn (Bourdieu 1987), der durch die in einem konkreten sozialen Feld sozialisatorisch eingeübten Interpretations- und Handlungspraktiken zum Ausdruck kommt und eine Brücke zwischen dem Weltverständnis (subjektiver Sinn) und der Welt (objektiver Sinn) schlägt.

– *Strukturierung*: Handelnde stehen in sozialen Systemen grundsätzlich vor der widersprüchlichen Aufgabe, Komplexität gleichermaßen aufzubauen, um Wissen über die Umwelt und damit die Voraussetzung von Handlungsfähigkeit herzustellen, und zu reduzieren, um eine sinnhafte Ordnung zu erzeugen. Diese Ordnung beruht auf der Herstellung von Erwartungssicherheit (etwa in Folge der Generalisierbarkeit von Verhaltenserwartungen) und auf Regeln der Interpretation von Beobachtungen innerhalb eines Sinnhorizonts. Da Strukturen die Einbindung konkreter Subjekte oder Gegenstände in topologische und relationale Ordnungen definieren (vgl. Deleuze 1992: 15f.) und als Ausdrucksmöglichkeiten von Phänomenen unsichtbar bleiben, lassen sich nur die ausdrucksmaterialen Träger beobachten. Diesen wiederum liegen objektiv-latente Sinnstrukturen als Produkt eines unbeobachtbaren, aber formal als Algorithmus zu verstehenden Regelsystems zugrunde, welches aus den materialen Ausdrucksgestalten als Regelanwendung erschließbar ist (Oevermann 1993: 114ff.).

Interpretative Organisationsanalysen operieren daher in einem methodologischen Rahmen, der ein angemessenes Verständnis von Organisationen an mehreren Überlegungen festmacht: die dialektische (Re-)Produktion von Realität und Wirklichkeit (als individuelle und kollektive Vorstellung), die auf kommunikativen Prozessen der Sinngenerierung aufbaut und deren latente Strukturierung sich in den Handlungs- und Sichtweisen der AkteurInnen manifestiert. Die methodologische Bestimmung von Expertenwissen muß daher in diesem Zusammenhang die kommunikative Basis der Organisationsdynamik, die spezifische Form der Sinngenerierung und die spezifische Ordnung der strukturellen Integration von Organisationen in ihrer Differenziertheit berücksichtigen.

2. ExpertInnengespräche im Rahmen interpretativer Organisationsforschung

Vor dem Hintergrund interpretativer Sozialforschung wird klar, dass der Schlüssel zum Verständnis von Organisationen im Verständnis der Produktion von Ordnung und somit Sinn liegt. Im Zentrum stehen kommunikative Prozesse der Generierung von Informationen, die in einen lebensweltlichen und organisationalen Kontext eingebettet zu einem geordneten Ganzen als Wissen zusammengefügt werden. Die Durchführung von Organisationsanalysen gründet sich daher auf zwei Basiskomponenten: Die Kenntnis des Prozesses der Wissenserzeugung und die Inhalte dieses dadurch generierten Wissens, das in irgendeiner Form stabilisiert und verfügbar gemacht werden muss. Im Forschungsprozess können ExpertInnen wertvolle Hinweise auf beide Komponenten geben. Dafür ist jedoch zu klären, worin relevante Expertisen im Rahmen interpretativer Organisationsanalysen bestehen können.

2.1 Verschiedene Typen von Expertisen

Gängigen Vorstellungen über *ExpertInnen* zufolge verfügen diese über ein explizites Sonderwissen, das sie sich über eine spezifische Ausbildung angeeignet haben und sie in die Lage versetzt, ein thematisches Gebiet zu überblicken, bestimmte Fragestellungen einer Klärung zuzuführen oder Probleme zu lösen (vgl. Hitzler 1994). Sie werden von Ihrer Umwelt daher auch mit Erwartungen konfrontiert, die ihre Expertise legitimieren: Das Wissen muss sich vom Alltagswissen unterscheiden (sonst wäre es kein ExpertInnenwissen), es ist nicht allen zugänglich (sonst bräuchte man keine ExpertInnen), das Wissen erweist sich alltäglichem Wissen als überlegen (sonst könnte man sich auf das eigene Wissen verlassen), es bedient sich einer theoretischen Perspektive (sonst hätte es keinen Erklärungswert). Die Funktion dieser ExpertInnen liegt nun darin, Deutungshilfen bei Unsicherheit zu geben (z.B. vor Gericht) oder komplexe Probleme lösbar zu machen (z.B. OrganisationsberaterInnen). Damit sie diese Funktion erfüllen können, muss der ExpertInnenstatus anerkannt sein, der auf verallgemeinerbare Weise durch einen besonderen Ausbildungsabschluss untermauert werden kann, aber in der jeweiligen Situation der glaubhaften Vermittlung bedarf (vgl. Honer 1994: 49ff.). Aber eine solche Expertise kann im Kontext einer interpretativen Organisationsanalyse nur bedingt zum Verständnis der Operationsweise einer Organisation und ihrer Mitglieder beitragen, weil es sich nur als Anwendung von Wissen auf den Untersuchungsgegenstand bezieht. Daher muß im vorliegenden Zusammenhang der Begriff der Expertise weiter gezogen werden:

Meuser und Nagel (1991: 442f.) nennen als eine Bedingung für Expertisen die Teilnahme am Handlungsfeld, wobei der ExpertInnenstatus von den ForscherInnen gemäß ihrem Forschungsinteresse zugestanden wird (relationaler ExpertInnenstatus). Als ExpertIn gilt demnach, „wer in irgendeiner Weise Verantwortung trägt für den Entwurf, die Implementierung oder die Kontrolle einer Problemlösung oder wer über einen privilegierten Zugang zu Informationen über Personengruppen oder Entscheidungsprozessen verfügt." (Meuser/Nagel 1991: 443) Damit ist der ExpertInnenstatus zweifach bestimmt: durch die *Zuschreibung der Expertise* durch ForscherInnen und die Annahme einer *ungleichen Verteilung von Wissen*, das als Sedimentierung, Einlagerung und Verfügbarkeit von privilegierter Erfahrung gesehen wird. Darüber hinaus ist der lebensweltliche Wissensvorrat, wie Schütz und Luckmann (1979: 133ff.) meinen, an die Situiertheit biographischer Erfahrungen des Subjekts gebunden und dient der Bewältigung alltäglicher Situationen. Bourdieu geht noch weiter, indem er den Habitus ins Zentrum stellt, der als Wahrnehmungs-, Interpretations- und Handlungsmatrix fungiert und solcherart ein generatives Prinzip der Praxis bildet (Bourdieu 1979: 169f.; 1987: 103f.). Das Verhalten der Menschen kann sich dieser Vorstellung zufolge ohne direkte Kommunikation aufeinander abstimmen, indem sich die Habitusformen von Menschen aufgrund ähnlicher Lebensumstände und -bedingungen homogenisieren. Individuelles Handeln ist somit keineswegs rein subjektiv, es ist aber ebenso nicht ausschließlich an objektive Gegebenheiten gebunden, sondern folgt dem in der Lebenspraxis anhand der Erfahrungen gebildeten Alltagsverstand. Wissen ist in den Habitus als strukturiertes Prinzip inkorporiert und wirkt generativ als strukturierendes Prinzip. Dieses Wissen ist somit immer ein praktisches Wissen, welches nicht im Bewusstsein, sondern in den praktischen Tätigkeiten verankert ist.

Nimmt man diese Positionen ernst, so muss sich sozialwissenschaftliche Empirie vorrangig mit jenen Menschen und deren Wissen auseinandersetzen, die in Organisationen bzw. deren relevantem Umfeld als AkteurInnen auftreten. Damit lassen sich im interpretativen Forschungsprozess primär die folgenden drei Typen von Expertisen unterscheiden, die sich durch eine zunehmend abstrahierende Distanzierung vom praktischen Handlungswissen im Untersuchungsfeld unterscheiden:

− Die *feldinterne Handlungsexpertise*: Das Wissen dieser Gruppe ist vorrangig Erfahrungswissen, das aus der Teilnahme an Aktivitäten im Untersuchungsfeld entstammt. Es beruht in hohem Maße auf Beobachtung erster Ordnung und ist in der Regel als implizites Wissen in den Wahrnehmungs-, Denk- und Handlungsweisen eingelagert. In der Ausformung darauf aufbauender sozialer Praktiken zeigt sich die soziale Differenzierung in verschiedene Handlungsfelder und deren Zusammenspiel, weshalb diese Expertise für das tiefere Verständnis der Logik des Untersuchungsgegenstandes und zur Produktion neuer Erkenntnis unverzichtbar ist. Das Wissen der feldinternen ExpertInnen ist extrem heterogen, weil auf Subjektebene die Sedimentierung von Erfahrungen durch den lebensweltlichen Hintergrund und subjektive Relevanzstrukturen geleitet ist.

− Die *feldinterne Reflexionsexpertise*: Diese Expertise beruht auf Primär- und Sekundärerfahrungen, bezieht sich aber über das Handlungswissen hinaus auf größere Zusammenhänge. Dieses Wissen entwickelt sich in erster Linie dort, wo Handelnde strukturell auf Beobachtung zweiter Ordnung angewiesen sind und in ihren Interaktionen systematisch feldinterne und feldexterne Grenzen überschreiten. Weil Personen mit Reflexionsexpertise an organisationalen Schnittstellen agieren, sind sie meist notgedrungen aufmerksame BeobachterInnen des organisationalen Kontextes und fügen vermehrt die verschiedenen Teilperspektiven zu einem Ganzen zusammen. Dieses Wissen ist daher stärker relational geprägt, reflexiver und abstrakter als konkretes Handlungswissen. Explizierbar ist dieses Wissen vor allem, wenn die offizielle Sicht der Organisation angesprochen ist, unterliegt aber vielfach Thematisierungsschranken.

− Die *externe Expertise*: Diese Gruppe verfügt über fundiertes theoretisches Wissen über den Gegenstandsbereich, den sie, gestützt auf Sekundärerfahrungen und Beobachtungen zweiter Ordnung, von verschiedenen Seiten und in verschiedensten (intra- und interdisziplinären) Facetten beleuchten kann. Die Aufgabe der Wissenschaft ist es, dieses Reflexions- und Sonderwissen in die Forschungsarbeit zu integrieren. Im Forschungsprozess kann es zur Planung beitragen, bei der Ausarbeitung spezifischer Kontextannahmen helfen und im nachhinein als Kontrastmaterial für die Ergebnisse dienen. Externen ExpertInnen mit wissenschaftlich abstrahierten und systematisch produzierten Sonderwissen kann in interpretativen Organisationsanalysen nur eine randständige Bedeutung zukommen, weil ihnen praktisches Handlungs- bzw. Erfahrungswissen vielfach abgeht. Eine solche Expertise reproduziert das bereits verfügbare Wissen und entreißt der Forschung die Themenkontrolle.

Der Großteil des für interpretative Organisationsanalysen entscheidenden ExpertInnenwissens ist daher aus Elementen des gesellschaftlich verfügbaren Wissensbestandes abgeleitet, der über Beobachtung, Interaktion bzw. allgemein im Sozialisationsprozess vermittelt wird (Schütz/Luckmann 1979: 314ff.). Das in Organisationen gehandhabte Erfahrungswissen ist somit ein sozial angeeignetes Wissen, das die internen Differenzen zwischen jenen Personengruppen spiegelt, die aus jeweils intern vergleichbaren, aber nach außen verschiedenen Situationen heraus agieren. Die entsprechenden Sinnstrukturen sind zugleich Grund und Folge organisationsinterner Kooperationsbeziehungen und Grenzziehungen und repräsentieren die organisationsspezifische Wissensverteilung. Diesen *feldinternen ExpertInnen der Praxis* wird im Forschungszusammenhang deshalb kein Laienstatus zugewiesen, weil nicht deren Alltagswissen relevant ist, sondern ihr *Sonderwissen*, das für erfolgreiches Handeln in spezifischen Organisationsbereichen erforderlich ist.

Die Verteilung des wissenschaftlich ausgerichteten Wissens *externer ExpertInnen* folgt dagegen institutionalisierten Prozessen der Vermittlung von Kompetenzen (entlang inter- und intradisziplinären Grenzziehungen, thematischen Zentrierungen etc.), die im Ausbildungssystem ihre Entsprechung finden. Dabei gibt es einen Grundbestand an Kenntnissen, der als Lehrbuchwissen eine relativ homogene Basis an allgemein akzeptierten Einsichten repräsentiert. Das zugrundegelegte Deutungskollektiv ist die jeweils vertretene Disziplin oder Subdisziplin, in der auch die Anerkennungsregeln definiert werden, hat aber immer nur bedingt mit der jeweils gerade analysierten Organisation zu tun. Eine Spezialform wäre hier die *Forschungsexpertise:* Diese konzentriert sich auf die Planung, Organisierung, Durchführung von Forschungsprozessen und somit auf die Sammlung, Analyse und Reflexion fremden Wissens, um dieses in das Wissenschaftssystem zu integrieren. Diese Expertise bezieht sich auf die Erlangung eines inhaltlichen ExpertInnenwissens und widmet sich der sozialwissenschaftlichen (Re-)Konstruktion zweiter Ordnung, die auf der Rekonstruktion eines soziales Feldes beruht, in dem es ExpertInnenwissen und ExpertInnen als alltagsweltliche Phänomene gibt („Experten für uns"; vgl. Amann 1994: 35). Dieser Typ bleibt jedoch in den weiteren Ausführungen ausgeklammert, weil er sich nicht auf die inhaltliche Wissensgenerierung bezieht.

In allen drei Fällen ist es möglich als Subkategorie das *Spezialistentum* zu unterscheiden, dessen Schwerpunkt auf der Anwendung von Wissen zur Problemlösung liegt (vgl. Hitzler 1994: 22f.). Da sie über Spezialkompetenzen zur Lösung funktionalspezifischer Probleme verfügen, ist dieses Wissen für das Verständnis der Organisation nur von begrenzter Bedeutung: externe SpezialistInnen haben kaum den Überblick über das Gesamtfeld einer Thematik, weshalb dieses Wissen für einen Überblick und für die Kontrastierung der Ergebnisse nur beschränkt hilfreich ist; interne SpezialistInnen können zwar wichtige Hinweise über spezifische Fragestellungen geben, aber dies betrifft die Ebene manifester Inhalte, und nicht die Ebene latenter Sinnstrukturierung, die jedoch für das Verständnis organisationaler Dynamik bedeutend wichtiger ist. Einzig für die ForscherInnen kann es wichtig sein, SpezialistInnen (etwa für bestimmte Auswertungs- oder Interpretationsverfahren) im Verlauf der Studie in das Team zu integrieren.

2.2 Verfahrenstechnische Konsequenzen für ExpertInnengespräche

An die verschiedenen Typen von Expertisen knüpfen sich jeweils spezifische Anforderungen an Erhebungs- und Interpretationsverfahren. Aus diesem Grund soll kurz ihre Bedeutung für den Umgang mit verschiedenen Verfahren der Gesprächsführung und der -auswertung ausgelotet werden:

- Die *feldinterne Handlungsexpertise*: Diese bildet einen Schwerpunkt interpretativer Organisationsanalysen. Da dieses Wissen an Personen bzw. Kollektive gebunden ist, in spezifischen Situationen aktiviert wird und nur begrenzt explizierbar ist (Unbewusstheit), lässt es sich nicht mittels präzisen Fragens im Gespräch aktualisieren, sondern muß weitgehend aus der Form der Wissensrepräsentation erschlossen werden. Da in solchen Gesprächen nicht sosehr der manifeste Inhalt bedeutsam ist, sondern die Ausdrucksgestalt der Erzählung, in der organisationale Praktiken ihren Niederschlag finden, bieten sich für die Aktivierung dieser Expertise offene und erzählgenerierende Formen der Gesprächsführung an (z.B. Froschauer/Lueger 1998, Schütze 1977, Glinka 1998). Eine solche Gesprächstechnik nötigt aufgrund des Freiraumes den jeweiligen GesprächspartnerInnen Strukturierungsleistungen ab, die als Ausdruck der Organisationsdynamik wichtige Hinweise für das Verständnis der Organisation geben. Darüber hinaus sind Mehrpersonengespräche sinnvoll, um die Dynamik von Gesprächen in Organisationen verstärkt zum Ausdruck zu bringen. Inhaltlich beziehen sich diese Gespräche primär auf die alltäglichen Situationen und Praktiken in Organisationen bzw. deren Umfeld. Auf der Interpretationsseite sind Verfahren angemessen, welche sich zur Analyse latenter Bedeutungsstrukturen eignen, wie dies etwa für die sozialwissenschaftliche Hermeneutik gilt (vgl. Hitzler/Honer 1997; insbesondere Varianten der objektiven Hermeneutik; vgl. Oevermann u.a. 1979, Oevermann 1984, Lueger 2000). Hier ist auch anzumerken, dass die Auswahl solcher ExpertInnen die soziale Differenziertheit der Organisation berücksichtigen muss, um nicht einseitige Perspektiven zu verabsolutieren.
- Die *feldinterne Reflexionsexpertise*: Hier lässt sich nahtlos an die Ausführungen zum obigen Punkt anschließen. Der einzige Unterschied besteht in einer verschobenen Schwerpunktsetzung, der über die unmittelbaren Arbeitsbezüge hinausgeht und in größerem Ausmaß die internen Beziehungen zwischen den Organisationseinheiten bzw. zwischen der Organisation und ihrer Umwelt berücksichtigt.

– Die *externe Expertise*: Im Gegensatz zum in der wissenschaftlichen Literatur verfügbaren Wissen können Gespräche mit dieser Gruppe auf die konkrete Untersuchung zentriert werden und damit ansonsten verstreute Hintergrundinformationen verfügbar machen. Dieser Typ stellt weder an die Gesprächsführung noch an die Interpretation hohe Anforderungen, weil im Zentrum des Interesses das formulierbare explizite Wissen steht. In solchen Fällen ist es sinnvoll, sich das ExpertInnenwissen im Gespräch möglichst frei ausarbeiten zu lassen, durch gezielte Fragen zur Vertiefung anzuregen und seine Grenzen auszuloten. In der Analyse werden dann die manifest angesprochenen Inhalte kondensiert, ausgearbeitet und in einen systematischen Zusammenhang gestellt. Für die Analyse bieten sich dementsprechend kondensierende Verfahren (etwa die qualitative Inhaltsanalyse von Mayring 1994) an. Zudem können computergestützte Auswertungsverfahren (z.B. mittels ATLAS.ti, QSR NVivo, Ethnograph, HyperRESEARCH, Kwalitan, winMAX) wichtige Hilfestellungen bieten. Die Ergebnisse liefern im Kontext interpretativer Organisationsanalysen vorrangig Hintergrundinformationen.

Um einen Zugriff auf latente Sinnstrukturierungen zu erhalten, ist für eine konsequente interpretative Organisationsanalyse die Berücksichtigung der organisationsinternen Differenzierung situierter Praktiken von Handlungskollektiven unverzichtbar. In dieser Frage kann man sich nicht auf externe ExpertInnen verlassen, weil diese ihr Wissen nach verallgemeinerbaren Prinzipien homogenisiert haben, sodass dieses Wissen dem Einzelfall nicht gerecht werden kann. Auch die formale Struktur einer Organisation gibt nur begrenzt Hinweise, weil sie nur die Oberfläche repräsentiert, unter der sich ganz andere Formen der Handlungsregulierung und der Kooperation etablieren können.

Um diese Differenzierung aus dem Fortgang der Organisationsanalyse zu ermitteln, bedarf es einer zyklischen Forschungsorganisierung und der Integration von Erhebungen und Interpretationen (Lueger 2001: 363ff.). In diesem Sinne weisen die fortschreitenden Erkenntnisse den Weg zu weiteren Erhebungen. Die Basisstrategie einer solchen Vorgangsweise findet sich in zwei Prinzipien des *theoretischen Samplings* (Glaser/Strauss 1998: 53ff.): (a) Nach dem Prinzip der maximalen strukturellen Variation begibt man sich auf die Suche nach Extremfällen und möglichen Anomalien, um den Innenbereich zu umschließen und im Forschungsfeld allgemeine Charakteristika aufzuspüren (Reichweite der Schlussfolgerungen und deren Verallgemeinerbarkeit). (b) Nach dem Prinzip der Unterschiedsminimierung wiederum lassen sich bisherige Interpretationen anhand ähnlicher Fälle prüfen, um Unschärfen der Argumentation zu identifizieren. Dies gilt vorrangig für die feldinterne Expertisen, während externe Expertisen vorrangig nach ihrer spezifischen Funktion im Forschungsprozess ausgewählt werden.

Generell zeigt sich, dass solche ExpertInnengespräche hohe Flexibilität verlangen, um Strukturierungsleistungen zu provozieren, die sich auf mehrere

Aspekte beziehen: auf die Auswahl zentraler Inhalte zur allgemeinen Thematik (z.B. bei externen ExpertInnen, um die Breite des Untersuchungsbereichs für das spezifische Erkenntnisinteresse zu explizieren); auf die Auswahl von GesprächspartnerInnen (z.B. bei feldinternen ExpertInnen, um Beziehungen im Arbeitsalltag zu erkunden); auf den Gesprächseinstieg (z.B. zentriert sich der Einstieg bei externen Experten auf eine Konkretisierung der Untersuchungsthematik; bei feldinternen ExpertInnen steht die Aktivierung organisationalen Wissens unter Anknüpfung an konkrete lebensweltliche Erfahrungen im Zentrum; im Fall von Mehrpersonengesprächen ist ein für alle TeilnehmerInnen gemeinsamer organisationaler Kontext die Anschlussstelle); auf eine möglichst offene Gesprächsführung bei Einzelgesprächen (gilt allgemein); auf eine sparsame Moderation von Mehrpersonengesprächen (besonders bei feldinternen HandlungsexpertInnen, um die Beziehungsdynamik sichtbar zu machen). Indem man im Zuge der Zusammensetzung von solchen ExpertInnengesprächen Interventionen setzt, zeigen Organisationen, wie sie solche „Störungen" oder Anforderungen bewältigen und geben dadurch die internen Operationsweisen und deren Steuerungsprinzipien preis, die mit anderen Verfahren nur mühsam erschließbar sind.

Als offene Gespräche regen solche ExpertInnengespräche zur Kommentierung der organisationalen Lebenswelt gegenüber Außenstehenden (ForscherInnen) an. ForscherInnen definieren sich dabei als lernende Personen, weisen den GesprächspartnerInnen explizit die ExpertInnenrolle zu und orientieren sich in der Folge weitgehend an deren Ausführungen. Für die Analyse verkörpert der Gesprächsprozess Darstellungsstrategien in der Organisation, die sich jedoch nur einer intensiven Analyse der Interaktionsdynamik erschließen. In Mehrpersonengesprächen ist diese Dynamik erweitert, weil der Erwartungsdruck und eingespielte Verhaltensmuster an Relevanz gewinnen und die Gesprächsstrukturierung organisationale Beziehungen zumindest bruchstückhaft abbildet.

In allen Fällen ist es sinnvoll, in einer Nachfragephase jene Bereiche abzuklären, die im offenen Verlauf eines Gesprächs nicht thematisiert wurden, aber aufgrund der vermuteten Expertise eine Rolle spielen könnten. Um offene Forschungsfragen genauer zu explorieren, können in späteren Forschungsphasen die Gespräche stärker auf spezifische Teilaspekte einer Thematik gerichtet werden. Besonders im Fall von Gesprächen mit feldinternen HandlungsexpertInnen kann dies aber nicht bedeuten, einer Leitfadenorientierung den Vorzug zu geben und die inhaltliche Dimension in den Vordergrund zu rücken, weil deren Expertise gerade nicht im Reflexionswissen, sondern im nur unvollständig explizierten praktischen Handlungswissen liegt und man stärker Gefahr läuft, nachträgliche Rationalisierungen von organisationalen Phänomenen zu erhalten, die nur bedingt Aufschluss über die soziale Dynamik im Untersuchungsfeld geben.

Auch bezüglich der Interpretation lassen sich Differenzen festmachen: Während die Auswertung der Gespräche mit externen ExpertInnen primär auf deren Inhalte bezogen ist (weshalb bei der Gesprächsführung die Vielfalt der Bezüge und Einflussfaktoren möglichst umfassend abgedeckt werden sollten), steht bei den feldinternen ExpertInnen die Analyse latenter Sinngehalte im Zentrum. Besonders bei ExpertInnen der organisationalen Handlungspraxis wird ihre Expertise als Ausdrucksgestalt der Prozesse der Sinnstrukturierung im organisationalen Kontext betrachtet.

Da hermeneutische und rekonstruktive Interpretationsverfahren anfällig für subsumtionslogische Auslegungen sind, sind Absicherungsstrategien nötig, die sich auf die Situiertheit der Auslegung und die Interpretationstechniken beziehen: um nicht das Handlungswissen der gesprächsführenden ForscherInnen einfließen zu lassen ist es sinnvoll, die Interpretation von der Erhebung zu trennen; um Argumentationsdruck zu erzeugen und die Fülle möglicher Lesarten zu erhöhen, bietet sich eine Interpretation im Team an; um extensive Sinnauslegungen zu ermöglichen und vorschnelle Fixierungen zu verhindern, sollte ohne Zeit- und Ergebnisruck interpretiert werden. Interpretationstechnisch wären hier Strategien der Dekonstruktion zur Verhinderung einer vorschnellen Anwendung verfügbaren Wissens, die sequentielle Analyse zur Explizierung der generativen Sinnstruktur, die komparative Sinnkonstituierung zur Kontrastierung alternativer Annahmen, die Betonung von analyseimmanenten Prüfverfahren zur Prüfung der Tragfähigkeit der Auslegung und die sorgfältige Untersuchung von Anomalien zu nennen.

3. ExpertInnengespräche zur Organisationsanalyse: Eine Fallstudie

In diesem Abschnitt wird gezeigt, wie sich ExpertInnengespräche im Rahmen interpretativer Organisationsanalysen einsetzen lassen. Dafür wurde ein Projekt ausgewählt (siehe dazu Lueger 1997), das an der Schnittstelle zwischen autonomer Forschung und Auftragsforschung angesiedelt ist, um auch die Angemessenheit von Forschungsfragen für eine interpretative Organisationsforschung zu thematisieren. Die Darstellung erfolgt entlang der zentralen Forschungsphasen, welche die Anwendung von ExpertInnengesprächen betreffen.

3.1 Aushandlung der Forschungsorganisierung

Den Ausgangspunkt der Studie bildeten zwei verschiedene Erkenntnisinteressen: Forschungsseitig griff die Studie eine grundlagentheoretische Fragestellung nach den Bedingungen und Möglichkeiten von sozialer Ordnung in Organisationen im Kontext alternativer Sicht- und Handlungsweisen auf. Die Analyse sollte sich daher mit der Analyse von Kommunikationsbeziehungen, den spezifischen sozialen Konstruktionsweisen von Wirklichkeit im Unternehmen, und den kommunikativen Steuerungsmechanismen beschäftigen, die soziale Ordnung im Unternehmen erzeugen, erhalten oder verändern. Im Verlauf der Suche nach einer geeigneten Organisation wurden Gespräche mit einem Vorstandsmitglied eines größeren Produktionsunternehmens geführt, der von sich aus ein spezifisches Interesse vorbrachte: Das Unternehmen laborierte – so die von den Vorstandsmitgliedern geteilte Sichtweise – an einem Kommunikationsproblem zwischen Vorstand und Belegschaft. Die Belegschaft traue den Vorstandsinformationen nicht mehr, was von massiven Verständigungsproblemen und Konflikten mit enormen Reibungsverlusten begleitet war. Versuche, die Information besser zu strukturieren und mehr Informationen zu geben, haben die Beziehung zwischen Vorstand und Belegschaft jedoch weiter verschlechtert. Die Idee war nun, eine Kommunikationsstrategie zu entwickeln, die von der Belegschaft akzeptiert wird und die es ermöglicht, Informationen im Unternehmen so zu verbreiten, dass diese Informationen als verlässlich und vollständig akzeptiert werden.

Damit ist ein Basisproblem interpretativer Organisationsforschung angesprochen: Die Akzeptanz der Sichtweise des Vorstandes würde bedeuten, dass man: (a) die Problemdefinition des Vorstands übernimmt, (b) eine rein technische Natur des „Kommunikationsproblems" unterstellt, und (c) auch gleich die Lösung für das Problem (geschicktere Kommunikationsstrategie) billigt. Eine solche Vorgangsweise wäre sozialwissenschaftlich unergiebig, weil man in diesem Fall nur externe Expertisen zu bemühen braucht, aber nichts über die Bedeutung des „Kommunikationsproblems", die Sichtweisen der Belegschaft, den Prozess des Entstehens und des Erhaltens des „Problems" erfahren würde. Dies käme einer einseitigen Instrumentalisierung der Forschung durch den Vorstand als Auftraggeber gleich. Damit war klar, dass man zu einer gemeinsamen Definition des Auftrags gelangen musste, welche den Ansatzpunkt für das „Problem" umdefiniert und der Forschung einen entsprechenden Freiraum gewährt, das fokussierte Phänomen in seiner Vielfalt zu erfassen. Die in der Folge ausgehandelte gemeinsame Fragestellung redefinierte die Fragestellung, sodass sie sowohl dem Forschungsinteresse als auch dem Auftragsinteresse entgegen kam: Im Rahmen des Projekts wird untersucht, *welche Organisationsdynamik hinter den Spezifika organisationsinterner Kommunikation steht*. Damit wurde die Forschung aus einer politischen Funktion herausgehalten, nämlich die Lösung für ein definiertes Problem zu liefern und zu legitimieren. Die Forschung bot nur an, zu verstehen, warum und für wen das Problem überhaupt ein solches ist, was dahinter stecken könnte und wo daher Ansatzpunkte zu finden sind, um eine adäquate Bewältigung des wahrgenommenen Problems anzugehen.

Es war deshalb notwendig, die feldinternen Expertisen für die Studie fruchtbar zu machen. In diesem Sinne mußte es möglich sein, mit allen MitarbeiterInnen (deren Einverständnis vorausgesetzt) Gespräche zu führen, ohne dass die Unternehmensführung in die Organisierung der Gespräche interveniert. Für die Forschung sind alle MitarbeiterInnen, egal ob Vorstand oder MitarbeiterInnen auf unterster hierarchischer Ebene, gleichberechtigte GesprächspartnerInnen, die sich nur durch ihre spezifische Expertise unterscheiden.

Interpretative Sozialforschung geht davon aus, dass die Ergebnisse der Forschung nicht nur vom analysierten Gegenstand, sondern auch vom Zugang der Forschung zum Gegenstandsbereich abhängen (vgl. Lueger 2001: 272ff.). Die Positionierung der Forschung im Unternehmen ist ein besonders sensibler Punkt, weil sie jene Zuschreibungen beeinflusst, mit denen ForscherInnen im Unternehmen belegt werden (z.B. Abgesandte des Vorstandes) und die nachhaltige Effekte auf die Forschungsarbeit haben können (z.B. Kooperationsbereitschaft, Gesprächsklima). Deshalb wurden für die hier thematisierte Studie vier Positionierungselemente berücksichtigt: (a) Es wurde ein Organisationsmitglied als Koordinationsstelle zwischen Forschung und Unternehmen gesucht. Diese Person sollte drei Anforderungen erfüllen: aufgrund des Konfliktes zwischen Vorstand und Belegschaft sollte sie strukturell vom Vorstand distanziert sein (Abkoppelung der Forschung vom Vorstand als Auftraggeber); sie sollte das Unternehmen zumindest grob überblicken und relativ gute Kontakte zu möglichst vielen Unternehmensbereichen verfügen (feldinterne Reflexionsexpertise); und sie sollte nicht in aktuelle Konfliktlinien involviert sein (organisationsinterne Akzeptanz). Der ausgewählte *Koordinator* fungierte als zentrale Anlaufstelle für das Forschungsteam, verhandelte Forschungsentscheidungen und organisierte nach innen die Forschungsaktivitäten. (b) Aufgrund der Konfliktsituation wurde allen an der Untersuchung teilnehmenden Personen *Anonymität* zugesichert, wobei Analyseergebnisse ausschließlich auf Strukturen der Organisation bezogen wurden. Diese Anonymität wurde aufgrund der angespannten Situation auch dem Unternehmen zugesichert (Konkurrenzprobleme). (c) Um darüber hinaus Vertrauen zu gewinnen, wurde ausgehandelt, dass alle MitarbeiterInnen die Möglichkeit bekommen, über die Ergebnisse informiert zu werden (*Feedback*). Als vertrauensbildende Maßnahme sollte dies eine einseitige Verfügung über die Ergebnisse verhindern.

3.2 Auswahl der ExpertInnen und Anregung von Strukturierungsprozessen

Als *erste Informationsbasis* fungierten die *Aushandlungsgespräche über die Forschungsarbeit*, weil die Problemsicht und die Vorstellungen über mögliche Ergebnisse bzw. Problemlösungsstrategien wichtige Erkenntnisse über organisationsinterne Prozessen versprachen. Diese Gespräche fokussierten die Beziehungen zwischen verschiedenen (weltweit verstreut tätigen) Betrieben und internen Bereichen, wobei die Entwicklung des Gesamtunternehmens, die Geschäftsaktivitäten, die Unternehmensstrategien und die spezifische Problemlage im Unternehmen im Zentrum standen (feldinterne Reflexionsexpertise aus der Perspektive der Unternehmensleitung).

Als *Informationsbasis zur Projektdurchführung* fungierten Gespräche mit dem *Koordinator* als feldinterner Experte. Das Erstgespräch mit diesem erfüllte drei Funktionen: erstens wurde das vorgesehene Projekt ausführlich besprochen; zweitens vermittelte dieses Gespräch eine Orientierung über die Struktur, die internen Differenzierungen und Besonderheiten der Organisation; und drittens erfolgte eine Absprache über die konkrete Durchführung (mögliche Ansprechpersonen). Thematisiert wurde hierbei, worauf man achten muss oder mit wem man sprechen muss, wenn man verstehen will, wie die Organisation funktioniert. Auch in den weiteren Gesprächen mit diesem Koordinator stand das feldinterne Reflexionswissen im Zentrum, allerdings nunmehr zentriert auf die Beziehungen zwischen den Organisationseinheiten. Die Analyse dieser Gespräche diente dem ersten Basisverständnis und bereitete die weiteren Gespräche vor.

Aus den Analyseergebnissen wurde mit dem Koordinator eine Vorgangsweise ausgehandelt, um entsprechend dem jeweiligen Analysestand nach bestimmten Kriterien *Gesprächsgruppen* zu organisieren, die feldinterne Handlungs- und Reflexionsexpertise betrafen. Solche Kriterien waren auf Ebene der Handlungsexpertisen etwa Verbindungen in einem spezifischen Handlungsfeld oder direkte Kooperationsbeziehungen. Zur Aktivierung feldinterner Reflexionsexpertisen wurden in Einzel- und Mehrpersonengesprächen Organisationsmitglieder einbezogen, die Schnittstellen zum unternehmensrelevanten Umfeld oder innerhalb der Organisation besetzten. Mit dieser Vorgangsweise sollten organisationsinterne Beziehungsstrukturen bereits in die Gesprächszusammenstellung eingehen. Konsequenterweise boten die Schilderungen, wie die TeilnehmerInnen zur Gesprächsrunde gestoßen sind, den Gesprächseinstieg, um auf diese Weise die Kommunikationsbeziehungen in der Organisation zu rekonstruieren.

Im Sinne des theoretischen Samplings (Glaser/Strauss 1998: 52ff) wurde dem weiteren Analysefortschritt gemäß versucht, verschiedene, für das Verständnis der Organisationsdynamik jeweils sensible feldinterne Expertisen in den Gesprächen zu aktivieren: So wurden beispielsweise Gespräche mit MitarbeiterInnen von Betrieben geführt, die entweder gerade erst in den Unternehmensverband aufgenommen wurden (Außenseiter), oder mit MitarbeiterInnen alter Kernbereiche des Unternehmens (Unternehmenstradition), mit MitarbeiterInnen in ausführenden Tätigkeiten (Ausloten der Stimmung), oder besonders exponierten Führungskräften (Konfliktpositionen). Nach einer ersten Phase der Gesprächsführung und Interpretation wurden nach einem Zwischenschritt zur Forschungsreflexion für eine zweite Phase der Analyse Gesprächsrunden zusammengestellt, die vorrangig der Ergänzung im Sinne der Differenzierung und der Überprüfung im Sinne der Verlässlichkeit der bis dahin erhobenen Perspektiven dienten. Im vorliegenden Fall wurden Gesprächsrunden mit MitarbeiterInnen geführt, die jeweils eine der beiden im Unternehmen identifizierten Unternehmensphilosophien repräsentierten (insbesondere jeweils Gegner und Befürworter). Dazu kamen MitarbeiterInnen in Arbeitsbereichen, die entweder im Zentrum des Konfliktes standen oder sich in neutraler Distanz dazu hielten. Aufgrund der unternehmensinternen Kommunikationsbarrieren zwischen manchen Bereichen, verfügten die GesprächspartnerInnen in all diesen Fällen über ein hochspezialisiertes Handlungs- und Reflexionswissen.

Darüber hinaus wurden *externe Expertisen* in Anspruch genommen, weil sich aufgrund der Analyse zwei Kontextbereiche als besonders relevant für das Verständnis des Falles erwiesen: ein Gespräch mit einem Branchenexperten (Erkundung der Branchenentwicklung); ein Gespräch mit einem Experten für Finanzierungsfragen, weil diese in den Konflikten eine massive Rolle spielten.

4. Ergebnisse, die mit einer solchen Vorgangsweise produziert werden

Die bisherigen Ausführungen strichen jene Anforderungen heraus, die bei der Durchführung und Analyse von ExpertInnengesprächen in einem interpretativ orientierten Forschungsdesign zur Organisationsanalyse von zentraler Bedeutung sind:

– Nimmt man die Anforderungen an eine interpretative Sozialforschung ernst, so bieten externe Expertisen einen völlig unzureichenden Forschungszugang.
– Die Annahme einer ungleichen Verteilung von Wissen bildet den Ausgangspunkt für die Unterscheidung verschiedener Typen von Expertisen.
– Die Typen von Expertisen unterscheiden sich anhand der Wissensstruktur, die sie repräsentieren, wobei Praxiserfahrungen im Feld die Schlüsselbeiträge zur Forschung leisten.
– Die Aktualisierung der jeweiligen Expertise erfordert spezifische verfahrenstechnische Vorkehrungen der Erhebung und Interpretation.
– Die Leistungsfähigkeit solcher ExpertInnengespräche entfaltet sich erst im Kontext einer adäquaten Forschungsorganisierung.

Mit ExpertInnengesprächen lassen sich dabei zwei wichtige Erkenntnisbereiche abdecken: Vordergründig wird der kommunikative Zugang zum Feld gesucht, wobei Beschreibungen und Begründungen als Ausdrucksgestalt für die zugrundeliegenden Selektionsmechanismen der Organisation dienen. Darüber hinaus werden Mitglieder der Organisation als feldinterne ExpertInnen mit spezifischen Forschungssettings konfrontiert, in welchen sie selbst initiativ werden müssen, und – indem sie zumindest partiell die Organisierung des Forschungsprozesses übernehmen – demonstrieren sie ihre spezifischen Handlungskompetenzen als Sonderform der Expertise. Im letzten Schritt bleibt jedoch zu klären, welche Erkenntnisse eine solche methodische Vorgangsweise ermöglicht. Diese Frage soll abschließend anhand des Fallbeispieles kurz auf drei Ebenen erläutert werden:

– Die Studie konnte nachweisen, dass das *ursprüngliche Interesse seitens des Unternehmens*, nämlich eine elaborierte Informationsstrategie zu entwickeln, an einem völlig falschen Punkt angesetzt hätte. Da im vorliegenden Fall das Vertrauen zwischen dem Vorstand und der Belegschaft zerstört war, wurden alle Initiativen in ein spezifisches Organisationsverständnis integriert, das alle Versuche des Vorstands zur Informationsverbesserung vor einem negativen Szenario interpretierte. Allerdings konnte die Studie zeigen, wie dieses Misstrauen als Problemhintergrund entstand und welche Ereignisse und Handlungsweisen es erhalten und stabilisieren (Ansatzpunkte für die Bewältigung).

– Auf *wissenschaftlicher Ebene* ergaben sich eine Reihe wichtiger Ergebnisse: So zeigte die Analyse beispielsweise, wie die alltagspraktische Interpretation der Geschehnisse im Unternehmen eine Eigendynamik gewinnt, die sich der Kontrolle der Akteure weitgehend entzieht. Die im Entwicklungsprozess ausgebildete Polarisierung zwischen zwei verschiedenen Sichtweisen des Unternehmens führte so weit, dass in manchen Bereichen eine Verständigung aufgrund der kontextuell ausdifferenzierten Bedeutungshorizonte kaum mehr möglich war. Damit ließ sich erklären, warum sich ganze Unternehmensbereiche wechselseitig nachhaltig in ihrer alltäglichen Arbeit blockierten, obwohl sie beide unter enormen Engagement zum künftigen Erfolg des Unternehmens beitragen wollten. Die Studie machte darüber hinaus deutlich, wie ein lang anhaltender Erfolg zu einem massiven Entwicklungshemmnis werden kann. In diesem Zusammenhang ergaben sich auch wichtige Erkenntnisse über Lernen in Organisationen, wobei diese Erkenntnisse einen blinden Fleck ähnlicher Untersuchungen beleuchten, nämlich den Erwerb von Abwehrstrategien als wichtigen Schutzmechanismus der Belegschaft.

– Darüber hinaus konnten auch *methodische Erkenntnisse* zur Durchführung solcher Analysen gewonnen werden: In Konfliktfeldern, so zeigte beispielsweise die Dynamik des Forschungsprozesses, verändern sich mit dem Fortschreiten der Erhebung die Zugangsbedingungen zum Feld. So waren am Beginn die Rahmenbedingungen durch Abwehr geprägt, welche die Ausgrenzungsstrategie im Unternehmen reproduzierte. Mit der Herstellung der ersten halbwegs vertrauensvollen Beziehung schlug dieses Misstrauen in große Offenheit um, wofür zwei Aspekte entscheidend waren: ForscherInnen agieren organisationsintern gleichsam grenzüberschreitend, wissen daher innerhalb kurzer Zeit mehr (bzw. auch anderes) über bestimmte (vorrangig „grenzüberschreitende") Vorgänge im Unternehmen als die GesprächspartnerInnen selbst. Die Zustimmung zu einem Gespräch produzierte einen Druck auf Offenheit, weil die GesprächspartnerInnen nicht wissen konnten, was die ForscherInnen bereits wissen und was nicht, aber annehmen konnten, dass sie über eine Fülle an Informationen verfügten.

Ein entscheidendes Element einer Aufschlüsselung in verschiedene Expertisen ist die *Variation der Perspektiven*, indem man verschiedene Sinnhorizonte organisationalen Wissens kontrastiert, daraus Normalitätsfolien für unterschiedliche Kollektive von AkteurInnen ermittelt, um auf diese Weise das Zusammenspiel sehr verschiedener Handlungsstrategien zu erkennen. Die systematische Differenzierung in unterschiedliche feldinterne Handlungs- und Reflexionsexpertisen macht es möglich, die Dynamik wechselseitiger Koordination zu verstehen. Allerdings erfordert dies ein Abrücken von einer traditionellen Sichtweise der Expertise, welche kognitives Sonderwissen fokussiert, zugunsten einer stärkeren Zentrierung auf Handlungskompetenzen in Form einer Expertise der Praxis, die jedoch Erhebungs- und Interpretationsverfahren verlangt, die auf die Rekonstruktion latenter Sinnstrukturen angelegt sind.

Literatur

Amann, Klaus (1994): „Guck mal, Du Experte". Wissenschaftliche Expertise unter ethnographischer Beobachtung und wissenssoziologischer Rekonstruktion. In: Hitzler/Honer/Maeder (Hg. 1994), S. 32-43

Baecker, Jochen/Borg-Laufs, Michael/Duda, Lothar/Matthies, Ellen (1992): Sozialer Konstruktivismus – eine neue Perspektive in der Psychologie. In: Schmidt, Siegfried J. (Hg.): Kognition und Gesellschaft. Der Diskurs des Radikalen Konstruktivismus 2. Frankfurt/M.: Suhrkamp, S. 116-145

Berger, Peter L./Luckmann, Thomas (1980): Die gesellschaftliche Konstruktion der Wirklichkeit. Eine Theorie der Wissenssoziologie. Frankfurt/M.: Fischer

Bourdieu, Pierre (1979): Entwurf einer Theorie der Praxis. Frankfurt/M.: Suhrkamp

Bourdieu, Pierre (1987): Sozialer Sinn. Kritik der theoretischen Vernunft. Frankfurt/M.: Suhrkamp

Deleuze, Gilles (1992): Woran erkennt man den Strukturalismus? Berlin: Merve

Fleck, Ludwik (1994): Entstehung einer wissenschaftlichen Tatsache. Einführung in die Lehre vom Denkstil und Denkkollektiv. Frankfurt/M.: Suhrkamp

Frindte, Wolfgang (1998): Soziale Konstruktionen. Sozialpsychologische Vorlesungen. Opladen: Westdeutscher Verlag

Froschauer, Ulrike/Lueger, Manfred (1998): Das qualitative Interview zur Analyse sozialer Systeme. Wien: Wiener Universitätsverlag, 2. Auflage

Gergen, Kenneth J. (1994): Realities and Relationships. Soundings in Social Construction. Cambridge: Harvard University Press

Gergen, Kenneth J. (2000): An Invitation to Social Construction. London, Thousand Oaks, New Delhi: Sage

Glaser, Barney G./Strauss, Anselm L. (1998): Grounded Theory: Strategien qualitativer Forschung. Bern u.a.: Huber

Glinka, Hans-Jürgen (1998): Das narrative Interview. Eine Einführung für Sozialpädagogen. Weinheim und München: Juventa

Goffman, Erving (1993): Rahmen-Analyse. Ein Versuch über die Organisation von Alltagserfahrungen. Frankfurt/M.: Suhrkamp, 3.Auflage

Hitzler, Ronald (1994): Wissen und Wesen des Experten. Ein Annäherungsversuch – zur Einleitung. In: Hitzler/Honer/Maeder (Hg. 1994), S. 13-30

Hitzler, Ronald/Honer, Anne/Maeder, Christoph (Hg. 1994): Expertenwissen. Die institutionalisierte Kompetenz zur Konstruktion von Wirklichkeit. Opladen: Westdeutscher Verlag

Hitzler, Ronald/Honer, Anne (Hg. 1997): Sozialwissenschaftliche Hermeneutik. Opladen: Leske + Budrich

Honer, Anne (1994): Die Produktion von Geduld und Vertrauen. Zur audiovisuellen Selbstdarstellung des Fortpflanzungsexperten. In: Hitzler/Honer/Maeder (Hg. 1994), S. 44-61

Lueger, Manfred (1997): Unternehmenserfolg als Hindernis: Zur sozialen Logik von Entwicklungsbarrieren. In: Journal für Betriebswirtschaft, Jg. 47, H. 5, S. 248-265

Lueger, Manfred (2000): Grundlagen qualitativer Feldforschung: Methodologie – Organisierung – Methoden. Wien: Wiener Universitätsverlag

Lueger, Manfred (2001): Auf den Spuren der sozialen Welt. Methodologie und Organisierung interpretativer Sozialforschung. Frankfurt/M.: Peter Lang

Luhmann, Niklas (1982): Sinn als Grundbegriff der Soziologie. In: Habermas, Jürgen/ Luhmann, Niklas (Hg.): Theorie der Gesellschaft oder Sozialtechnologie. Was leistet die Systemforschung? Frankfurt/M.: Suhrkamp, S. 25-100

Luhmann, Niklas (1984): Soziale Systeme. Grundriß einer allgemeinen Theorie. Frankfurt/M.: Suhrkamp

Mayring, Philipp (1994): Qualitative Inhaltsanalyse. Weinheim: Deutscher Studienverlag, 5. Auflage

Meuser, Michael/Nagel, Ulrike (1991): ExpertInneninterviews – vielfach erprobt, wenig bedacht. Ein Beitrag zur qualitativen Methodendiskussion. In: Garz, Detlef/Kraimer, Klaus (Hg.): Qualitativ-empirische Sozialforschung. Konzepte, Methoden, Analysen. Opladen: Westdeutscher Verlag, S. 441-471 (wieder abgedruckt in diesem Band)

Oevermann, Ulrich (1984): Zur Sache. Die Bedeutung von Adornos methodologischem Selbstverständnis für die Begründung einer materialen soziologischen Strukturanalyse. In: Friedeburg, Ludwig von/Habermas, Jürgen (Hg.): Adorno-Konferenz 1983. Frankfurt/M.: Suhrkamp, S. 234-289

Oevermann, Ulrich (1993): Die objektive Hermeneutik als unverzichtbare Grundlage für die Analyse von Subjektivität. Zugleich eine Kritik der Tiefenhermeneutik. In: Jung, Thomas/Müller-Doohm, Stefan (Hg.): „Wirklichkeit" im Deutungsprozeß. Verstehen und Methoden in den Kultur- und Sozialwissenschaften. Frankfurt/M.: Suhrkamp, S. 106-189

Oevermann, Ulrich/Allert, Tilman/Konau, Elisabeth/Krambeck, Jürgen (1979): Die Methodologie einer „objektiven Hermeneutik" und ihre allgemeine forschungslogische Bedeutung in den Sozialwissenschaften. In: Soeffner, Hans-Georg (Hg.): Interpretative Verfahren in den Sozial- und Textwissenschaften. Stuttgart: Metzler, S. 352-434

Schütz, Alfred/Luckmann, Thomas (1979): Strukturen der Lebenswelt, Bd.1. Frankfurt/M.: Suhrkamp

Schütz, Alfred/Luckmann, Thomas (1984): Strukturen der Lebenswelt, Bd.2. Frankfurt/M.: Suhrkamp

Schütze, Fritz (1977): Die Technik des narrativen Interviews in Interaktionsfeldstudien – dargestellt an einem Projekt zur Erforschung kommunaler Machtstrukturen. Bielefeld: Ms. (unveröff.)

Weber, Max (1980): Wirtschaft und Gesellschaft. Tübingen: Mohr, 5.Auflage

Weick, Karl E. (1995): Sensemaking in Organizations. Newbury Park, London, New Delhi: Sage

Zwischen Wissenschaftlichkeitsstandards und Effizienzansprüchen

ExpertInneninterviews in der Praxis der Arbeitsmarktevaluation

Andrea Leitner und Angela Wroblewski

ExpertInneninterviews spielen in der Evaluation von Arbeitsmarktpolitik eine wichtige Rolle bei der Informationsgenerierung und Hypothesenüberprüfung. Dies ergibt sich aus mehreren Gründen: Erstens können bestimmte Fragestellungen mangels anderer Datenquellen oder aus Gründen der Effizienz nur durch die Einbeziehung von ExpertInnen beantwortet werden. Zweitens ermöglichen Interviews mit unterschiedlichen AkteurInnen die Berücksichtigung differierender Standpunkte, Perspektiven und das Aufdecken möglicher Konfliktfelder. Und drittens wird der Zugang zu Informationen im Evaluationsprozess erleichtert und die Akzeptanz der Ergebnisse erhöht. Auch wenn praktisch kaum eine Evaluation ohne ExpertInneninterviews auskommt, wird die Frage aufgeworfen, inwieweit es sich dabei um eine abgrenzbare Methode handelt, für die allgemein gültige Regeln zur Durchführung und Auswertung erstellt werden können (Deeke 1995).

Diese Zweifel an einer „Methodik" der ExpertInneninterviews in der Praxis der Arbeitsmarktevaluation resultieren u.a. aus der Vielfalt unterschiedlicher Evaluationsansätze und -methoden, die sich durch den verstärkten Einsatz von Evaluationen im privaten wie auch öffentlichen Bereich entwickelt haben und innerhalb derer ExpertInneninterviews ein jeweils anderer Stellenwert zukommt. Es wäre daher verfehlt, einen bestimmten Ansatz oder ein begrenztes Spektrum von Ansätzen als den „Königsweg" in der Evaluationspraxis im Allgemeinen und damit für ExpertInneninterviews in der Evaluationsforschung darzustellen. Gleichwohl erscheint die Einhaltung bestimmter Standards der Informationsgewinnung essentiell, um Evaluationen, die meist im Nahbereich der Politikberatung angesiedelt sind, auf eine methodische Basis zu stellen, die die Wissenschaftspraxis intersubjektiv nachvollziehbar und damit besser kontrollierbar macht.

Trotz der Vielfalt an Evaluationsansätzen weisen ExpertInneninterviews bei Evaluationen Besonderheiten auf, die allen Evaluationsstrategien gemeinsam sind und denen in anderen Forschungskontexten weniger Bedeutung zukommt: Die ExpertInnen sind meist auch Beteiligte an der zu evaluierenden Intervention, so genannte „stakeholder"[1], und haben aus dieser Rolle heraus ein besonderes Interesse an den Ergebnissen der Untersuchung. Dadurch entsteht ein spezifischer Interaktionsprozess, bei dem EvaluatorInnen oft als Kontrollorgane wahrgenommen werden. Dies kann nicht nur zu Verzerrungen im Antwortverhalten führen, in dem Aspekte positiver oder negativer dargestellt werden, als sie tatsächlich sind, sondern kann vor allem die Auskunftsbereitschaft beeinträchtigen. Zum anderen sind Evaluationen überwiegend Auftragsprojekte, bei denen die AuftraggeberInnen nicht nur inhaltlich den Evaluationsgegenstand durch Formulierung der Fragestellungen und des Evaluationsziels (mit)bestimmen, sondern durch ihr Interesse an möglichst raschen Ergebnissen und die bereitgestellten Ressourcen auch die Methodenwahl beeinflussen.

Ausgehend von unseren Erfahrungen mit Evaluationsstudien zu arbeitsmarktpolitischen Maßnahmen und Programmen werden in diesem Beitrag Herausforderungen und Anwendungsmöglichkeiten von ExpertInneninterviews diskutiert, die sich aus der „Stakeholder"-Problematik und den Effizienzansprüchen ergeben. Im ersten Teil des vorliegenden Beitrags wird das Spektrum unterschiedlicher wissenschaftlicher Zugänge in der Evaluation aufgezeigt, in das der von uns verwendete Ansatz, der sich großteils am Modell der responsiven Evaluation orientiert, eingebettet ist. Anschließend wird gezeigt, welcher Stellenwert ExpertInneninterviews für bestimmte Evaluationsschritte und Fragestellungen zukommt. Im zweiten Teil des Beitrags werden praktische Erfahrungen und Vorgangsweisen zur Durchführung von ExpertInneninterviews bei der Evaluierung arbeitsmarktpolitischer Programme dargestellt.

1. Methodenvielfalt in der Evaluationspraxis und Stellenwert von ExpertInneninterviews

1.1 Entwicklung der Evaluationsansätze

Die Evaluationsforschung ist aus unterschiedlichen Disziplinen gewachsen (Rossi/Freeman 1987; Beywl 1988; Shadish et al. 1991), entwickelt sich ständig weiter, hat je nach Themenstellungen und organisatorischen Rahmenbedingungen mehr oder weniger uniforme und standardisierte Verfahren angenommen, ist aber von einer allgemein akzeptierten Methodologie und

---

1   „Stakeholder" sind nach Weiss (1983) „Those whose lives are affected by the program and its evaluation." (C. H. Weiss 1983: The stakeholder approach to evaluation, in: A. S. Bryk [Hrsg.]: Stakeholder-based evaluation, San Francisco; zitiert nach Shadish et al. 1991: 179ff.).

Begrifflichkeit noch weit entfernt (Lassnigg et al. 2000). Dies hängt u.a. damit zusammen, dass sich die Evaluation als angewandte Forschungsrichtung aus verschiedenen Wissenschaftsbereichen heraus entwickelt hat, die jeweils „ihre" Methoden eingebracht haben. Williams (1989) versucht, diese theoretische Vielfalt der Konzeptionen auf Basis metatheoretischer Analysen der „Klassiker" der Evaluationsforschung zu reduzieren. Er unterscheidet letztendlich zwei Dimensionen:

–   Die *methodische Dimension* variiert zwischen qualitativen und quantitativen Ansätzen mit den Extrempositionen interpretativ und deskriptiv versus skaliert und kausal.
–   Die nutzungsbezogene *Dimension* variiert je nach Ausrichtung auf und Einbeziehung von NutzerInnen- oder AuftraggeberInneninteressen zwischen den Extrempositionen der Ausrichtung auf allgemeines Publikum versus spezifische EndnutzerInnen.

Anhand dieser beiden Dimensionen kann eine Art Landkarte der Evaluationspraxis gezeichnet werden, die auch die grundlegende Entwicklungstendenz der Evaluationsforschung sichtbar macht. Nach Lassnigg (1997) handelt es sich dabei keineswegs um eine lineare Entwicklung der Zugänge zur Evaluation. Vielmehr illustriert er die Vervielfachung und Diversifizierung mit dem Bild eines Ballons, in den hineingeblasen wurde, und der sich langsam ausbreitete, ohne dass die vorherigen Ansätze deshalb an Bedeutung verlieren würden. Als idealtypische Vorgangsweise der Wirkungsanalyse galt lange Zeit die stark quantitativ ausgerichtete experimentelle Methode, wobei der Ressourceneinsatz und die erzielten Outputs gegenübergestellt werden, die Abläufe in der Maßnahme in der „blackbox" verbleiben.[2] Im Zeitverlauf gewannen jedoch auch Fragen nach den zugrundeliegenden Wirkungsmechanismen und -bedingungen an Relevanz, was sich im verstärkten Einsatz qualitativer Methoden in der Evaluationsforschung niederschlug. Auch verbreitete sich zunehmend die Sichtweise von Evaluation als Instrument zur Weiterentwicklung von Maßnahmen, wodurch die Interessen der AuftraggeberInnen in den Vordergrund rückten und sich die Evaluation der Politikberatung annäherte.

Generell vermittelt der beschriebene „Ballon-Effekt" bei den (potenziellen) NutzerInnen von Evaluationen aber den Anschein von Beliebigkeit und Unüberschaubarkeit der Evaluationsmethoden. Es entsteht der Eindruck, man

---

2   Die Wurzeln der Evaluationsforschung sind in den 1960er Jahren in den USA zu verorten. Es sollten primär die Wirkungen staatlicher Programme erfasst werden, um die Interventionen bewerten und verbessern zu können. Experimentelle Methoden sind Vergleichsgruppenansätze, bei denen TeilnehmerInnen an einer Maßnahme einer möglichst identen Gruppe von Nicht-TeilnehmerInnen gegenübergestellt werden, um so die Effekte der Teilnahme herausfiltern zu können. Im Idealfall erfolgt die Zuweisung in die beiden Gruppen nach dem Zufallsprinzip (Shadish et al. 1991).

könne ohnehin „alles beweisen", Evaluation würde vor allem zur Legitimation von unangenehmen Entscheidungen oder als Ersatzhandlung zur Beruhigung von Unzufriedenen und zum Hinausschieben von Entscheidungen benutzt.[3] An diesem Punkt setzen jedoch die Bemühungen aus der Evaluationspraxis an, einheitliche und verbindliche Evaluationsstandards zu entwickeln. Am weitesten entwickelt sind die Standards des Joint Committee in den USA, die ausgehend von der Evaluation im Bildungsbereich Vorgaben für Programmevaluationen definiert haben (Sanders 1999). Diese Standards versuchen explizit, die konkurrierenden Anforderungen von Seiten der AuftraggeberInnen und der Wissenschaft an Evaluationen zu berücksichtigen. AuftraggeberInnen erwarten die Bereitstellung von den Bedürfnissen entsprechenden Evaluationsergebnissen in nützlicher Form, termingerecht und kostengünstig, während auf Seiten der Wissenschaft die Einhaltung wissenschaftlicher Gütekriterien und hohe methodische Standards im Vordergrund stehen. Das Hauptaugenmerk der Standards des Joint Committee liegt jedoch auf forschungspraktischen Aspekten (Verwertbarkeit und Aufbereitung der Ergebnisse, Durchführung der Evaluation und Korrektheit der Vorgangsweise), während methodische Fragen nur kurz angerissen werden und auf die in den unterschiedlichen Disziplinen vorherrschenden Standards verwiesen wird.[4]

Ein Ansatz in der Evaluation, der explizit auf die NutzerInnen- bzw. AuftraggeberInneninteressen eingeht, klare Standards für die Evaluation setzt und durch einen verstärkten Einsatz qualitativer Methoden charakterisiert ist, ist das Modell der „responsiven Evaluation" (Beywl 1988). Beywl definiert dabei einige zentrale Grundsätze responsiver Evaluation, die durchaus eine enge Affinität zu den allgemeinen Grundsätzen qualitativer Methodologie aufweisen (z.B. Lamnek 1995: 21ff). Zunächst sollen die EvaluatorInnen flexibel auf die tatsächlichen Vorgänge innerhalb des Untersuchungsgegen-

---

3 Deutlich wurde dieses Problem von zwei sehr bekannten Evaluationsforschern ausgedrückt: „....if you advocate a particular policy reform or innovation, do not press to have it tested" (Burtless/Haveman [1984]: Policy Lessons From Three Labor Market Experiments, Ottawa; zitiert nach OECD 1991: 49), oder noch schärfer durch Wilensky's law: „the more evaluation, the less program development, the more demonstration projects, the less follow-through." (Wilensky 1985: 9).

4 Das Joint Committee (Sanders 1999) teilt die insgesamt 30 Standards in vier Gruppen ein (Utility, Feasibility, Propriety, Accuracy), die von Patton (1997: 15ff) als „Standards of Excellence" bezeichnet werden. Nützlichkeitsstandards (Utility) sollen sicherstellen, dass sich eine Evaluation an den Informationsbedürfnissen der vorgesehenen Evaluationsnutzer ausrichtet. Durchführbarkeitsstandards (Feasibility) sollen sicherstellen, dass eine Evaluation realistisch, gut durchdacht, diplomatisch und kostenbewusst durchgeführt wird. Korrektheitsstandards (Propriety) sollen sicherstellen, dass eine Evaluation rechtlich und ethisch korrekt erfolgt und die Rechte der in die Evaluation einbezogenen bzw. von den Ergebnissen betroffenen Personen gewahrt bleiben. Genauigkeitsstandards (Accuracy) sollen sicherstellen, dass eine Evaluation über die Güte und/oder die Verwendbarkeit des evaluierten Programms fachlich angemessene Informationen hervorbringt und vermittelt.

standes reagieren, d.h. Vorverständnis, Vorurteile und implizite Paradigmen soweit wie möglich auflösen (Grundsatz der Aufnahme von Reizen aus dem Untersuchungsfeld). Weder der Untersuchungsgegenstand selbst noch dessen Kontext sind von Beginn an als fixiert bzw. eingeschränkt zu betrachten. Beide Bereiche können sich im Laufe der Evaluation verändern, wobei die von den Beteiligten wahrgenommenen Probleme eine zentrale Rolle spielen (Grundsatz der Offenheit). Flexibilität und Offenheit wird auch hinsichtlich der verwendeten Methoden je nach vorgefundenen Gegebenheiten gefordert. Der Gegenstand soll von allen Seiten mit mehreren Methoden, im Idealfall von verschiedenen Forschern und aus unterschiedlichen Perspektiven angegangen werden (Triangulation[5]). Dieser Grundsatz schließt selbst bei einer deutlichen Bevorzugung qualitativer Methoden die Verwendung quantitativer Methoden mit ein.

1.2 Relevanz von ExpertInneninterviews für bestimmte Evaluations-schritte und Fragestellungen

Die Anwendung von ExpertInneninterviews ist nicht für alle Evaluationsschritte bzw. Fragestellungen gleichermaßen geeignet. Um den Stellenwert und die Funktion von ExpertInneninterviews für spezifische Fragestellungen darzustellen, werden zunächst anhand eines am Modell der responsiven Evaluation orientierten Evaluationsschemas für Maßnahmen der aktiven Arbeitsmarktpolitik (Lassnigg et al. 2000) die einzelnen Evaluationsschritte und die dazu gehörigen Fragestellungen in groben Zügen beschrieben und jeweils die Relevanz von ExpertInneninterviews diskutiert.

Im Modell der responsiven Evaluation spielen ExpertInneninterviews eine große Rolle, wobei unterschiedliche Möglichkeiten und Wege genutzt werden, um ExpertInnenmeinungen im Rahmen der Evaluation zu erfassen: klassische Einzelinterviews bzw. wiederholte Gespräche mit denselben ExpertInnen[6] oder Gruppendiskussionen (eventuell als Ergänzung zu Einzelinterviews). Darüber hinaus können auch schriftliche Verfahren Anwendung finden (z.B. Delphi-Methode) oder mündliche und schriftliche Befragungen kombiniert werden.

Prinzipiell werden vier Evaluationsschritte unterschieden: Policy-, Implementations-, Wirkungs- und Kosten-Nutzen-Analyse. Welche Schritte im Rahmen eines konkreten Evaluationsvorhabens tatsächlich durchgeführt wer-

---

5   Die Methodentriangulation wird von Vogel (1995: 74) als „cross-examination" angeführt, wobei uns dieser Begriff zu eng erscheint, da es nicht nur darum geht, einzelne Erhebungen durch andere Verfahren zu überprüfen, sondern durchaus auch eine arbeitsteilige Erhebung unterschiedlicher Aspekte der Evaluation sinnvoll erscheint.
6   Vogel (1995: 77) spricht von ExpertInneninterviews „en passant" oder ExpertInnen als „Gewährsleute".

den, hängt von der jeweiligen Fragestellung und Zielsetzung ab. Wird eine umfassende Evaluation einer Maßnahme durchgeführt, so bauen die genannten Schritte aufeinander auf bzw. nehmen aufeinander Bezug.

Im Rahmen der *Policy-Evaluation* werden die Zielsetzung der Maßnahme, der arbeitsmarktpolitische Kontext und die Problemlage der Zielgruppe zueinander in Beziehung gesetzt. Konkret geht es darum, die Maßnahme in ihren wesentlichen Parametern zu erfassen und einer allgemeinen Überprüfung im Hinblick auf ihre innere Konsistenz und ihre Angemessenheit gegenüber dem Kontext (Arbeitsmarktlage und -entwicklung) und der Problemlage zu unterziehen. Bei diesem Evaluationsschritt wird im Allgemeinen von einer Dokumentenanalyse (Konzept der Maßnahme, Förderanträge usw.) ausgegangen. Dieses Konzept wird vor dem Hintergrund der Situation am Arbeitsmarkt generell bzw. für die jeweilige Zielgruppe analysiert, wofür zumeist die Arbeitsmarktstatistik herangezogen wird. Die Beantwortung der zentralen Fragen der Policy-Evaluation, wie z.B. jene nach den der Maßnahme zugrunde liegenden Motivationen, Erwartungen und Wirkungsannahmen, kann nur auf Basis von Interviews mit den EntscheidungsträgerInnen erfolgen. Darüber hinaus spielen ExpertInnen dann eine Rolle, wenn eine Maßnahme, die für eine bestimmte Zielgruppe ausgerichtet ist, im Hinblick auf ihre Angemessenheit für deren Bedürfnisse bewertet werden soll; vor allem wenn es sich um Problemgruppen handelt, über deren Lebenssituation oder Bedürfnisse die EvaluatorInnen nicht ausreichend informiert sind (z.B. Behinderte, ehemalige Suchtkranke, Obdachlose oder MigrantInnen).

Bei der *Implementations-Evaluation* steht die Umsetzung und Durchführung der Maßnahme im Vordergrund, wobei organisatorische Aspekte ebenso berücksichtigt werden wie Inhalte und die Zusammensetzung der TeilnehmerInnen. Die Maßnahmendurchführung wird vor dem Hintergrund der jeweiligen Zielsetzung analysiert, d.h. es erfolgt eine Rückkoppelung zur Konzeption der Maßnahme, um Problembereiche (z.B. Schwierigkeiten bei der Erreichung der Zielgruppe, Akzeptanzprobleme, Auftreten regionaler Disparitäten) aufzeigen und Verbesserungsvorschläge entwickeln zu können. Methodisch basiert die Analyse – soweit vorhanden – auf Monitoringdaten (Informationen zur Zahl und Struktur der TeilnehmerInnen, Dauer der Teilnahme, vorzeitige Abbrüche usw.). Je nach Fragestellung und vorhandenen Ressourcen können auch Primärerhebungen (wie z.B. eine Befragung von TeilnehmerInnen) durchgeführt werden. Bei komplexen Maßnahmen, wenn z.B. mehrere Institutionen an der Umsetzung beteiligt sind, stellt die Analyse der Schnittstellen zwischen den AkteurInnen bzw. Institutionen eine zentrale Fragestellung dar. Es geht dabei um die Ausgestaltung der Schnittstellen, die Art der Kooperation der Beteiligten, die Informationsflüsse und mögliche Problembereiche (z.B. unklare Kompetenzzuordnungen, Doppelgleisigkeiten oder differierende Vorstellungen über Zielsetzung und Umsetzung der Maßnahme). In diesem Zusammenhang sind persönliche Gespräche häufig die einzig praktikable Form der Informationsgewinnung, da die bestimmten Entwicklungen zugrunde liegenden Mechanismen anders kaum aufgedeckt werden können. Zeichnet sich beispielsweise im Rahmen der Implementations-Evaluation ab, dass die Zielgruppe nicht erreicht werden konnte bzw. bestimmte Subgruppen unter den TeilnehmerInnen unterrepräsentiert sind (wie z.B. ältere Frauen oder Personen mit nur Pflichtschulabschluss), so sollte eine Analyse der Zugangswege in die Maßnahme erfolgen. In den Selektionsprozess sind im Allgemeinen mehrere AkteurInnen einbezogen, wie z.B. die BeraterInnen der Geschäftsstellen des Arbeitsmarktservice (AMS), die den Arbeitslosen eine Maßnahme vorschlagen, die durchführenden Institutionen, die die konkreten TeilnehmerInnen auswählen, und schließlich die Arbeitslosen selbst, die für sich selbst entscheiden, ob sie eine Teilnahme in Erwägung ziehen. Jede/r dieser AkteurInnen verfügt über einen gewissen Entscheidungsspielraum und agiert entsprechend der persönlichen Werte, Normen und Motive, die letztendlich eine selektive Auswahl der TeilnehmerInnen bedingen. Das Zusammenspiel dieser Faktoren kann nur durch ExpertInneninterviews aufgezeigt werden.

Durch die *Wirkungsanalyse* sollen möglichst alle durch die Maßnahme hervorgerufenen Effekte (intendierte wie nicht-intendierte) erfasst werden. Ziel der Analyse ist, jene Effekte herauszufiltern, die auf die Intervention zurückzuführen sind.[7] Für die Wirkungsanalyse werden primär quantitative Methoden gewählt, wobei hier in den letzten Jahren wesentliche Weiterentwicklungen erfolgt sind (z.B. Schmid et al. 1996). Neben der Ermittlung der konkreten Wirkungen (Output) sollte jedoch auch die Analyse der zugrundeliegenden Wirkungsmechanismen erfolgen. Diese sind im Allgemeinen nicht quantitativ zu fassen, sondern basieren beispielsweise auf der subjektiven Einschätzung von ExpertInnen bezüglich makroökonomischer oder gesamtgesellschaftlicher Veränderungen.

ExpertInnenmeinungen spielen auch im Rahmen der *Kosten-Nutzen-Analyse* eine Rolle, was auf den ersten Blick vielleicht verwundern mag, handelt es sich doch dabei um die monetäre Bewertung von Kosten und Nutzen einer Maßnahme. Allerdings ist die Quantifizierung von Nutzenkomponenten häufig mit Informationsproblemen verbunden, wenn beispielsweise auf der Nutzenseite Faktoren wie Einsparungen von Transferzahlungen oder Verwaltungskosten bzw. die Kosteneinsparungen aufgrund verringerten Alkohol- oder Drogenkonsums einbezogen werden sollen. Im Rahmen der Kosten-Nutzen-Analyse sind Annahmen über diese Faktoren zu treffen und explizit zu machen, wofür oft neben Erfahrungen aus anderen Studien auch ExpertInnenmeinungen berücksichtigt werden.

---

7   Zur Beantwortung dieser Frage wird üblicherweise mit quasi-experimentellen Ansätzen (Vergleichsgruppendesigns) gearbeitet (Heckman/Smith 1996 oder Shadish et al. 2001).

2. Praktische Aspekte bei der Vorbereitung, Durchführung und Auswertung von ExpertInneninterviews

Die zentrale Zielsetzung für ExpertInneninterviews im Rahmen von Evaluationen liegt darin, die durch Dokumente und Daten gewonnenen Informationen mit den unterschiedlichen Perspektiven von ExpertInnen auf eine effiziente Art und Weise zu ergänzen, um ein abgerundetes Bild der zu evaluierenden Maßnahme zu erhalten. Im Zentrum der folgenden Ausführungen steht das „klassische" persönliche Gespräch mit ExpertInnen, wobei wir insbesondere auf die sich aus der Evaluationssituation ergebenden Besonderheiten, v.a. die „Stakeholder-Problematik" und den damit verbundenen Interaktionsprozess eingehen.

Die „Stakeholder-Problematik" entsteht bereits mit der Auswahl der InterviewpartnerInnen, da sich die ExpertInnen primär aus jenen Institutionen rekrutieren, die maßgeblich in die Maßnahme involviert sind. Eine Evaluation wird von den „stakeholders" häufig mit Kontrollfunktionen in Verbindung gebracht, selbst wenn die Evaluation primär erkenntnisgenerierende Funktionen erfüllen soll und nicht unmittelbar Veränderungen oder Fragen über den weiteren Fortbestand von Maßnahmen und Programmen mit den Ergebnissen verknüpft sind. Die soziale Situation beim Interview kann damit als Prüfungsgespräch verstanden werden, indem gegenüber den EvaluatorInnen Rechtfertigungsargumentationen für das eigene Verhalten geliefert bzw. die wahren Probleme verschwiegen werden. Solche Strategien der Selbstdarstellung und Informationskontrolle kommen natürlich nicht nur in ExpertInneninterviews bei Evaluationen vor, sondern betreffen auch andere Erhebungsformen und generell soziale Interaktionen (Leitner 1994; Steinert 1984; Goffmann 1967). Doch durch die berufliche Position der Interviewten ist davon auszugehen, dass sie sich öfter und vor unterschiedlichem Publikum mit diesem Thema darstellen und schon vor dem Interview gewisse Vorsichtsmaßnahmen oder Strategien überlegen, um in der „Prüfungssituation" möglichst gut auszusteigen. Stärker als beim klassischen Interview oder bei ExpertInneninterviews mit geringerem Ergebnisinteresse ist – aufgrund des Zusammentreffens dieser beiden Faktoren (Evaluationssituation und die spezifischen Kompetenzen der ExpertInnen) – mit Verzerrungseffekten wie Antwortverweigerung, Interviewereffekten, Positionseffekten, Anwesenheitseffekten oder Auftraggebereffekten zu rechnen.[8]

Im Folgenden wird eine mögliche Vorgangsweise bei ExpertInneninterviews beschrieben, die aus der Praxis und der Konfrontation mit Prob-

---

[8] Übersichten zu Verzerrungseffekten finden sich z.B. bei Steinert (1984) oder Reinecke (1991). Systematische Antwortverzerrungen, wie sozial gewünschtes Antwortverhalten oder Zustimmungstendenzen, die in den ExpertInneninterviews einen vergleichsweise geringeren Stellenwert aufweisen, wurden beispielsweise von Reinecke (1991) oder Esser (1986) analysiert.

lemen entstanden ist und nach wie vor weiterentwickelt wird. Dabei werden der spezifische Interaktionsprozess bei Evaluationen explizit berücksichtigt und die Beteiligten sowohl bei der Formulierung der Fragestellungen und des Untersuchungsdesigns wie auch im weiteren Projektverlauf in Form von ExpertInneninterviews gezielt einbezogen, um Antwortverzerrungen zu verringern, die Akzeptanz der Evaluation zu erhöhen und damit die Qualität der Ergebnisse zu verbessern. Es werden einige zentrale Punkte im Zusammenhang mit der Vorbereitung, Durchführung und Analyse von ExpertInneninterviews in der Evaluationsforschung angesprochen.

2.1. Vorbereitung der Interviews

Vor Durchführung der Interviews ist abzuklären, wer als ExpertIn einbezogen werden soll und welche Themenbereiche jeweils im Zentrum der ExpertInnengespräche stehen sollen. Bei der Auswahl der ExpertInnen ist darauf zu achten, dass möglichst alle Akteursebenen berücksichtigt werden. In der Praxis kann es bei der Auswahl der InterviewpartnerInnen schwierig sein, alle relevanten AkteurInnen zu erreichen (aus Mangel an Informationen, aber auch aus Gründen der Erreichbarkeit, wie z.B. Jobwechsel ehemaliger „Schlüsselpersonen", Terminprobleme) bzw. die maßgeblichen Personen zur Mitarbeit an der Evaluation zu bewegen. Es hat sich bewährt, anfangs nur eine vorläufige Auswahl zu treffen, da sich während des Projekts noch weitere zentrale Personen herauskristallisieren können, die beispielsweise in mehreren Interviews erwähnt werden und die den EvaluatorInnen zu Beginn nicht bekannt waren.

Die ExpertInnen sind, wie gesagt, in erster Linie Beteiligte an der Maßnahme, die in die Konzeption und Planung, die Umsetzung und Durchführung sowie in Veränderungen und Weiterentwicklungen der Maßnahme involviert sind. Darüber hinaus ist es meist hilfreich, deren Perspektive mit jener von NutzerInnen oder AkteurInnen aus dem Umfeld der Maßnahmen (ähnlicher oder komplementärer Maßnahmen) zu konfrontieren. Der ExpertInnenstatus basiert also auf deren Funktion und umfasst sowohl EntscheidungsträgerInnen als auch Durchführende ohne Entscheidungskompetenz. Die Auswahl der ExpertInnen mit Entscheidungskompetenz erfolgt zumeist aufgrund der hierarchischen Position innerhalb der an einer Maßnahme beteiligten Institutionen. Demgegenüber sind die EvaluatorInnen bei der Auswahl von ExpertInnen auf der Umsetzungsebene häufig auf zusätzliche Informationen angewiesen (die sie z.B. von anderen ExpertInnen erhalten oder Dokumenten entnehmen).

In einem weiteren Schritt werden auf Basis der Fragestellung der Evaluation die geplanten Themenbereiche der Interviews ermittelt. Handelt es sich beispielsweise um eine Implementations-Evaluation, die Aufschluss über die

Umsetzung einer Maßnahme geben, Problembereiche und Ansatzpunkte für Veränderungen aufzeigen soll, so werden die zentralen Themenbereiche die praktischen Erfahrungen bei der Durchführung der Maßnahme, die Wahrnehmung von Problembereichen, Verbesserungsmöglichkeiten aus der Sicht der ExpertInnen, die Bewertung einzelner Aspekte der Maßnahme sowie die Einschätzung der Wirkungen sein.

Aus diesen Themenbereichen wird ein „grober Leitfaden" (Themenkatalog) erstellt, der den Rahmen für die ExpertInneninterviews absteckt. Die Konstruktion des Leitfadens basiert auf theoretischen Annahmen über Einflussfaktoren, Problembereiche oder Wirkungen, die sich aus bereits vorliegenden Informationen zur Maßnahme (z.B. Dokumente, Medienberichterstattung, Vorgängerstudien) und Erfahrungen mit der Evaluation ähnlicher Maßnahmen ergeben. Ausgehend von diesem Themenkatalog unterscheidet sich jedoch der Fokus der einzelnen Gespräche je nach Position der ExpertInnen. So wird beispielsweise bei Gesprächen mit den TrainerInnen einer Maßnahme der unmittelbare Kontakt zu den TeilnehmerInnen im Vordergrund stehen, während bei VertreterInnen des Arbeitsmarktservice die Abwicklung, die Zusammenarbeit innerhalb der Institution und der Kontakt zu den Maßnahmenträgern zentral sind.

Es ist also für jedes Interview eine gesonderte Vorbereitung notwendig. Dabei werden die für die einzelnen Themen konkreten Fragen entwickelt, die sich jeweils an der Funktion bzw. der Position der ExpertInnen orientieren und den aktuellen Erkenntnisstand im Projekt berücksichtigen. Im Verlauf der Evaluation kommt es zu einer laufenden Überarbeitung des zugrunde liegenden Leitfadens, wenn sich einzelne Themenbereiche als nicht relevant herauskristallisieren bzw. sich für bestimmte Themen keine neuen Informationen mehr ergeben (d.h. das Thema als „gesättigt" gilt).[9] Die Vorbereitung für jedes einzelne ExpertInneninterview erfolgt unter Berücksichtigung der jeweiligen beruflichen Positionen des Experten/der Expertin, indem Hypothesen formuliert werden, die im Rahmen des Interviews den ExpertInnen vorgelegt werden. Dadurch können zwischen den unterschiedlichen Akteursgruppen divergierende Interessen oder sich daraus ergebende Rollenkonflikte thematisiert und diskutiert werden, ohne den ExpertInnenstatus der GesprächspartnerInnen in Frage zu stellen. Zugleich präsentieren die InterviewerInnen ihre Kenntnisse über Zusammenhänge und Wirkungsweisen, wodurch ihre Kompetenz und Position im Interview gestärkt werden.

In der Praxis hat sich bewährt, die Interviews nicht en bloc durchzuführen, sondern über die Projektlaufzeit zu verteilen. Zu Beginn der Evaluation erweisen sich Interviews mit den LeiterInnen der beteiligten Institutionen als hilfreich, da diese häufig einen guten Überblick über Ablauf, Organisation,

---

9 Voelzkow (1995) bezeichnet Interviews, die auf einer ähnlichen Vorgangsweise basieren, als „iterative ExpertInneninterviews".

Inhalt und eventuell bereits erfolgte Veränderungen der Maßnahme sowie die Besonderheiten im Vergleich zu anderen Maßnahmen haben und diese Informationen in Kombination mit der Analyse der Dokumente zur Maßnahme (z.B. Konzept, Jahresberichte) eine gute Basis für die weiteren Evaluationsschritte darstellen. Da häufig mehrere Personen aus den beteiligten Institutionen als ExpertInnen befragt werden (z.B. neben Führungskräften auch MitarbeiterInnen der Planungsabteilung), hat es sich als sinnvoll erwiesen, jeweils ein Interview in der Anfangsphase und eines eher gegen Ende der Projektlaufzeit durchzuführen, da während der Projektlaufzeit häufig noch zusätzliche Fragen auftauchen oder sich überraschende Ergebnisse (im positiven wie auch im negativen Sinne) zeigen, die mit den ExpertInnen diskutiert werden können. Aus diesem Grund sollten die ExpertInnengespräche auch parallel zu den anderen Erhebungsschritten, wie z.B. zur Analyse der administrativen Daten oder zur Durchführung einer TeilnehmerInnenbefragung, erfolgen, um auf die Ergebnisse der jeweiligen Arbeitsschritte flexibel reagieren zu können.

2.2 Durchführung der Interviews

Durch den spezifischen Interaktionsprozess im ExpertInneninterview und die Evaluationssituation ist es in den Interviews oft nicht leicht, das Thema des Interviews durchzuhalten bzw. den Zugang zu ExpertInnen zu finden und bei der Auswertung solche Verzerrungen zu identifizieren. Vogel (1995: 78ff.) umschreibt die bei der Durchführung von ExpertInneninterviews auftretenden Probleme durch den Eisberg-, Paternalismus-, Rückkoppelungs- und Katharsiseffekt. Mit „Eisbergeffekt" wird eine Interviewsituation umschrieben, die von offensichtlichem Misstrauen oder Desinteresse der ExpertInnen geprägt ist. Paternalisierungseffekte entstehen dann, wenn die ExpertInnen versuchen, die Gestaltung des Interviews in die Hand zu nehmen und die Kompetenz der InterviewerInnen in Frage stellen. Wenn die Befragten im Interview immer wieder versuchen, die Frage-Antwort-Situation umzudrehen und Informationen von den InterviewerInnen zu bekommen, wird von Rückkoppelungseffekten gesprochen. Eine weitere Situation, in der das Thema des Interviews kaum durchgehalten werden kann, ist gegeben, wenn die ExpertInnen das Interview zum Anlass nehmen, sich den Frust und Ärger des Berufsalltags von der Seele zu reden oder primär sich selbst darzustellen (Katharsiseffekte). Um solche Probleme zu verhindern ist es wichtig, das Interview als soziale Interaktion zu sehen, die durch die Rollen der GesprächspartnerInnen und die Erwartungen an diese Rollen sowie ein Stimulus-Response-Muster gekennzeichnet ist.

Als Einleitung des Interviews eignet sich eine kurze Beschreibung des Evaluationsdesigns (der zentralen Fragestellungen und der methodischen Vorgangsweise) und des aktuellen Projektstandes. Dabei wird auch der Status der InterviewerInnen geklärt, der Zusammenhang des jeweiligen ExpertInnengesprächs mit dem Gesamtprojekt hergestellt und abgesteckt, welche Themen und Fragenkomplexe mit den jeweiligen ExpertInnen vorrangig besprochen werden sollen. Durch diese Vorgangsweise können von vornherein mögliche Einwände der Befragten – sie hätten ja zur Maßnahme selbst nichts zu sagen oder wären ja schon lange nicht mehr in die Maßnahme involviert – ausgeräumt werden.[10] Zugleich wird auch die Rollenverteilung im Interview klar gemacht bzw. werden etwaige Vorstellungen darüber korrigiert. Von Beginn weg wird versucht, mögliche Eisbergeffekte zu vermeiden, indem der Kooperationscharakter des Interviews hervorgestrichen und die Bedeutung des ExpertInnenwissens für die Evaluation betont wird.

Die „Stakeholder-Problematik" zeigte sich beispielsweise in Gesprächen mit TrainerInnen von Fördermaßnahmen, da sie sich in einer Kontrollsituation befinden und Selbstdarstellung und Informationskontrolle einen Teil ihrer Lehrinhalte und Kompetenzen darstellen. So hat sich bei einer Maßnahme zur Förderung des Wiedereinstiegs von Frauen nach längeren Berufsunterbrechungen (WiederIn-Programm) gezeigt, dass sich die ausgewählten Teilnehmerinnen wesentlich von der Zielgruppe unterschieden und dieser „Creamingeffekt" (d.h. die Auswahl der Besten unter den Bewerberinnen) mit dem Verhalten der TrainerInnen des Programms in Verbindung stand, die an der Erreichung bestimmter Vorgaben (v.a. Vermittlungsquote) gemessen werden (Leitner/Wroblewski 2001). In den Interviews mit den Trainerinnen war es nahezu unmöglich, konkrete Informationen über die Problematik der Selektion der Teilnehmerinnen zu erheben, da die Interviewpartnerinnen, die Expertinnen in Sachen Rhetorik, Kommunikation und Eigenpräsentation sind, nicht bereit waren, dieses heikle Thema zu diskutieren. In den Interviews wurden daher Hypothesen über die Auswahl der Teilnehmerinnen eingebracht, anhand derer die Auswirkungen der Kriterien, an denen die beteiligten Institutionen gemessen werden, angesprochen und deren Sinnhaftigkeit diskutiert. Für die Analyse der Selektionsprozesse wurden darüber hinaus weitere Informationsquellen einbezogen (z.B. administrative Daten, Interviews mit anderen AkteurInnen).

Als eine wesentliche Unterstützung, um beim Thema zu bleiben und auf Fragen zurückzukommen, erweist sich die Kontrolle der beantworteten Fragen über den Leitfaden. Durch zwei InterviewerInnen kann leichter eine „Prüfungssituation" vermieden und eine „lockere" Gesprächsatmosphäre geschaffen werden. Dies deshalb, da dem „natürlichen" Gesprächsverlauf gefolgt werden kann, ohne laufend auf den Leitfaden zurückzukommen – der/die zweite InterviewerIn achtet auf noch offene Fragen und kann diese in Gesprächspausen einbringen. Durch den Einsatz von zwei InterviewerInnen erleichtert sich die Durchführung der Interviews, da sie sich gegenseitig unterstützen, „Durchhänger" im Gespräch vermeiden und auf unerwartete Informationen rascher reagieren können. Dafür ist jedoch eine „Rollenteilung" notwendig, in der ein/e

---

10 Diese Vorbehalte können entstehen, wenn unter Evaluation primär das Erfassen und die Analyse der Wirkungen einer Maßnahme verstanden wird, d.h. ein weit verbreiteter, aber nichtsdestotrotz zu enger Evaluationsbegriff verwendet wird.

InterviewerIn primär den „Fragepart" übernimmt, der/die andere für Nachfragen zuständig ist. Die Interviews werden – mit Zustimmung der InterviewpartnerInnen – auf Tonband aufgezeichnet. Wird eine solche Zustimmung verweigert bzw. ergeben sich die wichtigen Informationen erst nach Abschalten des Tonbandes, was beispielsweise bei der Evaluation einer problematischen (im Sinne von konfliktbehaftet oder in der Öffentlichkeit bzw. innerhalb der beteiligten Institutionen umstrittenen) Maßnahme der Fall sein kann, ist der/die zweite InterviewerIn ebenfalls für die Protokollierung zuständig.

Die Durchführung der Interviews wird weiters wesentlich erleichtert, wenn die einschlägige Fachterminologie verwendet wird. Zum einen akzeptieren die ExpertInnen die InterviewpartnerInnen eher als gleichberechtigte GesprächspartnerInnen, da diese über ein bestimmtes Vorwissen verfügen und daher erwartet wird, dass auch der jeweils relevante Kontext erfasst werden kann. Außerdem kürzen sich dadurch die Interviews teilweise stark ab, da deutlich weniger Nachfragen notwendig sind. Gleichzeitig ist – wie in anderen Forschungsbereichen auch – von Seiten der InterviewerInnen darauf zu achten, dass nicht bestimmte Annahmen, die sich in ähnlichen Kontexten als relevant herausgestellt haben, unhinterfragt übernommen werden.

Für den Abschluss des Interviews hat sich eine offene Frage nach möglicherweise nicht angesprochenen Punkten, die in den Augen des/der ExpertIn wichtig sind, bewährt. Dadurch wird den InterviewpartnerInnen die Möglichkeit geboten, in einem eher informellen Rahmen (weil nach dem Ende des Interviews) ihnen wichtige Punkte einzubringen (oder aber auch Frust abzubauen; siehe oben Karthasiseffekte).

2.3. Auswertung und Rückkoppelung der Ergebnisse

Bei der Auswertung der ExpertInneninterviews ist die „Stakeholder-Problematik" explizit zu berücksichtigen und darüber hinaus wird hier das Spannungsverhältnis zwischen der geforderten Einhaltung wissenschaftlicher Gütekriterien und Effizienzkriterien am offensichtlichsten. Wie gelingt es, innerhalb des vorgegebenen Zeitaufwandes und bei knappen Ressourcen die von der Wissenschaft geforderten Standards einzuhalten? Dies wird umso mehr zur Herausforderung, als ExpertInneninterviews nicht selten durch subjektive Interpretation oder strategische Informationsweitergabe geprägt sind, aber aufgrund beschränkter Ressourcen genauere Textanalysen kaum erfolgen können. Unsere Vorgangsweise besteht darin – und dies sollte aus den vorangegangenen Kapiteln deutlich geworden sein –, die Vorarbeiten und Durchführung der Interviews sehr konkret im Hinblick auf die Auswertung zu planen. Durch die themenzentrierten Fragestellungen und den iterativen Prozess der Leitfadenerstellung und Informationsgewinnung, die auch andere Informationsquellen als die ExpertInneninterviews einschließt, wird der Auswertungsprozess teilweise bereits in den vorangegangenen Schritten vorweggenommen. Die intensive Vorbereitung und eingespielte Teamarbeit bei der Durchführung der Interviews erleichtert die Auswertung ganz erheblich und kann sich damit überwiegend auf themenzentrierte Auswertungen beschränken. Grundlage für die Analyse sind die Transkripte der Interviews, wobei aus Ressourcengründen häufig nur nur Schlüsselstellen wörtlich transkribiert werden. Die restlichen Phasen des Interviews werden paraphrasiert und gegebenenfalls zusammengefasst. In der Praxis kommt es auch vor, dass sich in einem späteren Projektstadium zusätzliche Teile des Interviews als zentral herausstellen, die dann im Nachhinein wörtlich transkribiert werden.

Im Vordergrund der Analyse steht die Erfassung der unterschiedlichen Meinungen und Positionen der InterviewpartnerInnen zu den im Leitfaden genannten Themen- oder Problembereichen, wobei die jeweiligen Interessen aufzuzeigen und einander gegenüberzustellen sind. Die Kontrastierung der unterschiedlichen Positionen und Interessen ermöglicht auch eine Plausibilitätsprüfung der Ergebnisse. Die Informationen sind so zusammenzufassen, zu kategorisieren und zu interpretieren, dass schlussendlich die Gesamtstruktur der Maßnahme greifbar wird, wobei die konfliktfreien Bereiche ebenso berücksichtigt werden sollen wie aktuelle oder potentielle Problemfelder. So fiel bei der bereits erwähnten Evaluierung des WiederIn-Programms auf, dass kaum Konfliktbereiche innerhalb der Maßnahme von den Beteiligten wahrgenommen wurden. Dies ist jedoch unter anderem auch darauf zurückzuführen, dass die Maßnahme sehr erfolgreich durchgeführt wird, d.h. unterschiedlichen Vorstellungen über Zielsetzungen und Zielgruppe der Maßnahme kommt derzeit keine Relevanz zu, nichtsdestotrotz handelt es sich dabei um potentielle Konfliktfelder.

Der wesentlichste Analyseschritt besteht darin, sich von der Ebene der Interviews zu lösen und auf die Maßnahmenebene zu kommen. Dies erfolgt durch die Gegenüberstellung der einzelnen Interviews vor dem Hintergrund der weiteren Informationen über die Maßnahme und ihren Kontext. Auf diese Weise können divergierende Interessen, widersprüchliche Anforderungen an einzelne AkteurInnen, ineffiziente Abläufe aber auch „best practices" aufgezeigt und in die Analyse einbezogen werden. Durch diese Vorgangsweise kommt den ExpertInneninterviews ein zentraler Stellenwert innerhalb des Evaluationsprojekts zu, da die genaue Kenntnis der Rahmenbedingungen sowie der Prozesse innerhalb der Maßnahme Voraussetzung für die Interpretation der Ergebnisse ist.

Die Ergebnisse der Evaluation werden entweder im Rahmen von Feedbackrunden, die integraler Bestandteil der responsiven Evaluation sind, oder aber durch die Endpräsentation und die Berichtlegung an die Beteiligten zurückgespiegelt. Durch diese Rückkoppelung der Ergebnisse ergibt sich für die ExpertInnen die Möglichkeit, ihre Situation im Kontext der Gesamtmaßnahme quasi „in neuem Licht" zu sehen, wodurch sich das Verständnis für die Situation der anderen AkteurInnen erhöht und die Kooperationsbasis verbessert wird. Damit wird nicht nur dem Grundsatz der Objektivität ein höherer Stellenwert eingeräumt. Es zeigt sich auch, dass ExpertInneninterviews, insbesondere Methoden, bei denen eine direkte Reaktion der unterschiedlichen AkteurInnen aufeinander gefordert wird, noch eine weitere Funktion aufweisen, nämlich die, die Selbstreflexion der AkteurInnen zu erhöhen und den Kommunikationsprozess zwischen den unterschiedlichen AkteurInnen zu beleben.

3. Schlussfolgerungen

Wie im vorliegenden Beitrag gezeigt wurde, sind ExpertInneninterviews ein wichtiges, aber methodisch wenig beachtetes Erhebungsinstrument in der Evaluationsforschung, das durch eine spezifische Form der sozialen Interaktion charakterisiert ist, die sich aus der „Stakeholder-Problematik" ergibt. Diese Spezifika erhöhen die Notwendigkeit methodischer Reflexion der Praxis und die Weiterentwicklung von Standards für den Einsatz von ExpertInneninterviews in der Evaluationsforschung.

Erforderlich erscheint jedoch nicht nur die methodische Weiterentwicklung, sondern auch die Aufwertung des Stellenwerts von ExpertInneninterviews gegenüber quantitativen Ansätzen. Dies ist insofern von Relevanz, als quantitative Ergebnisse, so genannte „hard facts", in den Evaluationen oft im Vordergrund stehen, da sie sich leichter politisch bzw. öffentlichkeitswirksam verwerten lassen und den Vergleich mit anderen Maßnahmen ermöglichen. Aber auf Basis von quantitativen Ergebnissen alleine können die wirklich spannenden Fragen der Evaluation, wie z.B. „Wie kommen diese Ergebnisse zustande?" oder „Wie lassen sich unerwünschte Effekte vermeiden?", nicht beantwortet werden. Um Wirkungszusammenhänge oder Einflussfaktoren auf die Ergebnisse zu ermitteln, stellen ExpertInneninterviews eine wissenschaftlich adäquate Methode dar, die zudem auch den in der Auftragsforschung geforderten Effizienzansprüchen entspricht.

Literatur

Beywl, Wolfgang (1988): Zur Weiterentwicklung der Evaluationsmethodologie. Grundlegung, Konzeption und Anwendung eines Modells der responsiven Evaluation. Frankfurt/M.

Brinkmann, Christian/Deeke, Axel/Völkel, Brigitte (Hg. 1995): ExpertInneninterviews in der Arbeitsmarktforschung. Beiträge zur Arbeitsmarkt- und Berufsforschung 191. Nürnberg

Deeke, Axel (1995): ExpertInneninterviews – ein methodologisches und forschungspraktisches Problem. In: Brinkmann, Christian/Deeke, Axel/Völkel, Brigitte (Hg.), S. 7-22

Esser, Hartmut (1986): Können Befragte lügen? Zum Konzept des „wahren Wertes" im Rahmen der handlungstheoretischen Erklärung von Situationseinflüssen bei der Befragung. In: Kölner Zeitschrift für Soziologie und Sozialpsychologie, Jg. 38, H. 2, S. 314-336

Goffman, Erving (1967): Interaction Ritual. New York

Heckman, James J./Smith, Jeffrey A. (1996): Experimental and Nonexperimental Evaluation. In: Schmid, Günter/O'Reilly, Jaqueline/Schömann, Klaus (Hg.), S. 37-88

Lamnek, Siegfried (1995): Qualitative Sozialforschung, Bd. 1: Methodologie. Weinheim, 3. Auflage

Lassnigg, Lorenz (1997): Evaluation: Aufdecken, Zudecken, oder was sonst … In: Zilian, Hans G./Flecker, Jörg (Hg.): Pathologien und Paradoxien der Arbeitswelt. Wien, S. 227-262

Lassnigg, Lorenz/Leitner, Andrea/Wroblewski, Angela/Steiner, Mario/Steiner, Peter/Mayer, Kurt/Schmid, Günter/Schömann, Klaus (2000): Evaluationsschema für Maßnahmen der aktiven Arbeitsmarktpolitik in Wien. IHS-Projektbericht. Wien

Leitner, Andrea (1994): Rationalität im Alltagshandeln. Über den Erklärungswert der Rational Choice-Theorie für systematische Antwortverzerrungen im Interview. Reihe Soziologie No. 5, IHS. Wien

Leitner, Andrea/Wroblenski, Angela (2001): Aktive Arbeitsmarktpolitik im Brennpunkt V: Chancen für Wiedereinsteigerinnen mit längeren Berufsunterbrechungen. AMS-report 26, Wien

Meuser, Michael/Nagel Ulrike (1991): ExpertInneninterviews – vielfach erprobt, wenig bedacht. In: Garz, Detlef/Kraimer, Klaus (Hg.): Qualitativ-empirische Sozialforschung. Opladen, S. 441-471 (wieder abgedruckt in diesem Band)

OECD (1991): Evaluating Labour Market and Social Programmes. The State of a Complex Art. Paris

Patton, Michael Q. (1997): Utilization-Focused Evaluation. London, 3. Auflage

Reinecke, Johann (1991): Interviewer- und Befragtenverhalten: Theoretische Ansätze und methodische Konzepte. Opladen

Rossi, Peter H./Freeman, Howard E. (1987): Evaluation. A Systematic Approach. Beverly Hills, 3. Auflage

Sanders, James R. (Hg. 1999): Handbuch der Evaluationsstandards. Die Standards des „Joint Committee on Standards for Educational Evaluation". Opladen

Schmid, Günter/O'Reilly, Jaqueline/Schömann, Klaus (Hg. 1996): International Handbook of Labour Market Policy and Evaluation. Cheltenham

Shadish, William R./Cook, Thomas D./Campbell, Donald T. (2001): Experimental and Quasi-Experimental Designs for Generalized Causal Interference, Boston/New York

Shadish, William R./Cook, Thomas D./Levition, Laura C. (1991): Foundations of Program Evaluation. Theories of Practice. London

Steinert, Heinz (1984): Das Interview als soziale Interaktion. In: Meulemann, Heiner/Reuband, Karl-Heinz (Hg.): Soziale Realität im Interview. Empirische Analysen methodischer Probleme. Frankfurt/M., S. 17-59

Voelzkow, Helmut (1995): „Iterative ExpertInneninterviews": Forschungspraktische Erfahrungen mit einem Erhebungsinstrument. In: Brinkmann, Christian/Deeke, Axel/ Völkel, Brigitte (Hg.), S. 51-58

Vogel, Bernhard (1995): „Wenn der Eisberg zu schmelzen beginnt ..." – Einige Reflexionen über den Stellenwert und die Probleme des ExpertInneninterviews in der Praxis der empirischen Sozialforschung. In: Brinkmann, Christian/Deeke, Axel/Völkel, Brigitte (Hg.), S. 73-84

Wilensky, Harold L. (1985): Nothing Fails Like Success: the Evaluation-Research Industry and Labour Market Policy. In: Industrial Relations, Jg. 24, H. 1, S. 1-19

Williams, Jay (1989): A numerically developed taxonomy of evaluation theory and practice. In: Evaluation Review, Jg. 13, H. 1, S. 18-31

Vom Nutzen der Expertise

ExpertInneninterviews in der Sozialberichterstattung

Michael Meuser und Ulrike Nagel

1. Einleitung

In den Anfangszeiten der Sozialberichterstattung in der BRD formuliert einer ihrer prominentesten Vertreter, Wolfgang Zapf (1977: 222), die Ziele und Verfahrensmodelle dieses steuerungspolitischen Instruments wie folgt: Es analysiert auf der Basis gesamtgesellschaftlicher, regionaler und kommunaler Grundinformationen über den sozialen Wandel die Ergebnisse und Erträge steuerungspolitischer Maßnahmen; es zielt auf „Bewertungen der Struktur und Performanz wichtiger Lebensbereiche" und nimmt prognostische Dateninterpretationen und -extrapolationen vor im Sinne der Ableitung zukünftiger Versorgungsprobleme, Bedürfnislagen und Planungsaufgaben sowie des Entwurfs von Handlungsalternativen („futurologische Prognosen").

Die zunehmende Selbstreflexivität des gesellschaftlichen Modernisierungsprozesses, d.h. das zunehmende Eindringen sozialwissenschaftlichen Reflexionswissens in die gesellschaftliche Erfahrungsbasis (Habermas 1985; Beck 1986: 93), die vorangeschrittene Individualisierung von Lebenslagen, die Verzeitlichung von Reproduktionsrisiken (Berger 1990), nicht zuletzt das Beharrungsvermögen von Strukturen sozialer Ungleichheit (Mayer 1990) und die Ausweitung gesellschaftlicher Grauzonen (Osterland 1990) erschweren – so wird man unterstellen können – nicht nur das Geschäft der Interpretation von sozialstatistisch aggregierten objektiven und subjektiven Daten, sondern lassen insbesondere eine Vorausschau im Sinne linearer Trendaussagen als prekär erscheinen. Es liegt die Gefahr nahe, dass angesichts der biographischen und sozialstrukturellen Entgrenzung sozialer Problemlagen die Art und Weise, in der über das Soziale und seine Pflege Bericht erstattet wird, selbst zu einem Hemmnis für Prävention und Innovation gerät. Hinzu kommt, dass in Zeiten einer scherenförmigen Entwicklung von Ausgaben und Einnahmen auf kommunaler Ebene kaum Offenheit für weiträumige Interpretationen harter Daten unterstellt werden kann, sondern vermutlich eher auf eingespielte bürokratisch-institutionelle Routinen und Machbarkeits- und Bedarfserwägungen zurückgegriffen wird.

Vor diesem gesellschaftlichen Hintergrund wird man den Wert offener ExpertInneninterviews für die Sozialberichterstattung veranschlagen als zusätzliche „weiche" Datenquelle, d.h. als Verfahren der Generierung praxisgesättigter Bewertungen und Prognosen der durch Dauerbeobachtung dokumentierten „harten" sozialstatistischen Tatsachen und bürokratisch-institutionellen Erträge. In diesem Sinne übernimmt das durch ExpertInneninterviews erzeugte Wissen auch die Funktion eines Datenkorrektivs. Gerade das nichtstandardisierte Interview als Verfahren der kommunikativen Sozialforschung garantiert durch seine Erhebungstechnik ein Datenmaterial, in dem auch die „ungeschützten" Bestandteile des Rollenhandelns und Expertenwissens, die zu Leitlinien, Faustregeln und Überzeugungen geronnenen Erfahrungen, insbesondere das Wissen um organisatorisch-institutionell und statistisch-verfahrenstechnisch bedingte Fehlerquellen im Handlungsbereich protokolliert sind. – Auf diese Wissensebene im Zwischenbereich von Sozialstatistik und linearem Trendbericht zielt die Hypothesenbildung auf der Basis offener leitfadengestützter ExpertInneninterviews[11].

Im Folgenden präzisieren wir zunächst die Wissensebene der durch ExpertInneninterviews hervorgelockten Informationen; in einem zweiten Schritt problematisieren wir die Figur des/der ExpertIn als Teil des Problems, für dessen Lösung sein/ihr Wissen in Anspruch genommen wird. Abschließend stellen wir eine Strategie der Erhebung und Auswertung von offenen leitfadengestützten ExpertInneninterviews vor.

2. ExpertInnenbegriff und ExpertInnenwissen[12]

Ein Blick in die soziologische Literatur über Expertentum, Expertenwissen, Expertengesellschaft usw. zeigt, dass sich mindestens drei Zugriffsweisen auf den Expertenbegriff unterscheiden lassen, denen unterschiedliche Erkenntnisinteressen korrespondieren.

Erstens gibt es eine gesellschafts- und modernisierungstheoretisch orientierte Diskussion über die sog. Expertokratisierung der Gesellschaft, in der in kritischer Perspektive auf die Folgen der Expertenherrschaft für das demokratische Gemeinwesen hingewiesen wird. „Kolonisierung der Lebenswelt", „Entmündigung durch Experten" sind Stichworte in diesem Diskurs. In Professionssoziologie und Eliteforschung finden sich einschlägige Arbeiten.

Zweitens existiert seit Alfred Schütz' (1972) Aufsatz über den „gut informierten Bürger" eine wissenssoziologische Diskussion über den Unterschied

---

11   Für eine Kritik an der hier vertretenen Anlage des Experteninterviews als offenes Interview bzw. als Instrument der qualitativen Sozialforschung vgl Deeke 1995; vgl. dagegen Fußnote 9. – Als Dokument der vielfältigen Einsatzmöglichkeiten des und Vorgehensweisen beim Experteninterview vgl. insgesamt die Beiträge in Brinkmann et al. 1995.

12   Bei diesem Abschnitt handelt es sich um eine überarbeitete Fassung eines Kapitels aus Meuser/Nagel 1997.

von Experte und Laie, über das Verhältnis beider zum Spezialisten und zum Professionellen, über die jeweils unterschiedlichen Formen des Wissens: Sonderwissen, Geheimwissen, implizites Wissen lauten hier die Stichworte.

Schließlich lässt sich drittens der ExpertInnenbegriff in methodologischer Perspektive fassen. ExpertIn ist hier ein hinsichtlich des jeweiligen Erkenntnisinteresses vom Forscher verliehener Status; jemand wird zum Experten in seiner und durch seine Befragtenrolle (vgl. Meuser/Nagel 1991: 443; Walter 1994: 271).

Alle drei Bestimmungen des ExpertInnenbegriffs sind zu berücksichtigen, wenn man nach dem Nutzen von ExpertInneninterviews für die Sozialberichterstattung fragt. Mit dem Stichwort der Expertokratisierung ist eine kritische Perspektive auf das Verhältnis von Experte und Laie in dem Sinne verbunden, dass die Gefahren einer professionell verengten Problemsicht fokussiert werden. Der wissenssoziologische Ansatz erschließt die spezifische Qualität von ExpertInnenwissen. Mit der methodologischen Bestimmung wird zwar nicht behauptet, dass es ExpertInnen allein ‚von soziologischen Gnaden‘ gibt, dass es aber vom jeweiligen Forschungsinteresse abhängig zu machen ist, wessen Expertise als relevant und wessen Wissen als eher uninteressant zu gelten hat (vgl. Deeke 1995: 10).

Methodologisch gesehen bestimmt sich der ExpertInnenstatus einer Person in Relation zum jeweiligen Forschungsinteresse; eine Person wird zur ExpertIn gemacht, weil wir wie auch immer begründet annehmen, dass diese Person über ein Wissen verfügt, das ihr zwar nicht unbedingt alleine verfügbar ist, das aber doch nicht jedermann bzw. jederfrau im interessierenden Handlungsfeld zugänglich ist. Als ExpertIn wird mithin angesprochen,

– wer in irgendeiner Weise Verantwortung trägt für den Entwurf, die Implementierung oder die Kontrolle einer Problemlösung, oder
– wer über einen privilegierten Zugang zu Informationen über relevante Personengruppen, Soziallagen und Entscheidungsprozesse verfügt.

Auf diesen Wissensvorsprung zielt das ExpertInneninterview (vgl. Walter 1994: 271).

In der *phänomenologisch* orientierten Tradition der Wissenssoziologie ist der Zusammenhang von Wissen und Definitionsmacht eindrucksvoll herausgestellt worden (vgl. Berger/Luckmann 1969). ExpertInnen zeichnen sich diesem Verständnis zufolge durch eine „institutionalisierte Kompetenz zur Konstruktion von Wirklichkeit" (Hitzler et al. 1994) aus. Diese Bestimmung rekapituliert die aktuelle wissenssoziologische Diskussion um den Expertenbegriff. Sie hat ihren Ausgangspunkt in Alfred Schütz' (1972: 89ff) Unterscheidung von drei Idealtypen des Wissens. Dies sind der „Experte", der „Mann auf der Straße" und der „gut informierte Bürger". Als Unterscheidungskriterium benennt Schütz das Ausmaß der „Bereitschaft, Dinge als fraglos gegeben anzunehmen". Während der „Mann auf der Straße" „naiv in seinen eigenen wesentlichen Relevanzen und in denen seiner in-group" lebt, bewegt sich der Experte in einem System von Relevanzen, die ihm „durch die auf seinem Gebiet vorausgesetzten Probleme" auferlegt sind. Diese Relevanzen sind ihm allerdings nicht Schicksal, in das er sich blind fügt, sondern „durch seine Entscheidung, ein Experte zu werden, hat er die auf seinem Gebiet auferlegten Relevanzen als wesentliche akzeptiert, und zwar als die allein wesentlichen Relevanzen für sein Handeln und Denken". Nur diese Relevanzen bestimmen sein Handeln, insoweit er als Experte handelt. Und als Experte agiert er nur auf einem streng abgegrenzten Gebiet. Ansonsten handelt er als „Mann auf der Straße" oder als „gut informierter Bürger"[13].

Expertenwissen bestimmt Schütz (1972: 87) als ein begrenztes, in seiner Begrenzung dem Experten klar und deutlich verfügbares Wissen. „Seine Ansichten gründen sich auf sichere Behauptungen; seine Urteile sind keine bloße Raterei oder unverbindliche Annahmen". – Die Figur des Experten erfährt bei Schütz keine weitere Ausarbeitung; im Focus seiner Betrachtung steht der „gut informierte Bürger" als der einem demokratisch verfassten Gemeinwesen angemessene Akteurstypus.

Anknüpfend an die Schützschen Bestimmungen arbeitet Walter M. Sprondel (1979) den Expertenbegriff weiter aus; als Kontrast dient ihm die Figur des Laien, den es in dem Maße gibt, in dem in einer arbeitsteiligen Gesellschaft der Experte als Verwalter von Sonderwissen auftritt. Beiden eignet eine spezifische Form des Wissens, die als Allgemeinwissen bzw. als Sonderwissen bezeichnet wird. Freilich ist nicht jedes Spezialwissen bereits Expertenwissen, sondern nur ein solches, das sich als „sozial institutionalisierte Expertise" (Sprondel 1979: 141) fassen lässt und das vornehmlich an eine Berufsrolle gebunden ist.[14] Beispielsweise verfügen auch Hobbybastler über ein Spezialwissen in ihrem Gebiet; da dessen Erwerb aber „individuell-biographischen Motiven entspringt" und nicht den mit einer Berufsrolle auferlegten Relevanzen folgt, spricht Sprondel in diesem Fall nicht von Expertentum. Expertenwissen ist ein in einer arbeitsteilig organisierten Gesellschaft „als notwendig erachtetes Sonderwissen" (Sprondel 1979: 148), bezogen auf Probleme, die als Sonderprobleme definiert sind.

Wie für Schütz ist auch für Sprondel der Experte durch die Übernahme der auferlegten Relevanzen bestimmt, mit welcher der Bezugsrahmen des jeweiligen Gebietes als geltend akzeptiert und als solcher zur Basis des eigenen Handelns wird. Persönliche Motive, sich dem gewählten Arbeitsgebiet zuzuwenden, sind hingegen – anders als beim Hobbybastler – für das Handeln als Experte irrelevant. Im Vordergrund der wissenssoziologischen Betrachtung

---

13 Die Figur des gut informierten Bürgers verortet Schütz „zwischen dem Idealtypus des Experten und dem des Mannes auf der Straße" (S.88).

14 Neben der Berufsrolle kommen weitere institutionalisierte Rollen in Betracht, z.B. die der ehrenamtlichen Partei- oder Verbandsfunktionärin oder die des Aktivisten in einer Bürgerinitiative. Wir kommen auf diesen Punkt zurück.

steh die Frage, „ob mit dem Besitz oder Nicht-Besitz von spezialisiertem Wissen strukturell bedeutsame soziale Beziehungen konstituiert werden oder nicht" (Sprondel 1979: 149), Beziehungen, die Einfluss haben auf die Entwicklung einer Gesellschaft bzw. auf die gesellschaftliche Konstruktion von Wirklichkeit.

In der Bestimmung des Expertenbegriffs, wie Sprondel sie vornimmt, tritt die Person des Experten in seiner biographischen Motiviertheit in den Hintergrund, wird stattdessen der in einen Funktionskontext eingebundene Akteur zum Gegenstand der Betrachtung. Expertentum kann *dem Prinzip nach* von jedermann und jederfrau erworben werden, wenn nur bestimmte formale Ausbildungsvoraussetzungen erfüllt sind (an die Berufsrolle gebundenes Expertentum) oder wenn durch starkes Engagement ein Wissensvorsprung erworben wird. Wiederum dem Prinzip nach gibt es also keinen nach askriptiven Merkmalen bestimmten Personenkreis, der über einen privilegierten Zugang zum Expertenwissen verfügt.

Die von Sprondel nicht weiter ausgearbeitete Bemerkung, dass nicht jedes spezialisierte Sonderwissen Expertenwissen ist, nimmt Hitzler (1994: 25ff.) zum Anlass, den Experten nicht nur vom Laien, sondern zudem vom Spezialisten abzugrenzen. Gegenüber dem Spezialisten, dessen Arbeitsgebiet und Problemlösungskompetenz von einem Auftraggeber oder Vorgesetzten relativ genau umrissen wird und dessen Tätigkeit starken Kontrollen unterliegt, zeichnet sich der Experte durch eine relative Autonomie aus, die sich der Tatsache verdankt, dass seine Kompetenz wenn überhaupt, nur geringer Kontrolle unterliegt (vgl. auch Pfiffner/Stadelmann 1994: 148).[15] Während Spezialisten technische Spezialkenntnisse haben, verfügen Experten über „komplexe Relevanzsysteme".

Der Sachbearbeiter, der in einer Behörde für das Führen der Personalstatistik zuständig ist, ist Spezialist auf diesem Gebiet. Er verfügt über ein Wissen, das weder seine KollegInnen in anderen Bereichen noch der Amtsleiter haben. Dennoch werden wir ihn nicht als Experten ansprechen, wenn wir eine Untersuchung über Verfahren des Personalmanagements durchführen. Da werden wir uns an den Personalchef wenden und auch an den Personalrat, weil diese – in unterschiedlichem Maße – Verantwortung tragen für Entwurf, Implementierung und Kontrolle von Problemlösungen und deshalb über einen privilegierten Zugang zu dem Wissen verfügen, dem wir mittels ExpertInneninterviews auf die Spur kommen wollen. Indem der Per-

---

15 Auch in der organisations- und in der professionssoziologischen Literatur wird die Entscheidungsautonomie als ein zentrales Merkmal von ExpertInnen herausgestellt. Etzioni (1973: 122) sieht darin eine Voraussetzung für die erfolgreiche Arbeit des Fachmanns. Daheim (1992: 27f.) zufolge ist die Autonomie des Experten zwar geringer als die des Professionellen, besteht aber gleichwohl in Gestalt einer „Organisationsautonomie". Auch wenn der Experte anders als der Professionelle in einem abhängigen Beschäftigungsverhältnis steht, unterliegen seine Entscheidungen nur geringer fachlicher Kontrolle.

sonalchef – innerhalb gesetzlicher Vorgaben – die Kriterien bestimmt, nach denen die Personalauswahl vollzogen wird, und da er die Auswahlverfahren kontrolliert, besitzt er eine „institutionalisierte Kompetenz zur Konstruktion von Wirklichkeit". Und insoweit der Personalrat ein Wort mitzureden hat, partizipiert auch dieser daran, wenn auch in geringerem Maße.

Eine weitere Korrektur gegenüber dem klassischen wissenssoziologischen Expertenbegriff, der als Idealtypus konstruiert und nicht empirisch rekonstruiert worden ist, betrifft den Status des ExpertInnenwissens. Schütz und Sprondel nehmen an, dass dem Experten sein Sonderwissen klar und deutlich präsent ist. Sie sehen darin eine entscheidende Differenz zum Alltagswissen. Empirische Studien lassen diese Bestimmung zumindest in ihrer Allgemeinheit als unzureichend und überzogen erscheinen (vgl. Köhler 1992; Meuser/Nagel 1994; Schröer 1994). Diskursiv verfügbar bzw. klar und deutlich präsent sind erinnerte Entscheidungsverläufe und offizielle Entscheidungskriterien, nicht aber die fundierende Logik des Entscheidens. Der institutionelle Erfolg des ExpertInnenhandelns beruht gerade auf einem „selbstverständlichen, aber lediglich diffusen Wissen" (Schröer 1994: 231).[16]

In der Diskussion über Verfahren der Sozialberichterstattung, aber auch in der Literatur über die Professionen ist Skepsis gegenüber der Macht der Experten weit verbreitet (vgl. Olk 1986). Diese Skepsis richtet sich auf die Gefahr, dass „ein instrumentell verengtes Zusammenspiel der Macht und des Wissens" (Evers/Nowotny 1989: 363), d.h. die enge institutionelle Verflechtung von ExpertIn und EntscheidungsträgerIn, zu Problemwahrnehmungen und -definitionen führt, denen die Perspektiven der von Planungen und Entscheidungen Betroffenen systematisch zum Opfer fallen. Ein solcher Vorbehalt ist sicher dann gerechtfertigt, wenn der ExpertInnenbegriff begrenzt wird auf EntscheidungsträgerInnen in Ämtern, Planungsstäben u.ä, wenn der Expertenstatus also ausschließlich an der Berufsrolle festgemacht wird. Diese Engführung ist aber nicht zwingend; ExpertInnen sind auch anderswo zu finden. Und insbesondere wenn das Verfahren des ExpertInneninterviews für die Sozialberichterstattung nutzbar gemacht werden soll, ist eine Ausdehnung des Horizontes notwendig. Das führt durchaus nicht zu einer Inflation von ExpertInnen; die Kriterien lassen sich der wissenssoziologischen Unterscheidung von Experte und Laie entnehmen.

Die Entwicklung des ExpertInnenbegriffs entlang der Berufsrolle, wie sie bei Sprondel oder bei Berger und Luckmann zu finden ist, ist insofern naheliegend und sinnvoll, als historisch betrachtet sich Expertentum auf

---

16 In Anlehnung an Larson (1977) ist davon auszugehen, dass die Strategien und Relevanzen, die in den Entscheidungen der Experten zur Geltung kommen, diesen selbst keineswegs immer gänzlich klar und deutlich sind, auch den entschiedensten und lautesten Vertretern eines „Projektes" nicht. Dennoch, so fährt Larson fort, lässt sich zeigen, dass die Verfolgung solcher Projekte nach einem einheitlichen und übereinstimmenden Muster geschieht, das ex post facto in einer Vielzahl scheinbar unverbunder Akte entdeckt werden kann.

dieser Schiene ausdifferenziert hat und weil es weiterhin auf dieser Basis erworben wird. ExpertInnenwissen wird in zunehmendem Maße aber auch in außerberuflichen Kontexten generiert. Das hat zu tun mit der Organisation von Gegenmacht, mit Partizipationsstrukturen, wie sie sich seit den siebziger Jahren herausgebildet haben. ExpertInnen bilden keine Phalanx der Einhelligkeit, der Streit unter den ExpertInnen ist zur Regel geworden. Diese Entwicklung kann sich das ExpertInneninterview zu Nutzen machen. Dazu bedarf es einer nicht auf die Berufsrolle verengten Definition des ExpertInnenstatus. In Anlehnung an Gorden (1975: 199) begreifen wir als ExpertInnen („special respondents" im Unterschied zu repräsentativ Befragten) solche Personen, „who are active in community affairs regardless of their position in the social status system". Solche aktiven PartizipantInnen in kommunalen und sonstigen Angelegenheiten können sein: AktivistInnen in Bürgerinitiativen, Hilfsorganisationen, Selbsthilfegruppen, ehrenamtlich Tätige in Fürsorge, Sozialarbeit u.ä.. Sie alle erwerben durch ihre Tätigkeit – und nicht unbedingt durch ihre Ausbildung – ein Sonderwissen, weil sie über einen privilegierten Zugang zu Informationen verfügen. Auch ihre Expertise ist sozial institutionalisiert, wenn auch in anderer Weise als die beruflich gebundene.

Wenn man den ExpertInnenbegriff in dieser Weise von der Bekleidung einer formalen Position in einem (beruflichen) Statusgefüge ablöst und wenn man entsprechend ExpertInneninterviews auch mit den zuletzt genannten Personen führt, dann lässt sich einer Gefahr gegensteuern, die ein zu eng gefasster ExpertInnenbegriff notwendig mit sich bringt: dass die „Verberuflichung einer Problemlösung mit einer folgenschweren Verengung der Problemdefinition verbunden" ist (Sprondel 1979: 143; vgl. auch Slesina 1991). Selbstverständlich fußt auch die Expertise einer Bürgerinitiative auf einer Verengung der Problemdefinition, allerdings auf einer anderen als derjenigen eines Behördenleiters. Um das Instrument des ExpertInneninterviews für die Sozialberichterstattung zu nutzen, ist also eine Stichprobenbildung notwendig, die die Unterschiedlichkeit der Problemdefinitionen zum Kriterium der Auswahl macht.

Die Abkopplung des ExpertInnenbegriffs von der Berufsfunktion impliziert keine inflationäre Ausdehnung des in Frage kommenden Personenkreises. Nicht jede und jeder, die auf der Grundlage eigener Erfahrung und Beobachtung berichten könnten, sind auch als ExpertInnen zu interviewen. Schmid-Urban et. al. (1992: 85) rechnen beispielsweise auch KneipenwirtInnen und KioskbetreiberInnen zum Kreis der ExpertInnen, weil sie „häufig mit bestimmten Gruppen in Kontakt kommen". Unserem Verständnis zufolge handelt es sich hierbei um InformantInnen, die durchaus wichtiges Hintergrundwissen beisteuern, nicht aber eine Expertise abgeben können. Solche Personen erfüllen nicht das Kriterium der aktiven Partizipation. Ihr Wissen über das jeweilige Problem (Wohnungsnot, Armut, Gesundheitsrisiken usw.) haben sie nicht im Rahmen einer Tätigkeit erworben, die auf dieses gerichtet, mithin in irgendeiner Weise problemlösend intendiert ist. Die Kontakte und Beobachtungen, aus denen sie ihr Wissen schöpfen, sind eingebunden in Relevanzstrukturen, die nicht problemzentriert sind, sondern anderen, z.B. ökonomischen Motiven folgen.

Die Bestimmung von ExpertInnen als aktive PartizipantInnen hebt ab auf die spezifischen Funktionen, die solche Personen problembezogen ausüben, sei es in der beruflichen Rolle als LeiterIn des Jugendamtes, sei es in der ehrenamtlichen Tätigkeit derjenigen, die eine kirchliche „Offene Tür" organisieren. Das in der Ausübung solcher Funktionen erworbene Sonderwissen ist Gegenstand des ExpertInneninterviews. Daraus folgt, dass die interviewten Personen nur als FunktionsträgerInnen von Interesse sind, nicht aber als Privatpersonen. Die biographische Einbindung und Motiviertheit ihres Wissenserwerbs bleibt außerhalb des Erkenntnisinteresses. ExpertInneninterviews beziehen sich mithin auf klar definierte Wirklichkeitsausschnitte. Die interviewten ExpertInnen stehen jeweils für eine Problemperspektive, die typisch ist für den institutionellen Kontext, in dem sie ihr Wissen erworben haben. Sie repräsentieren – kontextspezifisch – typische Problemtheorien, Lösungswege und Entscheidungsstrukturen. Obwohl die ExpertInnen als Personen uninteressant sind, sind sie als Interviewte nicht oder nur in begrenztem Rahmen austauschbar. Nicht jedefrau oder jedermann in einer Institution verfügt über das einschlägige Sonderwissen; der Kreis der aktiven PartizipantInnen ist begrenzt.

3. Dimensionen des ExpertInnenwissens und Stellenwert des ExpertInneninterviews

Die Wissensbestände, denen wir mittels des ExpertInneninterviews auf der Spur sind, sind in verschiedenen Dimensionen zu verorten. Eine grundlegende Unterscheidung betrifft die Frage, ob der/die ExpertIn zum eigenen Handeln und dessen institutionellen Maximen und Regeln befragt wird oder ob er/sie Auskunft geben soll über die Kontextbedingungen des Handelns, über Zielgruppen, Adressaten, Betroffene. Den ersten Typus von Wissen nennen wir *Betriebswissen*, den zweiten *Kontextwissen*.

Betriebswissen betrifft diejenige Funktion der Sozialberichterstattung, die Zapf (1977: 222) als Information „über Ergebnisse und Erträge steuerungspolitischer Maßnahmen" bezeichnet. ExpertInnen sind in diesem Fall die Implementeure, die an entscheidender Stelle Verantwortung dafür tragen, dass beschlossene Maßnahmen und Programme umgesetzt oder aber auch blockiert werden. Mit Hilfe von ExpertInneninterviews lassen sich strukturelle Bedingungen der Programmimplementation rekonstruieren und damit Informationen gewinnen, auf deren Basis praktikable Maßnahmen entwickelt werden können. Steuerungspolitische Programme scheitern oft daran, dass die Logik des Programms und die im Implementationsfeld gültigen Maximen und Regeln des Entscheidens nicht kompatibel sind.[17]

Kontextwissen wird erhoben im Rahmen derjenigen Funktion der Sozialberichterstattung, die Zapf (1977: 222) als „Bewertungen der Struktur und Performanz wichtiger Lebensbereiche" bezeichnet. Gegenstand ist hier nicht das Handeln der ExpertInnen selbst, sondern die Lebensbedingungen bestimmter Populationen, auf die das ExpertInnenhandeln gerichtet ist und über die diese ein spezialisiertes Sonderwissen erworben haben. In diesem Sinne werden Fachleute aus dem Wohnungsamt und Aktivisten einer Bürgerinitiative interviewt, wenn eine Bestandsaufnahme der Wohnungsversorgung in einem bestimmten Stadtteil erstellt werden soll. Das Kontextwissen der ExpertInnen wird vor allem im Sinne einer Problemstrukturierung genutzt.

In der Forschungspraxis ist es oft sinnvoll, die ExpertInnen oder eine Teilmenge von ihnen unter beiden Aspekten zu interviewen. Die Fachleute aus dem Wohnungsamt haben nicht nur Kontextwissen, sie sind durch ihre Entscheidungen auch mitverantwortlich für die Gestaltung der Wohnbedingungen, unter denen bestimmte Bevölkerungsgruppen leben.

Eine weitere Dimension betrifft die zeitliche Erstreckung des ExpertInnenwissens und lässt sich mit den Begriffen *Diagnose* und *Prognose* fassen. In der Diagnose wird, auf der Basis einer technisch-instrumentellen Bestandsaufnahme (statistische Angaben zum Wohnungsbestand und -bedarf) und im Bezugsrahmen des fachspezifischen höhersymbolischen Sinnhorizonts, eine Problemstrukturierung vorgenommen (z.B. die Unterscheidung von offener und verdeckter Wohnungslosigkeit). Eine Prognose extrapoliert beobachtete Entwicklungen in die Zukunft und liefert Anhaltspunkte für die Revision von steuerungspolitischen Entscheidungen bzw. für die Konstruktion alternativer Maßnahmenmodelle, mit denen eingefahrene Bahnen der Problem(miss-)bewältigung verlassen werden. Die Prognose stellt insofern Orientierungswissen in einem doppelten Sinne bereit.

In der Sozialberichterstattung ist das ExpertInneninterview ein Verfahren, das zumeist im Sinne einer Methodentriangulation zusammen mit anderen Erhebungsmethoden eingesetzt wird (vgl. Schmid-Urban et al. 1992; Weeber 1986). Anhand der Unterscheidung verschiedener Dimensionen des ExpertInnenwissens lassen sich sein Stellenwert und seine Nutzungsmöglichkeiten näher bestimmen.

Geht es um die Erhebung von *Kontextwissen*, ist die Befragung von ExpertInnen ein Verfahren neben anderen. Informationen über Struktur und Performanz wichtiger Lebensbereiche sind zunächst auf der Basis sozialer Indikatoren (‚objektive' Daten) und durch Betroffenenbefragungen (‚subjektive' Daten) zu gewinnen. Das ExpertInneninterview kann hier *zusätzliche*

---

17 Für ein empirisches Beispiel vgl. Meuser 1992 und Meuser/Nagel 1994, S.184ff.

Informationen liefern, die vor allem in Interpretationen und Bewertungen der anderweitig erhobenen Daten durch Personen bestehen, die durch ihre Tätigkeit mit den Problemen des jeweiligen Lebensbereichs vertraut sind.

Einen anderen Stellenwert erhält das ExpertInneninterview, wenn es gleichsam als *Ersatz* eingesetzt wird, weil aufgrund welcher Zugangsschwierigkeiten und Restriktionen auch immer primäre Daten nicht verfügbar sind bzw. nicht erhoben werden können. Diese Situation scheint eher die Regel als die Ausnahme zu sein. Die notwendigen objektiven Daten sind zumindest auf kommunaler Ebene nicht umfassend verfügbar (vgl. Gotthold 1994)[18], und für die Erhebung subjektiver Daten bei den Betroffenen fehlt es angesichts leerer Kassen zumeist an den notwendigen finanziellen Ressourcen. Wird das ExpertInneninterview angesichts solcher Schwierigkeiten der Datenbeschaffung zu einer primären Informationsquelle, ist die oben angemahnte Weiterung des ExpertInnenbegriffs über die berufliche Funktion hinaus absolut notwendig. Die Perspektive der Betroffenen wäre dadurch zu integrieren, dass AktivistInnen aus Selbsthilfegruppen, Bürgerinitiativen und anderen Organisationsformen einer Partizipation ‚von unten‘ in das Sample einbezogen werden.

Eine dritte Funktion des ExpertInneninterviews ist die *Exploration* eines Problemfeldes (vgl. Weeber 1986: 413). ExpertInnen erkennen oftmals Problemlagen in statu nascendi. In diesem Sinne kommt ihnen eine Frühwarnfunktion zu (vgl. Zapf 1976: 3). Eine andere Form der explorativen Nutzung des ExpertInneninterviews besteht darin, dass auf der Basis des eingeholten ExpertInnenwissens ein empirisch fundiertes Untersuchungsdesign für eine Betroffenenbefragung entwickelt werden kann.

Wird das ExpertInneninterview zur Ermittlung von *Betriebswissen* eingesetzt, wird es zu einem primären Instrument des Datengewinns. Die ExpertInnen sollen hier Auskunft geben über die Bedingungen ihres eigenen Handelns; die Maximen, Regeln und Logiken, nach denen die Implementation steuerungspolitischer Maßnahmen erfolgt, sind der Gegenstand des Forschungsinteresses. In der Implementationsforschung ist das ExpertInneninterview ein verbreitetes Verfahren (vgl. Hucke/Wollmann 1980).

Hinsichtlich der Unterscheidung von Diagnose und Prognose lässt sich der Stellenwert des ExpertInneninterviews für die Sozialberichterstattung in ähnlicher Weise differenzieren. Wo es um *Diagnose*, also um die Ermittlung von Ist-Zuständen geht, kommt dieses Verfahren *zusätzlich* zu anderen zum Einsatz. Gefragt ist hier vor allem die Problemsicht der ExpertInnen, ihr

---

18 Gotthold (1994: 53f.) bezeichnet diesen Mangel an Daten als „informatorischen Flaschenhals": „Grundsätzlich müsste man eine fast unendlich große Menge gesellschaftlicher Daten kennen, die unglücklicherweise sämtlich systematisch miteinander verknüpft sind". Der Datenbedarf umfasse folgende Bereiche: Bevölkerungsentwicklung, Arbeitsmarktentwicklung, die Nachfrage nach Infrastruktureinrichtungen und Wohnungen sowie gesellschaftliche Wertvorstellungen.

Deutungswissen. Die Bestandsaufnahme selber geschieht, wenn möglich, mit anderen Mitteln (s.o.). Anders verhält es sich bei der *Prognose*. Hier sind die aus der aktiven Partizipation resultierenden spezifischen Wissensbestände und Kompetenzen zu nutzen. Aussagen über künftige Entwicklungen eines Problemfeldes lassen sich unter den Bedingungen forcierten sozialen Wandels und reflexiver Modernisierung nicht mehr auf der Basis einer linearen Extrapolation von Daten treffen.

Eine Vorausschau im Sinne linearer Trendaussagen birgt in jedem Fall die Gefahr, dass die Erhebungsinstrumente der Sozialberichterstattung selbst ein Hemmnis für innovative Problemlösungen bilden, anstatt zukünftige Probleme und Problemdimensionen seismographisch anzuzeigen und für präventiv steuernde Eingriffe verfügbar zu machen. Soll dieser Gefahr gegengesteuert werden, ist auch hier darauf zu achten, dass mit der Befragung weniger einer Vielzahl als einer Vielfalt von ExpertInnen vermieden wird, dass die Prognosen durch partikularistische Ressortinteressen verzerrt werden.

Das ExpertInneninterview lässt sich in der Sozialberichterstattung also in unterschiedlicher Weise einsetzen. Die folgende Matrix verdeutlicht noch einmal, wo die hauptsächlichen Nutzungsmöglichkeiten liegen.

Übersicht 1:   Dimensionen des ExpertInnenwissens und Stellenwert des ExpertInneninterviews

Wissenstyp	Diagnose	Prognose
Kontextwissen	Sekundär	Primär
Betriebswissen	Primär	Primär

4. Erhebung und Auswertung

Oben hatten wir in Korrektur des klassischen wissenssoziologischen ExpertInnenbegriffs ausgeführt, dass ein großer Teil des Handelns der ExpertInnen auf diffus zuhandenen Wissensbeständen beruht und dass den ExpertInnen die Relevanzen ihres Handelns keineswegs durchweg klar und deutlich sind. Daraus folgt, dass Expertinnenwissen nicht einfach ‚abgefragt' werden kann; es muss aus den Äußerungen der ExpertInnen rekonstruiert werden[19]. Nimmt

---

19 Insofern das ExpertInneninterview auf den funktionsgebundenen Wissen*vorsprung* der Expertin zielt, muss eine Erhebung mit geschlossenen Fragen bzw. standardisierten Antwortmöglichkeiten als fragwürdig gelten. Vgl. hierzu Hunt et al. (1964/65: 65), die aus ei-

man die Giddenssche Unterscheidung von praktischem und diskursivem Bewusstsein auf, so lässt sich das ExpertInnenwissen, das sich habitualisierten Formen des Problemmanagements verdankt, ,irgendwo' zwischen den beiden Polen verorten. Es stellt weder ein völlig vorreflexives Wissen auf der Ebene von Basisregeln dar, noch handelt es sich um ein Wissen, das sich von den ExpertInnen ohne weiteres ,abspulen' ließe.[20] Sie können über Entscheidungsfälle berichten, auch Prinzipien benennen, nach denen sie verfahren; die überindividuellen, handlungs- bzw. funktionsbereichspezifischen Muster des ExpertInnenwissens müssen allerdings entdeckt, d.h. interpretativ rekonstruiert werden.

Diese Aufgabe stellt sich in erhöhtem Maße, wenn das Forschungsinteresse auf Betriebswissen fokussiert ist. Die ExpertInnen sind in diesem Fall Teil des Problems, über das sie Auskunft geben sollen, und zwar im Wortsinne der ,entscheidende' Teil. Die (impliziten) Maximen des eigenen Handelns sind meist weniger diskursiv verfügbar als Beobachtungen des Handelns anderer und als Erfahrungen, die man in der Interaktion mit anderen gemacht hat. Insofern ist Kontextwissen eher abrufbar als Betriebswissen.

Im Hinblick auf das wissenssoziologische Erkenntnisinteresse am Expertenhandeln halten wir ein *leitfadengestütztes offenes Interview* für das angemessene Erhebungsinstrument. Ein Leitfaden allerdings muss sein. Auf jegliche thematische Vorstrukturierung zu verzichten, wie dies für biografisch-narrative Interviews kennzeichnend ist, brächte die Gefahr mit sich, sich dem Experten als inkompetenter Gesprächspartner darzustellen und insofern nicht ernstgenommen zu werden (vgl. Meuser/Nagel 1991: 448). Es ist wichtig, sich vorab über Regeln, Bestimmungen, Gesetzesgrundlagen, Pressestimmen zu informieren und dadurch das Thema, das Gegenstand des Interviews sein soll, zu dimensionieren.

Die *Auswahl* der zu interviewenden ExpertInnen geschieht in Kenntnis der Organisationsstrukturen, Kompetenzverteilungen und Entscheidungswege des jeweiligen Handlungsfeldes. Das Wissen darüber wird in der Regel im Laufe des Forschungsprozesses größer und fundierter, so dass typischerweise die erste Stichprobe erweitert wird, nicht zuletzt auch durch das so genannte

---

ner international vergleichenden Studie folgendes berichten: Anders als von den amerikanischen wurde von den europäischen Interviewpartnern beklagt, die Fragen seine „zu brutal", ließen keinen Raum für „Nuancierungen" und „persönliche Positionen", die mit den vorgegebenen Kategorien nicht erfasst würden. – Es ist zu vermuten, dass der Widerstand von Experten gegen derartige Erhebungsinstrumente in den seither vergangenen 35 Jahren eher größer als kleiner geworden ist.

20 In ähnlicher Weise begreift Köhler (1992: 319) in einem Aufsatz über „Expertenbefragung" Leitbilder von Experten als „gruppen- bzw. berufsspezifische Orientierung". Solche „Leitbilder sind kaum im Bewusstsein, werden auch nur zum Teil ausformuliert, lassen sich nicht direkt abfragen und geben von daher ein begrenztes Methodenspektrum vor". In einer Untersuchung über Leitbilder der Stadtentwicklung hat Köhler „jene Personen als Experten definiert, die als Architekten oder Stadtplaner in den unterschiedlichsten Berufspositionen mittelbare oder unmittelbare Chancen haben, Orientierungen im Städtebau zu definieren, zu verbreiten oder zu realisieren".

Schneeballverfahren (vgl. Köhler 1992: 320). Nicht nur die Wichtigkeit der benannten Personen sollte eine Rolle bei der Auswahl der Stichprobe spielen, sondern auch das Prinzip des minimal bzw. maximal kontrastierenden Vergleichs sowie, zu einem späteren Zeitpunkt, das Prinzip des „theoretical sampling" (Strauss 1987: 38ff).

Der *Feldzugang* ist erfahrungsgemäß einfacher zu organisieren als zum Beispiel bei biographischen Interviews oder bei Gruppendiskussionen; die hierarchische Struktur von Organisationen kann und sollte genutzt werden. Da ExpertInnen in ihrer Eigenschaft als FunktionsträgerInnen oder als RepräsentantInnen einer Organisation angesprochen werden, müssen sie sich ohnehin der Zustimmung des jeweiligen Vorgesetzten versichern. Eine erste Anfrage geschieht am besten schriftlich und zielt auf eine darauf folgende telefonische Terminvereinbarung.

Gemäß des Prinzips einer offenen und flexiblen *Interviewführung* enthält der Leitfaden Themen, die anzusprechen sind, nicht aber detaillierte und ausformulierte Fragen. Einen interessanten Vorschlag macht Walter (1994: 275) mit dem der themenzentrierten Interaktion entlehnten Motto „Störungen haben Vorrang". An der Art der Bewältigung von Störungen und Konflikten lassen sich Mechanismen des normalen Funktionierens ablesen (für ein empirisches Beispiel vgl. Meuser 1992). Es liegt auf der Hand, dass solche Ereignisse nicht bei der Leitfadenkonstruktion antizipiert werden können.

Umso wichtiger ist eine Durchführung der Interviews, die a) unerwartete Themendimensionierungen der ExpertIn nicht verhindert und b) diese in folgenden Interviews aktiviert. Entscheidend für das Gelingen des ExpertInneninterviews ist unserer Erfahrung nach eine flexible, unbürokratische Handhabung des Leitfadens im Sinne eines Themenkomplexes und nicht im Sinne eines standardisierten Ablaufschemas.

Anders als bei der einzelfallinteressierten Interpretation orientiert sich die *Auswertung* von ExpertInneninterviews an thematischen Einheiten, an inhaltlich zusammengehörigen, über die Texte verstreuten Passagen – nicht an der Sequenzialität von Äußerungen je Interview. Demgegenüber gewinnt der Funktionskontext der ExpertInnen an Gewicht, die Äußerungen der ExpertInnen werden von Anfang an im Kontext ihrer institutionell-organisatorischen Handlungsbedingungen verortet, sie erhalten von hierher ihre Bedeutung und nicht von daher, an welcher Stelle des Interviews sie fallen. Es ist der gemeinsam geteilte institutionell-organisatorische Kontext der ExpertInnen, der die Vergleichbarkeit der Interviewtexte weitgehend sichert; darüber hinaus wird Vergleichbarkeit gewährleistet durch die leitfadenorientierte Interviewführung. Der Leitfaden schneidet die interessierenden Themen aus dem Horizont möglicher Gesprächsthemen der ExpertInnen heraus und dient dazu, das Interview auf diese Themen zu fokussieren.

Die Auswertung der Interviews erfolgt in Anlehnung an die von Anselm Strauss formulierte Strategie in einer Abfolge von Schritten dergestalt, dass sie sich sukzessive von der Konkretheit des jeweiligen Falles löst und über eine komparative Interpretation thematisch verwandter Passagen verschiedener Interviews zu einer theoretischen Generalisierung gelangt. Da wir an anderer Stelle einen ausführlichen, sechs Verfahrensschritte umfassenden Vorschlag formuliert haben, gehen wir hier auf Einzelheiten der Auswertung nicht ein[21].

5. Diskussion

Gegenstand des ExpertInneninterviews sind Wissensbestände im Sinne von Erfahrungsregeln, die das Funktionieren von sozialen Systemen bestimmen. Insofern, als das mit diesem Verfahren erhobene Wissen explizit an sozialstrukturell bestimmte Handlungssysteme gebunden ist, an Insider-Erfahrungen spezifischer Statusgruppen, kann es solchen Wissensbeständen auf die Spur kommen, die für die Erklärung sozialen Wandels von Bedeutung sind. Es eröffnet den Zugriff auf implizite Regeln, nach denen Wandel enaktiert und prozessiert, aber auch blockiert wird, und schafft so Anschlussmöglichkeiten für Generalisierungen, die zu verorten sind an der Schnittstelle von mikro- und makrostruktureller Analyse. Auf das rekonstruierte Wissen kann auch im Kontext gesellschaftskritischer Überlegungen rekurriert werden, ohne dass dabei auf normative Entwürfe zurückgegriffen werden müsste.

Es ist bemerkenswert, dass die gesellschaftliche Entwicklung vielfach als Expertokratisierung thematisiert wird, dass aber wenig Mühe darauf verwendet worden ist, die empirische Verfahrensseite dieser gesellschaftlichen Tatsache zu erörtern.

Literatur

Beck, U. (1986): Risikogesellschaft. Auf dem Weg in eine andere Moderne. Frankfurt/M.: Suhrkamp
Berger, P.A. (1990): Ungleichheitsphasen. Stabilität und Instabilität als Aspekte ungleicher Lebenslagen. In: Ders./Hradil, St. (Hg.): Lebenslagen, Lebensläufe, Lebensstile. Sonderband 7 der Sozialen Welt. Göttingen: Schwartz, S. 319-350
Berger, P. L./Luckmann, Th. (1969): Die gesellschaftliche Konstruktion der Wirklichkeit. Frankfurt/M.: Suhrkamp
Brinkmann, C./Deeke, A./Völkel, B. (Hg. 1995): Experteninterviews in der Arbeitsmarktforschung. Diskussionsbeiträge zu methodischen Fragen und praktischen Erfahrungen. Beiträge zur Arbeitsmarkt- und Berufsforschung 191. Nürnberg: IAB

---

21 Vgl. Meuser/Nagel 1991, wiederabgedruckt in diesem Band.

Daheim, H. (1992): Zum Stand der Professionssoziologie. Rekonstruktion machttheoretischer Modelle der Profession. In: Dewe, B./Ferchhoff, W./Radtke, F.-O. (Hg.): Erziehen als Profession. Zur Logik professionellen Handelns in pädagogischen Feldern. Opladen: Leske + Budrich, S. 21-35

Deeke, A. (1995): Experteninterviews – ein methodologisches und forschungspraktisches Problem. Einleitende Bemerkungen und Fragen zum Workshop. In: Brinkmann et al. (Hg.), S. 7-22

Etzioni, A. (1973): Soziologie der Organisationen. München: Juventa, 4. Auflage

Evers, A./Nowotny, H. (1989): Über den Umgang mit Unsicherheit. Anmerkungen zur Verwendung sozialwissenschaftlichen Wissens. In: Beck, U./Bonß, W. (Hg.): Weder Sozialtechnologie noch Aufklärung?. Analysen zur Verwendung sozialwissenschaftlichen Wissens. Frankfurt/M.: Suhrkamp, S. 355-383

Gorden, R.L. (1975): Interviewing: Strategy, Techniques, and Tactics. Homewood, Ill: Dorsey

Gotthold, J. (1994): Datenbedarf der Kommunen in der Stadtentwicklungsplanung. In: Roth, R./Wollmann, H. (Hg.): Kommunalpolitik. Politisches Handeln in den Gemeinden. Opladen: Leske + Budrich, S. 50-57

Habermas, J. (1985): Die neue Unübersichtlichkeit. Merkur 1, S. 1-14

Hitzler, R. (1994): Wissen und Wesen des Experten. Ein Annäherungsversuch – zur Einleitung. In: Hitzler,/Honer/Maeder (Hg.), S. 13-30

Hitzler, R./Honer, A./Maeder, Ch. (Hg. 1994): Expertenwissen. Die institutionalisierte Kompetenz zur Konstruktion von Wirklichkeit. Opladen: Westdeutscher Verlag

Hucke, J./Wollmann, H. (1980): Methodenprobleme der Implementationsforschung. In: Mayntz, R. (Hg.): Implementation politischer Programme, Bd. 1. Königstein: Athenäum, S. 216-235

Hunt, W.H./Crane, W.W./Wahlke, J.C. (1964/65): Interviewing Political Elites in Cross-Cultural Comparative Research. In: American Journal of Sociology 70, S. 59-68

Köhler, G. (1992): Methodik und Problematik einer mehrstufigen Expertenbefragung. In: Hoffmeyer-Zlotnik, J.H.P. (Hg.): Analyse verbaler Daten. Über den Umgang mit qualitativen Daten. Opladen: Westdeutscher Verlag, S. 318-332

Larson, M.S. (1977): The Rise of Professionalism. A Sociological Analysis. London: University of California Press

Mayer, K.U. (1990): Soziale Ungleichheit und die Differenzierung von Lebensverläufen. In.: Zapf, W. (Hg.): Die Modernisierung moderner Gesellschaften. Frankfurt/M. und New York: Campus, S. 667-687

Meuser, M. (1992): „Das kann doch nicht wahr sein". Positive Diskriminierung und Gerechtigkeit. In: Ders./Sackmann, R. (Hg.): Analyse sozialer Deutungsmuster. Beiträge zur empirischen Wissenssoziologie. Centaurus: Pfaffenweiler, S. 89-102

Meuser, M./Nagel, U. (1991): ExpertInneninterviews – vielfach erprobt, wenig bedacht. Ein Beitrag zur qualitativen Methodendiskussion. In: Garz, D./Kraimer, K. (Hg.): Qualitativ-empirische Sozialforschung. Konzepte, Methoden, Analysen. Opladen: Westdeutscher Verlag, S. 441-471

Meuser, M./Nagel, U. (1994): Expertenwissen und Experteninterview. In: Hitzler/Honer/Maeder (Hg.), S. 180-192

Meuser, M./Nagel, U. (1997): Das ExpertInneninterview – Wissenssoziologische Grundlagen und methodische Durchführung. In: Friebertshäuser, B./Prengel, A. (Hg.): Handbuch qualitative Forschungsmethoden in der Erziehungswissenschaft. Weinheim und München: Juventa, S. 481-491

Olk, Th. (1986): Abschied vom Experten. Sozialarbeit auf dem Weg zu einer alternativen Professionalität. Weinheim und München: Juventa

Osterland, M. (1990): „Normalbiographie" und „Normalarbeitsverhältnis". In: Berger, P.A./Hradil, St. (Hg.): Lebenslagen, Lebensläufe, Lebensstile. Sonderband 7 der Sozialen Welt. Göttingen: Schwartz, S. 351-362

Pfiffner, M/Stadelmann, P. (1994): Expertenwissen von Wissensexperten. In: Hitzler/Honer/Maeder (Hg.), S. 146-154

Schmid-Urban, P./Dichler, R./Feldmann, U./Hanesch, W./Spiegelberg, R. (1992): Kommunale Sozialberichterstattung, Frankfurt/M.: Deutscher Verein für öffentliche und private Fürsorge

Schröer, N. (1994): Routiniertes Expertenwissen. Zur Rekonstruktion des strukturalen Regelwissens von Vernehmungsbeamten. In: Hitzler/Honer/Maeder (Hg.), S. 214-231

Schütz, A. (1972): Der gut informierte Bürger. In: Ders.: Gesammelte Aufsätze, Bd. 2. The Hague: Nijhoff, S. 85-101

Slesina, W. (1991): Betroffene und Experten. Einige Bemerkungen zu Wissen und sozialer Kontrolle. In: Nippert, R.P./Pöhler, W./Slesina, W. (Hg.): Kritik und Engagement. Soziologie als Handlungswissenschaft. München: Oldenbourg, S. 257-269.

Sprondel, W. M. (1979): ‚Experte' und ‚Laie': Zur Entwicklung von Typenbegriffen in der Wissenssoziologie. In: Ders./Grathoff, R. (Hg.): Alfred Schütz und die Idee des Alltags in den Sozialwissenschaften. Stuttgart: Enke, S. 140-154

Strauss, A. (1987): Qualitative Analysis for Social Scientists. Cambridge: University Press

Walter, W. (1994): Strategien der Politikberatung. Die Interpretation der Sachverständigen-Rolle im Lichte von Experteninterviews. In: Hitzler/Honer/Maeder (Hg.), S. 268-284

Weeber, R. (1986): Bedürfnis- und Bedarfsermittlung. In: Feldmann, U. (Hg.): Handbuch der örtlichen Sozialplanung. Frankfurt/M.: Deutscher Verein für Öffentliche und Private Fürsorge, S. 375-518.

Zapf, W. (1976): Sozialberichterstattung. Möglichkeiten und Probleme. Göttingen: Schwartz

Zapf, W. (1977): Gesellschaftliche Dauerbeobachtung und aktive Politik. In: Krupp, H.-J./Zapf, W.: Sozialpolitik und Sozialberichterstattung, Frankfurt/M. und New York: Campus, S. 210-230

Zu den Autorinnen und Autoren

Gabriele Abels, Dr. phil., Jg. 1964, seit 2001 wissenschaftliche Assistentin im Institut für Wissenschafts- und Technikforschung der Universität Bielefeld. Arbeitsschwerpunkte: Europäische Integration, Biotechnologiepolitik, Technikfolgenabschätzung, Methoden. Wichtigste Veröffentlichungen: Strategische Forschung in den Biowissenschaften. Der Politikprozeß zum europäischen Humangenomprogramm, Berlin 2000; Biotechnologie – Globalisierung – Demokratie: Politische Gestaltung transnationaler Technologieentwicklung. Berlin 2000 (Hg. zus. mit D. Barben).
Adresse: Universität Bielefeld, Institut für Wissenschafts- und Technikforschung, Fakultät für Soziologie, Postfach 10 01 31, D-33501 Bielefeld; *e-mail:* abels@iwt.uni-bielefeld.de

Georg Aichholzer, Mag. Dr. rer. soc. oec., Jg. 1951, wissenschaftlicher Mitarbeiter und Projektleiter am Institut für Technikfolgen-Abschätzung der Österreichischen Akademie der Wissenschaften und Lektor an der Wirtschaftsuniversität Wien. Arbeitsschwerpunkte: Technikfolgenabschätzung, Dienstleistungs- und Informationsgesellschaft, elektronische Medien im öffentlichen Sektor, e-Governance. Veröffentlichungen: Public sector information in the digital age. Between markets, public management and citizens' rights, Cheltenham, UK 2004 (Hg. zus. mit H. Burkert); The Austrian foresight program: organization and expert profile, in: International Journal of Technology Management 21 (7/8), 2001.
Adresse: Institut für Technikfolgen-Abschätzung der Österreichischen Akademie der Wissenschaften (ITA), Strohgasse 45, A-1030 Wien; *e-mail:* aich@oeaw.ac.at

Maria Behrens, Dr.in phil., Jg. 1963, seit 1999 wissenschaftliche Assistentin an der FernUniversität Hagen. Arbeitsschwerpunkte: Vergleichende Technologie- und Industriepolitik, Internationale Wettbewerbspolitik, Global und multi-level governance. Veröffentlichungen: Staaten im Innovationskonflikt. Vergleichende Analyse staatlicher Handlungsspielräume im gentechnischen

Innovationsprozeß Deutschlands und der Niederlande, Frankfurt/Main 2001; Internationale Regime und Technikpolitik, in: R. Martinsen, T. Saretzki, G. Simonis (Hg.): Politik und Technik – Analysen zum Verhältnis von technologischem, politischem und staatlichem Wandel am Anfang des 21. Jahrhunderts, PVS-Sonderband, Opladen 2001.
Adresse: FernUniversität Hagen, Institut für Politikwissenschaft, Feithstrasse 140 (ESG), D-58084 Hagen;
e-mail: Maria.Behrens@FernUni-Hagen.de

Alexander Bogner, Dr., Jg. 1969, wissenschaftlicher Mitarbeiter am Institut für Technikfolgen-Abschätzung der Österreichischen Akademie der Wissenschaften. Arbeitsschwerpunkte: Wissenschafts- und Technikforschung, Biopolitik, Methoden empirischer Sozialforschung. Veröffentlichungen: Wissenschaftliche Politikberatung? Der Dissens der Experten und die Autorität der Politik, in: Leviathan 30, H. 3, 2002 (zus. mit W. Menz); Kritik der Life-Politics – zum Grenzziehungsdiskurs der Humangenetik, in: Österreichische Zeitschrift für Soziologie 29, H. 3, 2004.
Adresse: Institut für Technikfolgen-Abschätzung der Österreichischen Akademie der Wissenschaften (ITA), Strohgasse 45, A-1030 Wien;
e-mail: abogner@oeaw.ac.at

Ulrike Froschauer, Dr., Jg. 1957, Ass.-Prof. am Institut für Soziologie an der Universität Wien. Arbeitsgebiete: Organisationssoziologie, Methoden der interpretativen Sozialforschung, Sozialer Konstruktivismus, Evaluation. Aktuelle Veröffentlichungen: Qualitative Evaluation von Beratungsprozessen aus sozialkonstruktionistischer Perspektive, in: K. G. Deissler, S. McNamee (Hg.): Phil und Sophie auf der Couch. Die soziale Poesie therapeutischer Gespräche, Heidelberg 2000; Artefaktanalyse, in: S. Stefan, P. Strodtholz (Hg.): Handbuch Methoden der Organisationsforschung, Reinbek 2002.
Adresse: Institut für Soziologie, Universität Wien, Rooseveltplatz 2, A-1090 Wien;
e-mail: ulrike.froschauer@univie.ac.at

Karsten Kassner, Dipl.-Soz., Jg. 1971, Promovend am Fachbereich Gesellschaftswissenschaften der Universität Frankfurt/Main, Promotionsstipendiat der Hans Böckler Stiftung. Arbeitsschwerpunkte: Männer- und Geschlechterforschung, Soziologie der Arbeit und alltäglicher Lebensführung, Wandel familialer Lebensformen, Organisationssoziologie. Veröffentlichungen: Alltägliche Lebensführung, Habitus und Geschlecht, in: P. Döge, K. Kassner, G. Schambach (Hg.): Schaustelle Gender. Aktuelle Beiträge sozialwissenschaftlicher Geschlechterforschung, Bielefeld 2004; „Nicht nur am Samstag gehört Papa mir!" – Väter in egalitären Arrangements von Arbeit und Leben, in: A. Tölke, K. Hank (Hg.): Männer – Das ‚vernachlässigte' Geschlecht in der

Familienforschung. Sonderheft 4 der Zeitschrift für Familienforschung, Wiesbaden 2004 (zus. mit A. Rüling).
Adresse: Mainzer Landstraße 250, D-60326 Frankfurt am Main;
e-mail: karsten.kassner@gmx.de

Andrea Leitner, Mag[a], Jg. 1964, wissenschaftliche Mitarbeitern am Institut für Höhere Studien in Wien. Arbeitsschwerpunkte: Gender-, Arbeitsmarkt und Evaluationsforschung. Veröffentlichungen: Frauen – Gewinnerinnen oder Verliererinnen der Beschäftigungsintegration, in: H. G. Zilian (Hg.): Insider und Outsider, München/Mering 2004; Overcoming barriers to equal pay in Austria: ambivalent experiences with gender mainstreaming, in: L. Manusson et al. (Hg.): Equal pay and gender mainstreaming in the European Employment Strategy, Brussels 2003.
Adresse: Institut für Höhere Studien, Stumpergasse 56, A-1060 Wien;
e-mail: leitnera@ihs.ac.at

Margit Leuthold, Dipl.-Päd., Dr. phil, Jg. 1964, Leiterin „Forschung und Entwicklung" bei respect (Institut für Integrativen Tourismus und Entwicklung) und Lektorin an der Universität Wien. Arbeitsschwerpunkte: Nachhaltige Entwicklung, Umwelt, Tourismus, Religionen, Gender. Veröffentlichungen: Reisen mit dem Wüstenschiff. Bewertung der Nachhaltigkeit von Wüstenreisen am Beispiel von Desert Team, München/Zürich/Wien 2003 (zus. mit C. Baumgartner); Politisch korrekt – ökologisch sauber? Diskurs zur Nachhaltigkeit des Reisens am Beispiel von Problemdestinationen, in: K. Luger, C. Baumgartner, K.-H. Wöhler (Hg.): Ferntourismus wohin? Der globale Tourismus erobert den Horizont, Innsbruck 2004, S.185-209 (zus. mit C. Baumgartner).
Adresse: respect – Institut für Integrativen Tourismus und Entwicklung, Diefenbachgasse 36/3, A-1150 Wien;
e-Mail: margit.leuthold@respect.at

Beate Littig, Dr. habil., Jg. 1961, wissenschaftliche Assistentin am Institut für Höhere Studien in Wien, Dozentin für Soziologie an der Universität Wien. Arbeitsschwerpunkte: Umweltsoziologie, Gender Studies, Zukunft der Arbeit, Methoden der empirischen Sozialforschung. Veröffentlichungen: Feminist Perspectives on Environment and Society, London et al. 2001; Participatory Technology Assessment of Xenotransplantation: Experimenting with the Neo-Socratic Dialogue –Austrian Experiences, in: Practical Philosophy, Vol. 6, Nr. 2, 2003 (zus. mit Erich Grießler).
Adresse: Institut für Höhere Studien, Stumpergasse 56, A-1060 Wien;
e-mail: littig@ihs.ac.at

Manfred Lueger, Dr., Jg. 1956, ao. Univ.-Prof. am Institut für Allgemeine Soziologie und Wirtschaftssoziologie der Wirtschaftsuniversität Wien. Arbeitsschwerpunkte: Methodologie und Methoden interpretativer Sozialforschung, Organisationsanalyse, Gründungsforschung, Entrepreneurship Education. Aktuelle Veröffentlichungen: Grundlagen qualitativer Feldforschung. Methodologie – Organisierung – Materialanalyse, Wien 2000; Auf den Spuren der sozialen Welt, Frankfurt et al. 2001.
Adresse: Institut für Allgemeine Soziologie und Wirtschaftssoziologie, Wirtschaftsuniversität Wien, Augasse 2-6, A-1090 Wien;
e-mail: manfred.lueger@wu-wien.ac.at

Wolfgang Menz, Dipl.-Soz., Jg. 1971, Mitarbeiter am Institut für Sozialforschung an der Johann Wolfgang Goethe-Universität, Frankfurt am Main, Promotionsstipendiat der Hans-Böckler-Stiftung. Arbeitsschwerpunkte: Arbeits-, Industrie- und Organisationssoziologie, Technik- und Wissenschaftsforschung, Methoden der empirischen Sozialforschung. Veröffentlichungen: „Deutungswissen“ und Interaktion. Zu Methodologie und Methodik des theoriegenerierenden Experteninterviews, in: Soziale Welt, Jg. 52, 2001, H. 4 (zus. mit A. Bogner); Bioethical Controversies and Policy Advice, in: S. Maasen, P. Weingart (Hg.): Democratization of Expertise? Exploring Novel Forms of Scientific Advice in Political Decision-Making. The 2003 Yearbook Sociology of the Sciences, Dordrecht 2004 (zus. mit A. Bogner, im Erscheinen).
Adresse: Institut für Sozialforschung, Senckenberganlage 26, D-60325 Frankfurt am Main;
e-mail: w.menz@soz.uni-frankfurt.de

Michael Meuser, Dr. phil., Jg. 1952, Privatdozent für Soziologie an der Universität Bremen, wissenschaftlicher Mitarbeiter am Essener Kolleg für Geschlechterforschung, Universität Duisburg-Essen. Arbeitsschwerpunkte: Soziologie der Geschlechterverhältnisse, Methoden qualitativer Sozialforschung, Wissenssoziologie, Politische Soziologie. Aktuelle Veröffentlichungen: Hauptbegriffe qualitativer Sozialforschung, Opladen, 2003 (Hg. zus. mit R. Bohnsack, W. Marotzki); Gender Mainstreaming. Konzepte, Handlungsfelder, Instrumente, Wiesbaden/Bonn 2004 (Hg. zus. mit C. Neusüß).
Anschrift: Mommsenstr. 20, D-50935 Köln;
e-mail: meuser.michael@t-online.de

Ulrike Nagel, Priv.-Doz., Dr. phil., Jg. 1947, Hochschuldozentin für Soziologie an der Otto-von-Guericke-Universität Magdeburg. Arbeitsschwerpunkte: Mikrosoziologie, Professionssoziologie, Qualitative Sozialforschung. Veröffentlichungen: Engagierte Rollendistanz. Professionalität in biographischer Perspektive, Opladen 1997; Sozialpädagogische Forschung und Rekonstruktive Theoriebildung, in: T. Rauschenbach, W. Thole (Hg.): Sozialpädagogische Forschung, Weinheim 1998.

Anschrift: Virchowstr. 24, D-39104 Magdeburg;
e-mail: ulrike.nagel@gse-w.uni-magdeburg.de

Michaela Pfadenhauer, Dr., Jg. 1968, wissenschaftliche Mitarbeiterin am Lehrstuhl für Soziologie, insbesondere Arbeitssoziologie, Universität Dortmund. Arbeitsschwerpunkte: Professionssoziologie, (lebensweltliche) Ethnographie, Kompetenz- und Konsumforschung. Veröffentlichungen: Professionalität. Eine wissenssoziologische Rekonstruktion institutionalisierter Kompetenzdarstellungskompetenz, Opladen 2003; Interpretative Methoden der Diagnose und Prognose, Wiesbaden 2004 (Hg. zus. mit R. Hitzler, im Erscheinen).

Adresse: Lehrstuhl für Soziologie, insbesondere Arbeitssoziologie, WiSo-Fakultät, Universität Dortmund, D-44221 Dortmund;
e-mail: pfadenhauer@professionssoziologie.de

Rainer Trinczek, Prof. Dr., Jg. 1958, Lehrstuhl für Soziologie der TU München. Arbeitsschwerpunkte: Industrial Relations, Arbeitszeitforschung, Managementforschung, Methodenfragen. Veröffentlichungen: Forcierte Arbeitszeitflexibilisierung. Die 35-Stunden-Woche in der betrieblichen und gewerkschaftlichen Praxis, Berlin 1999 (zus. mit C. Herrmann, M. Promberger, S. Singer); Globalisierung. Ökonomische und soziale Herausforderungen am Ende des zwanzigsten Jahrhunderts (= Soziale Welt Sonderband 13), Baden-Baden 1999 (Hg. zus. mit G. Schmidt)

Adresse: Lehrstuhl für Soziologie, TU München, Lothstr. 17, D-80335 München;
e-mail: Rainer.Trinczek@ws.tum.de

Petra Wassermann, Dipl.-Soz., Jg. 1961, Promovendin am Fachbereich Gesellschaftswissenschaften der Universität Frankfurt/Main. Arbeitsschwerpunkte: Soziologie der Arbeit und der Industriellen Beziehungen, Soziologie der Geschlechterverhältnisse, Methodologie. Veröffentlichungen: Leitbildwandel und Gewerkschaften – institutionentheoretische Überlegungen aus Anlass einer empirischen Fallstudie, in: S. Geideck, W.-A. Liebert (Hg.): Sinnformeln. Linguistische und soziologische Analysen von Leitbildern, Metaphern und anderen kollektiven Orientierungsmustern, Berlin/New York 2003. Vorhandene Kräfte bündeln. Ein Vorschlag zur zukunftsfähigen Organisation der Bekleidungsfertigung in Deutschland, Düsseldorf 2000 (zus. mit A. Hofmann).

Adresse: Berger Str. 261, D-60385 Frankfurt am Main;
e-mail: Wassermann@soz.uni-frankfurt.de

Angela Wroblewski, Dr.[in], Jg. 1969, wissenschaftliche Mitarbeiterin am Institut für Höhere Studien in Wien. Arbeitsschwerpunkte: Evaluations-, Arbeitsmarkt- und Bildungsforschung. Veröffentlichungen: More Activation – More Chances for the Unemployed? Changes in Austria's active labour market policy after accessing the European Union, in: European Journal of Social Security, 6 (1) 2004; Eppur si muove? Activation policies in Austria and Germany, in European Societies, 6 (4) 2004, (zus. mit W. Ludwig-Mayerhofer, im Erscheinen); Arbeitslosenschulung in der flexibilisierten Wirtschaft, München 1999 (zus. mit H. G. Zilian und L. Lassnigg)
Adresse: Institut für Höhere Studien, Stumpergasse 56, A-1060 Wien;
e-mail: wroblews@ihs.ac.at

Methoden

Hans Benninghaus
Deskriptive Statistik
Eine Einführung für Sozialwissenschaftler
10., durchges. Aufl. 2005. 285 S. mit
23 Abb. und 82 Tab. Br. EUR 19,90
ISBN 3-531-14607-6

Alexander Bogner / Beate Littig /
Wolfgang Menz (Hrsg.)
Das Experteninterview
Theorie, Methode, Anwendung
2., durchges. Aufl. 2005. 278 S.
Br. EUR 24,90
ISBN 3-531-14447-2

Uwe Flick
Triangulation
Eine Einführung
2004. 115 S. mit 10 Abb. und 10 Tab.
Qualitative Sozialforschung.
Br. EUR 14,90
ISBN 3-8100-3008-2

Cornelia Helfferich
Die Qualität qualitativer Daten
Manual für die Durchführung
qualitativer Interviews
2. Aufl. 2005. 193 S. Br. EUR 14,90
ISBN 3-531-14493-6

Reiner Keller
Diskursforschung
Eine Einführung für
SozialwissenschaftlerInnen
2. Aufl. 2004. 127 S. Qualitative
Sozialforschung. Br. EUR 12,90
ISBN 3-531-14387-5

Udo Kuckartz
**Einführung in die
computergestützte Analyse
qualitativer Daten**
2005. 255 S. Br. EUR 19,90
ISBN 3-531-14247-X

Stefan Kühl / Petra Strodtholz /
Andreas Taffertshofer (Hrsg.)
**Quantitative Methoden
der Organisationsforschung**
Ein Handbuch
2005. 490 S. Br. EUR 29,90
ISBN 3-531-14359-X

Wolfgang Langer
Mehrebenenanalyse
Eine Einführung für Forschung
und Praxis
2004. 316 S. Studienskripten
zur Soziologie. Br. EUR 29,90
ISBN 3-531-14204-6

Erhältlich im Buchhandel oder beim Verlag.
Änderungen vorbehalten. Stand: Juli 2005.

www.vs-verlag.de

VS VERLAG FÜR SOZIALWISSENSCHAFTEN

Abraham-Lincoln-Straße 46
65189 Wiesbaden
Tel. 0611.7878-722
Fax 0611.7878-400

Lehrbücher

Heinz Abels

Einführung in die Soziologie
Band 1: Der Blick auf die Gesellschaft
2., überarb. und erw. Aufl. 2004. 436 S.
Hagener Studientexte zur Soziologie.
Br. EUR 19,90
ISBN 3-531-33610-X
Band 2: Die Individuen in ihrer Gesellschaft
2., überarb. und erw. Aufl. 2004. 463 S.
Hagener Studientexte zur Soziologie.
Br. EUR 19,90
ISBN 3-531-33611-8

Martin Abraham / Günter Büschges

**Einführung in die
Organisationssoziologie**
3. Aufl. 2004. 303 S. Studienskripten zur
Soziologie. Br. EUR 19,90
ISBN 3-531-43730-5

Eva Barlösius

**Kämpfe um soziale
Ungleichheit**
Machttheoretische Perspektiven
2004. 255 S. Hagener Studientexte
zur Soziologie. Br. EUR 19,90
ISBN 3-531-14311-5

Nicole Burzan

Soziale Ungleichheit
Eine Einführung in die zentralen Theorien
2. Aufl. 2005. 209 S. mit 25 Abb. Hagener
Studientexte zur Soziologie. Br. EUR 17,90
ISBN 3-531-34145-6

Bernhard Gill

**Schule in der
Wissensgesellschaft**
Ein soziologisches Studienbuch
für Lehrerinnen und Lehrer
2005. 311 S. mit 32 Abb. Br. EUR 19,90
ISBN 3-531-13867-7

Paul B. Hill / Johannes Kopp

Familiensoziologie
Grundlagen und theoretische Perspektiven
3., überarb. Aufl. 2004. 358 S. mit 8 Abb.
Studienskripten zur Soziologie.
Br. EUR 26,90
ISBN 3-531-43734-8

Michael Jäckel

**Einführung in die
Konsumsoziologie**
Fragestellungen – Kontroversen –
Beispieltexte
2004. 292 S. Br. EUR 24,90
ISBN 3-531-14012-4

Wieland Jäger / Uwe Schimank (Hrsg.)

Organisationsgesellschaft
Facetten und Perspektiven
2005. 591 S. Hagener Studientexte
zur Soziologie. Br. EUR 26,90
ISBN 3-531-14336-0

Erhältlich im Buchhandel oder beim Verlag.
Änderungen vorbehalten. Stand: Juli 2005.

www.vs-verlag.de

VS VERLAG FÜR SOZIALWISSENSCHAFTEN

Abraham-Lincoln-Straße 46
65189 Wiesbaden
Tel. 0611.7878 - 722
Fax 0611.7878 - 400